U0330389

田东江 著

别来世事一番新

社会中的文化肌理

中山大学出版社
SUN YAT-SEN UNIVERSITY PRESS

· 广州 ·

图书在版编目（CIP）数据

别来世事一番新：社会中的文化肌理／田东江著. —广州：中山大学出版社，2023.6

ISBN 978 - 7 - 306 - 07829 - 2

Ⅰ. ①别… Ⅱ. ①田… Ⅲ. ①中华文化—文集 Ⅳ. ①K203 - 53

中国国家版本馆 CIP 数据核字（2023）第 113318 号

出 版 人：王天琪
责任编辑：裴大泉
封面设计：林绵华
责任校对：周明恩　梁恺桐
责任技编：靳晓虹
出版发行：中山大学出版社
电　　话：编辑部 020 - 84110283，84113349，84111997，84110779，
　　　　　　84110776
　　　　　发行部 020 - 84111998，84111981，84111160
地　　址：广州市新港西路 135 号
邮　　编：510275　　　　传　真：020 - 84036565
网　　址：http：//www. zsup. com. cn　E-mail：zdcbs@ mail. sysu. edu. cn
印 刷 者：佛山市浩文彩色印刷有限公司
规　　格：880mm × 1240mm　1/32　12.375 印张　319 千字
版次印次：2023 年 6 月第 1 版　　2023 年 6 月第 1 次印刷
定　　价：66.00 元

目　录

I

《诗》　1
　　五言诗　4
　　藏头诗　7
　　打油诗　10
　　后堂恐有未眠人　13
市井之声　16
三句半　19
年号　22
　　继位　25
　　托孤　28
　　女王　31
　　垂帘听政　34
讲史　37
　　百家讲坛·柳敬亭　40
　　轻议古人　43
口技　46
　　解说　49
　　跟帖　52
方言　55
　　土话　58
前苏联·故明　61

露八分·缩脚　64

灯谜　67

××体　70

　打×　73

　阿×　76

　"×个"论　79

书院　82

　私塾　85

　之乎者也　88

一字师　91

　白字　94

　读白字　97

斋（堂）号　100

　店招　103

音乐会　106

戏剧　109

　戏剧（续）　112

皮影戏　115

歌手　118

舞蹈　121

　字舞　124

　英歌舞·水浒戏　127

韩流　130

　翻译　133

神童　136

　小伙伴　139

宅男　142

和谐·合鞋　145

快递　148

跳槽　151

连环画　154

摆地摊　157

　城管　160

II

凡人贱近而贵远　163

贬损与虚誉　166

名家就好　169

誉人过实　172

溢美增恶　175

文人无行　178

师娘　181

草包　184

粗口教授　187

无佛称尊　190

说人话　193

无厘头　196

无赖　199

剽窃　202

古人诗句犯师兄　205

滥竽充数　208

当代"孔子"　211

"大师"　214

"神医"　217

地域歧视　220

憾事　223

"撼"事　226

III

做事与做官　229

其公廉乎？　232

须知痛痒切吾身　235

"为官择人"与"为人择官"　238

与其更于后，曷若慎于初　241

引咎辞职　244

寸心端不愧苍苍　247

从政六箴　250

三不　253

"三不足"　256

宁得罪于上官　259

民留官　262

陶侃癖　265

俭　268

说一丈不如行一尺　271

廉易，耻难　274

年龄门　277

言清行浊　280

人事　283

弹发御史　286

应声虫　289

拍马屁　292

傀儡　295

迎来送往　298

政绩工程　301

造大佛　304

灯光秀　307

石头标语　310

万民伞　313

北阙已成输粟尉　316

节日腐败　319

贪内助　322

孔方兄　325

考绩　328

露布　331

数字游戏　334

官宜久任　337

胥吏的能量　340

"钓鱼式"执法　343

酷吏　346

毁庄稼　349

投其所好　352

　奸臣　355

　也曾学犬吠村庄　358

口碑　361

　立碑　364

　无字碑　367

　毁碑　370

政坛诗词　373

　文章却似呼延赞　376

书法　379

　便条·法帖　382

　铲字　385

后记　388

I

《诗》

正在召开的全国两会（2008）上，有位政协委员谈到了非物质文化遗产保护问题，认为非物质文化遗产名录非常重要，通过它能够引起人们的关心和重视。但他同时认为，非物质文化遗产生于民间、死于庙堂，完全进入庙堂的东西生命力不旺盛，如最早的诗歌总集《诗》，便得益于深厚的民间基础。在我看来，除此之外，还在于它从来没有淡出被"使用"。

《世说新语》有个故事：郑玄使唤一个丫鬟不合意，"将挞之"；丫鬟辩解，他更生气，"使人曳箸泥中"。过一会儿，另一个丫鬟看见了，问她："胡为乎泥中？"答曰："薄言往愬，逢彼之怒。"一问一答，引用的都是《诗》里的句子，而且相当贴切，可见《诗》在丫鬟圈里的稔熟程度。不过，清人连鹤寿认为这件事纯属胡说，"郑公厚德，安有曳婢泥中之事？小说家欲以矜郑，适以诬郑耳"。当代卢嘉锡先生认同此说："连氏之言，意有可取。"

与郑玄丫鬟的正用相较，《牡丹亭》里的丫鬟春香纯粹是歪解。"关关雎鸠，在河之洲，窈窕淑女，君子好逑"，在她那里是："俺衙内关着个斑鸠儿，被小姐放去，一去去在何知州家。"杜丽娘游园惊梦，害了相思，塾师陈最良探问病症，春香说："只因你讲

《毛诗》，这病便是'君子好逑'上来的。"腐儒陈最良则一本正经地说："《毛诗》病用《毛诗》去医。"既然小姐害了"君子"的病，根据"既见君子，云胡不瘳"，他下流地说："这病有了君子抽一抽，就抽好了。"至于药，要"酸梅十个"，因为"《诗》云'摽有梅，其实七兮'，又说'其实三兮'，三个打七个，是十个。此方单医男女过时思酸之病"。不过，丫鬟歪解成趣，陈最良就显示了冬烘先生的一面，他自己没有意识到罢了。

罗大经《鹤林玉露》云，他朋友李进之"于书无所不读，不幸年逾二十而死"，令他痛惜不已。他觉得李进之用《诗》之篇名所作的《陈子衿传》，很了不起，"陈《子衿》，《宛丘》、《北门》人也。其先居《甫田》，世有《清人》，当汉时，《缁衣》为县令者甚众……"把三百零五个篇名来了个"大串连"，显示了高超的构思和文字技巧。如果问《诗》中最精彩的句子是什么，见仁见智。西晋谢玄欣赏《小雅·采薇》之"昔我往矣，杨柳依依；今我来思，雨雪霏霏"，谢安则欣赏《大雅·抑》之"訏谟定命，远猷辰告"，认为"偏有雅人深致"。后人指出，谢玄是将军，所以赞赏征戍的描写；谢安是丞相，所以赞赏为政的描写。但清朝学者王士禛认为，谢安所说的，"终不能喻其指"。从琼瑶的小说看，她或欣赏《国风·秦风》之"蒹葭苍苍，白露为霜；所谓伊人，在水一方"。

科举时代八股文的命题范围主要取自四书五经，所论内容也主要依据朱熹的各种集注，不得自由发挥。而朱熹注《诗》，走的是一种极端路线。其对《国风》之《郑风》，"一切翻倒，尽以淫奔目之，而蔽之以'放郑声'一语。郑声，即郑国之音。子曰："放郑声，远佞人。郑声淫，佞人殆。"放郑声，按朱熹说法就是把郑国之音禁绝之。溯其源，东汉许慎《五经异义》引《鲁论》云："郑国之俗有溱、洧之水，男女聚会，讴歌相感，故云'郑声淫'。"清人刘宝楠《论语正义》于此有驳论："《鲁论》举《溱洧》一诗，以为郑俗多淫之证，非谓郑诗皆是如此。许氏错会此旨，举郑诗而悉被以淫名，自后遂以郑诗混入郑声，而谓夫子不当取淫诗。"王士禛非常推崇他的同乡——明朝嘉靖时的学者王道，说他的《文录》"议论纯正"："《郑风》二十一篇，其的为淫泆之词者，《野有蔓草》、《溱洧》二篇，可疑而难决者，《丰》一篇而已。其他《缁衣》、二《叔于田》、《清人》、《羔裘》、《女曰鸡鸣》、《出其东门》七篇，语意明白，难以诬说"，至于《将仲子》等另外十一篇，"序说古注，皆有事证可据"。因此，王道说朱熹根本不明白孔子"放郑声"的确切含义，"若曰放其声于乐，而存其词于诗，则诗、乐为两事矣。且使诸篇果如朱子所说，乃淫溢狎荡之尤者，圣人欲垂训万世，何取于此而乃录之以为经也邪？"嘉靖时的另一位学者唐荆川索性对朱熹的注来了个一切翻倒："吾觉朱子所解书，无一句是者。"

不仅是民间、学界，一些皇帝也非常喜欢《诗》。如乾隆，曾经"御笔《诗经》全图，书画合璧，三十册"。除了原有的，再加上"圣制《补笙诗》六篇，凡三百一十一篇。篇为一幅，对幅各体书本诗"，下了很大功夫。另外，他还"圣制《豳风图》并书一册"，不知道为何格外垂青《七月》、《鸱鸮》之类。总之，正是《诗》的不断被"使用"，显示出它是一种活的文物，惟其如此，其生命力也就强大得多。现在，国家以及各地都设立了相应级别的非物质文化遗产名录，然而设置本身不应该成为目的，重要的是如何通过扶持，让那些濒危的文化传统重新焕发青春。

五言诗

　　去年(2015)年初有则关于山西运城盐湖区的相关报道,说
2014 年他们的人大常委会报告采用了"五言诗"形式,"首开文风
创新的先河,在社会上引起很大反响"。2015 年他们又再接再厉
或如法炮制,盐湖区人大常委会主任李治所作的人大常委会报
告,沿用了这种形式,"洋洋洒洒 6000 言,文风清新,诗韵依然,听
起来耳目一新,读起来朗朗上口"。

　　五言诗,由五字句所构成的诗体,古典诗歌的主要形式之一。
《诗品·序》云:"五言居文词之要,是众作之有滋味者也。"盐湖
方面也许是看中了这种说法吧,于是摒弃"现在,我受××人大常
委会委托,向大会报告工作,请予审议"的通用模式,另辟蹊径,
"时移人未换,尽责又一年。报告心里话,工作开新篇"云云。

　　有一种说法是:五言诗起于汉代。韩愈《荐士》云:"五言出汉
时,苏李首更号。东都渐弥漫,派别百川导。"韩愈荐的是孟郊,苏
李即西汉苏武、李陵,托名二人赠答的五言古诗,被称为"苏李
体"。在曹丕眼里,他们那时候五言诗写得最好的是"建安七子"
之一的刘桢,在《与吴质书》中他这样评价:"公干有逸气,但未遒
耳。其五言诗之善者,妙绝时人。"不过,汉代说也早就受到了质
疑,如南北朝时的刘勰,其质疑的理由是汉成帝诏命刘向校录歌

诗三百余篇，"朝章国采，亦云周备；而辞人遗翰，莫见五言"。他接着指出，以四言为主的《诗》中，已有五言的句子，如"《召南·行露》(谁谓雀无角，何以穿我屋？谁谓女无家，何以速我狱?)，始肇半章；孺子《沧浪》(《孟子·离娄上》'沧浪之水清兮，可以濯我缨。沧浪之水浊兮，可以濯我足')，亦有全曲"。在刘勰看来，五言诗的历史要悠久得多。

不理会它的起源吧。五言诗由五个字构成，不错，这是最起码的外在形式，但是并非五个字排在一起，便可以称之为"五言诗"。细分的话，有五言古诗、五言绝句、五言律诗、五言排律等，不同的诗体有平仄、声韵的不同要求。

五言古诗，每篇字数不拘，用韵既可以隔句押也可以句句押，既可以押平声韵也可以押仄声韵，既可以一韵到底也可以换韵，不用讲究对仗、平仄等格律。《昭明文选》收录的《古诗十九首》，是文人五言诗初步成熟的标志，《文心雕龙》称之为"五言之冠冕"。代表作有《孔雀东南飞》等。

五言绝句、五言律诗就不同了。前者每首四句，二、四句押韵，可平可仄；后者每首八句，双句押韵，通常平韵，平仄要求严格，中间两联必须对仗。经典的五绝、五律数不胜数，前者如孟浩然《春晓》、王之涣《登鹳雀楼》、柳宗元《江雪》，后者如杜甫《春夜喜雨》、张九龄《望月怀远》、王勃《送杜少府之任蜀州》。清朝诗人施补华说："五绝只二十字，最难为工。"毛泽东在《写给陈毅同志谈诗的一封信》中说："我对五言律，从来没有学习过，也没有发表过一首五言律。"

五言排律就更不得了，为五言律诗的铺排延长，每首至少十句，除首尾两联外，中间各联都要求对仗。清朝学者赵翼认为，隋朝薛道衡《昔昔盐》诗(暗牖悬蛛网，空梁落燕泥)为五言排律之滥觞。由于限制过多，容易显得堆砌死板，所以五言排律历来极少名篇。

从这些细分来看，盐湖的"五言诗"报告倒是与五言古诗相近，但是像"用功抓学习，学用紧相连。业务和法规，以需来排安"一类，不仅毫无诗味，而且为了押韵还硬生生把"安排"弄成了"排安"。高适《送浑将军出塞》有"李广从来先将士，卫青未肯学孙吴"，钱锺书先生指出，这是"牵于对仗声调，遂强以霍去病事为卫青事"。因为《史记》里明明记载的是，"天子尝教之（霍去病）孙、吴兵法，对曰：'顾方略如何耳，不至学古兵法。'"再看"国际金融港，吸引眼球转。周边老百姓，安置不用谈"。这个"不用谈"何解？拆迁是当今中国矛盾最复杂、最尖锐的问题之一，因之而发生的流血事件此伏彼起，盐湖难道是对百姓诉求并不理会，要拆就拆？"用功抓学习"不错，但"下功搞监督，费功建制度，实功交建议，真功下基层，硬功促文化，软功育干部，巧功建机关，全功励代表"，这几个硬凑在一起的"功"，究竟成什么话？

古代汉语以单音节构词法为其特点，最常见的是一音一字一词，那么每一字的容量、内涵都比较大，可以表达一个独立的意念，这就为运用较少文字来表达较多思想感情提供了条件，因而《三字经》《千字文》的出现诚非偶然。现代汉语失去了这些特点，沿用古代汉语的表达方式无异于削足适履。像"盐湖今天壮，流有代表汗。盐湖明天美，代表心血换。语少意深远，大家品详端。盐湖追梦人，续好追梦篇"，说是五言古诗真有些对那诗体不恭，充其量是五言顺口溜而已。因此，这种报告不仅"文风创新"根本无从谈起，用一句"不伦不类"来定性倒算不上冤枉。

藏头诗

3月8日(2014)，马航MH370航班失联之后，网上流传开李白早有预言的说法，说他有一首《腾云》诗："马腾驾祥云，航行阔海郡。失于蓬莱阁，踪迹无处寻。"把第一个字连起来，就是"马航失踪"。然检索《全唐诗》(中华书局，1960年4月版)，从卷一六一直到卷一八五，即属于李白的那些卷，均未发现诗题有曰《腾云》者，遑论句子。敢是检索粗疏抑或编纂遗漏之故？《全唐诗》自有补遗本，然自家未备，只有留待日后查询了。

从所谓《腾云》在句首中辑出句子，从前叫藏头诗，是作者有意为之的一种诗体。改革开放之初，港版电影《三笑》上映时轰动不小，优美动听的黄梅调，令影片在悦目的同时也十分悦耳。记得快到片尾时有个镜头：唐伯虎画完观音大士在台头题诗，先是一字排开径书"我为秋香屈居童仆"，把磨墨的秋香吓了一跳。但那只是个前奏，紧接着唐伯虎在每个字下补足全句，成了一首诗。这一细节，把唐伯虎这个"江南四大才子"之一的形象刻画得生动丰满。不过，这显见是电影主创人员代拟的"唐"诗，对华太师他们来说是"藏头"，对秋香则是"露头"，唐伯虎的开宗明义，使她已然明了该诗的用意所在。

《水浒传》中，宋江想拉卢俊义入伙，但人家锦衣玉食且满脑袋忠君思想,"如何能勾得他来落草?"此前,梁山无论干什么,都是只要结果不计过程,因而各种阴招、损招甚至毒招无所不用其极,人性什么的根本不在考虑之列。为了断秦明的后路,让人穿上他的盔甲、拿着他的兵器,假扮他去把城里的男子妇人杀得"不计其数"。为了断朱仝的后路,让李逵斧劈了年仅四岁的小衙内。对付卢俊义,军师吴用则拍胸脯要"智赚"。所谓智,如我们所读到的,就是扮成个"讲命谈天,卦金一两"的算命先生,跑到他家去算命。卢俊义报上生辰八字之后,吴用假装大惊失色,言其"不出百日之内,必有血光之灾:家私不能保守,死于刀剑之下",化解的办法是前往东南千里之外躲避此灾。接着,吴用在卢家白粉壁上写下四句卦歌:"芦花丛里一扁舟,俊杰俄从此地游。义士若能知此理,反躬逃难可无忧。"这就是藏头诗,首字串通是"卢俊义反"。这是吴用后来对卢仆李固有意点破的,而卢府上下都没有人看出来,一方面说明其虽有恁多家人但文化程度极低,另一方面说明卢俊义自家本领也就局限于"冲开万马,扫退千军"。结果,白墙黑字令卢俊义面对官府而百口莫辩,终于被"逼"上了梁山。

按当下的说法,卢俊义充其量就是个"土豪"吧,生活中也有真实版本的土豪被如此愚弄过,恶作剧就是。《坚瓠集》有"皇甫氏"条,说明朝嘉靖时,"吴中皇甫氏最贵盛,而治家素宽"。杨循吉献了幅寿图,题诗曰:"皇甫先生,老健精神。乌纱白发,龟鹤同龄。"皇甫公非常高兴,"悬之堂"。有人看见了告诉他,这是骂你呢,你看四句的头一个字联起来,是"皇老乌龟"。在"酉斋"条中,有富翁请杨循吉给写个门对,因为"此翁之祖曾为人仆",杨就题了"家居绿水青山畔,人在春风和气中"。这回藏头"家人"二字,"见者无不匿笑"。《明史》载,正德皇帝曾召杨循吉赋《打虎曲》,"称旨,易武人装,日侍御前为乐府、小令",然"帝以优俳畜之，不授官。循吉以为耻，阅九月辞归"。正德皇帝把他归入优伶之列，他觉得被小看了；但人家之所以那样看他，自然建立在"事实"基础之上。又如该书之"郑唐诙谐"条引《驹阴冗记》，一老写真乞题于郑唐，郑唐写的是"精神炯炯，老貌堂堂。乌金白髯，龟鹤呈祥"，老人大喜之余被告知是"精老乌龟"，唯有毁之。郑唐有"福州阿凡提"之谓，倒是宜乎于此。

还有一种藏头诗，是每句的头一个字皆藏于每句的尾一个字。如白居易《游紫霄宫》："水洗尘埃道未尝，甘于名利两相忘。心怀六洞丹霞客，口诵三清紫府章。十里采莲歌达旦，一轮明月桂飘香。日高公子还相觅，见得山中好酒浆。"其中，"甘"藏于"尝"（古字作"嘗"），"心"藏于"忘"，类推；甚至连第一个"水"字也不例外，藏于尾句的"浆"。无论是哪一种吧，藏头诗实际上如织锦回文一样，可归为文字游戏的范畴。

忽焉，李白成了能预言后世的"神棍"。这不是头一遭，汶川地震时就传开了。那回更神，不仅"藏头"，而且同时"藏尾"，什么"北暮苍山兰舟四，京无落霞缀清川，奥年叶落缘分地，运水微漾人却震"，头藏了"北京奥运"、尾藏了"四川地震"。相同模式的，还有"日本版"（头"日本去死"，尾"小泉定亡"）、"法国家乐福版"等。这些所谓诗句不仅平仄不对，且根本逻辑不通，集句都谈不上，纯属凭空编造。可怪的是，不少人却竞相传诵，以为乐事。

打油诗

第六届鲁迅文学奖获奖名单公布,四川大学教授周啸天以诗集《将进茶——周啸天诗词选》获得了其中的诗歌奖。这是第一个以传统诗词获此奖的诗人。很不幸,作品亮相之后,被舆论普遍讥讽为"打油诗"。不妨拈出一首来看。比如写"两弹元勋"邓稼先:"炎黄子孙奔八亿,不蒸馒头争口气。罗布泊中放炮仗,要陪美苏玩博戏。"王蒙先生颂为"亦属绝唱,已属绝伦",我一向不懂品诗,只有姑妄听之了。

打油诗,或始于唐朝张打油,打油该是他的职业吧。这种诗的特点是即兴言事,不求平仄对仗,但求直白、俚俗、谐谑。如,"江上一笼统,井上黑窟窿。黄狗身上白,白狗身上肿"。以这些"标准"来衡量周诗,的确相去不远。而打油诗也有境界高下之别,除了写景与抒怀、戏谑与嘲弄、讽刺与讥弹,还有劝谕,还有阐发哲理。像张打油的这首《咏雪》,通篇不着一"雪"字,但雪的形神呼之欲出。钱泳《履园丛话》收有陈斗泉的一首:"金腿蒙君赐,举家大笑欢。柴烧三担尽,水至一缸干。肉似枯荷叶,皮同破马鞍。牙关三十六,个个不平安。"把友人馈赠的火腿如何煮不烂又咬不动,描写得妙趣横生。钱泳认为:"诗虽谐谑,而炼字炼句,音节铿锵。"相形之下,周教授写的翁帆杨振宁订婚,"二八翁娘八二翁,怜才重色此心同""青山依旧夕阳红""万古灵犀往往通"云云,对有一定文化程度的人来说,都算不上灵光闪现的句子,即便归入打油诗,也属于较浅的层次。

唐朝还有个叫王梵志的,《太平广记》将其列入"异人",因为他的出生十分离奇:王德祖家的树"生瘿大如斗,经三年朽烂",德祖把那个树疙瘩剖开,"遂见一孩儿抱胎",就是他了。有人说王梵志的打油诗"不守经典,皆陈俗语,非但智士回意,实易愚夫改容,远近传闻,劝惩令善"。俗语归俗语,产生的效果积极、良好、向上,所谓"作诗讽人,甚有义旨"。

王梵志有两首打油诗得到了黄庭坚的高度评价。其一,"城外土馒头,馅草在城里。一人吃一个,莫嫌没滋味。世无百年人,强作千年调。打铁作门限,鬼见拍手笑。"其二,"梵志翻着袜,人皆道是错。乍可刺你眼,不可隐我脚。"《苕溪渔隐丛话》载,对其一,黄庭坚说:"己且为土馒头,尚谁食之?今改'预先着酒浇,使教有滋味'。"土馒头,坟包也。这一改,显示了面对生死的坦然。对其二,黄庭坚评价:"一切众生颠倒,类皆如此。"并且,他认为"林宗过茅"即郭林宗拜访茅季伟,季伟杀鸡饭其母,而"自以草蔬与客同饭",使林宗大受感动,两人遂成莫逆的经典故事,即"翻着袜法也"。有趣的是,周教授当下也用这首来形容自己的处境,"梵志翻穿袜子,观者虽不爽,自己的脚却是十分舒服的",表明获奖之后自己心情大好,没受争议影响。虽然正错皆为人言,"人皆道是错"未必即错,但比照黄庭坚对"翻着袜"的见识,可见周教授的理解又浅了不少。

宋人范成大更把梵志前一首整诗的诗意铸为一联:"纵有千年铁门槛,终须一个土馒头。"《红楼梦》里妙玉非常欣赏这两句,在第六十三回岫烟对宝玉说:"(妙玉)常说古人自汉晋五代唐宋以来皆无好诗,只有两句好。所以他(她)自称'槛外之人'……是自谓蹈于铁槛之外了。"宝玉听罢,如醍醐灌顶,嗳哟了一声,方笑道:"怪道我们家庙说是'铁槛寺'呢。"然后,宝玉在给妙玉的帖子封皮上,郑重写上了"槛内人宝玉熏沐谨拜"。显然,离"铁槛寺"不远的"馒头庵",来历也在于此,而不可能是"因他庙里做的馒头好,就起了这个浑号"。宁荣二公当初建造铁槛寺,是"以备京中老了人口,在此便宜寄放"。因此,办理秦可卿的丧事,"族中诸人皆权在铁槛寺下榻,独有凤姐嫌不方便,因而早遣人来和馒头庵的姑子净虚说了,腾出两间房子来作下处"(第十五回),表明馒头庵和铁槛寺是存在逻辑关联的。

本届鲁迅文学奖在参评作品征集时已经起了一轮风波。湖北省作协主席方方发微博说:"我省一诗人在鲁迅文学奖由省作协向中国作协参评推荐时,以全票通过。我很生气。此人诗写得差,推荐前就到处活动。这样的人理应抵制。"旋即我们知道这人名叫柳忠秧,最终的确没有能够入围。对周啸天的获奖,方方在微博上又说话了:"不知获奖诗集如何。单看这几首,柳忠秧的诗比他好点。"堵住了这个,放掉了那个,失望之情溢于言表。"打油诗"之外,前两届获得这个我国最高文学大奖的还有"梨花体""羊羔体",三番五次,评委该被质疑。而本届诗歌奖评奖委员会委员包明德说,他们共征集到233部参选作品,获奖作品的最终决定是通过了层层考核的,评选过程绝对经得起推敲。程序既然没问题,那么我们只有怀疑他们的智商了。这么下去,鲁奖还有必要涵盖诗歌部分与否,值得考虑。

后堂恐有未眠人

　　诗坛最近挺受关注。先是诗人赵丽华及其"梨花体"引发了网络狂潮，接着又有"先锋诗人"苏非舒在"挺赵"诗歌朗诵会上一件一件地"脱掉了16层衣服"，准备一丝不挂地朗诵。《南方都市报》10月10日（2006）刊载了对苏诗人的采访，按他的解释，当众脱衣象征"诗歌应该是直接、简单的"。

　　热闹在诗外。在莽汉诗、下半身、废话诗等多个诗歌流派之外，"梨花体"看来又占定了一席。"赵又霖和刘又源／一个是我侄子／七岁半／一个是我外甥／五岁／现在他们两个出去玩了。"这种文字果真"直接、简单"，如同或者正是日常的大白话。《清稗类钞》云乾隆皇帝"每一诗出，令儒臣注释"，当场不得原委没关系，"许回家涉猎"，即便这样，仍然"多有翻撷万卷莫能解者"。可见乾隆是喜欢寻僻的一派，颇有卖弄的成分。近代陈三立（寅恪父）作诗，也是"避俗避熟，力求生涩"，今天的研究者说他好用僻字拗句，以"生涩奥衍"的诗句替代"习见语"，虽然源出众家，然"求起句之奇，求对仗之反差，或一句含多层意，则自成面目"。散原先生如此，则被看作是"为古典诗作了体面收束"。

　　与之相反，前人还有"诗文不必寻僻"的理念。李调元《雨村诗话》云："诗不可用僻事，亦如医家不可用僻药。"鲁迅先生在

《呐喊·自序》中谈到为父亲买药，讽刺说"因为开方的医生是最有名的，以此所用的药引也奇特：冬天的芦根，经霜三年的甘蔗，蟋蟀要原对的，结子的平地木……多不是容易办到的东西。然而我的父亲终于日重一日的亡故了"。这些奇特的药引就可归入"僻药"，李调元如此类比，非常形象。清朝学者钱泳在《履园丛话》里嘲笑一位孝廉，说他作诗好用僻典，因其"尤通释氏之书，故所作甚多"，虽然多，却"无一篇晓畅者"。有天孝廉拿出两首新作，钱泳"口嗫不能读"，根本明白不了，乃对旁人调侃："记得少时诵李、杜诗，似乎首首明白。"闻者无不大笑。钱泳就此感叹：诗文"用意要深切，立辞要浅显"，古人的诸多名篇，不就是"将眼面前数千字搬来搬去，便成绝大文章"吗？钱泳觉得大白话完全可以入诗，"用得合拍便成佳句"。今天的赵诗人也是这种观点，她认为"床前明月光""飞流直下三千尺"，在唐代就是大白话。

不过，有一点显而易见，同样是大白话，即使不拿脍炙人口的唐诗作参照，就是用唐朝张打油的打油诗与近人韩复榘、张宗昌的作品相比，也有相当大的意境和寓意区别。安禄山大兵逼近，张打油作："百万贼兵困南阳，也无救援也无粮。有朝一日城破了，哭爹的哭爹，哭娘的哭娘。"虽然就是几句大白话，但是勾勒出了南阳城堪忧的现状及前景，让人会心一笑。再看看韩复榘的《游济南大明湖》以及张宗昌的《笑刘邦》之类，也让人哑然失笑，虽然作者毫无此种动机。前诗为："大明湖，湖名大，大明湖里有蛤蟆，一戳一蹦达。"后诗为："听说项羽力拔山，吓得刘邦就要窜。不是俺家小张良，奶奶早已回沛县。"同样是大白话入诗，不成佳句就可能成笑谈，粗俗不堪的就更不用说了，"妆点山林大架子，附庸风雅小名家"。

唐人姚汝能《安禄山事迹》云，"安史之乱"中的那个

"史"——史思明虽然不识字，但是好吟诗，当上土皇帝后更乐此不疲。他有个坏毛病，"每就一章，必驿宣示"，要"郡国传写，置之邮亭"，使百姓都知道，这种效果跟今天上网该差不多吧。但史思明实在不是写诗的料，因而作品往往"皆可绝倒"。比如《石榴诗》是这么写的："三月四月红花里，五月六月瓶子里。作刀割破黄胞衣，六七千个赤男女。"他最有名的诗，当推赐樱桃予儿子史朝义和大将周贽的那首："樱桃一笼子，半赤一半黄。一半与怀王，一半与周贽。"有个叫龙谭的小吏很不知趣，出主意把后面两句掉过来，说这样则"声韵相协"。史思明听得挺糊涂："韵是何物？"他想的只是"岂可以我儿在周贽之下"！举手投足，不忘的是地位和级别。

　　"吟至夜深人自爱，后堂恐有未眠人。"余不懂诗，但感觉今天的诗坛虽然总是吵嚷着如何振兴，其中的很多作品已然称不上诗，而诗人却偏偏以为自己是在写诗。如果一句话不是一口气说下来，不断停顿，写出来分成几行就叫诗的话，那恐怕会写字的乃至会说话的，都可以称作诗人了。清朝梁章钜说，作诗如果不能"质而韵、简而赅"，则"转不如藏拙矣"。他这个说法，值得诗人、准诗人们咀嚼。

市井之声

"蟑螂药、老鼠药、蚂蚁药……"不知道从什么时候开始,广州的大街小巷不断传出这种叫卖声。声音是录音机放出来的,因而在我工作的五羊新城听到的,和在居住的大塘村听到的,全都一模一样,仿佛卖药者已然连锁一般。

小贩沿街叫卖是从前的一个传统,构成市井之声的组成部分。潘荣陛《帝京岁时纪胜》对京师元旦有一个比较全面的描写:"除夕之次,夜子初交,门外宝炬争辉,玉珂竞响。肩舆簇簇,车马辚辚。百官趋朝,贺元旦也。闻爆竹声如击浪轰雷,遍乎朝野,彻夜无停。更间有下庙之博浪鼓声,卖瓜子解闷声,卖江米白酒击冰盏声,卖桂花头油摇唤娇娘声,卖合菜细粉声,与爆竹之声,相为上下,良可听也。"后面这些,说的就是叫卖声。我们向来有"坐贾行商"的说法,行商,即走街串巷去叫卖。《韩非子》中有著名的"自相矛盾"寓言,那个楚国小贩用"物莫能陷也"夸其盾,又用"吾矛之利,无物不陷也"誉其矛,结果旁人让他"以子之矛,陷子之盾"。撇开寓言所要表达的喻义,就小贩而言,为了推销东西,除了"说"就是"吆喝"。借用史玄《旧京遗事》的话说:"京城五月,辐辏佳蔬名果,随声唱卖,听唱一声而辨其何物品者。"

卖水果之外也是一样。《红灯记》里,一声"磨剪子哩,戗菜刀"响起，大家就知道磨刀人来了。再借用高承《事物纪原》的话说："京师凡卖一物，必有声韵，其吟哦俱不同。"当其时也，北宋都城汴京的市井之声定然此起彼伏，徽宗也被感染了，作诗云"娇云溶漾作春晴，绣毂清风出凤城。帘底红妆方笑语，通衢争听卖花声"。武大郎卖炊饼时想来也是吆喝的，可惜《水浒传》中没有添上一笔，否则会比较有趣。南宋都城临安亦然。吴自牧《梦粱录》"天晓诸人出市"条云，那些"侵晨行贩"叫卖"异品果蔬""时新果子""海鲜品件"等，"吟叫百端，如汴京气象，殊可人意"。杭州夜市上的小贩，干脆"皆效京师叫声"。这样来看，陆游之"小楼一夜听春雨，深巷明朝卖杏花"，其友王季夷之"小窗人静，春在卖花声里"，都属于诗意地反映现实了。

清朝的京师也是这样。悠长悦耳、抑扬顿挫的京韵叫卖声，形成了自己的独特风格，成为京味儿文化的重要组成部分。富察敦崇《燕京岁时记》载，二月下旬，"有贩乳鸡、乳鸭者，沿街吆卖，生意畅然"。四月，玫瑰"花开时，沿街唤卖，其韵悠扬。晨起听之，最为有味"。五月，"玉米初结子时，沿街吆卖，曰五月先儿"。京师暑伏以后，则"寒贱之子担冰吆卖，曰冰胡儿。胡者核也"。七月中旬，"菱芡已登，沿街吆卖，曰：'老鸡头才上河。'盖皆御河中物也"。七月下旬，"枣实垂红，葡萄缀紫，担负者往往同卖。秋声入耳，音韵凄凉，抑郁多愁者不禁有岁时之感矣"。十月，"颁历以后，大小书肆出售宪书，衢巷之间亦有负箱唱卖者"。《帝京岁时纪胜》亦载："腊月朔，街前卖粥果者成市。更有卖核桃、柿饼、枣、栗、干菱角米者，肩挑筐贮，叫而卖之。"有趣的是，刘成禺在《世载堂杂忆》中说，唐绍仪告诉过他，"袁世凯小站练兵，一日静坐幕中，闻外有肩布走售者，呼卖声甚洪壮，异之，使人呼入，即曹锟也。貌亦雄伟厚重，劝其入小站投军，成绩甚佳，屡蒙不次之擢"。曹锟即以贿选闻名的那位民国总统,这段轶事未知是否唐绍仪在行揶揄之能事。

对叫卖这种市井之声,吴自牧以为"殊可人意",潘荣陛以为"良可听也",富察敦崇以为"最为有味",当然了,也有人很听不惯。《清稗类钞》云:"上海民居鳞次栉比,一衖之中,衡宇相望,而衖中之声最可厌者为各种卖物叫唤之声。每日自日高舂至日下舂时,纷至沓来,几于震耳,而腕车之辘辘声,马车之得得声,犹不计也。"是书乃徐珂所辑,是语不知出自谁人,然其深表认同吧。徐氏还说,龚自珍特别"恶闻饧箫声",至于"每于日斜时闻卖饧声则病",他搞不清这是怎么回事。饧,古"糖"字,后特指用麦芽或谷芽熬成的糖。对《诗·周颂·有瞽》之"箫管备举",郑玄笺:"箫,编小竹管,如今卖饧者所吹也。"孔颖达疏:"其时卖饧之人吹箫以自表也。"可见这种饧箫之声的历史相当悠久,至于历代诗人咏之,成为一种文化意象。北宋宋祁有"草色引开盘马地,箫声催暖卖饧天",梅尧臣有"千门走马快开榜,广市吹箫尚卖饧",秦观有"懒读夜书搔短发,隔垣时听卖饧箫",南宋陆游有"陌上箫声正卖饧,篮舆兀兀雨冥冥"等,龚自珍自己也有"饧箫咽穷巷,沉沉止复吹"。弄清楚龚之"恶闻"究竟是什么原因,可能会很有意思。

笔者少时生活在京郊顺义县,"豆腐丝儿哩""(以草木灰)换洋取灯儿(火柴)哩",诸如此类的叫卖声记忆尤深。20 世纪 80 年代中刚来广州那会儿,"收买烂嘢"(废品回收)也不绝于耳。世易时移,如今的叫卖声某种程度上成了噪音,但这种文化传统还是应当加以保护,成为非遗也不为过。在南宋,不是已经"以市井诸色歌叫卖物之声,采合宫商成其词"了吗?

三句半

新近（2014）看到一个段子，歪改大家熟悉的诗词以"古为今用"，如"锄禾日当午，汗滴禾下土，谁知盘中餐，有毒""白日依山尽，黄河入海流，欲穷千里目，有雾""日照香炉生紫烟，遥看瀑布挂前川，飞流直下三千尺，A 股""雕栏玉砌今犹在，只是朱颜改，问君能有几多愁，要拆""一去二三里，烟村四五家，亭台六七座，豆腐渣。"用大家耳熟能详的古诗词作"铺垫"，而以当下社会生活现象"煞尾"，既出人意料，又可发一噱。

记忆中，"文革"时常见这种表现形式，叫作三句半，每于文艺演出时用作批判的武器。至少对孩童来说，这是能够入脑入心的一种宣传方式。那场面至今印在脑海里：四个人表演，乒乒乓乓一阵乐器响，说话时先迈前一步，说完再退回队列；前三人各说一句完整的台词，一般是五个字或七个字，到最后那位，敲一下锣，抖出俩字或仁字，观众的笑声就出现于此时。三句半亦庄亦谐，前三句乃"庄"，因而要合辙押韵，那个"半"为"谐"，既压韵又合意，别看有时可能一个字，但因为点睛，是落脚点，往往产生结构突兀的效果，所谓"杂以鄙俚，曲尽要妙"。因此，三句半不仅保持了一般诗歌的概括性、抒情性和音乐性，又往往在协调中通过增加不协调的成分，增加了趣味性、通俗性，极具幽默诙谐的韵味。

有考证说，三句半出现于唐末五代，别名很多，形象的叫"瘸腿诗"，嗔怪的叫"无赖体"，平铺直叙的则叫"十七字诗"。此外，还有"吊脚诗""翘脚诗"等。王灼《碧鸡漫志》云，"长短句中，作滑稽无赖语，起于至和"，也就是宋仁宗时期；神宗、哲宗时兴盛，而"兖州张山人以诙谐独步京师"。张山人的作品暂不得其详。蒋一葵《尧山堂外纪》说，王禹玉丞相既亡，有无名子作诗嘲之云："太师因被子孙煎，身后无名只有钱。喏喏佞翻王介甫，奇奇歙杀宋昭宣。尝言井口难为戏，独坐中书不许年。东府自来无土地，便应正授不须权。"结果他家人告上去了，点名说是张山人作的；府尹把张山人招来，张怎么说？"某自来多作十六、十七字诗"，这么多字的东西他还写不了呢，"府尹笑而遣之"。

　　古籍中可窥见不少三句半。褚人获《坚瓠集》云："正德中，有无赖子好作十七字诗，触目成咏。"时天旱，府守祈雨，"神无感应"，雨没来，"无赖子"就作"无赖体"嘲之了："太守出祷雨，万民皆喜悦。昨夜推窗看，见月。"月亮高悬，没有下雨的可能。府守把他抓来，让他再作一首，作得好就放人，言罢以自己的别号"西坡"命题。"无赖子"脱口而出："古人号东坡，今人号西坡。若将两人较，差多！"府守这回大怒，下令打他十八大板。那人触目成咏："作诗十七字，被责一十八。若上万言书，打杀！"同书还有一则，有个能写诗的贴出润格："一文作一字。"一妓将十七文求诗，他拿出的是："美貌一佳人，妖娆体态新。调脂并傅粉，观音。"一个和尚见了，"以十六钱求诗"。这回人家吟的是："和尚剃光头，葫芦安个柄。睡到五更时，硬。"冯梦龙《广笑府》里，也有不少"三句半"，如"剧情太平常，演技更乖张。为求观众看，脱光"，简直超越时空，完全是针对现实而言了。当然，诸种齐东野语旨在表明此中的智慧，无须较真。

《明史纪事本末》卷四有"太祖平吴"条,讲到吴王张士诚"委政弟士信",而士信荒淫,"出师多携樗蒲、蹴鞠,拥妇女酣宴。其命将,将或卧不起,邀官爵美田宅。既至军,即失地丧师,多不问,或复用之"。在政事上也是如此,"每事惟与黄敬夫、叶德新、蔡彦夫三人谋",这三人却又是"谄佞憸邪,惟事蒙蔽"之辈,"故其国政日非"。朱元璋闻之曰:"我无一事不经心,尚被人欺。张九四(士诚原名)终岁不出门理事,岂有不败者乎!"对张士信,当时就有一首三句半:"丞相做事业,专用黄蔡叶;一朝西风起,干瘪。"在《梵天庐丛录》中,文字略有不同:"丞相做事业,只凭黄蔡叶。一夜西风来,干瘪。"并紧接着交待了三人的下落,士诚被擒,朱元璋"取三人,刳其肠而悬之,至成枯腊,真干瘪矣"。人们猜测,"三人皆机要重臣,而黩货乱政,以致败国丧家,太祖特恶焉,故极于此典"。

《论语·子张篇》中,孔子弟子子夏说:"虽小道,必有可观者焉,致远恐泥,是以君子不为也。"他的意思是说,像农工商医卜虽然是些小的技艺,也一定有可取的地方,但用它们来达到远大目标就行不通了。三句半正可归为"小道"之列,然像开头那几首,对当下社会现象无论怎样鞭辟入里,亦聊作茶余饭后的解颐而已。概无须借此"以观民风",情况如何大家全都清楚。

年号

4月1日(2019),日本公布了新的年号:令和。这是即将于下个月继位的德仁天皇的年号。此前一天,4月30日,现任天皇明仁将正式退位,伴随着退出的,还有年号"平成"。读史书,于典籍中每会遇到年号,即历代帝王纪元所立名号。这种做法始于汉武帝,《汉书·武帝纪》有"建元元年",颜师古注:"自古帝王,未有年号,始起于此。"

年号如何纪年呢?举例来说,唐太宗继位了,改元"贞观",上台这年就是贞观元年;他总共当了23年皇帝,最后那年就是贞观二十三年。对这种纪年法,清朝学者赵翼评价颇高,以为"上自朝廷,下至里社,书契记载,无不便之,诚千古不易之良法也"。功效有没有那么夸张姑且不论,总之,自汉武帝的"建元"亦即公元前140年始,凡开国者,国号、定都之外,建元都成标配,继位者则改元,就是改年号。自封的土皇帝也不例外。"安史之乱"的安禄山,定国号大燕,年号"圣武";他儿子安庆绪杀了他自立之后,改元"载初"。我们的最后一个年号是"宣统",属于末代皇帝溥仪。当然了,后来袁世凯的"洪宪",以及溥仪的"康德",像安、史的那些一样,正史中都算不得数。

年号纪年大别于如今的公元纪年,即便按正史承认的来看,也割裂了时间的连贯性。因此，弄清楚历史上的某件事究竟发生在哪一年，要查工具书，找出对应的公元年。然而，在年号的厘定过程中，蕴含相当的文化含量，可称一种文化现象。报道说，"令和"是日本首次使用其古代典籍作为年号选取来源，此前均出自我们的，如"昭和"，取自《尚书·尧典》之"百姓昭明，协和万邦"；即将谢幕的"平成"，取自《史记·五帝本纪》之"父义，母慈，兄友，弟恭，子孝，内平外成"。宋人赵彦卫《云麓漫钞》早就说了，年号"往往皆寓美意，或记一时盛事"。蔡絛《铁围山丛谈》讲到宋徽宗先后使用的六个年号，都颇有讲究。第一个"建中靖国"，因为徽宗是哲宗的弟弟，"兄弟为继，故踵太平兴国之故事也"。第二个"崇宁"，乃"崇熙宁也"，熙宁，推动王安石变法的神宗的年号。崇宁五年正月出现彗星，"乃改明年为大观"。大观，取《易经》"大观在上"意。大观四年夏五月又出现彗星，改第二年为"政和"，这回是取《尚书·周书》的"庶政惟和"。第五个为什么是"重和"呢？"和之又和"意。"太宗皇帝以在位二十年，因大赦天下。是时上在位已十有九年，明年当二十年。举是二者，乃下赦，改十一月冬至朔旦为重和元年"。可是没多久有人发现问题了，北面大辽有个年号叫"重熙"，他们的后主名禧，其国中因避"重熙"，所以凡称"重熙"则为"重和"。这么一来，咱们不是和他们重了？于是赶快又改，改成"宣和"。而"宣和改，上自以常所处殿名其年，然实欲掩前误也"。所谓殿名，是因为宋朝有个宣和殿，徽宗亲政后的燕息之处。问题又来了，有人说"一家有二日为不祥"。果然，方腊造反，"连陷二浙数郡"。徽宗又"意弥欲易之"，以"难得美名"而作罢。

年号厘定的确不是件容易的事，所以蔡絛感慨："大抵名年既不应袭用前代，又当是时多忌讳，以是为难合，而古人已多穿凿。"

于是，自己想不出有意味的，就简单地将前面的合二为一，美其名曰效法。如唐德宗的"贞元"，取自太宗的"贞观"、玄宗的"开元"；宋宁宗的"庆元"，取自仁宗的"庆历"、哲宗的"元祐"，另一个"开禧"则取自太祖的"开宝"、真宗的"天禧"。这种做法终究胜似与前面撞车。欧阳修《归田录》云，太祖建隆六年将议改元，专门嘱咐"宰相勿用前世旧号"，于是改元"乾德"。其后，"因于禁中见内人镜背有乾德之号"，问学士陶穀，陶穀说："此伪蜀时年号也。"太祖由是"叹宰相寡闻也"。李心传《旧闻证误》说得更具体："乾德三年春平蜀，蜀宫人有入掖庭者，太祖览其镜背云'乾德四年铸'，上大惊。"因有"作宰相须是读书人"之叹。明朝马文升还记得这件事，有一年出科试题目就是《宰相须用读书人》，因为武宗朱厚照登基之后改元"正德"，而这个年号此前至少已经被用了三次！对此，赵翼总结道："时代久而年号多，最易相袭。"他发现，史上年号相重的多了去了，"有正统之代袭用前代旧号者，有僭窃之主袭用前代旧号者，有僭窃之主彼此年号相同者，有正统之代与僭窃之号相同者。"一般的就算了，"以大一统之朝，偏袭用乱贼年号，更足贻笑千古矣"。

必须看到，从前一个帝王并非只是使用一个年号。年号的开山祖师汉武帝就有 11 个之多，元光、元朔、元狩什么的，差不多 6 年换一次，叫"元鼎"那回，估计是当年"得鼎汾水上"吧。明清两代，情形才得到改观，这二十几个帝王中，只有复辟了的明英宗朱祁镇有"正统"和"天顺"两个年号。日本一个天皇对应一个年号，未知有无承继我们传统的因素。随着帝制被推翻，年号纪年在我们这里正式退出了历史舞台。了解我们的这一传统文化，观诸日本现行的年号体系不失为一个参照，"礼失而求诸野"嘛。

继位

4月30日（2019）傍晚，日本明仁天皇在皇居"松之间"宫殿如期举行"退位礼正殿之仪"，发表作为天皇的最后讲话。皇太子德仁明天将继位。这一交替，意味着"平成"时代结束，"令和"时代开启。新闻图片中看到，写有"天皇陛下万岁"的彩旗颇多，无须翻译，纯粹就是汉字。熟悉我们历史的人，对这一幕都会有似曾相识之感，只是我们的已经停留在史书里，他们的还存活于现实中。

"父死子继，兄死弟及，天下通义也。"《史记·宋微子世家》中宋宣公的这一说法，乃是中国封建社会通行的宗法制度。在皇位继承问题上，总的原则是父亲传给儿子，没有儿子的，传给弟弟。史上最常见的是前一种情况，日本此番交替也是，但宋宣公却是后一种。他有儿子，即太子与夷，但宣公病了之后，却"让其弟和"，弟弟"三让而受之"，于是"宣公卒，弟和立，是为穆公"。不过，穆公临终之际，也放弃了自己儿子的继承权，又把位子给回与夷。"君子闻之"曰："宋宣公可谓知人矣，立其弟以成义，然卒其子复享之。"皇帝出现后，兄死或终而弟及的最有名案例，该是北宋之初的太宗赵光义接替太祖赵匡胤。虽然《宋史》言之凿凿地用杜太后的话教育匡胤，什么"汝百岁后当传位于汝弟。四海至广，万几至众，能立长君，社稷之福也"，匡胤顿首泣曰"敢不如教"，赵普还"于榻前为约誓书"，且"藏之金匮，命谨密宫人掌之"。不过，《宋史纪事本末》中记下的"斧声烛影"，令光义的继位留下太多谜团。当其时也，左右"但遥见烛影下晋王（光义）时或离席，若有逊避之状，既而上引柱斧戳地大声谓晋王曰：好为之。俄而帝崩"。隐隐是说，弟弟把哥哥给干了，抢来的位子。

明仁天皇是日本皇室近 200 年来首位在世时退位的天皇，属于主动退位。2016 年 8 月 8 日，在向日本国民发表的电视讲话中，他便已经正式表明了"生前退位"的决定。明仁退下之后，称"上皇陛下"，就是我们从前所说的太上皇。我们历史上有许多太上皇，挑著名的说，就有唐朝的李渊（高祖）、李隆基（玄宗），宋朝的徽宗，清朝的乾隆等等，可以开一串名单。但我们的太上皇往往出于无奈而让位，甚至基于大规模流血冲突的前提，属于不得已而为之。

看看唐朝的这两位吧。李渊，武德九年（626）六月，秦王李世民"以皇太子建成与齐王元吉同谋害己，率兵诛之"，发动"玄武门之变"，不仅诛杀了哥哥和弟弟，而且株连了二人的全部男性子嗣。李渊不得不"诏立秦王为皇太子"，八月，再"诏传位于皇太子"，将宝座让给二儿子，自己当太上皇。《旧唐书·高祖二十二子列传》最后，刘昫等不忘对建成和元吉大泼污水："建成残忍，岂主鬯之才；元吉凶狂，有覆巢之迹。若非太宗逆取顺守，积德累功，何以致三百年之延洪、二十帝之纂嗣？或坚持小节，必亏大猷，欲比秦二世、隋炀帝，亦不及矣。"意思是说，如果建成继位，连秦二世、隋炀帝都不如。

李隆基，与李世民的继位如出一辙。唐隆元年（710）年六月，少帝登基未几，临淄王李隆基便与太平公主联手"举兵诛诸韦、武，皆枭首于安福门外"，然后睿宗继位。两年后虽传位于三儿子李隆基，"自称太上皇帝"，但并没有让渡权力，"五日一度受朝于太极殿,自称曰朕",而李隆基"每日受朝于武德殿,自称曰予"。等到李隆基再发动政变,铲除太平公主一党,第二天太上皇就有了诰曰:"朕将高居无为,自今后军国刑政一事以上,并取皇帝处分。"赶快识趣地躲去一边。只是李隆基没有料到,后来自己的儿子招呼不打,也把他逼成了太上皇。"安史之乱"时,他还在奔逃的路上,"灵武使至,始知皇太子即位"。没办法,他只好"用灵武册称上皇,诏称诰",然后派人去说什么"朕称太上皇,军国大事先取皇帝处分,后奏朕知。候克复两京,朕当怡神姑射,偃息大庭",算是聊以自慰。

吊诡的是,李世民、李隆基这两位通过政变上台的皇帝,一个开创了"贞观之治",一个开创了"开元盛世",不仅没人说个不是,还给后世以二人幸而非法继位之感,就是刘昫们的"坚持小节,必亏大猷"了。

因为太子位置的风险系数颇高,所以《魏书·皇后列传》有个说法:"椒掖之中,以国旧制,相与祈祝,皆愿生诸王、公主,不愿生太子。"只有宣武胡皇后不这么看:"天子岂可独无儿子,何缘畏一身之死而令皇家不育冢嫡乎?"怀孕之后,她还来个"幽夜独誓":"但使所怀是男,次第当长子,子生身死,所不辞也。"纵观我们的历史,继位的,一概离不开男性,只有武则天是个特殊的例外,两《唐书》让她进了"本纪",但是是以"则天皇后"的身份,而且她是"革唐命,改国号为周"。

在日本那里,因为没有生出男孩,先前的太子妃雅子一直受到宫内的各种压力,一度患上抑郁症。那么,在德仁天皇之后,只有"兄终弟及",把皇位传给弟弟文仁了。文仁两女一子,子系悠仁亲王,至少还可以延续两代。日本的皇位制度,真有我们史书的"活化石"之感。

讬孤

　　12 月 11 日（2022），重庆市三国文化研究会等机构预发的一则"学术研讨会"信息，引发了舆论热议。研讨什么呢？"纪念刘备托孤 1800 周年"。先期有征文活动，第一个选题意向是"刘备托孤的文化意蕴及现代价值研究"。这个问题陈寿早已作答："先主之弘毅宽厚，知人待士，盖有高祖之风，英雄之器焉。及其举国讬孤于诸葛亮，而心神无贰，诚君臣之至公，古今之盛轨也。"

　　托孤，严格地说，应为"讬孤"，谓以遗孤相托，多指君主把遗孤托付给大臣。《论语·泰伯》中，曾子有个设问及回答："可以讬六尺之孤，可以寄百里之命，临大节而不可夺也：君子人与？君子人也。"六尺之孤，即年龄 15 岁以下。寄命，摄君之政令。其才可以辅幼君，摄国政，其节至于死生之际而不可夺，这就是君子。

　　家天下的历史簿子上，他姓不得染指宝座，讬孤就成为常态。至于效果，则正反皆历历在目。正面的如霍光，反面的如司马懿。所谓正面，就是曾子所说的君子，能够忠诚地履行讬孤之责；而所谓反面，就是"小人"借机夺取了政权。

　　综合《汉书》纪、传的记载，先看看霍光。汉武帝驾崩，册立未几的太子年仅八岁，大司马大将军霍光乃"受遗诏辅少主"，这种政事"一决于光"的状况，直到"昭帝既冠"还是如此。霍光也不辱使命,治国 13 年来,"百姓充实,四夷宾服"。昭帝崩,无嗣,霍光"请皇后徽昌邑王"刘贺即位,但 27 天后,"光奏(太后)王贺淫乱,请废",贬之为海昏侯,再迎立刘病已(询),是为宣帝。新皇帝已经成年,"光稽首归政",然"上廉让不受,诸事皆先关白光"。西汉自"文景之治"后有"昭宣中兴",与霍光的作用密不可分。霍光即曾子标准中的君子。

再看看司马懿。《三国志·魏书·明帝纪》载,魏明帝曹叡病笃,将司马懿"驿马召到,引入卧内,执其手",郑重托孤:"吾疾甚,以后事属君,君其与(曹)爽辅少子(芳)。吾得见君,无所恨!"司马懿当时"顿首流涕"。但众所周知,司马懿后来发动高平陵事变,控制了曹魏朝政。《资治通鉴·魏纪七》载,嘉平元年(249)正月,"帝谒高平陵,大将军爽与弟中领军羲、武卫将军训、散骑常侍彦皆从"。高平陵即明帝陵,去洛阳九十里。司马懿瞅准了时机,"以皇太后令,闭诸城门,勒兵据武库,授兵出屯洛水浮桥"。此前,桓范曾提醒曹爽:"总万机,典禁兵,不宜并出。若有闭城门,谁复内入者?"曹爽刚愎自用:"谁敢尔邪!"

司马懿打的正是声讨曹爽的旗号,指责曹爽"背弃顾命,败乱国典,内则僭拟,外则专权,破坏诸营,尽据禁兵,群官要职,皆置所亲,殿中宿卫,易以私人,根据盘互,纵恣日甚"。司马懿承诺,对曹爽"唯免官而已,以洛水为誓",但一俟曹爽兄弟归家,司马懿即"发洛阳吏卒围守之;四角作高楼,令人在楼上察视爽兄弟举动",某次发现曹爽"挟弹到后园中",楼上便唱言:"故大将军东南行!"入瓮之前,曹爽还以为"吾得以侯还第,不失为富家翁"呢。《晋书·宣帝纪》载:"既而有司劾黄门张当,并发爽与何晏等反事,乃收爽兄弟及其党与何晏、丁谧、邓扬、毕轨、李胜、桓范等诛之。"这当然是司马懿找到的杀人借口,归根到底,他是要彻底削弱曹魏宗室力量。

正反之间还有一条中间道路，受托孤大臣既没有履行使命，也没有改变家天下的本质，如南北朝时的刘宋。《宋书·武帝纪》载，武帝刘裕托孤于檀道济、徐羡之、傅亮、谢晦四大臣。但是，登基后的少帝刘义符德不配位，用皇太后令的说法，"不谓穷凶极悖，一至于此"。具体表现呢，如"大行在殡，宇内哀惶……（他）征召乐府，鸠集伶官，优倡管弦，靡不备奏，珍羞甘膳，有加平日"；如"日夜媟狎，群小慢戏，兴造千计，费用万端，帑藏空虚，人力殚尽。刑罚苛虐，幽囚日增"。他甚至"于华林园为列肆，亲自酤卖，又开渎聚土，以像破岗，率左右唱呼引船为乐"。徐羡之等遂借太后之名处死少帝，迎立武帝三子刘义隆，是为文帝。

形形色色的托孤中，最有名的自然是刘备。《三国志·蜀书·先主传》载，章武三年（223）三月，"先主病笃，托孤于丞相亮，尚书令李严为副"。《诸葛亮传》中交待得比较详细。时刘备对诸葛亮"属以后事"，曰："君才十倍曹丕，必能安国，终定大事。若嗣子可辅，辅之；如其不才，君可自取。"又叮嘱刘禅："汝与丞相从事，事之如父。"诸葛亮当场哭了，郑重表态："臣敢竭股肱之力，效忠贞之节，继之以死！"此后，尽管面对的是"扶不起的阿斗"，诸葛亮也没有"自取"，而是"鞠躬尽力，死而后已"。诸葛亮走的不过是霍光的路数。

"纪念刘备托孤1800周年学术研讨会"拟定于2023年4月至6月在重庆奉节、四川成都召开，遭到质疑后能否如期进行是个疑问。其实，舆论先不用极尽嘲讽之能事，不妨拭目以待，根据研讨会的成色再去评价并不迟。而无论哪种形式的托孤，出发点都是维护并延续自家的天下，这在现代社会毫无积极意义可言是确凿无疑的吧。

女王

一大早便看到了英国女王伊丽莎白二世去世的消息。昨晚浏览到的新闻已露出端倪:英国时间 9 月 8 日(2022)中午,自白金汉宫通报女王正在接受医学观察后,英国广播公司(BBC)1 台便中断并暂停了截至当天下午 6 点前的所有常规节目。同时,新闻主播在播报相关新闻时穿黑色西装、打黑色领带。

女王,国家的女性君主。在我们这里,正统女王公认为唐朝的武则天。高宗驾崩,她作为中宗、睿宗的皇太后临朝称制,终于在 690 年革了李唐的命,改国号为周,在位足足 15 年,中宗复辟。武则天往往被冠以中国历史上的唯一女王即女皇帝,严格起来未必。武则天之前的西汉吕雉、北魏"皇子",之后的是西辽萧塔不烟和耶律普速完,都是正统的女王。其中,"皇子"的生命过于短暂,甚至连姓名都没有留下,另三位,历史年表谱写到她们那里,径书她们本人的名字,连年号也由自己"改元"。吕雉更被《史记》《汉书》归为《本纪》,那正是皇帝在史书中的待遇。《史记》中的汉惠帝甚至没有被单列,而附属在《吕太后本纪》。清朝慈禧太后虽也大权在握,顶着的却是同治、光绪的年号。

吕雉的故事此不赘言,先看"皇子"。《魏书·皇后传》载,孝明帝继位后,其母胡充华乃事实上的女王,"亲览万机,手笔断决"。不仅如此,她还"改令称诏,群臣上书曰陛下,自称曰朕"。然而,"肃宗所亲幸者,太后多以事害焉",由是"母子之间,嫌隙屡起"。郑俨给胡太后出了个主意:干掉孝明帝,将其宠妃潘充华所生的女儿"秘言皇子",立为太子。结果,武泰元年(528)二月,"皇子"出生的次月,19岁的孝明帝暴崩,于是"皇子即位"。过了几天,胡太后"见人心已安,始言潘嫔本实生女,今宜更择嗣君"。尽管在位只有几天,尽管在各种历史年表上都没留下痕迹,这个"皇女"不是应该算作女皇帝吗?

西辽共立五帝,萧塔不烟和耶律普速完分别为第二、第四任。《辽史·天祚皇帝本纪》载,德宗耶律大石殁,"子夷列年幼,遗命皇后权国",皇后即萧塔不烟,其"号感天皇后,称制,改元咸清,在位七年",儿子大了才交还权力。耶律夷列殁,又是因为儿子太小,"遗诏以妹普速完权国,称制,改元崇福,号承天太后"。普速完在位十四年,没能善终。她罗织罪名杀了驸马,"驸马父斡里剌以兵围其宫",射杀了她。

不被正史认可而事实上称帝的,则有与武则天处于同一时代的陈硕真(贞)。

《旧唐书·高宗本纪》载,永徽四年(653)十月,"睦州女子陈硕贞举兵反,自称文佳皇帝,攻陷睦州属县。婺州刺史崔义玄、扬州都督府长史房仁裕各率众讨平之"。陈硕真运用了装神弄鬼的手段,该书《崔义玄传》载:"义玄将督军拒战,时百姓讹言硕真尝升天,犯其兵马者无不灭门,众皆凶惧。"《新唐书·崔义玄传》载:"始,硕真自言仙去,与乡邻辞诀,或告其诈,已而捕得,诏释不问。于是姻家章叔胤妄言硕真自天还,化为男子,能役使鬼物,转相荧惑,用是能幻众。"因此,一开始他们打得很顺,"破睦州,攻歙,残之"。打到婺州,宣传的仍然是那一套,"其徒争言硕真有神灵,犯其兵辄灭宗"云云。崔玄籍摸到了软肋:"起兵仗顺,犹且不成,此乃妖诳,岂能得久。"崔义玄"以为然,因命玄籍为先锋",自己"率兵继进"。交起手来,崔义玄身先士卒,"左右以盾蔽箭",他说:"刺史尚欲避箭,谁肯致死?"于是"士卒戮力,斩首数百级,余悉许其归首。进兵至睦州界,归降万计"。

陈硕真之举,影响到了宋朝的方腊。《宋史·方腊传》载,方腊正睦州青溪人,因为陈硕真曾经称帝,"故其地相传有天子基、万年楼,腊益得凭籍以自信"。青溪虽地辟而民富,"县境梓桐、帮源诸峒皆落山谷幽险处,民物繁夥,有漆楮、杉材之饶,富商巨贾多往来"。然臭名昭著的"花石纲"之扰,令"比屋致怨",方腊抓住机会,"阴聚贫乏游手之徒",于"宣和二年十月,起为乱"。

对女王现象,《尚书·牧誓》就给出了定论:牝鸡司晨。所以,尽管她们很有才华,仍为文化传统所不容。如胡太后,"幸西林园法流堂,命侍臣射",她"自射针孔,中之"。又,她"敕造申讼车,时御焉,出自云龙大司马门,从宫西北,入自千秋门,以纳冤讼"。又,她"亲策孝秀、州郡计吏于朝堂"。又,游园、宴会时"令王公已下各赋七言诗",她写出"化光造物含气贞"一类的句子。但是,尔朱荣兵进洛阳,理由是:"今海内草草,异口一言,皆云大行皇帝鸩毒致祸,举潘嫔之女以诳百姓,奉未言之儿而临四海。"《魏书·皇后传》载,时"太后对荣多所陈说,荣拂衣而起",然后将"太后及幼主并沉于河"。《北史·尔朱荣传》载,还有朝士百余人被"临以白刃",使"河阴之下,衣冠涂地"。

女王之外,先秦如秦之宣太后、赵之赵太后,帝王时代如东汉之邓太后、辽之萧太后等实权在握的摄政者也可以举出一堆。1953年6月2日正式登基的伊丽莎白二世,虽然在英国历史上在位最久,权力却也最小。在现代社会,王权只具象征意义。

垂帘听政

网上看到一篇文章《〈命中注定〉：垂帘听政的冯小刚》，说是《中国新闻周刊》（2015）刊载的。《命中注定》是一部电影，以导演闻名的冯小刚任监制。文章的核心观点是"监制大过了导演太多"，因为冯小刚"轻而易举的把《不见不散》《非诚勿扰》等自己熟悉的手法和桥段，大动声色地移植到这部电影当中"。因而《命中注定》成了"冯小刚垂帘听政的、平静的爱情片和风光片"。

那电影上周已在全国公映，我还没看过，但想先钻一下牛角尖："垂帘听政"用得殊为不当。垂帘，放下帘子，指的是闲居无事。《宋书·顾觊之传》载，觊之为山阴令，"理繁以约，县用无事。昼日垂帘，门阶闲寂"。《清波杂志》里有宋高宗自道："朕性不喜与妇人久处，早晚食只面饭、炊饼、煎肉而已。食罢，多在殿旁小阁垂帘独坐，设一白木卓，置笔砚，并无长物。"并非闲居而且"有事"的也不乏，如十国时"淫泆无度"的南平国君高保勖，不会没事干吧？但他"日召娼妓集府署，择士卒壮健者令恣调谑"，然后"与姬妾垂帘共观，以为娱乐"。

"垂帘"和"听政"关联在一起，折射的是一种政治生态，并且指的是女后辅幼主临朝听政。就是说，帘子后面的端坐着的，从来都是女人；如果代国君发号施令的是男人，那该叫摄政。《礼记》早就说了："昔者周公摄政，践阼而治。"周武王去世时成王尚在襁褓之中，为了政权稳定，武王弟弟周公乃代为主持国家事务。清朝最末一位皇帝溥仪，登基时只有三岁，由他父亲载沣摄政，与此同时也有隆裕太后垂帘听政。

史上最有名的垂帘听政，非慈禧太后莫属。《清史稿·礼志》专门辟有"垂帘仪"，说六岁的同治嗣咸丰位，"御史董元醇奏请皇太后暂权朝政，称旨，命王大臣等议垂帘仪制"。方案拿出来后，懿旨犹谓"垂帘非所乐为，唯以时事多艰，王大臣等不能无所禀承，姑允所请"，假惺惺推让了一番。我们都知道，咸丰遗诏以载垣、端华、肃顺为首的顾命八大臣"赞襄一切政务"，但慈禧发动"辛酉政变"，毫不留情地举起了屠刀。同治死后，四岁的光绪被慈禧指定为继承人，王公大臣自然要"复请两宫皇太后垂帘"，两宫皇太后自然又"悉准同治初成式"。慈安暴亡，慈禧"始专垂帘"，即便在光绪归政之后，"凡召见、引见"，慈禧"仍升座训政，设纱屏以障焉"，把持国柄。

垂帘听政并非慈禧首创，像摄政一样历史堪称悠久。《旧唐书·高宗纪》载，肃宗上元二年（675），"时帝风疹不能听朝，政事皆决于天后。自诛上官仪后，上每视朝，天后垂帘于御座后，政事大小，皆预闻之，内外称为'二圣'"。《大唐新语》云，张嘉贞刚作为人才被举荐上来时，武则天"召见于内殿，隔帘与语"。帘子显见透明，武氏因见"嘉贞仪貌甚伟，神彩俊杰"。插句闲话，宋朝丁谓有次"于帘前诉之"，过一会儿，有内侍卷帘曰："相公谁与语？驾起久矣。"这样来看，帘子又并非透明。或者像今天影视中的审讯室玻璃窗那样，那面能看到这面，这面却看不到那面？回到唐朝，张嘉贞先是自谦："臣生于草莱，目不睹阙廷之事。陛下过听，引至天庭，此万代之一遇。然咫尺之间，若披云雾，臣恐君臣之道,有所未尽。"这马屁可拍到了点子上,武则天曰"善"的同时,"遽命卷帘"。当然我们还都知道,武则天未几就把帘子彻底卷了起来,改唐的国号为周,自己坐起皇帝。

宋朝的垂帘听政也有好几单。《宋史·仁宗本纪》载,真宗死时仁宗12岁,章献太后先"设幄次于承明殿,垂帘以见辅臣",接着与仁宗"同御承明殿垂帘决事"。仁宗亲政后"诏中外勿辄言皇太后垂帘日事",不解何意。而章献死时,按苏辙《龙川别志》的说法,"遗令册杨太妃为皇太后,且复垂帘",因为"士大夫多不悦。御史中丞蔡齐将留百官班争之,乃止"。执行遗令的吕夷简叹曰:"吾岂乐为此哉! 仁宗方年少,禁中事莫主张者。"但这时仁宗23岁了,如苏辙所说,"人主既壮,而母后听政,自非国家令典。虽或能整齐禁中,而垂帘之后,外家用事,亦何所不至? 古今母后临朝,如宣仁后专奉帝室,不为私计,盖未有也"。仁宗崩,35岁的英宗"诏请皇太后同听政",可能是客套一下,结果"皇太后御小殿垂帘,宰臣覆奏事"。苏辙推崇的是英宗皇后,英宗之子神宗死后,立9岁的哲宗,英宗皇后以太皇太后身份临朝称制,复起用司马光等,恢复旧法。则苏辙之所推崇,带有鲜明的政治色彩。《续资治通鉴》载,范纯仁以国用不足,请再立常平钱谷敛散出息之法,司马光于帘前奏曰:"是何奸邪,劝陛下复行此事!"这话就是跟太皇太后说的了。

不在其位而谋其政,所以宋朝叶梦鼎说:"母后垂帘,岂是美事!"然而在"家天下"的社会中,却也是一种必然。今日一些领导干部退而不休,仍然抓住权力不放,像起首的那篇文章一样,欲意拓展垂帘听政的外延乎?

讲史

　　昨天《南方周末》(2010) 以头版与二版几乎两个整版的篇幅，报道了近期因被校方"警诫谈话"的"史上最牛历史老师"袁腾飞。袁腾飞在其任教的中学里就已经很红了，火爆全国还是凭借央视《百家讲坛》的舞台。那个讲坛虽曰"百家"，实则偏重讲史。或许，讲史的明星居多，让人产生了错觉吧。讲史在今天登上了央视这样的大雅之堂，从前则主要是浪迹于勾栏瓦舍，最突出的当推宋朝。程毅中先生认为，从宋元话本开始，出现了真正的市民文学。

　　《东京梦华录》有"京瓦伎艺"条，其中一项即为讲史，所谓"孙宽、孙十五、曾无党、高恕、李孝祥，讲史"，与玩木偶的、相扑的、表演皮影的，以及小唱李师师同列。《百家讲坛》讲史的人除了袁腾飞，尽皆教授之类，从前也有，除了上面这些比较"中性"、看不出身份的名字，周密《武林旧事》还开列了不少宋朝其他的讲史家，粥张三、酒李一郎、故衣毛三、枣儿徐荣、爊肝朱、掇绦张茂等，显然出身小贩的下层市民，但是还有乔万卷、许贡士、张解元、武书生、刘进士等，程毅中先生认为，他们虽然不一定有真功名，但显然也是具有较高文化修养的知识分子。我想，万卷、解元讲出来的东西，也许比贩夫走卒的会让人相信一些吧。

宋朝因为在勾栏里开讲，就不用像《百家讲坛》那样摆出庄重的架势，而是用打锣来号召听众。《水浒传》对此有生动描述：正月十五到了，"东京年例，大张灯火，庆赏元宵，诸路尽做灯火，于各衙门点放"，燕青进城，被李逵缠住，只好带上他。"来到瓦子前，听的勾栏内锣响，李逵定要入去，燕青只得和他挨在人丛里"，上面在讲关云长刮骨疗毒，李逵听得高兴，大叫起来："这个正是好男子！"结果"众人失惊，都看李逵"，吓得燕青慌忙拦道："李大哥，你怎的好村！勾栏瓦舍，如何使的大惊小怪这等叫！"李逵说："说到这里，不由人不喝彩。"《东坡志林》转引王彭云："涂巷中小儿薄劣，其家所厌苦，辄与钱，令聚坐听说古话。至说《三国》事，闻刘玄德败，频蹙眉，有出涕者；闻曹操败，即喜唱快。以是知君子小人之泽，百世不斩。"《都城纪胜》明确"说话有四家"，其中之一是"讲史书，讲说前代书史文传、兴废争战之事"。三国故事，该是当时的主要题材之一了。

清朝学者章学诚认为《三国演义》"七分实事，三分虚构"，程毅中先生则认为，宋人口中的《三国志平话》可称"七分虚构，三分实事"。如今袁腾飞们讲史，"实事"与"虚构"如何分成，不得而知。从各种报道中分析，大抵说不上是虚构，但正史中可能只是片言只语，但被他们"发现"了，然后"发掘"了，进而视为历史的"真相"。比方复旦大学钱文忠教授解读《三字经》时讲到殷商文化："一提商纣王，老百姓第一反应就是荒淫、暴戾，但实际上商纣王是一位文武双全、功勋卓著的帝王。"他甚至认为商纣王被冠以"暴君"称号两千多年，是历史上最悠久的"冤案"。差不多4000年过去了，到钱教授这里才"发现冤情"，逻辑上似乎说不通。我因此担心，宋高宗对秦桧有过"朴忠过人"的评价，哪天会不会成为他们为秦氏鸣冤的证据！

欧阳修《归田录》云:"仁宗退朝,常命侍臣讲读于迩英阁。"贾昌朝时为侍讲,在讲《春秋左氏传》时,每至诸侯淫乱事,则略而不说。仁宗说:"《六经》载此,所以为后王鉴戒,何必讳?"贾昌朝属于一本正经,还有一些讲史人则相反。魏泰《东轩笔录》云,胶东杨安国为天章阁侍讲,"每进讲则杂以俚下鄽市之语,自宸坐至侍臣、中官见其举止,已先发笑"。有一天讲《论语》"一箪食,一瓢饮",杨安国"操东音"曰:"颜回甚穷,但有一箩粟米饭,一葫芦浆水。"瞎说一通。讲到"自行束脩以上,吾未尝无诲焉",他更借题发挥:"官家,昔孔子教人也,须要钱。"仁宗因此很看不起他,"翌日,遍赐讲官,皆恳辞不拜,惟安国受之而已",这个嗜钱如命的家伙才不管那么多。

《宋史·孙甫传》载,孙甫著《唐史记》七十五卷,能写能说,讲史也十分了得,"每言唐君臣行事,以推见当时治乱,若身履期间,而听者晓然,如目见之"。所以当时人们说:"终日读史,不如一日听孙论也。"而如《金史》里的张仲轲则不然,"市井无赖,说传奇小说,杂以诙谐语为业"。看袁腾飞讲史的一些段子,大体也是诙谐的套路。唐人说过:"人欲谗人,必择最耸听之言。"《百家讲坛》迭出雷人之语,亦有插科打诨的嫌疑,如大禹三过家门而不入源于其有婚外情,能逃脱得了前人的指摘?

百家讲坛·柳敬亭

　　"清史学者"阎崇年先生在签名售书时突然被读者打了个耳光，是时下（2008）的一个热门话题。阎先生借央视《百家讲坛》而知名，打人者极其不认同他的观点。但打人肯定是不对的，何况阎先生又是 70 多岁的老人。不过，打人者也太过认真了。陈平原先生说《百家讲坛》也找过他，让他按初中二年级能接受的程度讲。以此可知，《百家讲坛》讲的历史相当于从前的平话，属于市井文学。清朝大学者黄宗羲读罢宋朝《东京梦华录》《武林旧事》发现："当时演史小说者数十人。自此以来，其姓名不可得闻。乃近年共称柳敬亭之说书。"在他眼里，宋后的讲史名人惟数柳敬亭，中间一片空白。

　　《桃花扇》第一出《听稗》，有一段柳敬亭如何说《论语》的描述。借孔尚任之笔，可窥他讲史的影子。学富五车的侯方域始而不解："《论语》如何说得？"柳敬亭笑了："相公说得，老汉就说不得？今日偏要假斯文，说他一回。"然后他开讲《微子》章，"太师挚适齐，亚饭干适楚，三饭缭适蔡，四饭缺适秦"那一段。本来干巴巴的内容，让柳敬亭连说带比划，非常生动。太师挚为何去了齐国？他用挚的口吻说："咳，俺为甚的替撞三家景阳钟？往常时瞎了眼睛在泥窝里混，到如今抖起身子去个清。"挚前脚一走，"这一班劝膳的乐官不见了领队长,一个个各寻门路奔前程。亚饭说:'乱臣堂上掇着碗,俺倒去吹吹打打伏侍着他听;你看咱长官此去齐邦谁去敢找? 我也投那熊绎大王,倚仗他的威风。'三饭说:'河南蔡国虽然小,那堂堂的中原紧靠着京城。'四饭说:'远望西秦有天子气,那强兵营里我去抓响筝。'四人一齐说:'你每日倚着塞门桩子使唤俺,今以后叫你闻着俺的风声脑子疼。'"不用多解释,柳敬亭讲史就是予以演绎,妙趣横生固然不假,却千万不能当作历史。

柳敬亭的成功在于不仅迎合了市井,而且受到了许多名人的追捧。张岱《陶庵梦忆》云:"余听其说《景阳冈武松打虎》白文,与本传大异。其描写刻画,微入毫发,然又找截干净,并不唠叨。勃夬声如巨钟,说至筋节处,叱咤叫喊,汹汹崩屋。武松到店沽酒,店内无人,蓦地一吼,店中空缸空甓皆瓮瓮有声。"刘成禺《世载堂杂忆》云:"闻柳敬亭说书,其传神奇异处,如说《当阳长坂坡》一回,说至张飞大吼一声骇退曹军时,柳敬亭则右手挟矛,直指座客,大张巨口,良久不闭。"大家问怎么回事,柳曰:"张飞一吼,曹操全军人马,辟易奔退,如我出声学张飞一吼,诸君都要跌下座来。"他讲《李逵下酒店吃人肉包子》也是这样,"先埋伏门徒作听客,在张口要吼时,座中桌椅杯盘,响声大震",像如今的"笑托""掌托"一样配合他。为什么要这样做? 他说:"李逵先声已经夺人,设若手执扑刀,一声大吼,屋瓦都要飞去,那还了得。"看起来张岱、刘成禺印象最深的,不在于柳敬亭的历史底蕴有多丰厚,而在于他能够调动听众的情绪。

按照黄宗羲《柳敬亭传》,柳敬亭得到过儒生莫后光的指点,莫氏认为"此子机变,可使以其技鸣",然后对他讲要如此这般。"敬亭退而凝神定气,简练揣摩,期月而诣莫生",老莫比较满意:

"子之说，能使人欢噱矣。"又一个月，莫曰："子之说，能使人慷慨涕泣矣。"再一个月，莫喟然曰："子言未发而哀乐具和乎其前，使人之性情不能自主，盖进乎技矣。"柳敬亭就这么出名了，"华堂旅会，闲亭独坐，争延之使奏其技"。左良玉率兵南下，以之相见恨晚，"使参机密"，于是"军中亦不敢以说书目敬亭"，身价也提高了；出趱差，"宰执以下俱使之南面上坐，称柳将军，敬亭亦无所不安也"。柳敬亭的发迹，令他原来那帮朋友艳羡不已，悄悄地说："此故吾侪同说书者也，今富贵若此！"

清朝另一位大学者王士禛则从业务水准上不看好柳敬亭。其《分甘馀话》云："余曾识柳氏于金陵，试其技，与市井辈无异。"不过，柳敬亭的派头可是不小。张岱就说过，"主人必屏息静坐，倾耳听之，彼方掉舌"，而"稍见下人咕哗耳语，听者欠伸有倦色，辄不言，故不得强"。王士禛也说，柳敬亭"所至逢迎恐后，预为设几焚香"，人家要泡最好的茶，摆好茶壶、茶杯等着，"比至，径踞右席，说评话才一段而止"，拿一把，可惜"人亦不复强之也"。这样的人为什么受欢迎呢？王士禛认为是沾了左良玉的光，"东林诸公快其（良玉）以讨马、阮"，因而对他的这名遗老"赋诗张之，且为作传"，正所谓"爱及屋上之乌，憎及储胥"。"噫，亦愚矣！"王夫子发出的这句感叹，今天犹有意味。

前文说了，宋朝讲史家中很有一些具有较高文化修养的知识分子，但平话终究不是历史，程毅中先生说，它所反映的只是"话本创作时代的真实"。我们看《百家讲坛》大抵也要这样，讲演者们尽管不乏教授的身份，但于此展示的终究是一种"技"，用讲说时代的语境去臆说历史。明白了这一点，可知抡巴掌打耳光之举着实不必。

轻议古人

央视《百家讲坛》有一个值得注意的倾向:哗众取宠。如王立群先生评价司马相如,"比起只劫财而言是人财两得的双丰收,当然,就人品而言,也更为人不耻",于是,"这个美丽的爱情故事原来竟是一个先劫色后劫财的骗局"。当然,这也并非王先生的"发现"。

由此先想到清朝方濬师的一句话:"知人论世,士君子之责。然须实有见地,方不没是非好恶之公。若逞一己之笔舌,轻议古人,则谬之甚者也。"方濬师是为他的祖先方玄英鸣不平。盖因《唐诗纪事》云,方玄英"为人野质,每见人设三拜,曰:'礼数有三。'识者呼方三拜"。王世贞抓住了"三拜"做文章,"比之宋朱元晦孙之号朱万拜者,断为人妖"。朱熹曾孙朱浚,贾似道秉国时官浙漕,每有札子禀事,必称"某万拜覆",时人乃谓之朱万拜。方濬师认为,祖先之三拜,自鸣其高,而朱之万拜,谄事权相,"一名儒,一巧宦,根本不可同日而语"。可惜,他自己也落了窠臼:"归熙甫(有光)目世贞为庸妄子。信然哉!信然哉!"王世贞自辩:"妄诚有之,庸则未敢闻命。"归有光不依不饶:"惟妄故庸,未有妄而不庸者也。"

史上轻议古人,动辄上纲上线的事例很多。俞樾《九九消夏录》说赵宧光作《说文长笺》，引《孟子》"虎兕出于柙"（实出《论语》），顾炎武《日知录》便讥其没读过《论语》。俞樾说："《文苑英华》所载杜牧《请追尊号表》以'高宗伐鬼方'为出《尚书》，岂其未读《周易》欤？一时笔误，恐未足深讥。"叶权《贤博编》评《杨升庵诗话》云，《诗话》谓《唐诗正声》前面的若干五言古诗，"本是近体，原非古诗，病其不当分品，使观者自为区别"，原本不错，"但以新寡之文君，屡醮之夏姬，移怒子昂、太白，且有盲妁屠婿，损罐完璧，白练黄花之谕，乃间阎轻薄子平康争博之言"，叶权因此发问："即古人有误，谈艺者何忍痛骂至此极耶？"

杨升庵即杨慎，他刻薄地对待人家，自己也难免被人家刻薄。《玉光剑气集》云，杨慎刚出了本《丹铅》，陈晦伯马上就出了本《正杨》、胡元瑞出了本《笔丛》来反驳他。并且，"当时如周方叔、谢在杭、毕湖目诸君子，与用修（慎字）为难者不止一人"——很有点儿像时下（2009）余秋雨先生的境遇。薛千仞看不过眼，为杨慎辩道："用修过目成诵，故实皆在其胸中。下笔不考，误亦有之，然无伤于用修。好事者寻章摘句，作意辩驳，得其一误，如得一盗赃，沾沾自喜。此其人何心？良可笑也。"今人最熟悉的杨慎作品，莫过于《三国演义》开篇的《临江仙》了，就是因为同名电视剧上演后流传开来的"滚滚长江东逝水，浪花淘尽英雄"。杨慎是词作者，但罗贯中用了一个"词曰"，有点儿打马虎眼，不明就里的还以为是他罗某人的版权。这样说话，不算是轻议古人吧。

容斋主人洪迈至少对李太白、苏东坡是非常宽容的。太白诗曰："山阴道士如相见，应写《黄庭》换白鹅。"有人愤愤地说，王羲之写的明明是《道德经》！洪迈代辩曰："太白眼高四海，冲口成章，必不规规然，旋检阅《晋书》，看逸少传，然后落笔，正使误以《道德》为《黄庭》，于理正自无害，议之过矣。"洪迈对待东坡的态度也是这样。严有翼所著《艺苑雌黄》，洪迈认为"该洽有识，盖近世博雅之士也"，但当说到东坡文章的短处，他不干了，当成人家"颇务讥诋"。他对人家指出的问题，认为"坡诗所谓抉云汉，分天章，万斛泉源不择地而出"，虽然与原典不符，但"不失为名语，于理何害？"这且不够，又说："公岂一一如学究书生，案图索骏，规行矩步者哉！"然诸如此类的维护，就有一点毫无原则的意味，一不小心会失去理智，当代郭沫若先生是个典型的例子。不要说毛主席不合韵脚的诗词，郭先生能够给出种种合理的理由，便是毛主席写错了的字也是同样，"'黄粱'写作'黄梁'，无心中把粱字简化了"之类，沦为笑柄。

焦竑《焦氏笔乘》认为刘知幾"指摘前人，极其精核，可谓史家申、韩"。申不害、韩非，都是推崇刑名的法家代表人物。但他同时认为刘氏"亦多轻肆讥评，伤于苛刻"。他举例说，《汉书》里的"萧何知韩信贤"，就很为《史通·浮词篇》挖苦了一通，什么"淮阴堕业无行，满盈速祸，以贤为目，不能无谬"。焦竑说，对贤有不同的理解，刘知幾"律之（韩信）以儒行，责之以圣人，不已甚乎！"刘廷玑《在园杂志》云："近日后生小子，专以指摘前辈为能，细扣其学问见识，全然指摘不著，真是蚍蜉撼树。此辈不独可笑，实可哀已。"宋人陈鹄说："学者须做有用文字，不可尽力虚言。"他的学者概念跟今天的当然不是一回事，但是不妨看作是一回事。

抓住片言只语即为古人定论，以为是自己了不得的新发现，足以贻笑大方，遑论嚼了前人嚼过的馍还以为是新馍了。

口技

不久前(2021)河南郑州有则有趣的新闻。一位老人领着一个五六岁的小朋友上公交车，小朋友听到老人刷老年卡的声音，说"两个人就要刷两下"，而老年卡只能刷一次，车长便机智地秀了下口技，模仿出那个声音。小朋友以为成功了，高兴得和车长击掌相庆。

口技，即表演者运用口部发音技巧来模仿各种声音。从前又叫像声，也称隔壁戏。《清嘉录》云，表演时"穿幔于壁，一人在幔中，作数人问答语，谓之'隔壁戏'"；表演者"以扇扑桌，状鸟之鼓翅，继作百鸟之声，皆出自口中"。口技界搞行业崇拜的话，"鸡鸣狗盗"之徒中的"鸡鸣"者，该算一个。《史记·孟尝君列传》载，孟尝君被秦昭王扣留，囚之又欲杀之。孟尝君吓坏了，走昭王幸姬的门路，幸姬趁机索要孟尝君的狐白裘。可是，那件"直千金，天下无双"的狐白裘，孟尝君来秦国时献给昭王了，"更无他裘"。怎么办呢？孟尝君的门客发挥了作用，其中一个"乃夜为狗，以入秦宫臧中"，把那件给偷了回来。于是，"幸姬为言昭王，昭王释孟尝君"。然而孟尝君连夜奔到函谷关，又出问题了，"关法鸡鸣而出客"，鸡叫了大门才能打开，而孟尝君担心后有追兵。门客中又站出来一位，"能为鸡鸣"，他这一叫，"而鸡齐鸣，遂发传出。出如食顷,秦追果至关,已后孟尝君出,乃还"。

鸡鸣狗盗,后世用于比喻微不足道的技能。这种比喻是比较奇怪的,与《水浒传》中在破连环马、取大名府、打曾头市立下赫赫战功的时迁,却在一百单八将中排名倒数第二的性质差不多。时迁在徐宁家盗甲,"从梁上轻轻解了皮匣,正要下来,徐宁的娘子觉来,听得响",问丫鬟什么声音,"时迁做老鼠叫"。丫鬟说是老鼠在打架,"时迁就便学老鼠厮打,溜将下来"。包括口技在内,时迁的本领该是何其了得,后来上了天星的那些将领里面有多少又是徒有虚名? 即便是学鸡叫的门客,能够令群鸡齐鸣,也可见惟妙惟肖的程度,此种技能如何会被归为微不足道?

描写口技高手的文章,记得自己中学时代的课本里就有一篇,"京中有善口技者"云云。后来知道,那文章出自顺治六年(1649)进士林嗣环,见于张潮编辑的《虞初新志》,这篇名曰《秋声诗自序》。坐在屏障中的那位口技高手,道具只是"一桌,一椅,一扇,一抚尺",而屏障外的听众,却能"遥闻深巷犬吠声,便有妇人惊觉欠伸……夫呓语……既而儿醒大啼",又听到"忽一人大呼火起,夫起大呼,妇亦起大呼,两儿齐哭。俄而百千人大呼,百千儿哭,百千狗吠,中间力拉崩倒之声,火爆声,呼呼风声,百千齐作。又夹百千求救声,曳屋许许声,抢夺声,泼水声,凡所应有,无所不有……"

在前人诸多笔记中,都不难觅到口技高手的踪影。《七修类稿》云,明朝天顺年间杭州人沈长子,"善为四方之音……凡遇别省郡客随入其声,人莫知其为杭人也"。后世赵元任先生正有此种遗风。《扬州画舫录》云:"井天章善学百鸟声,游人每置之画舫间与鸟斗鸣,其技与画眉杨并称。次之陈三毛、浦天玉、谎陈四皆能之。"昭梿《啸亭杂录》里有画眉杨,以其"能为百鸟之语,其效画眉尤酷似"，本名倒为人们忘掉了。昭梿说他"尝见其作鹦鹉呼茶声，宛如娇女窥窗。又闻其作鸾凤翱翔戛戛和鸣，如闻在天际者。至于午夜寒鸡，孤床蟋蟀，无不酷似"。甚至有一天他学黄鸟的声音，"如睍睆于绿树浓阴中，韩孝廉崧触其思乡之感，因之落涕"。《清稗类钞》里则有个"百鸟张"，其"立于窗外，效鸟鸣，雌雄大小之声无不肖，与树间之鸟相应答"。

《清稗类钞》辑录了好几个口技高手。如周德新，"尝于屏后演兵操，自抚军初下教场放炮，至比试武艺，杀倭献俘，放炮起身，各人声音无不酷肖"。如陆瑞白，"善作钉碗声及群猪夺食声，又善作僧道水陆道场钹声，且有大铙、小铙，杂以锣鼓，无不合节"。如陈金方，"演时，俄而为马嘶，俄而为牛鸣，俄而为羊叫，俄而为犬吠，俄而为豕啼，而禽鸟昆虫之声，时亦杂出于其间，且人类之喜怒哀乐，毕集于是"。尤其是扬州郭猫儿的水准，丝毫不输林嗣环笔下的那位高手。听众可以听到"二人途中相遇，揖叙寒暄，其声一老一少，老者拉少者至家饮酒"，以及二人酒后情状；听到醉者回家"呼司栅者"时引起的狗叫声，"一犬迎吠，顷之，数犬皆吠，又顷益多，犬之老者、小者、远者、近者、哮者同声而吠"；听到这户人家早起杀猪，"其子起，至猪圈饲猪，则闻群猪争食声，嚜食声，其父烧汤声，进火倾水声。其子遂缚一猪，猪被缚声，磨刀声，杀猪声，猪被杀声，出血声，焯剥声"。未几，又"闻肉上案声，即闻有买卖数钱声，有买猪首者，有买腹脏者，有买肉者……"

1962年，杂文家聂绀弩在《光明日报》上发表文章，认为林嗣环的那篇文字与金圣叹《第五才子书水浒》第六十五回总批的文字几乎同出一辙，进而断言林是抄袭者。从那以后，赞成聂说的与反对的，各执一词，至今莫衷一是。不过，作者究竟是谁交给学人们去争论好了，于我等，领略文章的精妙则足矣。

解说

　　北京奥运赛场上的明星众多，数不胜数，但是如果在场外挑一位的话，也许非央视解说员韩乔生先生莫属了。韩先生干了那么多年现场解说，却仍然经常出错，而且错得离奇。这些天（2008），网友们又将"韩乔生语录"出了新版，也就是补充进他在北京奥运解说中产生的新笑料。就像古人中的淳于髡、东方朔变成了席间调味品一样，韩先生之受到关注，也纯粹是被大家拿来寻开心。可叹的是，他索性将计就计，把自己的力有不逮当成给大众带来的另类娱乐。

　　考察"现场解说"的起源，至少可溯至春秋时期。《左传·成公十六年》载晋侯及楚子、郑伯鄢陵之战中，"楚子登巢车以望晋军，子重使太宰伯州犁侍于王后"那一段，从"王曰：'骋而左右，何也'"起，接了不少的"曰"，就可视为伯州犁的"现场解说"。文不长，悉录之。王曰："骋而左右，何也？"曰："召军吏也。""皆聚于军中矣！"曰："合谋也。""张幕矣。"曰："虔卜于先君也。""彻幕矣！"曰："将发命也。""甚嚣，且尘上矣！"曰："将塞井夷灶而为行也。""皆乘矣，左右执兵而下矣。"曰："听誓也。""战乎？"曰："未可知也。""乘而左右皆下矣。"曰："战祷也。"这些"曰"，个别的属于楚子，多数属于伯州犁。

翻译过来，这一段大抵是说：楚共王登上有瞭望台的战车，侦察晋军的行动，子重派太宰伯州犁跟在共王的后面当参谋。王问：晋军的士兵来回奔跑，在干什么呢？伯州犁开始解说：召集军官们呢；都集中好了；开会呢；张开了一个大布幔；祭告前代国君、预卜吉凶呢；祭祀完了；快要发布命令了。王：怎么人声嘈杂，尘土飞扬？伯州犁：看来是在填土平灶，摆开阵势了；大家都登上战车了，咦，两边的战士又拿着武器下车了；宣誓呢。王：要打了吗？伯州犁：还难说；他们上了车，又下了车；祷告呢。

《左传》的这种笔法——透过伯州犁的嘴让读者了解晋军的动向——足以窥见"现场解说"的影子。倘解说界也有始祖崇拜的话，当奉伯州犁而无疑。伯州犁是春秋时期很有名的人物，晋国大夫、楚国太宰，比喻玩弄手法、暗中作弊的成语"上下其手"，版权就归于他。钱锺书先生把《左传》的这种描写手法，叫作"不直书甲之运为，而假乙眼中舌端出之"，认为"纯乎小说笔法矣"。观诸典籍，所谓历史记载也未尝不夹杂大量的史家"解说"。

比如钱先生还说过，"吾国史籍工于记言者，莫先乎《左传》，公言私语，盖无不有"，然"上古既无录音之具，又乏速记之方，驷不及舌，而何口角亲切，如聆謦欬欤？或为密勿之谈，或乃口心相语，属垣烛隐，何所依据？"他举例说，"僖公二十四年介之推与母偕逃前之问答，宣公二年钼麑自杀前之慨叹，皆生无旁证，死无对证者"，其间所谓对白，不啻"解说"。实际上，这些问题纪晓岚就曾经起疑："钼麑槐下之词，浑良夫梦中之噪，谁闻之欤？"所以，那些貌似真实的描述，"非记言也，乃代言也"，出自作者的拟想，但"注家虽曲意弥缝，而读者终不厌心"。可见，尽管"古史记言，太半出于想当然"，还是拥有广阔的市场空间。

《史记》载，项羽当年"军壁垓下"的时候，"兵少食尽"，大势已去。某天"夜起,饮帐中。有美人名虞,常幸从;骏马名骓,常骑之。于是项王乃悲歌慷慨,自为诗曰:'力拔山兮气盖世,时不利兮骓不逝。骓不逝兮可奈何,虞姬虞姬奈若何!'"这一段记载脍炙人口,但明末清初的周亮工站出来和太史公抬了一杠,他说那是什么时候?"匹马逃往,身迷大泽,亦何暇更作歌诗!即有作,亦谁闻之而谁记之欤?"所以他认为这一段该是司马迁"补笔造化,代为传神"的结果。这个评价,较之陈涉读《国语》骊姬夜泣事而斥为"好事者为之词",显然要客气得多了。然陈涉说的还是那些道理:"人之夫妇,夜处幽室之中,莫能知其私焉,虽黔首犹然,况国君乎?"不过钱锺书先生表示认同这种文笔:"史家追叙真人实事,每须遥体人情,悬想事势,设身局中,潜心腔内,忖之度之,以揣以摩,庶几入情合理。"

容我武断地认为,我们的体育解说之所以乏味,一方面在于,资讯的发达使观众对体育赛事的欣赏水平到了很高层次而解说员没有跟上,因而嘟嘟囔囔的东西形同聒噪。另一个方面在于,解说员往往弄不清口语与书面语的区别,说一句话恨不得主谓宾定状补一应俱全,而且一定要排比,一定要铺陈华丽的辞藻,在那么短的时间内完成那么艰巨的任务,难免力不从心。所以,面对"语录",韩乔生先生应当反省自己,不能把大量的低级口误当成自己的特色,甚至有些自得。

跟帖

　　"跟帖"是今天的一个网络用语,就是在主帖文字或图像的下面写上自己的意见,认同或不认同。认同的,每每按个心形符,点赞了事。深度一点儿的,才写上一句话或一段文字。类似做法古人早就玩儿过,载体不同罢了。从前,比如说历代留在名画上的那些序跋,因为与原作装裱成为一体,又是一个衔接一个,形式上便与跟帖庶几近之。

　　先看顾闳中《韩熙载夜宴图》北京故宫本,首个"跟帖"出自无名氏(启功先生推断是元代史官袁桷),写的是韩熙载小传,"后主每伺其家宴,命画工顾宏(不是'闳')中辈丹青以进。既而黜为左庶子,分司南都,尽逐群妓,乃上表乞留。后主复留之阙下。不数日,群妓复集,饮逸如故"云云。王铎的,"画法本唐人,略无后来笔蹊,譬之琬琰,当钦为宝"云云。年羹尧的,"韩熙载所为千古无两,大是奇事。此殆不欲索解人者欤?"观者借此可以了解顾闳中作画的本事及其政治目的、韩熙载纵情声色的名士风度等。当然,无用"跟帖"也有一箩筐,如乾隆皇帝的,尽拾前人牙慧。

　　再看张择端《清明上河图》,"跟帖"者从不同角度、在不同层次上给出了对作品的评价。如明朝冯保,"余侍御之暇,尝阅图籍,见宋时张择端清明上河图,观其人物界画之精,树木舟车之妙,市桥村郭,迥出神品,俨真景之在目也"云云。而此前的宋朝遗民,看画时痛心疾首,如张公药,"通衢车马正喧阗,只是宣和第几年。当日翰林呈画本,升平风物正堪传",可惜"故知今日变丘墟"云云。郦权,"车毂人肩困击磨,珠帘十里沸笙歌。而今遗老空垂涕,犹恨宣和与政和",都是因为"宋之奢靡至宣政间尤甚",更上升到了反思层面。

形式上最似跟帖的,要推清人对张潮《幽梦影》的评价。这些人士既有天文家、画家、数学家,也有书法家、文学家、诗人。

张潮生活于康雍时期,《幽梦影》是其随笔集,着眼于以优雅的心胸、眼光去发现美的事物,连其中的冷嘲热讽也不失风趣,表现出深刻的哲理思考与达观的生活态度。石庞序认为该书"以风流为道学,寓教化于诙谐";孙致弥序认为"三才之理,万物之情,古今人事之变,皆在是矣";余怀序认为"言人之所不能言,道人之所未经道"。通观全书,采用的是格言、警句、语录等小品文体形式,短小精悍,本身即似发帖一般,隽永的文字又引发了共鸣。拈出其中一些,可窥什么叫高水平的发帖与跟帖,跟者的身份此间不一一道明,实名制,有需要详细了解的径直检索就是。

这些跟帖,有的是对原帖的补充延展。如张潮发:"艺花可以邀蝶,累石可以邀云,栽松可以邀风,贮水可以邀萍,筑台可以邀月,种蕉可以邀雨,植柳可以邀蝉。"倪永清跟:"选诗可以邀谤。"曹秋岳跟:"藏书可以邀友。"崔莲峰跟:"酿酒可以邀我。"尤艮斋跟:"安得此贤主人。"尤慧珠跟:"贤主人非心斋而谁乎?"庞天池跟:"不仁可以邀富。"陆云士跟:"积德可以邀天,力耕可以邀地,乃无意相邀而若邀之者,与邀名邀利者迥异。"

有的是对原帖的尽情发挥。如张潮发:"藏书不难,能看为难;看书不难,能读为难;读书不难,能用为难;能用不难,能记为难。"洪去芜跟:"心斋以能记次于能用之后,想亦苦记性不如耳。世固有能记而不能用者。"王端人跟:"能记能用,方是真藏书人。"张竹坡跟:"能记固难,能行尤难。"抒发了各自的读书心得。

有的是与原帖感同身受。如张潮发:"大家之文,吾爱之慕之,吾愿学之;名家之文,吾爱之慕之,吾不敢学之。学大家而不得,所谓'刻鹄不成尚类鹜'也,学名家而不得,则是'画虎不成反类狗'矣。"黄旧樵跟:"我则异于是,最恶世之貌为大家者。"张竹坡跟:"今人读得一两句名家,便自称大家矣。"殷日戒跟:"彼不曾闯其藩篱,乌能窥其阃奥? 只说得隔壁话耳。"撇开之乎者也,这些跟帖形同议论当下时事了。

最有意思的,莫过于张潮的"穿越"遐想。一曰:"我不知我之生前,当春秋之季,曾一识西施否? 当典午之时,曾一看卫玠否? 当义熙之世,曾一醉渊明否? 当天宝之代,曾一睹太真否? 当元丰之朝,曾一晤东坡否? 千古之上,相思者不止此,数人则其尤甚者,故姑举之,以概其余也。"二曰:"我又不知在隆、万时曾于旧院中交几名妓? 眉公、伯虎、若士、赤水诸君,曾共我谈笑几回?"杨圣藻跟:"君前生曾与诸君周旋亦未可知,但今忘之耳。"纪伯紫跟:"君之前生或竟是渊明、东坡诸人,亦未可知。"王名友跟:"不特此也,心斋自云愿来生为绝代佳人,又安知西施、太真不即为其前生耶?"郑破水跟:"赞叹爱慕,千古一情。美人不必为妻妾,名士不必为朋友,又何必问之前生也耶?"余香祖跟:"我亦欲骚首问青天。"或调侃,或揶揄,相映成趣。

跟帖与发帖形同唱和,融为有机一体,于读者而言,享受思想、文字之美之余,也见识了他们对生活阐发的真感悟、对社会提出的真问题。这样的发帖与跟帖,才具有公开示人的文化价值,今人何不借鉴之?

方言

　　《中国青年报》昨天（2007）有篇报道，谈论我国方言正在消失的现状，认为自从1955年10月内地开始推广普通话以来，会说的已经占到一半以上，而在普通话主导"话语空间"的压力下，方言日渐式微。报道在陈述现状的同时，透露出对方言依依难舍的眷恋情怀。这是可以理解的。方言的消失，毕竟意味着文化差异性和丰富性的缩减。但是，我们也应该明白，并不是所有的传统文化，都是依靠人的力量能够"保护"得了的。

　　在因交通不便而导致交流不便的古代，方言问题是个很突出的问题。《湘山野录》云，钱镠当年衣锦还乡，得意得很，"自昔游钓之所，尽蒙以锦绣，或树石至有封官爵者。旧贸盐肩担，亦裁锦韬之"。这还不算，他这个梁太祖朱温新封的吴越王，兴致到高潮时，还邯郸学步模仿汉高祖刘邦，端酒杯亮起了嗓子。刘邦唱的是"大风歌"，他唱的则是"还乡歌"，唱些什么呢？"三节还乡兮挂锦衣，吴越一王驷马归。临安道上列旌旗，碧天明明兮爱日辉。父老远近来相随，家山乡眷兮会时稀。斗牛光起兮天无欺！"不料一曲唱罢，效果并不理想，不是大家认为歌词描写的不过是相见欢，境界去刘邦的"威加海内"远甚，不值得欢呼，而是"父老虽闻歌进酒，都不知晓"。原来钱镠在外面待得久了，用的是当时的普通话，家乡父老但听见叽里咕噜地一大串，根本不明白他唱的是什么。钱镠也醒悟了，于是"再酌酒，高揭吴喉"，这回改用了家乡方言："你辈见侬底欢喜，别是一般滋味子。长在我侬心子里。"这下子果然引起了共鸣，歌罢，大家"合声赓赞，叫笑振席，欢感闾里"。刘邦当时为什么不用方言？想来他的老家——地处苏鲁豫皖四省结合部的今日沛县，没有钱镠位于浙西北的老家那么封闭，语言交流比较多的缘故吧。瞎猜。

《癸辛杂识》云，南宋末年为了征集抗击蒙古兵的策略，朝廷成立了"机速房"，职能呢，"凡有上书献书关涉边事者，并送本房面问，如有可行者并与施行"。有一天来了个蜀人杨安宇，"献策奇谲"，奇谲到什么程度我们并不知道，但负责接待他的闽人许自认为是他的办法纯粹扯淡，至于两人"不相投合"。在争论的过程中，许自以一口"闽音秽语"即方言脏话压住了杨安宇，杨安宇马上又提一条建议：干脆把许自派到前线去，让他"操秽语以骂贼退师"。杨安宇这是气话，不过不要说这计策未被采纳，采纳了也未必行得通。《三垣笔记》云明朝将亡时，孙传庭的队伍与清军隔河相望，就采用过骂战。明朝士兵指着对面大骂："吾淫若妻女。"——这应当是后世"国骂"的前身，形诸文字如此文绉绉而已。哪知那边的人哈哈大笑，继而赶出营中数百妇女，嘲笑地说："此若辈妇女，尽为人淫，反欲淫人耶？"说罢"以数十骑浮渡，我兵数千皆走，如失魂魄"。这就可见，"×音秽语"只宜在嘴巴上逞能。

陆游《老学庵笔记》云，黄庭坚在戎州（今四川宜宾）作过一阕《念奴娇》："老子平生，江南江北，最爱临风笛。孙郎微笑，坐来声喷霜竹。"陆游认为，流传的本子都把"笛"字改成了"曲"字，以为如此才押韵，"非也"；因为他"在蜀见其稿"，黄庭坚的手迹是

"笛"字没错,但在韵脚问题上,陆游也觉得奇怪。然"及居蜀久,习其语音",知道戎州那里"笛"音近于"独",黄庭坚那是有意以方言入韵,"亦因以戏之耳"。全词为:"断虹霁雨,净秋空、山染修眉新绿。桂影扶疏,谁便道、今夕清辉不足?万里青天,姮娥何处?驾此一轮玉。寒光零乱,为谁偏照醽渌? 年少从我追游,晚凉幽径,绕张园森木。共倒金荷,家万里、难得尊前相属。老子平生,江南江北,最爱临风笛。孙郎微笑,坐来声喷霜竹。"黄庭坚很得意这阕词,甚至说"或以为可继东坡赤壁之歌"。检索今天的一些本子,收录该词的,基本上仍然以"笛"为"曲"。看起来,要么陆游的意见没被重视,要么今人以之为谬,不屑采纳。不过我们知道,毛主席诗词有一些就是以湖南方言入韵,比如《临江仙·给丁玲同志》:"壁上红旗飘落照,西风漫卷孤城。保安人物一时新。洞中开宴会,招待出牢人。 纤笔一支谁与似,三千毛瑟精兵。阵图开向陇山东。昨天文小姐,今日武将军。"在我们非湖南人读来,就无从知道韵脚为何。

方言是历史的产物,它代表了中华文化丰富多彩的一面,对其记录、整理,使后人免于费尽心机去琢磨、猜测,十分必要。有人认为,今天解释来解释去的"离骚"二字,就是当时人人皆知的方言。但这不等同于对方言的式微就要悲天悯之,一定要让它像从前那样生机勃勃。有一天,当方言真的只是存在于词典中时,也是一种非常正常的现象。

土话

从 1 月 4 日（2013）开始,南京 40 多辆 2 路公交车都将启用南京话和普通话"双语版"的报站提示音。此举令市民既意外又高兴,"亲切得一米""南京味儿满满的",肯定都是赞许了,而且前一句也是南京话吧。市民希望能将此举推广到南京所有公交车上,不过相关负责人说,南京话版本的报站音只用于 2 路公交车,未知掣肘何在。概因好多年前,广州所有公交车和地铁站都是粤普"双语"乃至"三语"（再加英语）报站,足证并无不可实行之处。

有人考证,在明代及清代中叶之前,南京话一直是中国的官方标准语,到雍正皇帝时北京话才夺去头把交椅。与官话相对应的,该是土话,也就是局部地区内使用的方言。方言与土话有时可以重合,终究方言要高出一筹吧。这样来看,南京话是由"官"而"土",北京话是由"土"而"官"。我国方言有"八大"之多,各大的亚支更不知凡几。从前几年开始,社会上就不时传来"保卫方言"的声音,不少地方政协委员还先后提交了此类提案。实则方言或土话的衰落正常不过,其产生源于地域封闭,如今省际之间有飞机高铁、省内到处"一小时生活圈",交流如此频密,方言或土话又焉有不渐趋衰落之理?而"保卫"同样正常不过,正如古旧建筑的命运日益引起人们的关注一样,属于"仓廪实"之后的一种文化自觉。

不同地方的人都说,用自己的土话念唐诗如何更有味道,流露出浓浓的文化自豪感。这个问题早为前人所认识。明朝叶盛《水东日记》即云:"方言语音,暗合古韵者多。"他举例说他那个时候山西人读"去"为"库",闽人读"口"为"苦"、读"走"为"祖";又说"吾昆山吴松,江南以归,'呼'入'虞'字韵,而独江北人则'呼'入'灰'字韵"。土话与今天普通话的一个最大区别,当如清人朱彭寿所说:"北人无入音,故于入声诸字,读之均在平去之间。"其《安乐康平室随笔》云,"南人读之无甚区别者,北音则显然不同。顾亦有南音异读,而北音转陟混同者",并且,"上去声中颇有数字,则无论南北,往往读时易于混淆"。每一种,他都拈若干字来诠释。朱氏所言确是。汉语老四声是"平上去入",新四声去了"入",把"平"拆分为"阴平、阳平"。前人总结了《分四声法》:"平声平道莫低昂,上声高呼猛烈强,去声分明哀远道,入声短促急收藏。"虽然这里对入声发音有个形象定义,但对讲普通话的北方人来说,分清之还是一件很难的事情,大量地听的同时进行比对,才能找出门道。1986年11月我在珠海市斗门县进行方言调查实习时深有体会。在此前提之下,用普通话来读古人的作品,自然不会完全合辙押韵。然比较土话与普通话,用"文化相对"的观点最合适不过,二者绝无高下优劣之分。

古人作诗,往往也把土话直接用在句子中。比如杜甫佚诗有"黑暗通蛮货",苏轼有"三杯软饱后,一枕黑甜余",都是什么意思?宋人发现:"南人谓象牙为白暗,犀为黑暗……睡美为黑甜,饮酒为软饱。"《淡墨录》云,雍正十三年(1735)陕西乡试,"蜀驿盐道佟鉴,戏用陕西土语,作颂圣表文,借以讥讪陕西士子",被巡抚硕色"以科场重地,玩视大典,妄肆讪笑"参奏,结果"部议照捏造讹言,刊刻传播,杖一百,流二千里例,奉旨依议"。佟鉴的玩笑开大了,未知是否史上以土话获罪的仅有个案。当代有人研究说,《金瓶梅》里的许多词语都是江苏新沂一带的土话,因而新沂人读《金瓶梅》最亲切,有这种可能,但不知其他地方的人能否也列出自己最亲切的句子。前文提到吴越王钱镠《还乡歌》,"普通话"版的,家乡父老"虽闻歌进酒,都不之晓",而"高揭吴喉"即土话版的,"侬"了几"侬",才赢得"合声赓赞,叫笑振席"。吴方言在今天仍是"八大"之一,彼时的通行范围自然更窄。但土话的身份认同功能就是这样强烈,某种程度上已是故乡的胎记。

1月17日又有报道说,去年12月18日晚上18点,南京电视台一向强调字正腔圆、发音精准的十八频道《标点》,"一整档60分钟的新闻节目全都用地方方言播出,在全国都算得上是第一个吃螃蟹的"。这可把话说过了头,盖因广东早就有若干电视频道,甚至全天候都是白话播出,广州电视台新闻、体育等频道,广东电视台珠江频道皆是,早已表明普通话与方言之间的关系并非形同水火。而诸如本山大叔的小品,诸如"绳命是剁么的回晃,人生是入刺的井猜"——去年延参法师的沧州土话一度笑翻全国公众,不是也着实展现了土话的魅力吗?

前苏联·故明

12 月 8 日（2004），是标志苏联解体的《独联体章程》签署 13 周年纪念日。当年，在别洛维日，这个在专供苏联党和国家领导人修养的所在，俄罗斯、白俄罗斯和乌克兰领导人作出了让世人感到震惊的决定：解散苏联，成立独联体。苏联这个国家，作为国际法主体从此在世界上消失。从那以后，国内媒体涉及苏联的文字，大抵都在国名前面加个"前"字，成为"前苏联"。在这样用的人看来，没有苏联了嘛，原来的，可不是"前"？

这种称呼妥当与否，已有不少人士论及，类似的问题在古代已经出现过。明朝遗民王弘撰《山志》便曾经质疑："今人称明曰'故明'，不知何所本？"他说见过邸报上的圣旨，也有"明不得称故"的字样。这里的"故"与那个"前"，性质一模一样。而王弘撰此说法并非其遗民情结的作用，因为并非孤例。

王士祯《池北偶谈》云，康熙二十二年（1683），陕西平凉府盗发韩康王、定王二冢，"法司按律拟罪"。韩康王与定王是爷孙关系，明朝宗室的世袭藩王，领地在平凉。这件事引起了康熙皇帝的关注，"以发掘前代帝王陵墓，特令加等"。在要求对历代帝王陵"应加守冢人户"的同时，"并禁称'故明''废陵'等语"。康熙说："凡云废者，必如高煦等有罪废为庶人，然后可。彼生为藩王，谁废之耶?"高煦,成祖的二儿子;成祖曾想立他为太子,但迫于立储的惯例,只好封之为汉王。而宣德皇帝一上台,汉王即起兵造反。显然,在康熙眼里,明朝就是明朝,天下丢了也不是故明;陵就是陵,当时废了才叫废。这倒很有点儿历史唯物主义的态度。

扬州十日、嘉定三屠,清兵入关之后,对明朝百姓犯下了惨绝人寰的罪行,但江山奠定之后,除兵制自有八旗为根本外,其他的都沿袭明制,几无更改。孟森先生指出:顺治皇帝更"直自认继明统治,与天下共遵明之祖训。此古来易代时所未有"。其直接功效,"不以因袭前代为嫌,反有收拾人心之用"。对明朝一头一尾两个皇帝,清朝尤其表现出了特殊的一面。

顺治皇帝对崇祯推崇备至。《郎潜纪闻四笔》云:"本朝入关定鼎,首为崇祯帝、后发丧,营建幽宫,为万古未闻之义举。"也有种说法认为,动用的是明朝国库银两,清政府自己并没花钱。1657 年,顺治谕工部曰:"朕念明崇祯帝孜孜求治,身殉社稷。若不急为阐扬,恐于千载之下,竟与失德亡国者同类并观,朕用是特制碑文一道,以昭悯恻。"谒崇祯陵,顺治曾"失声而泣",呼曰:"大哥大哥,我与若皆有君无臣。"这种非常有趣的称谓,很难说顺治是装出来给旁人看的。

对崇祯的书法,顺治也是如此。《山志》还说,僧弘觉向顺治索字,顺治说:"朕字何足尚,崇祯帝乃佳耳。"说罢叫人一并拿来八九十幅崇祯的字,一一展示,"上容惨戚,默然不语"。看完了,顺治说:"如此明君,身婴巨祸,使人不觉酸楚耳。"又说:"近修《明史》,朕敕群工不得妄议崇祯帝。"顺治的话,连弘觉都给感动了:"先帝何修得我皇为异世知己哉!"王士禛说在京城一士大夫家见到过崇祯所书王维"松风吹解带,山月照弹琴",评价为"笔势飞动"。

康熙皇帝则更看重明太祖,表现在他拜祭孝陵之频,《池北偶谈》里就有好几次。1681 年那一次，"诸公卿三品以上皆从，多赋诗纪事"。这当中，王士禛最推崇魏象枢的："蓟门西望望皇畿，共侍銮舆展谒归；礼罢祓门云自阖，梦回寝殿泪频挥。老臣将去填沟壑，何日重来拜翠微；廿载承恩无寸补，钟鸣漏尽尚依依。"其中，王又格外称赞第五句和第六句，以为"最沁人心脾"，想来也是他自己的内心写照了。1684 年冬那一次，"上由甬道旁行，谕扈从诸臣皆于门外下马"，并且"上行三跪九叩礼，诣宝城前行三献礼；出，复由甬道旁行"，恭敬得很。1689 年春下江南，康熙"再谒孝陵"。这一回，"父老从者数万人，皆感泣"。作秀也罢，但康熙达到了所需的效果。

一方面，康熙对前代开国皇帝如此谦卑，另一方面，清代最著名的文字狱却也首先发生在他当政的这一朝，庄廷钺《明史》狱、戴名世《南山集》狱等，令天下读书人为之寒心。庄廷钺把大学士朱国桢的明史遗稿当成自己的著作出版，不料被人找到了不少"悖逆"的句子——不过是用了南明的年号而已，于是凡作序者、校阅者及刻书、卖书、藏书者均被处死。后来，更发展到捕风捉影，明、清并提的诗句也容不得，雍正时徐骏因为"明月有情还顾我，清风无意不留人"而掉脑袋，最能说明问题了。

有意思的是，王士禛明知道禁用"故明"，而《池北偶谈》里却照用不误。"阎立本画《孝经图》一卷，褚河南书，故明大内物""故明潞藩敬一主人，风尚高雅，尝造琴三千张""龙眠无可和尚，本方姓，故明崇祯庚辰进士""（尼涵光）每谈故明门户事，源流甚晰"等。可见纠正积习之难。截至 11 月 5 日，清史纂修工程已完成第四轮招标评审，150 项课题明年有望启动，届时这部浩繁之作会使答案更明朗吧。然康熙的"不得称'故明'"，不论是收敛还是虚伪，应当说都没有用错，倒是今天的"前苏联"大有商榷的余地。

露八分·缩脚

5月18日(2008)《新京报》报道说,北京密云古北口河西村是个千年古镇,那里有一种全国独一无二的语言叫"露八分":人们说成语时只说前三个字,把最后一个字藏起来,而藏起来的这个字才是真正想要表达的意思。比如,尚姓村民去医院看牙,一问一答是这样的:"'高高在'呀,你这一大早的干啥去呢?""我去医院看'锯齿獠'。"据该村最年长的张玉春老人推测,"露八分"大约出现在明清时期,为商贩做买卖所流行,逐渐演变成现在人们茶余饭后的闲谈。

不过,这样一种说话方式,起码在唐朝就已经出现了,彼时叫做"缩脚",使用的人群也未必是商贾。唐人张鷟《朝野佥载》云,侯思止"凡推勘,杀戮甚众,更无余语",只是说:"不用你书言笔语,但还我白司马。若不肯来俊,即与你孟青。"白司马、来俊、孟青,就是缩脚。钱锺书先生《管锥编》对此有解:"酷吏以歇后谐音为双关之廋词也。"廋词,即谜语的古称。来俊,乃武周时的酷吏来俊臣,这无疑义;白司马、孟青则解释不一。按《旧唐书·侯思止传》载:"洛阳有坂号白司马坂。孟青者,将军姓孟名青棒。"如此,则侯思止的话分别缩脚"坂""臣"和"棒"字,钱先生认为"臣"通"承",那么,侯思止上面哪句话是在说:不用多啰嗦,就按我的意思都认下来,如果不,我就揍你。

《管锥编》还提到宋朝曾慥《类说》引《决水灌田伏罪状》,也是这样的用法:"只因天亢'律吕调',切虑田苗'宇宙洪'。"这是用《千字文》来缩脚。《千字文》有"闰馀成岁,律吕调阳""天地玄黄,宇宙洪荒",因而缩的是"阳"和"荒"。那么,这两句又等于是说:天气太旱,担心收成。

也许是八股兴盛的缘故吧,清朝人喜欢利用《四书》来缩脚。刘廷玑《在园杂志》云,"有督学江南者,待幕友甚薄",幕友们就你一言我一语地凑了几个句子:"抛却刑于寡,来看未丧斯。只因三日不,博得七年之。半折援之以,全昏请问其。"因为大家对《四书》都娴熟得很,所以对这些看似莫名其妙的句子全都心领神会,尽管"结句未就",也是"群哄而笑"。正玩儿到这儿,东家来了,"讯知其由",续了最后两句:"且过子游子,弃甲曳兵而。"刘氏认为:"一章皆用四支韵,通押虚字,亦奇构也。结句更出意表。"读懂这首诗的真正意思,当然也要看看究竟"截去"也就是缩脚的最后一字是什么了。

刑于寡,出《孟子·梁惠王上》:"《诗》云:'刑于寡妻,至于兄弟,以御于家邦。'"缩的是"妻"。未丧斯,出《论语·子罕》:"天之未丧斯文,匡人其如予何?"缩的是"文"。三日不,出《论语·乡党》:"祭肉不出三日,出三日,不食之矣。"缩的是"食"。七年之,出《孟子·离娄上》:"今之欲王者,犹七年之病求三年之艾也。"缩的是"病"。援之以,同出此处:"嫂溺,则援之以手乎?"缩的是"手"。请问其,出《论语·颜渊》:"颜渊曰:'请问其目。'"缩的是"目"。子游子,出《论语·先进》:"文学:子游、子夏。"缩的是"夏"。弃甲曳兵而,亦出《孟子·梁惠王上》:"填然鼓之,兵刃既接,弃甲曳兵而走,或百步而后止,或五十步而后止。"缩的是

"走"。这样一来,那首古里古怪的诗就有"夫子"自道的意味:抛却妻,来看文,只因食,博得病,半折手,全昏目;东家续的则是:且过夏、走。刘廷玑说"结句更出意表",在于东家在玩笑的同时借机下了逐客令。

钱泳《履园丛话》也提到了这首诗,但作者成了"吴门某秀才",其"曾在某督学幕中阅文,忽折其臂,痛苦万状",乃有此诗。钱泳对此的态度却没有那么轻松,定性为"侮圣人之言",说秀才"狂放不羁,每以经文断章取义,或涉秽亵语",因此"是人竟偃蹇终身,未及中年丧身绝嗣",更得出"大凡喜于侮圣人之言者,其人必遭大劫"的结论,把游戏文字说得后果可怕得很。刘廷玑是康熙时人,《在园杂志》是他任官职时的笔记,"悉皆耳所亲闻,目所亲见,身所经历者,绝非铺张假设之辞"。钱泳则生于乾隆二十四年(1759),比刘廷玑要晚得多。那么,钱泳的记载就可能从前则中化来。其实,作者是什么人并不重要,重要的是这种诙谐的表达方式,增添了汉语的无穷魅力。

有趣的是,"露八分"的使用还分褒义、贬义和中性。如王姓,褒义是"占山为",贬义是"家破人";何姓,中性是"无可奈",褒义是"气壮山"。所以,同一个东西可有好几种"露八分"的说法。礼失求诸野,古音求诸方言,传统文化则要求诸民间。密云那里保留了"缩脚"这样一种文化习俗,是件令人高兴的事,传统的振兴正可以从这些细节处入手。

灯谜

从前，上元夜，即农历正月十五夜，一项重要娱乐活动是猜灯谜。

灯谜，谜语的一种，贴谜面于花灯上供人猜射。辛弃疾有"东风夜放花千树。更吹落、星如雨。宝马雕车香满路。凤箫声动，玉壶光转，一夜鱼龙舞"；欧阳修有"去年元夜时，花市灯如昼。月上柳梢头，人约黄昏后"；姜夔有"灯已阑珊月色寒，舞儿往往夜深还。只应不尽婆娑意，更向街心弄影看"。前人这些脍炙人口的句子，说的都是上元观灯，这项民俗是个全方位的存在。

张岱《陶庵梦忆》讲的是绍兴，以为"绍兴灯景，为海内所夸者无他，竹贱、灯贱、烛贱。贱，故家家可为之；贱，故家家以不能灯为耻。故自庄逵以至穷檐曲巷，无不灯、无不棚者"。元宵时，"城中妇女多相率步行，往闹处看灯；否则大家小户杂坐门前，吃瓜子、糖豆，看往来士女，午夜方散。乡村夫妇，多在白日进城，乔乔画画，东穿西走，曰'钻灯棚'，曰'走灯桥'，天晴无日无之"。

周密《武林旧事》讲的是杭州："灯之品极多，每以苏灯为最：圈片大者，径三四尺，皆五色琉璃所成，山水、人物、花竹、翎毛，种种奇妙，俨然著色便面也。其后福州所进，则纯用白玉，晃耀夺目，如清冰玉壶，爽彻心目。近岁新安所进益奇，虽圈骨悉皆琉璃所为,号'无骨灯'。"就是说,苏州、福建做的灯最好,安徽的新安(今休宁与歙县)乃后起之秀。周密还说:"外此有鱿灯,则刻镂金珀玳瑁以饰之;珠子灯,则以五色珠为网,下垂流苏,或为龙船、凤辇、楼台故事;羊皮灯,则镟镂精巧,五色妆染,如影戏之法。罗帛灯之类尤多,或为百花,或细眼,间以红白……外此有五色蜡纸、菩提叶、若沙戏影灯,马骑人物,旋转如飞。又有深闺巧娃,翦纸而成,尤为精妙。"在灯的各式形制之外,"以绢灯剪写诗词,时寓讥笑,及画人物,藏头隐语及旧京诨语,戏弄行人",这就是灯谜了。

与作为事物谜的民间谜语略有不同的是,灯谜谜底多着眼于文字意义,如一个字、一句诗、一种名称,属于文义谜。在张岱笔下,绍兴"十字街搭木棚,挂大灯一,俗曰'呆灯',画《四书》《千家诗》故事,或写灯谜,环立猜射之",文化的意味更浓一些。当然,也没有那么绝对。《清嘉录》"打灯谜"条云:"谜头皆经传、诗文、诸子百家、传奇小说,及谚语什物、羽鳞虫介、花草蔬菜,随意出之。"

《红楼梦》第二十二回,元春"差人送出一个灯谜来,命他们大家去猜,猜后每人也作一个送进去"。结果,当晚太监出来传谕之后又说:"三爷所作这个不通,娘娘也没猜,叫我带回问三爷是个什么。"三爷贾环写的是:"大哥有角只八个,二哥有角只两根。大哥只在床上坐,二哥爱在房上蹲。"没人猜得出来,贾环只得报出谜底:"是一个枕头,一个兽头。"由此则所谓灯谜可见,贾环的文化比薛蟠高不了多少。

元春送出来的灯谜谜面和谜底都是什么,《红楼梦》里没有交代,只是说"一个小太监拿了一盏四角平头白纱灯,专为灯谜而制,上面已有了一个,众人都争着乱猜"。小太监又下谕道:"众小姐猜着，不要说出来，每人只暗暗的写了，一齐封送进去，候娘娘自验是否。"接下来的这一小段描写，也生动地见出了大观园中人物的性情。比如宝钗，"近前一看，是一首七言绝句，并无新奇，口中少不得称赞，只说'难猜'，故意寻思，其实一见早猜着了"。当晚众人得到的反馈是："前日娘娘所制，俱已猜着，惟二小姐与三爷猜的不是。小姐们作的也都猜了，不知是否？"一边说，一边将元春的答案拿出来，"也有猜着的，也有猜不着的"。而猜对元春灯谜的，每人得到"一个宫制诗筒，一柄茶筅"，二小姐迎春和三爷贾环当然要袖起手来了，"迎春自以为玩笑小事，并不介意，贾环便觉得没趣"。

吴趼人《二十年目睹之怪现状》第七十四回也有元宵节猜灯谜的描写，文化含量极高。比如《四书》谜，"吊者大悦""四"，猜《论语》各一句；"不可夺志""广东地面"，猜《孟子》各一句；"谏迎佛骨"，猜《论语》《孟子》各一句；《西厢》谜，"一杯闷酒尊前过"。谜底分别是：临丧不哀、非其罪也，此匹夫之勇、五羊之皮，故退之、不得于君，未饮心先醉。末一条，更"以《西厢》打《西厢》，是天然佳作"。梁章钜《归田琐记》也列举了他所认为的"颇有思致"的若干则《四书》谜，如"一点胭脂"，打"赤也为之小"；"人人尽道看花回"，打"言游过矣"；"传语报平安"，打"言不必信"等。出谜的、猜谜的，无不谙熟那些经典作品，将知识与娱乐熔为一炉，令人拍案叫绝。清胡智珠诗云猜灯谜："胸中不必多书卷，只要聪明悟得来。"事实上恐怕没有那么简单。

"一灯如豆挂门榜，草野能随艺苑忙。欲问还疑终缱绻，有何名利费思量。"（清顾震涛句）。猜灯谜正是一种智力游戏，检验猜射者的知识储备、学识水准。但是，"猜残灯谜无人解，何处凭添两鬓丝"，猜到钱谦益那种程度怕也不必，借题发挥就另当别论了。

××体

去年(2012)开始的吧,至少是去年"登峰造极"的,网络上涌现了许多"××体",比如"凡客体""淘宝体""丹丹体""私奔体""咆哮体"等,更迭之快,到了目不暇接的程度。所谓"××体",就是不知什么人对某个人说的某段话发生了兴趣,结构或文字或语气有点新鲜?于是大家都仿照那种结构或语气进行造句。举"凡客体"为例,以"爱……,不爱……,是……,不是……,我是……"为基本叙述方式,一时间,各种人物,无论名流或非名流,主动的或被动的,正经的或恶搞的,"爱不爱""是不是"便漫天飞舞了。

从前也有"××体",南朝就有好几个。齐武帝永明时期有"永明体",以沈约、谢朓为代表,永明是齐武帝的年号。这种诗体强调声韵格律,"平头、上尾、蜂腰、鹤膝"什么的必须避免。所谓"平头",就是诗句的第一、第二字不得与第六、第七字同声,如"今日良宴会,欢乐难具陈"(《古诗十九首》之四)中,"今""欢"都是平声,乐府可以,永明体就不行。"上尾"呢,是说第五字不得与第十字同声,如"青青河畔草,郁郁园中柳"(《古诗十九首》之二),按"永明体"要求,也坏了,因为"草"和"柳"都是上声。业界认为,"永明体"一改比较自由的古体诗文风,是五言诗走向格律严整的近体诗之间的过渡阶段,当然亦有认为此体走上了形式主义的歧途。沈约和谢朓都是成就非凡的人物,"沈诗任笔"中的"沈"就是沈约,二十四史中的《宋书》亦其所作。谢朓则山水诗成就极高,李白有"蓬莱文章建安骨,中间小谢又清发"(谢朓与谢灵运同族,乃称小谢),杜甫有"谢朓每诗堪讽诵,冯唐已老听吹嘘",两位大文豪都对他赞赏有加。

梁有"徐庾体"和"吴均体",均以代表人物来命名,命名方式类似今天的"梨花体",网友戏称诗人赵丽华的某些诗为"口水诗",乃谐其名音。"徐庾体",即徐摛、徐陵父子和庾肩吾、庾信父子的诗风和文风。《周书·庾信传》云:"肩吾为梁太子中庶子,掌管记。东海徐摛为左卫率,摛子陵及信并为抄撰学士。父子在东宫,出入禁闼,恩礼莫与比隆。既有盛才,文并绮艳,故世号为徐庾体焉。"从"当时后进,竞相模范,每有一文,京都莫不传诵"中不难推断,此体风靡一时。另,《南史·吴均传》云:"沈约尝见均文,颇相称赏。"梁武帝萧衍时,柳恽召之补主簿,每天大家赋诗作乐,"均文体清拔,有古气,好事者或学之,谓为'吴均体'"。

"××体"当然不限于南朝,晚唐最具影响力的诗人之一许浑,创有"丁卯体",全诗基本依照近体诗的平仄格律,只将颔联的出句和对句两句的第五字平仄互换。许浑晚年居丁卯桥,文集干脆也叫《丁卯集》。往前溯,屈原《天问》问世之后,就有了"天问体",其特点在于"问",全篇共三百七十四句,尽管以四言为主,兼有三言、五言、六言、七言,偶有八言,然殊途同归的是,自始至终以问句构成,一口气提出 170 多个问题,涉及天地生成、历史兴衰、神仙鬼怪等。比如"遂古之初,谁传道之?上下未形,何由考之?冥昭瞢暗,谁能极之?冯翼惟像,何以识之?"是关于天地生成的;"周幽谁诛,焉得夫褒姒?天命反侧,何罚何佑?齐桓九会,卒然身杀。彼王纣之躬，孰使乱惑？何恶辅弼，谗谄是服？"是关于历史兴衰的。

一"问"到底的"天问体"，对后世影响深远，钱锺书先生《管锥编》集纳了不少。如皇甫冉《问李二司直诗》："门前流水何处？天边树绕谁家？山绝东西多少？朝朝几度云遮？"王安石《勘会贺兰山主绝句》："贺兰山上几株松？南北东西共几峰？买得住来今几日？寻常谁与坐从容？"至于篇什中的"贯穿问语"就更多了。白居易《梦刘二十八，因诗问之》："但问寝与食，近日复何如？病后能吟否？春来曾醉无？楼台与风景，汝又何如苏？"杜牧《杜秋娘诗》："地尽有何物？天外复何之？指何为而捉？足何为而驰？耳何为而听？目何为而窥？己身不自晓，此外何思惟？"甚至词也是这样，如钱先生"私喜"之朱彝尊《柳梢青》："遵海南耶？我行山路，朝儳非耶？遥望秦台，东观日出，即此山耶？崖光一线云耶？青未了，松耶柏耶？独鸟来时，连峰断处，双髻人耶？"

同样是出于模拟，昔日的"××体"是文学创作中的开路先锋，因之成为文学发展阶段的种种标志；今天的"××体"则纯粹属于大众娱乐的一种文字游戏，虽有方兴未艾之势，但注定昙花一现。这几年还能为大家玩儿得兴高采烈，将来可能就像咸亨酒店的老板年关将近时才想起"孔乙己还欠十九个钱"一样，讲到热衷于模仿、跟风时才想起：哦，那个时候还有一堆"××体"呢。

打×

昨天(2010)看到一则报道,说广东人时下喜欢蜂拥香港打酱油、买厕纸。广州、深圳等地流传这样的笑话,家庭主妇见面第一句话:"今天你到香港打酱油了么?"打酱油,曾经是2008年度十大网络流行语之一,谁都知道那并非传统意义上的打酱油。传统的、"80前"的人都不陌生:家里酱油用完了,拎着瓶子去商店买,一般都是买一斤;营业员先给瓶子口装上漏斗,然后拿一斤的提溜去舀大缸里的酱油。成为网络用语之后,打酱油变成与自己无关、什么都不知道,相当于"路过"的代名词。这个转换源于人们耳熟能详的一个事件,此不赘述。

老广们不辞舟车劳顿,奔赴有"购物天堂"之称的香港所打的酱油,是传统概念的"回归"。因为他们拎回来的大包小包里不再是新潮的电子数码产品,而就是平常的洗涤用品、酱油、蚝油、双蒸酒等。这是物价飞涨之际,精明百姓的应对招数,去扫货"捡便宜"。细思之,酱油即便是真"打",也是"买"的意思,何以称"打"?浏览发现,宋代文豪欧阳修已经认识到了这个问题,《归田录》云:"今世俗言语之讹,而举世君子小人皆同其谬者,惟'打'字尔。"就是说,当时的"打"跟今天读音相同,用反切注音的话是丁雅切,但欧阳修认为大家都读错了,"打"的本意是"考击",因为"人相殴，以物相击，皆谓之打。而工造金银器，亦谓之打可矣，盖有槌击之义也"，所以他认为义为"考击"之"打"应该读 dǐn，滴耿切。宋朝"打×"已经很常用了，"造舟车者曰'打船''打车'，网鱼曰'打鱼'，汲水曰'打水'，役夫饷饭曰'打饭'，兵士给衣粮曰'打衣粮'，从者执伞曰'打伞'，以糊黏纸曰'打黏'，以丈尺量地曰'打量'，举手试眼之昏明曰'打试'"，但永叔先生力图正本清源，以为虽然"名儒硕学，语皆如此，触事皆谓之打。而遍检字书，了无此字"。为此他很是学究了一番，"以字学言之，打字从手从丁，丁又击物之声，故音作谪（当作滴）耿。不知因何转为丁雅也"。

永叔先生不解的问题，当代有学者举敦煌文献《燕子赋》进行了阐释："但雀儿□缘脑子避难，暂时留连燕舍。既见空闲，暂歇解卸。燕子到来，即欲向前词谢。不悉事由，望风恶骂。父子团头，牵及上下。忿不思难，便即相打。"认为这里的"打"作为韵脚字，显然就切作丁雅，如此才能与上下文相押。《燕子赋》标题下有"咸通八年"的题署，咸通是唐懿宗李漼的年号，咸通八年即867年。也就是说，今天普通话"打"的读音，早在唐代已然如此，然只限于民间使用，正规的韵书并不承认而已。由此想到自己在富拉尔基第一重型机器厂当工人时的一件往事。金属热处理有一道工艺叫"淬火"，就是将金属工件加热到一定温度，随即浸入淬冷介质（盐水、水、矿物油等）中快速冷却，以期提高工件硬度及耐磨性的工艺。淬，字典中的标准读音是 cuì，而如果你在任何一位师傅面前说 cuì 火，人家都会笑你是个外行，盖因为在工厂里，淬字读 zhàn。由"打"的"经历"作为标本来个武断推定，将来必然是字典自我"更正"以适应民间。

南宋刘昌诗《芦浦笔记》接过欧阳修的话题，罗列了更多的

"打×",诸如"诸库支酒谓之打发,诸军请粮谓之打请,印文书谓之打印,结算谓之打算,贸易谓之打博,装饰谓之打扮,请酒醋谓之打醋、打酒",并且"行路有打火、打包、打轿。负钱于身为打腰。饮席有打马、打令、打杂剧、打诨。僧道有打化,设斋有打供。荷胡床为打交椅,舞傩为打驱傩",以及"打睡、打喷嚏、打话、打闹、打斗、打点、打合、打过、打勾、打了,至于打糊、打面、打饼、打线、打百索、打绦、打帘、打荐、打席、打篱笆"等。明朝顾起元《客座赘语》有"辨讹"条,认为"里中有相沿而呼,而与本音谬,相习而用,而与本义乖者,或亦通诸海内,而竟不知所从始"。他举了许多实例,其中也谈到了"打×",如"预事曰'打叠',探事探人曰'打听',先计较曰'打量',卧曰'打睡',买物曰'打米'、曰'打肉',治食具曰'打耕',张盖曰'打伞',属文起草曰'打稿'"。点校者说,《客座赘语》所记内容"皆为南京故实及诸杂事",则"里中"所指金陵百姓了,未知"打米""打肉"之类,是否今日依然见存于那里的方言之中。

今天的"打×"更加数不胜数,在不少传统的得到沿用的同时,也出现了新的,如坐出租车成了"打的"。人们司空见惯乃至不以为意的词语,探究一下,往往蕴藏着相当深厚的历史内涵。

阿×

落籍广州之前，即知此地往往以"阿×"呼人。用带"阿"的称呼语，呼名或者呼姓，有表示亲近、亲昵的意味，适用范围颇广。侯孝贤电影《冬冬的假期》中，"颜正国"每呼"阿正国"。而侯氏自传体《童年往事》中，主人公每被呼为"阿孝"，奶奶更在后面加个"咕"字，成"阿孝咕"。奶奶一门心思惦记要回广东梅县的老家，因而但凡见到有钢架的桥梁就问人家"嗨木嗨（是不是）梅云（县）的梅缸（江）桥"，所缀之"咕"大概是客家方言了。

无论何种汉语方言，都保留了大量古汉语的成分，"阿×"也不例外。赵翼《陔馀丛考》云："俗呼小儿名辄曰阿某，此自古然。"赵翼的研究建立在前人基础上，南宋两部笔记都提到了"阿×"。先看赵彦卫《云麓漫钞》，他将自唐迄宋的此类情形开了一个序列："古人多言'阿'字，如秦皇阿房宫，汉武阿娇金屋。晋尤甚，阿戎、阿连等语极多。唐人号武后为'阿武婆'。妇人无名，第以姓加'阿'字。今之官府妇人供状，皆云阿王、阿张，盖是承袭之旧云。"汉武阿娇金屋，是今人非常熟悉的典故：武帝四岁时为胶东王，长公主抱置膝上，逗他说想不想娶媳妇呀，小家伙说想；又逗他想不想娶阿娇（长公主之女、他的表姐）呀，小家伙很果断地回答："若得阿娇作妇，当作金屋贮之。"武帝第一任皇后也正是阿娇,很可惜,"金屋藏娇"后来沦为纳妾的代名词。

再看刘昌诗《芦浦笔记》:"古人称呼每带阿字,以至小名小字见于史传者,多有之。"他又提供了不少实例。如《汉·高祖纪》武负注:"俗呼老大母为阿负。"鲁肃拍吕蒙背曰:"非复吴下阿蒙。"曹操小名阿瞒,唐明皇小名亦云阿瞒。与此同时,他还印证了赵彦卫的"晋尤甚"。如钟士季谓王戎:"阿戎了了解人意。"阮籍谓王浑(戎父):"共卿语,不如与阿戎谈。"此外,王子敬为阿敬,王平子为阿平,庚会小字阿恭,王询小字阿苽。王恭曰"与阿大语",则指王忱。殷浩为阿源,王胡之小字阿龄,王蕴小字阿兴,王敦小字阿黑,王导小字阿龙,郗恢小字阿乞,王恬小字阿螭,殷恺小字阿巢,许询小字阿讷,王处小字阿智,高崧小字阿酃,刘叔秀为阿秀。何偃遥呼颜延之为颜公,延之曰:"非君家阿公,何以见呼?"如此等等,开了长长的一串。刘昌诗显然意犹未尽,声明"嗣有得,当续之"。

这一罗列也可发现,赵翼所谓"俗呼小儿名辄曰阿某"的"偏狭"一面,因为刘昌诗列举的众多"阿×"并非小儿。顾炎武《日知录》已指出,人在年纪小的时候、未取字的时候,均可以"阿"来"自称其亲",或"不定何人之辞"。比如前者有《孔雀东南飞》之"堂上启阿母""阿母谓阿女";后者有《三国志·庞统传》之"先主谓曰:'向者之论,阿谁为失?'"以及《晋书·沈充传》:"敦作色曰:'小人阿谁?'"《晋书·五行志》载,穆帝崩,"太后哭之曰'阿子,汝闻否?'"这里的"阿子",乃长辈对晚辈(母对子)的昵称。而《世语新说·贤媛》"桓宣武平蜀"注引《妒记》:"(桓)温平蜀,以李势女为妾。郡主凶妒,不即知之。后知之,乃拔刀往李所,欲砍之。见李在窗前梳头,姿貌端丽,徐徐结发,敛手向主,神色闲正,辞甚凄婉。主于是掷刀前抱之,曰:'阿子!我见汝亦怜,何况老奴！'遂善之。"这里的"阿子"，又是尊对卑（妻对妾）的昵称。至于成人之"阿"，顾炎武举《隶释·汉殽阮碑阴》云："其间四十人，皆字其名，而系以'阿'字，如刘兴阿兴、潘京阿京之类，必编户民未尝表其德，书石者欲其整齐而强加之，犹今闾巷之妇以阿挈其姓也。"后面一句，就是《云麓漫钞》的语意了。由此似可推断，"阿"之于称呼小儿、小女之外，就姓名而言，男子往往以"阿"冠名或字，女子往往以"阿"冠姓，所以如此，倒也未必是因"妇人无名"。

名或姓之前何以缀一"阿"字呼之？顾炎武认为："阿者，助语之辞，古人以为慢应声。"且以《老子》为例："唯之与阿，相去几何？"赵翼则有另一番见解："各处方言不同，而以阿呼名遍天下，无不同也。本朝国语，亦以阿厄溯起，而余随征缅甸，军中翻译缅文，亦多阿喀拉等音，凡发语未有不起于阿者。尝细思其故，小儿初生到地，开口第一声即系阿音，则此乃天地之元音，宜乎遍天下不谋而同然也。"赵翼的推断有一定道理，据说全世界的语言中"爸爸妈妈"的发音都差不多，但这终究是"生物"层面的考量，应该还有文化层面的分析吧。

"×个"论

　　去年(2005)岁末,香港科技大学教授丁学良的一句"中国真正意义上的经济学家,最多不超过五个",引起轩然大波。丁教授随后在接受访问时说,他的话被媒体曲解了,曲解成"中国合格的经济学家不超过五个",被撒了"胡椒",为的是"让别人老远就能受刺激打喷嚏,跑过来看"。媒体好像对丁教授的评价并不计较,干脆再代为归纳成"五个"论。

　　放到历史的长河去考量,这种类似于"×个"论的用法,是一种很常见的现象。比如说"建安七子",现在我们都认为是东汉献帝建安时期除曹操父子之外的七位文学家:孔融、陈琳、王粲、徐幹、阮瑀、应场和刘桢。其实那只是曹丕的观点,其《典论·论文》曰:"今之文人……期七子者,于学无所遗,于辞无所假,咸以自骋骥騄于千里,仰齐足而并驰。"对此说,同时期的祢衡就不表示认同:"大儿孔文举,小儿杨德祖,余子碌碌,莫足数也。"也就是说,"建安七子"中他只瞧得起孔融,那六位,还不如杨修——在曹操面前耍小聪明丢了性命的那位。两人的观点究竟如何,是文学家论证的事,但讲话口吻如果套用丁教授的句式,曹丕就等于在说:"中国合格的(或真正意义上的)文学家,最多不超过七个",祢衡则抬杠说只有两个。

类似的例子举起来，是不得了的。宋朝张知甫《可书》有沈晦的"三个"论："自古及今，天下秀才只有三个。孔大头一个，王安石、苏轼合一个，和晦乃三个也。"孔大头即孔夫子，相传孔子的额头超大。《宋史》说沈晦"胆气过人，不能尽循法度，贫时尤甚"，看起来确实如此。敢与孔圣人并列、以为安石东坡加在一起才抵得上自己，不仅胆量惊人，而且脸皮极厚，厚颜无耻。沈晦是什么人呢？不过是宋徽宗时的一个状元而已。《宋史》还说他"当官才具，亦不可掩"，可见如果徽宗时期如果评选"本朝真正意义上的官僚"有多少个，他凑个数还差不多。秀才，沈晦自诩耳，以为有张文凭就可以沾边了吗？沈晦的"三个"论，跟说梦话没什么两样。

《癸辛杂识》中，河间府有个卖烧饼的人持的是"一个"论。别看他卖烧饼，但家里"壁贴四诗"，而且是文天祥的手笔。有人来他家，假装漫不经心地说："此字写得也好，以两贯钞换两幅与我如何？"他笑了，说这是他的传家宝，"文丞相前年过此与我写的"，别说一贯钞，"虽一锭钞一幅亦不可得"。其时幽燕大地为宋朝割让出去，河间府百姓早成了异国臣民，在卖烧饼者的眼里，"赵家三百年天下，只有这一个官人"。这等于是说，"宋朝真正意义上的官员，最多不超过一个"。倘若司马光、王安石、三苏、二程、朱熹乃至李纲、岳飞这些赫赫有名的人物在世，也没必要跳出来质疑"一个"论的"荒谬"。一方面，"公论在野人"；另一方面，这并不是钦定或敕撰，还不至于认真到自己不在其列就气急败坏的地步吧！

明朝李贽与清朝道光朝，都有"五个"论。李卓吾先生认为"宇宙有五大部文字"，分别是《史记》、杜诗、苏文、《李献吉集》和《水浒》。道光朝的那"五个"，都是有学问的人，龚自珍以才、魏源以学、宗稷辰以文、吴嵩梁以诗、端木国瑚以经术榜上有名,时号"薇垣五名士"。卓吾先生的"宇宙观",当然是不能计较的,就是"五个"论,清初龚炜也不能认同。他点《水浒》的名说:"若以其穿插起伏、形容摹绘之功,则古来写生文字供人玩味者何限,而必沾沾于此耶?"因为,龚炜在前提上认为,《水浒》"寄名义于狗盗之雄,凿私智于穿窬之手",这种书本身即属于"害人心,坏风俗"的一类。

"初唐四杰""竹林七贤""唐宋八大家""前七子、后七子"……有兴趣的人尽可以开列下去,凡此种种,都可以视为某朝某代、某个领域的"×个"论。中国的文人或者什么学家如果要想生气的话,真是什么时候都有得生。遗憾的是,先人怎么对待这些,没有看到。如祢衡弄出"两个"论的时候,是否也有人说他在"放屁"?或者是否也有人一顶帽子掷过去,说他是在否定"建安文学"的辉煌成就?假以时日也许会看到,但倘若当时的人们信息闭塞,根本不知道也就没有谈及此事,或者知道了仍然以心平气和的态度面对,那就可能永远也看不到了。

丁学良教授后来在接受访谈时说,关于中国真正意义上的经济学家到底有几个,根本不是他那次接受采访的谈话要点,"任何一个理性的人,看一下采访的内容就会知道,我讲的核心是如何使中国的经济研究向经济科学的方向进步的问题"。那么,那么多的经济学家纠缠于"五个"本身,非要对号入座是谁,近于无聊了。

书 院

国庆假期(2014)到宁波慈城走了一趟,入住于慈湖书院。这是"新版"慈湖书院,利用修复了的民国汗衫大王任士刚故居。"旧版"的已经不存,且位置也不在这里。看介绍,最早的慈湖书院为宋朝杨简所创办。杨简字敬仲,号慈湖,世称慈湖先生,南宋孝宗时进士,曾任富阳主簿,兴学校教生徒。陆九渊过富阳,指示心学,杨简乃向陆执定师生礼。"简没,民思之不忘,因立书院"。像其他书院一样,千百年来,兴、毁、毁、兴,循环往复。著名学者王应麟、全祖望等均曾为慈湖书院作记。

书院,作为特有的教育组织和学术研究机构,是中国古代教育史上留下的一份珍贵遗产。袁枚《随园笔记》云:"书院之名,起唐玄宗时丽正、集贤书院,皆建于朝省,为修书之地,非士子肄业之所也。"那时已有"书院",但主要为修书、校书、藏书,还不是私学性质的教学场所。两宋时书院迎来盛世,尤其南宋更成就了书院的光荣与梦想。今人耳熟能详的"四大书院",即南宋学者提出的概念。但因为它不是由官方机构评选,全凭各自认识,所以究竟是哪四大也从来说法不一。范成大认为是徂徕、金山、岳麓、石鼓;吕祖谦认为是嵩阳、岳麓、睢阳(即应天府)、白鹿洞,马端临则认为是白鹿洞、石鼓、应天府、岳麓。各自的着眼点不同,范成大看重书院所处地理位置,吕祖谦看重学术意义和讲学活动。1998年4月,中国邮政发行《四大书院》特种邮票一套4枚,采纳了吕祖谦说。2009年11月再发行书院邮票,分别是安定、石鼓、鹅湖和东坡书院。估计这个系列还会继续发行下去,因为纵贯历史的话,"家事国事天下事,事事关心"的东林书院焉能缺席?

有研究指出,第一个具有里程碑意义的书院当推漳州松洲书院,即"唐陈珦与士民讲学处"。首先,陈珦在这里"与士民论说典礼",对象是士民和生徒,表明具有教学的性质。其次,开办的目的不是为了应对科举,而是基于"州治初建,俗固陋"的背景。漳州建置后,陈珦父亲陈元光是首任刺史,元光"率众辟地置屯,招来流亡,营农积粟,通商惠工",被后世尊奉为"开漳圣王",陈家还因此连续四代继任漳州刺史。陈珦"开引古义,于风教多所裨益"之时,当是协助父亲教化乡里、移风易俗之际,这就具备了后世书院的精神与品格。书院特点之一是私人性,私人置田买地,聚徒授学。如洪迈说应天府书院,"府民曹诚即楚丘戚同文旧居造舍百五十间,聚书数千卷,博延生徒,讲习甚盛"。书院在南宋后期达到发展顶峰后,明确了六大主要功能:研究学术、讲学传道、收藏图书、刻印图书、祭祀圣贤及经营学田。

《万历野获编》有"书院"条,勾勒了明朝书院的兴灭状况。说正德年间,自王阳明"以良知之学行江浙两广间,而罗念庵、唐荆川诸公继之,于是东南景附,书院顿盛"。到嘉靖末年徐阶成为首辅,"一时趋惊者人人自托吾道,凡抚台莅镇,必立书院,以鸠集生徒,冀当路见知。其后间有他故,驻节其中,于是三吴间,竟呼书院为中丞行台矣"。书院变成为立而立,并异化成向上爬的平台。所以万历时张居正执掌国柄,"痛恨讲学,立意蒙抑"。刚好常州知府施观民在建造书院过程中以"科敛见纠",于是"遍行天下拆毁"。而张居正落马，毁书院则又成了他的大罪之一。在各地"请尽行修复"的呼声下，"书院聿兴，不减往日"，极端的如李材明在郧阳，"遂拆参将衙门改造，几为武夫所杀"。至于民间，也是"相与切磋讲习，各立塾舍名书院"。明末清初陆世仪也不认同书院的畸形繁荣："嘉、隆间书院徧天下，呼朋引类，动辄千人，附影逐声，废时失事，甚有借以行其私者。"陆世仪有"嘉定四先生"之谓，他对书院"荣辱"的一个判断非常值得咀嚼："天下无讲学之人，此世道之衰，天下皆讲学之人，亦世道之衰。"

　　清初鉴于明末书院"群聚党徒""摇撼朝廷"的教训，采取了抑制政策，直至雍正十一年（1733）才允许在政府严密控制下创建书院，因而也使书院完全官学化。目前广州保存规模最大的大小马站书院群，正是清代产物，据说还是当时全国最大的书院群落。该书院群位于市中心的北京路商圈核心区，由于多年来未得到很好保护，建筑多被拆毁，辟成了临时停车场。到 2000 年市政府公布为 16 片历史文化保护区之一，却仅余庐江、考亭、冠英、曾氏、濂溪、见大等六间书院。去年起，广州忽地一下又"大手笔"出台了保护与更新规划，高调宣布复建或迁建，目的是要连片打造北京路广府文化商贸旅游区。那么，所谓保护要的只是书院招牌，与书院的应有功能了不相涉。而在宁波那里，慈湖书院则仍交由学者主持，不求经济回报，但求延续传统。

私塾

广州"孟母堂"日前接到了增城市托幼工作领导小组开具的一纸"违规办学告知书",要求其在 4 月 30 日(2008)之前停止一切教学活动。2007 年 1 月,"孟母堂"选址增城(广州市辖)一座别墅,开展家塾读经教育。最近几年媒体不断报道,全国哪里有人在办私塾,这个早已消失了的品种俨然有复兴意味。

私塾是旧时家庭、宗族或教师自己设立的教学处所,有人考证,自唐宋兴起,明清达到鼎盛,随着科举制度的废除而基本上终结了使命。今天一些人很看重私塾这种载体,以为传承传统文化非此莫属,古人则未必。蒋纯焦先生《晚清以降塾师研究》认为,私塾当年之所以大行其道,乃是因为官方办学止步于政府行政组织的底层。从前私塾遍布城乡,塾师表面上属于一种自由职业,实则"底层读书人未入仕之前,职业选择空间相当有限,做塾师往往是不得已而为之"。他们处于古代教育职业的下层,"半饥半饱轻闲客,无锁无枷自在囚"。也许正是因此,私塾塾师每每成为嘲讽对象。

《清稗类钞》有上虞陈燧《村塾赋》,被认为"穷形尽相,非深于世故者不能言",那应该是陈燧的切身感悟了,里面的句子就不乏自嘲。如讲到自己的地位,"三尺五尺之童,一楹两楹之屋。到小人国中,自侬居长;在蜜蜂窝里,由我称王"。讲到工作的辛劳,"如持脱锥而凿顽石,如策跛驴而涉高岗"。讲到内心的苦闷,"如蚊蚋之并集于座,如婴孩之群号于床"。

在文学作品里,具体而形象的嘲讽更为常见。汤显祖《牡丹亭》第四出《腐叹》,塾师陈最良登场,他已经"观场十五次"——考了45年都没有考上,穷困潦倒,正准备改行行医,逢杜太守家招塾师,便去应招。他总结了塾师的七大好处,认为因此才有那么多人"没了头(拼命)也要去"。但当人家因为要个老成的而选中他的时候,刚在叽咕"儒变医,菜变齑"的他,还扭扭捏捏地说什么"人之患在好为人师"。人家说"人之饭,有得你吃哩",他赶快就跑去了。第七出《闺塾》,汤显祖借丫鬟春香之口直接骂他:"村老牛,痴老狗,一些趣也不知。"

蒋纯焦书中收录的蒲松龄作品三种,以及湖南花鼓戏《张先生讨学钱》中的塾师形象,读来更令人忍俊不禁。《张》戏中,塾师张九如去陈大嫂家讨取学俸,因她屋里"毛伢子在我学堂读书,学俸年年不清"。开始的闲谈还算投机,陈大嫂甚至要"转到厨房泡茶喝",待张九如道明来意,陈大嫂不客气了,她唱道:"不提学钱犹小可,提起学钱伤我的心。我毛伢子,在你的学堂中,读书有三春,一个'一'字都不认得,那'上'字、'下'字都分不清。'朝于斯,夕于斯。'教你的混帐教摆子。老娘把你推出门。"张九如的水平在登场时就自道了:小时候学识字,了解了"一字一横,二字二横,三字三横"之后,以为就这么横下去就行了,所以老师叫他写"万",他"就跑到师娘房里,偷了把梳子,往墨水里一醮,往那纸上几划几划几划,几下子就划起一万来"。长大了赶考,试官出对曰"高山滚石,乒咚乒咚向下",他来个"澡盆打屁,咕咙咕咙朝上",气得试官送他两个字:滚蛋。

私塾上课的情形,清朝有人作的这首七律最形象:"一阵乌鸦噪晚风,诸生齐放好喉咙。赵钱孙李周吴郑,天地玄黄宇宙洪。《三字经》完翻《鉴略》,《千家诗》毕念《神童》。其中有个聪明者,一日三行读《大》《中》。"今之办私塾者,对读经顶礼膜拜,然其功用不可一概而论。唐朝韩简没什么文化,"每对文士,不晓其说,心常耻之"。于是让人给他讲《论语》,听完《为政》,就去跟人家吹牛:"仆近知古人淳朴,年至三十,方能行立。"听到的人"无不绝倒"。显然,这是对子曰"吾十有五而志于学,三十而立"的歪解。不可否认,作为传统文化的组成部分,四书五经有其精华的成分,因此明朝张吉说"学者不读《五经》,遇事便觉窒碍",但也不能片面夸大功效。宋人魏鹤山云:"须从诸经字字看过,思所以自得,不可只从前贤言语上作工夫。"罗大经补充道,学者"不求之六经固不可,徒求之六经,而不反之吾心,是买椟而弃珠也"。一味地诵读,别说对孩子,对成人又能寄望什么呢?

　　今天的各级教育模式都存在一定问题,需要改进甚至革命,但却不等于可以用私塾来削足适履。广州"孟母堂"目前有 14 个孩子,年纪最大的 8 岁,最小的刚刚 2 个月。"孟母堂"负责人表示,他们是把志同道合的家长组织起来,请老师在家教孩子;惟不知孩子本身的意愿如何。鲁迅先生当年去"三味书屋",就很不高兴。在他看来,家里把他送进私塾是一种惩罚,全不如在百草园中乐趣多多。当然,也有一些文化老人津津乐道于私塾的神奇功效,这大约与知青里面的成功人士对蹉跎岁月无怨无悔殊途同归吧。

之乎者也

　　香港凤凰卫视前不久(2004)播出的大型访谈节目《说不尽毛泽东》中,被访谈人士尽皆当年毛泽东身边的工作人员,卫士、保健医生、秘书,还有红极一时的"迟群和小谢"中的小谢——谢静宜。只是岁月沧桑,小谢已成了老谢。他们讲的那些生活细节,不乏逸闻趣事。比方保健医生王鹤滨老先生讲到,毛岸英刚从苏联回国时满口俄文,延安的秀才们要为他补习母语。因为是从古代典籍补起,把岸英弄误会了,以为寻常说话也是如此腔调,于是满口之乎者也。人们忍不住笑,岸英则曰:"我又说错了乎?"

　　"知之为知之,在乎不在乎,此人何其者,孔老夫子也……很久以前我们的老师都曾经这么说",罗大佑作词作曲的《之乎者也》,形象地道出了一个事实:之乎者也,是古人的"专利"。严格说来,那也是古人的书面语,日常说话并不是这般文绉绉。古人怎么说话?从前的著作里有原汁原味的实录。举明朝叶适《水东日记》为例。洪武十三年(1380),朱元璋循历代之例册封孔子第55代孙孔克坚为衍圣公,在大殿上当着文武群臣是这样说话的:"我看您是个有福快活的人,不委付您勾当,您常常写书与您的孩儿,我看他资质也温厚,是成家的人。您祖宗留下三纲五常垂宪万世的好法度,您家里不读书是不守您祖宗法度,如何中用?您老也常写书教训者，休怠惰了。于我朝代里，您家里再出一个好人呵不好？"里面虽然也间或蹦出"者"字，"之乎也"就都没有出现，且从通篇来看，朱元璋那时候说话，跟咱们今天说话大体差不到哪里去。

之乎者也，文言文里叫做虚字，本身没有字意，只表示语法关系。有人研究，书面语里大量出现之乎者也，是春秋后期的事，并称之为我国散文史上第一次也是最重要的一次大变革。这种含有大量虚字的书面语，时称"雅言"，有点儿像今天的"普通话"，用雅言写的文章后来统称为"文言文"。宋太祖很瞧不起虚字。《邵氏闻见录》云，有天他在京城视察，指着"明德之门"的门额问赵普："安用之字？"赵普答，语助。太祖大笑曰："之乎者也，助得甚事。"在《湘山野录》里，宋太祖去的则是朱雀门："何不只书'朱雀门'，须著'之'字安用？"看起来，太祖有此一行、有此一问，还是八九不离十的。

"之乎者也矣焉哉，七字摆开好秀才。"古人作文，必在运用虚字上很下功夫，虚字用得好，也的确能见出功夫。《归田琐记》云清朝时扬州有家酒馆名叫"者者馆"，叠用两个者字，大学者王士禛不解其意。主人告诉他："取近者悦，远者来之意。"扬州还有个"兜兜巷"，住在这里的妇人多以做肚兜为业，就是今天的专业一条街吧。有人据这两个古怪的店名与街名还填过一首《寄江南》："扬州好，年少记春游。醉客幽居名者者，误人小巷入兜兜，曾是十年留。"

虚字也可以入诗。杜甫有"古人称逝矣，吾道卜终焉"，还有"去矣英雄事，荒哉割据心"；黄庭坚有"且然聊尔耳，得也自知之"。宋人罗大经说："诗用助语，字贵妥帖。"他非常推崇前辈一位乡贤的"并舍者谁清可喜，各家之竹翠相交"。钱锺书先生《谈艺录》指出，前人"用'之'字、'哉'字、'而'字句多不胜举。六代则徐干一作，仿制者尤多。唐则李杜以前，陈子昂、张九龄使助词较夥……唐以前惟陶渊明通文于诗，稍引厥绪，朴茂流转，别开风格。如'结庐在人境，而无车马喧'"等。针对王士禛认为自明朝天启之后，竟陵派文人仿效前人多用"焉哉乎也"等虚字成句，"往往令人喷饭"，钱先生解释说："盖理学家用虚字，见其真率容易，故冗而腐；竟陵派用虚字，出于矫揉造作，故险而酸。一则文理通而不似诗，一则苦做诗而文理不通。兼酸与腐，极以文为诗之丑态者，为清高宗之六集。"把乾隆皇帝也给贬损了一通。

在之乎者也问题上最令人喷饭的，当推钱易《南部新书》里一名达官的东施效颦。有天他路过"汉太子太傅萧望之墓"，评点碑铭直接写"萧望墓"就行了，"何必加'之'字？"他不知道，"萧望之"正是人名，人家并不叫"萧望"。萧望之并非无名小辈，墓碑上点出来了，当过皇帝的老师。班固《汉书》作结曰："萧望之历位将相，籍师傅之恩，可谓亲昵亡间。及至谋泄隙开，谗邪构之，卒为便嬖宦竖所图，哀哉！（不然，）望之堂堂，折而不桡，身为儒宗，有辅佐之能，近古社稷臣也。"那个胸中只有半桶水的达官，想学人评点周遭，不料一开口便露了怯。

前些天看到一则消息说，《清史》编纂已经启动，将采用文言撰写。就是说，21世纪成书的《清史》仍然要满篇之乎者也。对这消息，我是先惊后疑。惊于此举的漠视时代，疑于对参与编纂的多数人来说，是否有驾驭之乎者也的本领。并且，今天说话时用文言虚词，往往是讽刺人之说话喜欢咬文嚼字，也用于形容半文不白的话或文章，合适吗？

一字师

《咬文嚼字》杂志公布了 2013 年十大语文差错。

自 2006 年以来，这已是《咬文嚼字》的招牌动作。前几年，他们关注的主要是个人，关注一些名家有影响的作品所犯的语文差错。这一回，他们更关注公共媒介，所以"拔得头筹"的，是央视《汉字听写大会》将"鸡㙡菌"误为"鸡枞菌"，且主持人李梓萌将"㙡"念成了 cōng 而不是 zōng。对于所以会造成语文差错泛滥的情况，《咬文嚼字》专家说，中国素有"一字师"传统，人们对汉字理应怀有一份敬意，然而现在人心浮躁，这份敬意已荡然无存。

原因是否如此简单有待商榷，然"一字师"乃文化传统却绝对不假，且已经凝练固化为成语，以此来称呼善改诗文的人。最有名的，要算郑谷改僧齐己的《早梅》诗。齐己有"前村深雪里，昨夜数枝开"句，郑谷说"数枝开"不如"一枝开"为佳。这一改，令"齐己瞿然，不觉兼三衣叩地膜拜"，称郑谷为"一字师"。一枝独秀，更能突出"早"的味道。

一字之别，意境也每有不同。贾岛为"僧敲"还是"僧推""月下门"而踌躇不决的故事众所周知，概"推"与"敲"各自蕴涵不同的意境。与之相类的，还有陶渊明的"采菊东篱下，悠然见南山"，另有一种版本是"悠然望南山"。究竟是"见"还是"望"，历来莫衷一是。当然,此事非关五柳先生自身,属于后人传抄导致的"罗生门"。孰是孰非,已经不可能有明确结论,都诠释得通。然似以"见"字派占上风。宋朝蔡启云:"此其闲远自得之意,直若超然邈出宇宙之外。"如果"望"呢,"便有褰裳濡足之态"。比喻很形象,但不知何以"望"便生出那般联想。苏东坡《题渊明饮酒诗后》云:"因采菊而见山,境与意会,此句最有妙处。近岁俗本皆作'望南山',则此一篇神气都索然矣。"何以"望"就索然,也只是扔出个结论。明朝梁桥说得透彻:"陶渊明意不在诗,诗以寄其意耳。"在他看来,如果"则既采菊又望山,意尽于此,无余蕴矣",而如果"本自采菊,无意望山,适举首而见之,故悠然忘情,趣闲而思远"。

在许多时候,这一字之别非同儿戏,关键场合关键事情上处理不好,可能会带来严重后果。周寿昌《思益堂日札》有"字误"条,举了发生在南书房的两个事例。南书房在清朝是皇帝文学侍从值班的地方。值班人要在翰林中"择词臣才品兼优者",陪伴皇帝赋诗撰文、写字作画之外,有时还秉承皇帝的意旨起草诏令,"撰述谕旨"。程恩泽有一回就出事了,"误读圯桥之'圯'为倾圮之'圮'",直接后果是"眷少衰",至于"旋出书房",别在这儿干了,不称职。还有个画家叫戴熙的,"以命题画《策骑清尘》签子,误于策字加一画",就是把中间本来开口的地方给封上了,"不久亦出书房"。关于戴熙这件事,《清稗类钞》有则补充,很有意思。盖"戴熙在南书房时,不善事内监",小人物没有打点好,所以写了错字之后,"宣宗令内监持令改之",但不告诉他错在哪儿了,"但令别书……戴遂别写一纸,而误字如故",结果"上以为有意怫忤,遂撤差"。倘内监告知,亦可谓戴熙的另类"一字师"了。

一字师中之"一字",往往就这样决定仕途乃至事件。冯梦龙《智囊全集》云,"顾蚧为儋耳郡守,文昌海面当五月有大风飘至船只,不知何国人,内载有金丝鹦鹉、墨女、金条等件",而"地方分金坑女,止将鹦鹉送县,申呈镇巡衙门"。不料上面追究下来了,分赃杀人的人一时间都没了主意,甚至"相率欲飘海",打算溜到国外去。顾蚧正好上任,只将原文"飘"改作"覆",便万事大吉。"覆来船",就剩了鹦鹉,谁知人和财哪去了? 但这"一字"不甚光彩就是,墨写的谎言掩盖了血腥的事实。而一字师中之"师",却未必是学识很高的人物。前面的郑谷诚然大家,然"一字师"并非大家的专利。《唐摭言》云,李相读《春秋》,把叔孙婼的"婼"读错了,"小吏言之,公大惭愧,命小吏受北面之礼,号曰'一字师'"。《鹤林玉露》亦云:"杨诚斋(万里)与同舍谈及于宝。一吏进曰:'乃干宝,非于也。'"杨万里问你怎么知道?"吏取韵书以呈,'干'字下注云:'晋有干宝。'"杨万里也是放得下架子,大喜曰:"汝乃吾一字之师。"

《咬文嚼字》编辑部介绍说,鸡𩽾菌是菌的一种,菌盖圆锥形,中央凸起,老熟时微黄,味道鲜美似鸡肉味,是食用菌中的珍品之一。因为生长在泥土中,所以字从"土"。而"枞"有两个读音,一个是cōng,木名,即冷杉;再一个是zōng,地名用字,安徽省有"枞阳县",都与食用菌无关。据悉,央视已经认可了《咬文嚼字》的意见,承认发生了误判。《咬文嚼字》此番的角色,果然堪称"一字师"。

白字

五一（2006）"黄金周"期间开锣的"第十二届 CCTV 全国青年歌手电视大赛"，在歌手的素质考核环节"循例"闹出了许多笑话。与以往稍稍不同的是，这回包括文化素质评委余秋雨、音乐素质评委徐沛东在内。徐沛东关于摇滚的点评，被网友认为"不懂别乱说"。

说一个人的素质如何，实际上是说他平日的修养如何。宋人程师孟诗曰："每日更忙须一到，夜深常是点灯来。"李元规开玩笑说，你这是"登溷之诗"——写上厕所的吧。他当然知道，那个"到"是程师孟每天都去的静堂。程师孟知洪州（今江西南昌），在衙门里修了个静堂，"自爱之，无日不到"，明明是官员，偏要学隐居的道士玩儿什么静修，李元规大概很看不惯。但许多歌手大赛——不独 CCTV 需要回答的素质问题，却不像程诗让人猜度和费解，用余秋雨先生的话说，并没超出中学课本范围。那么，诸如把什么是"杯水车薪"，回答成用一杯水作为给车夫的工钱，比喻贪婪吝啬之极，闻者就难免瞠目结舌了。

但河南南阳一名观众在听到余秋雨先生把"仁者乐山"的"乐"字念"错"之后，立即给现场打去电话要他公开承认，他觉得歌手出错尚可理解，权威的点评老师却不应该。公平地说，这里

"暴露"出的问题与余先生的素质无关。把"仁者乐山"中的"乐（yào）"读成 lè，不是读错与否的问题，而是古音与今音的区别问题，余先生更认为是"书面读音"和"口头读音"问题。今天我们读《诗》，多数篇章一点儿也不押韵，因为用的是今天的读音，没必要拾回废弃了的古音。然而我不大明白的是，为什么余先生遇到"杯水车薪"的"车"，该读 chē 的时候又读 jū 了。

古人有很多读错字的，而且对白字先生也是颇为刻薄。《可书》云，张鼎为太常博士，把"鸡肋"误成了"鸡肘"，大家从此就叫他"鸡肘博士"。这就有点儿不厚道了，充其量他那是一时笔误而已。丁柔克《柳弧》里有位官员"满口白字"，在他嘴里，"民社"读成"民壮"，"奸宄"读成"奸究"，"铿訇"读成"坚訇"，诸如此类，不胜枚举，大家也没取外号或者怎么样，只是丁柔克感到非常不解，这样一个"滥竽之南郭"，怎么就能够"署事、当差多年无恙"。

前面谈到过，《鸡肋编》云林摅把新进士甄彻的"甄"读成了"坚"，徽宗说念错了，林摅"呼彻问之"，结果徽宗说得对，林摅因此"以不识字坐黜"。不过，林摅的罢官恐怕不完全是因为寡学，而在于他的"辩不逊"，态度上有问题。林摅真是幼稚得到家，跟皇帝较真的事情，别说你真的错了，即使你对了，就会有好果子吃吗？《淡墨录》里还有这样一件事，进士李凤翥奏贺祥瑞的出现，免不了先自谦一番。不知怎的，也许雍正皇帝那天不大高兴吧，专挑他的毛病，说他"作浮词，凑成自谦之语，陈于君父之前，岂儒者之道乎？"更要命的是，李凤翥把"赉"错成了"赍"字，这下帽子就更大了，"莫非有意讥朕不应赉而赍乎？"赉，赏赐；赍，送东西给别人。赏赐和送，本质上有区别，用"赍"至少是把皇帝看低了。在李凤翥应该也是笔误，所谓"轻慢疏忽"；但在雍正看来，就李凤翥这种素质，根本不配以儒者自命。

在青年歌手电视大赛上，歌手但凡对某一问题回答得不对，评委们会当面乃至不大客气地指出错之所在，这是对的，含糊其词可能贻误他们。《谷山笔麈》云，于慎行看到臣僚的上疏草稿有"窃鈇（铁）"二字，知道他写错了，"鈇"当为"鈇"。"窃鈇"亦作"窃斧"，《列子》里的寓言，说有人丢了把斧子，怀疑是邻居的儿子偷去了，怎么看怎么像；后来在自家谷堆里找到了，再看邻居的儿子，怎么看又怎么不像。寓言要表达的是目随心乱的道理。于慎行"难于面质"，只委婉地说那个字可能写错了，那人"愕然不答"，等他的正式稿本出来，于慎行看到"铁"被改成了"鐵"——那人根本没明白错在哪儿，于是"甚悔当时不曾明告，使陷于可笑如此"。

陈丹青先生在自己的博客上对青年歌手大赛的素质考评提出了质疑："唱就唱，还要比什么所谓素质……这就是我们知识分子的那点知识，知识用到这步田地，便是反知识。"也是一种观点吧。"CCTV 全国青年歌手电视大赛"的素质环节，成了"一道风景"。以恶意猜度，有些人看这节目，就是为了看斯时歌手们出的种种洋相。这也算是娱人了。

读白字

去年（2017）岁末，某位省级领导在正式场合上致辞时读错了字，引发舆论哗然。很难认的字吗？并不是，"滇"，他读成了"镇"，原本的"滇越铁路"也成了"镇越铁路"，前后有两次，显见不是一时口误。该领导尽管新上任不久，官职之前尚有个"代"字，但将主政省份的简称读错，太不应该。"滇"字也十分常见，没到过云南的人一般也知道"滇池"。此番若不是有视频为证，真的以为会是什么人在存心捣乱。

"滇"而读成"镇"，一般叫作读别字或白字。《后汉书·儒林传》载："谶书非圣人所作，其中多近鄙别字，颇类世俗之辞，恐疑误后生。"顾炎武《日知录》云："近鄙者，犹今俗用之字。别字者，本当为此字，而误为彼字也，今人谓之'白字'，乃'别'音之转。"就是说，"别"与"白"，本是同根生。似乎可以武断地认为：人皆不免读白字，不拘官职大小，学问高低。首先是因为汉字的总量太大，1990年徐仲舒主编《汉语大字典》收了5万多字，1994年冷玉龙等编著《中华字海》收了8万多字，台湾还有收了超过10万的。这么庞大的数量，任何人也没有理由全都认识。其次，汉字具有"形声"的特点，这部分字占了70%左右，所以对自己不认识的，"见字读半边，不会错上天"。然而，另外30%往往正是陷阱，碰上了，就可能读成白字。比如"刚愎自用"的"愎"，读半边的话就会读成"复"。随便再举几个，如龃、踽、糯、蚋，读哪半边都不行。

读白字的原因很多，一种可能是疏忽大意，看花眼了，顺嘴溜了出来，还有一种可能则是不识字。《解愠编》里有"玉堆宫"条，说是两个蒙师在路上遇见，"道傍有鲁叁之墓"，其中一个认为是曾参墓，赶忙下拜。另一个说，这明明是"萧规曹随"的那个曹参嘛，怎么会是曾子？争论了半天，"相殴讼于王推官处"。王推官说，这好办，"召坟邻询之"。待到弄明白了，原来谁也不对，两蒙师遂被"各笞二十逐出"。好朋友在玉堆宫设宴，想作个和事老，不料两人来到，"举目见轩扁"，吓得赶快跑掉，相顾惊愕曰："此是王推官家，如何又去惹他？"这当然是个笑话，编出这样的笑话，是在讥讽那两个所谓蒙师实属草包，连常见的字也不认识，更不要指望其他了。《鹤林玉露》云"西汉诸儒，扬子云独称识字"，韩愈说："凡为文者，宜略识字。"因此，真正识字也不是件容易之事。

本来学富五车，忽然得了怪病而不识字了，这种现象也是可能的。《墨客挥犀》"奇疾"条列举了不少。比如，"有一人家姜，视直物皆曲，弓弦界尺之类，视之皆如钩"，凡是直的一概看成弯的。又比如，京兆醴泉主簿蔡绳"得饥疾，每饥立须啖物，稍迟则顿仆闷绝。怀中常置饼饵，虽对贵官，遇饥亦便龁啖"，连礼节都顾不上讲了，照吃不误。蔡绳是作者友人，作者很了解他："绳有美行，博学有文，为时闻人，终以此不幸，无人识其疾，每为之哀伤。"再有就是松滋令姜愚，"无他疾，忽不识字，数年方稍稍复旧"。《宋史》有姜愚这个人，见于《王陶传》。"陶微时苦贫，寓京师教小学。其友姜愚气豪乐施，一日大雪，念陶奉母寒馁，荷一锸划雪，行二十里访之。陶母子冻坐，日高无炊烟。愚亟出解所衣锦裘,质钱买酒肉、薪炭,与附火饮食,又捐数百千为之娶"。但是,姜愚却是好人未得好报。"陶既贵,尹洛,愚老而丧明,自卫州新乡往谒之,意陶必念旧哀己。陶对之邈然,但出尊酒而已。愚大失望,归而病死"。只是不知,两个姜愚是否为同一人,但此姜愚患的是目疾,眼睛不好的古人数不胜数,一般不会累及不识字。

即便真的不识字也不要紧,只要肚里有货。《容斋四笔》云:"(南朝)宋孝武尝令群臣赋诗,沈庆之手不知书,每恨眼不识字。"但皇帝逼令作诗,怎么办呢? 庆之曰:"臣不知书,请口授师伯。"请别人代笔,不会就是不会。孝武即令颜师伯执笔,庆之口授:"微生遇多幸,得逢时运昌。朽老筋力尽,徒步还南冈。辞荣此圣世,何愧张子房?"因为"上甚悦",所以"众坐并称其辞意之美"就是必然的了。张子房是与韩信、萧何并称为"汉初三杰"的张良,庆之自信可以与之比肩。这样,马屁拍了,顺带也提高了自己。

当然,白字形成的原因还有重要的一条,就是"笔吏不谨",写错了,导致以讹传讹。洪迈说他记得曾纴书陶渊明《读山海经》诗,其中的"形夭无千嵗,猛志固常在"令他生疑,"上下文义若不贯,遂取《山海经》参校",才明白前五个字原来是"刑天舞干戚",五个字全都抄错了,因而弄得句子不明所以。"滇"而成"镇",不能排除这种状况。秋瑾女士当年在给侄子秋壬林的信中写道:"接汝手书,尚为清楚,阅之甚喜,惟有白字,亦因中文程度尚浅之故。"把写白字归结为文化水准,承继的自然是韩文公的衣钵了。

斋(堂)号

昨天(2007)《南方周末》"往事与随想"栏目是王学泰先生的《开心斋与赤心斋》,讲的是 20 世纪 60 年代初先生自己的大学生活。其中说道:"很奇怪,困难时期,在高校的一角,弥漫的不是愁云惨雾,也有欢声笑语。于是题室名为'开心斋'";而在倡导千万不要忘记阶级斗争之后,"同学们提高了认识,痛哭流涕","开心斋"也改成了"赤心斋",并成为学校的好典型。

给自己的居所取个斋号,是传统文化的一种,该算是文人或者有文化的人的雅事。陆游《家世旧闻》云,他家族谱上有位祖先叫陆既,"博通《六经》,尤精于《易》,亦颇好道家说",修养非常到家。陆既自号真淡翁,"所居曰藏拙堂、炙背庵",从自号和斋(堂)号的这九个字眼,不难窥见其内心世界的一个侧面。《清稗类钞》记彭桐桥偏爱善本书,见则"必倾囊典衣以购之"。乾嘉年间他当幕僚,"所得幕俸,必购书,于是陆则汗牛马,水则滞舟楫,行旅之费,倍于他人"。买了三十多年,"积书数万册",回家后盖了间藏书楼,名曰"此静坐斋",当是取东坡"无事此静坐"诗意。只是东坡要养生,在这种"一日如两日"的静坐中,感受"若活七十年,便是百四十",彭桐桥则是要静坐读书。

宋朝有一位东坡的极端崇拜者叫赵希元,"自负诗文",且一切都向东坡看齐，甚至"居处斋室皆取其言以为名"，事见庄绰《鸡肋编》。赵希元在亭子旁边种些芍药，因为苏诗中有"亭下殿余春"，便给亭子命名曰"殿春亭"。不过，不知为何，他老兄来个"横牌书之"，尽管此举可能无意中成了汉字自左及右书写的先驱，但给那些平时跟他不大对付的人抓到了把柄，谓其家有"亭春殿"。赵希元"由是出为衢州兵官"，可能是有僭越的嫌疑吧。

《桯史》云，宋孝宗朝尚书郎鹿何不过四十来岁，一天忽然"上章乞致其事"，不想干了。问他为什么，他说："臣无他，顾德不称位，欲稍矫世之不知分者耳。"只是自己觉得自己不胜任，且要给那些同样不胜任的作个示范。回家后，鹿何在家里挂块匾：见一堂。这是反用唐朝诗僧灵澈的句子——"相逢尽道休官好，林下何曾见一人"。在灵澈看来，好些人都说当官没什么意思，无官一身轻，还是百姓自在，但是当上了官的谁见到过一个肯放弃的呢？鹿何认为，现在可以见到一个了。

给自己居所取个意味深长的名字，属于风雅之事；而有风雅，则必有附庸风雅。《柳南随笔》云："近则市井屠户，皆有庵、斋、轩、亭之称。"他那个"近"，指清朝康乾年间，那种风雅，可能不亚于后世小靳庄的人们"个个会种田，人人能作诗"。《清稗类钞》里可以就此拈出两则趣事。其一，某总兵归乡大起宅第，请某名士题堂匾，名士并不拒绝，刷刷刷写了"竹苞堂"三字。这里面并没有什么典故，然像"阑玻楼"为"东门王皮匠"一样，把一个字拆成两个字看就对了。因为总兵不读书，"家中皆纨绔子弟，目不识丁"，所以名士的意思是其家"个个草包"。其二，嘉庆初，某富人也是大治宅第，"欲乞名流题斋匾以增重"，花钱找到藏书家吴省兰。吴省兰知道该富人幼曾为奴，有点儿瞧不起，就题了"旦白室"三字。这回是有典的，但大家不大明白，还琢磨是否"平旦之气之别解"。吴省兰说，大家不是都看过戏嘛，"旦之上场，作何声口？"人们这才恍然大悟，"旦白"的意思是奴家，旦角上场时的自称也。

要说这两位名士也真是不够厚道，收了人家的钱，还要行戏弄之事。相形之下，李渔则说不上冤枉。李渔乃有清一代著名词人，戏曲大家，"聪明过于学问"，但非常好色，"所至携红牙一部，尽选秦女吴娃"，放诞风流。他在京师居住时，门口匾曰"贱者居"，表示自谦；而看不惯他行为的人，在他门对面也挂了一块，"良者居"，借以"讥其所携也"。明末魏大中大骂魏忠贤的"明心堂"为"昧心堂"。魏大中"清操素著"，一不贪，"宦游十载，家徒四壁"；二不依附权贵，魏忠贤"每招之"，他则"每抑之"。也正因此，魏忠贤怀恨在心，后来竟将他"诬以纳贿"。严刑拷打之下，魏大中指着行刑之地"明心堂"厉声而出此语。黑白颠倒如此，"明心"还是"昧心"，不是昭然若揭吗？

学生宿舍由"开心"变成"赤心"，一字之易，时代因素尽在不言中。当政治巨浪荡涤着一切，所有领域不能幸免之时，学子的生活势必也要留下一个个烙印。

店招

　　城市管理,整顿店铺招牌似乎一直是比较看重的一项内容。以这几天来说,安徽肥东县、江苏连云港、江苏苏州都有类似行动,不约而同。在肥东,说是合蚌路沿线的店招店牌制作材料粗劣、杂乱无章、横竖吊挂随意设置,极大地影响了沿线市容观瞻,与肥东县文明县城形象格格不入。在连云港,商家、门面业主会在店门口设置各种伸出来的小招牌,被叫作"小耳朵",又被称为"视觉污染"。在苏州,一家伙拆除违章广告、店招1484块,涉及姑苏区百余条道路。现在雷厉风行了,不知先前在干什么?

　　店铺招牌,无论走到哪里几乎都举首可见,古今皆然。侯宝林先生有段艺人被迫改行的相声,说一个老艺人卖菜,挑着担子遛了半天也没开张,因为他不吆喝,"人家不知道他给谁送去"。行商靠吆喝,坐贾靠的就是店招。元杂剧《胭脂记》第六出,王月英开了个铺子,"卖的是油胭脂,锦胭脂,瓦子胭脂。不问佳人子弟,都来铺儿里,买着胭脂"。生意不错,仍要"挂起牌额在此",因为没有这东西,还是"有人来买胭脂不当稳便"。她这个牌额写的是:王月英发卖神色胭脂铺儿。这就是店招了。熊梦祥《析津志》云,元朝店招之外还有辅助设施,比如"市中医小儿者,门首以木刻板作小儿,儿在锦棚中若方相模样为标榜";接生婆的家,"门首以大红纸糊笋筐大鞋一双为记";兽医的家,"门首地位上以大木刻作壶瓶状,长可一丈,以代赭石红之。通作十二柱,上搭芦以御群马。灌药之所,门之前画大马为记"。

倒回头看看宋朝。《清明上河图》作为北宋开封的社会生活实景记录,让我们也能得窥其店招真容。"孙羊店""杨家应症□□""王家罗明匹帛铺""刘家上色沉檀栋香""久住王员外家"等,在画卷上一目了然,肉铺、药店、绸缎庄、香铺、旅店的性质,也一望而知。欧阳修《归田录》记载了当时的一些写白字的店招,说京师卖酸馅的,"皆大出牌榜于通衢,而俚俗昧于字法,转酸从食,馅从臽"。有人开玩笑说:"彼家所卖馂馅,不知为何物也。"欧阳修就此发挥,"饮食四方异宜,而名号亦随时俗言语不同,至或传者转失其本"。比如汤饼,唐人叫"不托",如今则叫"馎饦"。又比如西晋束皙《饼赋》,"有馒头、薄持、起溲、牢九之号,惟馒头至今名存",另外几个,根本不知道是什么东西了。

吴自牧《梦粱录·铺席》记载了南宋杭州的好多店招名称,童家柏烛铺、张家生药铺、徐家绒线铺、阮家京果铺、俞家冠子铺还是冠姓,宋五嫂鱼羹、周五郎蜜煎铺、陈妈妈泥面具风药铺,等于直截了当点明店主的身份。当下的贵州"老干妈"正有此遗风,许是其风靡中外之故,去年到贵阳,超市里见到龙大哥、刘姨妈、胖四娘、辣老太、巧外婆什么的,集纳起来,有成为"亲属称谓"大全之势。而"老干妈"之所以成功,显见不会是因为外在的商标,一定是在于瓶里的"货色"。

《西游记》写的是唐朝的事,但由明朝人落笔,因而明朝的痕迹多多,援引的法律基本上都是《大明律》。第八十三回,孙悟空见妖精洞里有"尊父李天王""尊兄哪吒三太子"的牌位,高兴极了,"也不去搜妖怪找唐僧",直接要到玉帝那里去告御状。八戒提醒他"告人死罪得死罪",这就是《大明律·诬告》的条款:"凡诬告人……至死罪,所诬之人已决者,反坐以死。"八戒是担心师兄告错了。紧接着在第八十四回,听说灭法国这两年杀了"九千九百九十六个无名和尚,只要等四个有名的和尚,凑成一万,好做圆满哩",大圣乃变作扑灯蛾儿去城里打探究竟,"忽见那隅头拐角上一弯子人家,家家门首挂着个灯笼儿"。他道:"这人家过元宵哩,怎么挨排儿都点灯笼?"飞近前来仔细观看,正当中一家方灯笼上写着"安歇往来商贾"六字,下面又写着"王小二店"四字,大圣才知道是开饭店的。这该是明朝的店招了。

瞿兑之《杶庐所闻录》之"市招",讲的是清朝,且云好多店招由名家书写,最有名的,是"严嵩之西鹤年堂及六必居"。"六必居"牌匾今日仍然高挂,未知严氏真迹与否。店招出自名人手笔,正常不过。《水浒传》里,宋江吟反诗的"浔阳楼",牌匾由苏东坡手书。浔阳楼是酒楼,宋江在家乡郓城就听说过,但见"旁边竖着一根望竿,悬挂着一个青布酒旆子"。20世纪80年代我刚来广州时,街上的店招还尽皆书法大家的笔墨,商承祚、秦咢生、麦华三等,篆书、秦隶、爨宝子、瘦金体都不乏见。瞿兑之又说"光绪季年风行王垿之字,有'有匾皆书垿,无腔不学谭'之谚。垿为山东翰林,鲁人之营商者相率标榜之,实则陋劣不能成字也"。不知是文人相轻,还是那字真的不行。真的不行也不奇怪,这种现象今天我们在其他场合仍能所见多多。

前面几个地方当下整顿店招,大约还是杂乱无章。前些年则伤筋动骨,那就是禁绝繁体字。我一直不能理解,繁体字是传统文化的重要载体,那些决策人物为什么视之如寇雠?

音乐会

12月30日（2016）晚上，在广州大剧院欣赏了英国伯明翰市立交响乐团与瓦西里·辛奈斯基演出的新年音乐会。我对音乐完全是门外汉，此番没有听到熟悉的旋律，每奏一曲又只是干巴巴的字幕名称而没有任何其他介绍，听得更不明所以。电视剧《空镜子》里，"姜武"在这种情况下呼呼大睡，令"陶虹"很难堪。本人倒是还不至于，但思绪也不在现实而飞到了从前。

从前应该也是有音乐会的。1978年湖北随县曾侯乙墓出土了一套战国编钟，总共60多件，沉睡地下两千多年被唤醒并全部组装完成之后，便于1979年8月演奏了一场音乐会，以《东方红》开场，中有《楚商》、《友谊地久天长》、贝多芬第九交响乐《欢乐颂》等贯穿，最后以《国际歌》收尾。古今中外皆可，足征这套编钟在战国时代也完全可以胜任一台音乐会。与今日交响乐包含多个乐章的大型管弦乐曲所不同的是，奏出优美旋律的全套64件曾侯乙编钟，没有弦乐和管乐，全部是青铜打击乐，但十二律俱全。钟磬上铸造有大量乐理乐律铭文，为后来的《吕氏春秋》印证了不少。

曾侯乙编钟的成就，代表了我国古代音律科学的发达程度。在此之前，自然已有端倪。《诗》中出现的乐器就有20多种，属于土石制品的有缶、埙，属于金属制品的有钟、镛，属于竹制品的有笙、箫，属于综合制品的有琴、瑟、鼓、贲。由此可知西周时人制作与使用乐器的手段，十分丰富。

如今的新年音乐会只是音乐会的一个时间节点，其功能在于陶冶人们的性情，普通人群得以参与，从前的也有这方面的功能，但更偏重实用，大抵用于宴会、祭祀，参与者因而往往限于帝王将相、各级官员。在陶冶性情方面，《荀子》这么说的："夫乐者，乐也，人情之所必不免也，故人不能无乐。乐则必发于声音，形于动静，而人之道，声音、动静、性术之变尽是矣。"所以，先王制乐在于借之"以感动人之善心，使夫邪污之气无由得接焉"。不过，在荀子看来，音乐也如一面硬币的两面，所谓"姚冶之容，郑卫之音，使人之心淫；绅端章甫，无《韶》歌《武》，使人之心庄"。改革开放之初，海峡彼岸邓丽君的歌曲在此岸被指为"靡靡之音"，指斥者大抵正有"郑声淫"的出发点。

唐朝一定有很多音乐会，玄宗要算是皇帝音乐家，"梨园弟子"的名词就是从他那儿催生的。《新唐书·礼乐志》载："玄宗既知音律，又酷爱法曲，选坐部伎子弟三百教于梨园，声有误者，帝必觉而正之，号'皇帝梨园弟子'。"此外，"宫女数百，亦为梨园弟子，居宜春北院。梨园法部，更置小部音声三十余人"。这里的"坐部伎"，对应的是"立部伎"。顾名思义，"堂下立奏，谓之立部伎；堂上坐奏，谓之坐部伎"，这也是玄宗的发明。二者的区别还在于，"不可教者隶立部，又不可教者，乃习雅乐"。玄宗是个音乐全才，演奏中但"声有误者"而"必觉而正"，表明他具有乐团指挥的耳朵。他还擅长作曲，著名的《霓裳羽衣曲》就不用说了，"民间以帝自潞州还京师，举兵夜半诛韦皇后，制《夜半乐》《还京乐》二曲。帝又作《文成曲》，与《小破阵乐》更奏之"。杨贵妃生日，玄宗幸骊山，"命小部张乐长生殿，因奏新曲，未有名，会南方进荔枝，因名曰《荔枝香》"。玄宗又好敲击羯鼓，以为羯鼓乃"八音之领袖，诸乐不可方也"，什么乐器也比不了。

"渔阳鼙鼓动地来，惊破霓裳羽衣曲。"安禄山、史思明的战鼓直接击碎了玄宗的羯鼓。此前，唐太宗曾谓侍臣曰："古者圣人沿情以作乐，国之兴衰，未必由此。"但御史大夫杜淹马上举例表示并不认同："陈将亡也，有《玉树后庭花》，齐将亡也，有《伴侣曲》，闻者悲泣，所谓亡国之音哀以思，以是观之，亦乐之所起。"杜淹的观点并不新，《礼记》中早就说了："治世之音安以乐，其正和；乱世之音怨以怒，其正乖；亡国之音哀以思，其民困。声音之道，与正通矣。"然太宗坚持认为，那是就结果而反推其事所导致："夫声之所感，各因人之哀乐。将亡之政，其民苦，故闻以悲。今《玉树》《伴侣》之曲尚存，为公奏之，知必不悲。"后来，他又重申了自己的观点："朕闻人和则乐和，隋末丧乱，虽改音律而乐不和。若百姓安乐，金石自谐矣。"魏徵也认为："乐在人和，不在音也。"唐朝到玄宗时虽未亡国，但他过分沉迷其中，导致国家由盛及衰却是不争的事实。

新年音乐会在我们这里流行之后，各地或同一地的不同乐团便目不暇接了。但在中国演奏音乐会，还是应该接下地气。当年，理查德·克莱德曼以一曲《太阳最红》，把全场观众的情绪一下子调动起来了。印象中此后他在中国演出，总要和观众"共鸣"一下，《浏阳河》《我爱北京天安门》等都曾从他的琴键中流淌出来。相信观众中真正懂得音乐的极少，作为音乐场所，不能满足于把乐团拉来了事，还得多做些普及文章，让观众有所收益后离去，而不只是为了附庸高雅。

戏剧

　　6 月 20 日(2015)，"首届中国国际儿童戏剧教育艺术节"在陕西西安大华 1935 艺术区拉开序幕。艺术节以"世界童爱,全球童声"为主题,自 6 月 20 日起至 8 月 30 日期间在北京、广州等 12个城市组织超过 150 场演出,超过 200 场活动。有专业人士说,戏剧教育是一种重要且不可或缺的艺术美育形式,对孩子的人格、社会感知以及社会价值的培养颇有助益。

　　戏剧具有教育功能的一面,这是可以肯定的,不仅所表达的内容,而且所表现的形式,都有这样的一面。虽然前人有这么种观点,所谓"戏之劣处,无情无理,其最可笑者,如痛必倒仰,怒必吹须,富必撑臂,穷必散发,杀人必午时三刻,入梦必三更三点,不马而鞭,类御风之列子;无门故掩,直画地之秦人",但这属于无视戏剧的象征、夸张手法。照这个逻辑来看问题,演员的化妆也成问题了。比如"花旦上装,两颊匀脂甚厚,以视北地胭脂,不止倍蓰。若觌面相看,色如深醉,颇不适目",但是登场之后就不同了,"卓文君颊际芙蓉,望而可见"。戏服也是,虽缎绣而极粗糙,又彩色特艳,"若衣之以行通衢,虽在剧场以为美观,亦将骇而却走"。

　　传统价值观推崇的"忠孝节义",对于从前绝大多数不识字的百姓来说,主要靠戏剧来潜移默化。我收藏有一套四枚彼岸 1970

年发行的"中国戏剧"邮票,票名分别是"还我河山(忠)""孝行感天(孝)""巾帼英雄(节)""千里寻兄(义)",对应表现的是岳飞、闵子骞、穆桂英和关羽。千百年来,这些故事深入人心,戏剧的作用功不可没。所以,一贫如洗的阿Q无论是"气愤愤"还是"得意"的时候,都可以随口唱出"我手执钢鞭将你打"来抒发情感,尤其得意之时,还能模仿出"呀呀呀……得得,锵锵,得,锵令锵"的伴奏声。关于形式,鲁迅先生《脸谱臆测》有精辟见解,认为戏剧脸谱中的白表奸诈、红表忠勇、黑表威猛之类,是人物的分类而并非象征手法。他说得非常风趣,比如,"富贵人全无心肝,只知道自私自利,吃得白白胖胖,什么都做得出,于是白就表了奸诈"。

从前的戏剧终究还是娱乐功能为主,教育的功能一面只是顺带。就像《万历野获编》"禁中演戏"条所说的,"颇采听外间风闻,以供科诨……雅俗并陈,全在结局有趣,如人说笑话,只要末语令人解颐"。清朝沈学善"尝馆平湖县署,适演剧,主人固请出观,遵生固却,薄暮独立墙阴",人家问怎么回事,他说:"静听蟋蟀秋吟,差胜笙歌盈耳也。"这样的人肯定属于另类,因为看戏是从前人的主要娱乐方式。别说古代了,民国时的戏园子也热闹非常,老一辈学人大抵都好这口,在他们的回忆文字中津津乐道。不过,从前看戏的观众可能恰恰要排除儿童。首先因为戏剧表现的内容,像毛泽东所痛斥的,尽皆"帝王将相,才子佳人"。

陆容《菽园杂记》云:"嘉兴之海盐,绍兴之余姚,宁波之慈溪,台州之黄岩,温州之永嘉,皆有习为倡优者,名曰戏文子弟,虽良家子不耻为之。其扮演传奇,无一事无妇人,无一事不哭,令人闻之,易生凄惨。"陆容将之归结为"南宋亡国之音",并且他说:"其赝为妇人者,名妆旦,柔声缓步,作夹拜态,往往逼真,士大夫有志于正家者,宜峻拒而痛绝之。"不管我们是否认同他的观点,那些内容总是儿童不宜的。

《清稗类钞》有"西洋贡铜人"条，说乾隆年间"西洋某国贡铜伶十八人，能演《西厢》一部"。什么"人长尺许，身躯耳目手足悉以铜铸成，心腹肾肠皆用关键凑结"，上一上弦，张生、莺莺、红娘便"能自开箱加衣，身段交接，揖让进退"，说得太玄乎。但著名的《西厢记》传奇，不要说原汁原味的里面脏话、粗话连篇，就是王丹凤、冯喆后来主演的电影，内容也并不适宜儿童。

《郎潜纪闻初笔》云，洪昇《长生殿传奇》初成，"授内聚班演之"，康熙皇帝很喜欢看，还"赐优人白金二十两"。于是"诸亲王及阁部大臣，凡有宴会，必演此剧，而缠头之赏殆不赀"。洪昇过生日时，给康熙演戏的原班人马亦演此剧来助兴，"名流之在都下者，悉为罗致"，可惜百密必有一疏，漏了个给谏，结果人家生气了，气之余去告发了。告什么呢？洪家于皇太后忌辰设宴乐，大不敬。"上览其奏，命下刑部狱，凡士大夫及诸生除名者几五十人"。这属另话，然同样著名的《长生殿》儿童也没法理解吧？

旧时儿童发蒙，《三字经》《百家姓》《千字文》之外，要背诵"子曰诗云"，然而圣贤的内容恰恰是戏剧不能染指的。宋朝孔道辅出使契丹，"契丹宴使者，优人以文宣王为戏，道辅艴然径出"，就因为道辅认为"俳优之徒，慢侮先圣而不之禁"。又如清朝，因为"优人演剧，每多亵渎圣贤"，所以康熙皇帝"禁止装孔子及诸贤"，雍正皇帝"则并禁演关羽"。俱往矣，当戏剧日渐远离大众娱乐之后，假如能令儿童怡然接受这种美育形式，那就不仅是培养人格了，而且对于传承传统文化亦功德无量。

戏剧(续)

在潜移默化地传播传统价值观之外,戏剧某种程度上具有杂文的功能:辛辣,讽刺。

你若跟我抬杠,例子也俯拾皆是。如《清稗类钞》之"伶人机警"条,年羹尧率师出征,"朝士设宴为祖饯,演剧以佐觞"。点曲本的人没留意,里面有"瓦罐不离井上破,将军难免阵前亡"两句唱词。"及扮演登场,曲已过半,方猛然悟之,然已无及矣。点者不敢声"。这时演员救场了,他灵机一动,改为"瓦罐岂必井上破,将军此去定封王",不吉利的成分来了个一百八十度反转,于是皆大欢喜,"座客击节,赏赉有加"。那个时候年羹尧还没倒台呢,演到这个份上自然是见风使舵。

那些误打误撞的,也不能算是戏剧的杂文功能。《柳弧》云,江西有个梁巡抚,"春酒赴宴",坐定之后,发现台上演的是《刺梁》。但见"金鼓鸣时,一刺客掉臂而出,戟手指中丞,正面厉声大骂:'梁贼,梁贼!'"这个刺梁,刺的是梁冀,东汉大将军,清代传奇《渔家乐》中有此一折:渔女邬飞霞为报父仇,混入梁府,乘隙用神针刺死梁冀。故事纯属虚构,梁冀实为桓帝借宦官之力所诛杀。饶是彼梁非此梁,梁巡抚还是颜色大变,"拂衣而起,回署,负手徘徊,沉吟不已",气坏了。此时,吓坏的新建、南昌两首县"已银铛伶人至求见"。跪了很久，老梁才传出话："两县且回，优人放去，此后省中不许演剧。"像这一类充其量属于无心之失。

而戏剧的杂文功能也很早就已经显现。《国语·晋语》优施云："我优也，言无邮。"韦昭注曰："邮，过也。"钱锺书先生笺曰："盖人言之有罪，而优言之能无罪。"同样的话，一般人说不行，伶人说是没问题的。《梦粱录·妓乐》载，南渡以后，"凡有谏净，或谏官陈事，上不从，则此辈妆做故事，隐其情而谏之，于上颜亦无怒也"。戏剧成了谏净的一种方式，虽有时亦不免获罪。《万历野获编·优人讽时事》云，嘉靖初年，"议大礼，议孔庙，议分郊，制作纷纷"。这时，郭勋家的优人于一贵戚家演杂剧，扮作读书人到曲阜孔子家里去要饭，孔子不给，说："近日我所享笾豆，尚被减削，何暇为汝口食谋，汝须诉之本朝祖宗。"于是到太庙先谒孝宗，不料孝宗曰："朕已改考为伯（嘉靖明确孝宗不是自己宗法意义上的皇考，只是伯父），烝尝失所，况汝穷措大，受馁固其宜也，盍控之上苍？庶有感格。"读书人又去找玉皇大帝，玉帝说："我老夫妇二人尚遭仳离，饔飧先后不获共歆，下方寒畯且休矣。"这一连串的告状，"皆举时事嘲弄也"，所以看的人"一座皆惊散"，看都不敢看了。在"议大礼"之争中，郭勋站在嘉靖一边，因而"闻之大怒"，与此同时，他也怕惹祸上身，乃"痛治其优，有死者"。

认识到了戏剧的这一功能，其"双刃剑"的另一面也就露出了峥嵘：作为攻击对手的利器。陆游诗曰："身后是非谁管得，沿村听唱蔡中郎。"这种攻击未必一定发生在身后，即在身前也不妨碍撕破脸皮。

梁章钜《浪迹续谈》云："世所演《荆钗记》传奇，乃仇家故谬其词，以诬蔑王氏者。"王氏即王十朋，南宋状元。现存《荆钗记》的剧情是：钱玉莲拒绝巨富孙汝权的求婚，宁肯嫁给以"荆钗"为聘的温州穷书生王十朋。王十朋中状元后，因拒绝万俟丞相逼婚，被派往荒僻的地方任职，孙汝权暗自更改十朋家书为"休书"，后母亦逼玉莲改嫁，玉莲投河遇救。最后，王、钱以荆钗为凭，终于团圆。这显然是在歌颂王、钱的爱情故事，而《荆钗记》有南辕北辙的另一版本：钱玉莲本娼家女子，在王十朋中状元后遭到抛弃，愤而投江。这该是梁章钜所云"撰传奇者谬悠其说，以诬大贤，实为可恨"。仇家如何结下的呢？《宋史·王十朋传》载："史正志与浩族异，拜浩而父事之，十朋论正志倾险奸邪，观时求进，宜黜正志以正典刑。林安宅出入史浩、龙大渊门，盗弄威福，至是诈病求致仕，十朋并疏其罪。皆罢去。"《瓯江逸志》更直接，王十朋"为御史，首弹丞相史浩，乞专用张浚，上为出浩帅绍兴，又上疏言舜去四凶，未尝使之为十二牧，其謷谇如此，故史氏厚诬之"。《思益堂日札》云，明朝首辅申时行与王锡爵不合，也曾使用戏剧，"王作《玉蜻蜓》以诋申，申作《红梨记》以诋王，两家门客所为，至今演唱"。双方你来我往，各以其人之道还治其人之身，不是像王十朋那样束手就擒。

戏剧的功能说了这么多，都不如清朝戏剧大家李渔的概括精辟："不过借三寸枯管，为圣天子粉饰太平。"因此，在李渔看来，基本上属于拍马屁。剧情中"既有悲欢离合，难辞谑浪诙谐。加生旦以美名，既非市恩于有托；抹净丑以花脸，亦属调笑于无心。凡此点缀剧场，使不岑寂而已"。李渔那样说话，在如今一些人听来会有近乎"反动"的意味吧。

皮影戏

4 月 1 日,"中华文明凝心铸魂之旅"暨 2018 全国网络媒体主题采访活动走进渭南华州,采访华州皮影的传承和发展。据说有句俗话:"中国皮影在陕西,陕西皮影在华州。"

皮影戏,是用灯光照射兽皮或纸板做成的人物剪影来表演故事的一种戏剧形式,几根竹竿、一块幕布,几只手、几张嘴,一套锣鼓与管弦……元瞿佑诗云:"南瓦新开影戏场,堂明灯烛照兴亡;看看弄到乌江渡,犹把英雄说霸王。"富察敦崇《燕京岁时记》云:"(皮)影戏借灯取影,哀怨异常,老妪听之,多能下泪。"张艺谋电影《活着》里,主人公"葛优"的专长就是皮影,自弹自唱,在不同的历史阶段——解放战争时期、大跃进时期,都通过皮影戏来为周边的人们提供精神愉悦。

皮影戏的雏形可以溯至西汉。《汉书·外戚传》载,汉武帝那个倾国倾城的李夫人,"少而蚤卒,上怜闵焉,图画其形于甘泉宫上"。因为武帝"思念李夫人不已",有"方士齐人少翁"站出来排忧解难了,他说自己"能致其神",就是好莱坞影片《人鬼情未了》中"乌比·戈德堡"玩儿的那一套。不过,"乌比·戈德堡"有本领安排"黛咪·摩尔"与被劫匪枪杀的未婚夫见上一面,两千年前的方士却还不行,但他也有办法,"夜张灯烛,设帷帐,陈酒肉,而令上居他帐，遥望见好女如李夫人之貌，还幄坐而步"。颜师古指出，这是说"夫人之神于幄中坐，又出而徐步"。然而，因为终不能像"黛咪·摩尔"那样与显现身形的未婚夫紧紧相拥，导致武帝"愈益相思悲感"，发出"是邪，非邪？立而望之，偏何姗姗其来迟"的疑问。据此，高承《事物纪原》认为"由是世间有影戏"，且云"宋朝仁宗时，市人有能谈三国事者，或采其说加缘饰作影人，始为魏、吴、蜀三分战争之像"。高承也承认，影戏源于汉武帝思念李夫人之说，乃"故老相承"之说，属于口头文化传承。

皮影戏演出在北宋已经相当普遍，则是不争的事实。这从宋人多种著作中不难窥见。

耐得翁《都城纪胜·瓦舍众伎》云："凡影戏乃京师人初以素纸雕镞，后用彩色装皮为之。其话本与讲史书者颇同，大抵真假相半，公忠者雕以正貌，奸邪者与之丑貌，盖亦寓褒贬于市俗之眼戏也。"吴自牧《梦粱录》的说法差不多："更有弄影戏者，元汴京初以素纸雕镞，自后人巧工精，以羊皮雕形，用以彩色妆饰，不致损坏"；又"公忠者雕以正貌，奸邪者刻以丑形，盖亦寓褒贬于其间耳"。说法太似，两个不知谁抄了谁，吴自牧列举了几个弄影戏的人，为前者所无，"杭城有贾四郎、王升、王闰卿等，熟于摆布，立讲无差"。周密《武林旧事》中，这个名单开列了22位之多，除了王升、王润(闰)卿，姓贾的有五人，贾震、贾雄、贾伟、贾仪、贾佑，其中有一个或正是贾四郎吧。又云元夕之时，"又有幽坊静巷好事之家……以人为大影戏，儿童喧呼，终夕不绝"。中国历史博物馆所藏宋代铜镜中，有一面的图案很可能就是时人观看影戏：双竿拉一横幅帷帐，一人双手各持一人形道具坐于幕后，脑袋露出帷帐上沿；帐前坐五人，其中三个的目光聚焦于帷幕上。

张耒《续明道杂志》云，京师有个富家子弟，少孤，有钱，一群市井混混千方百计引诱他花钱。富家子"甚好看弄影戏,每弄至斩关羽,辄为之泣下,嘱弄者且缓之",给混混们抓住了弱点。有天演皮影的说:"云长古猛将,今斩之,其鬼或能祟,既斩而祭之。"到杀他那天,还是搞个仪式吧。富家子说好啊,"弄者乃求酒肉之费,此子出银器数十。至日斩罢,大陈饮食如祭者,群无赖聚享之"。吃完了,他们又说这些银器应该散给大家,"于是共分焉"。张岱言及的这个富家子,说是"超级皮影粉"怕不为过。

需要注意的是,典籍中的影戏,也有可能是手影戏,亦即靠手部动作投影的改变,来幻化形成各种不同的形象(影像)。孟元老《东京梦华录·京瓦伎艺》云,"丁仪、瘦吉等弄乔影戏……不以风雨寒暑,诸棚看人,日日如是";又,正月十六,"每一坊巷口,无乐棚去处,多设小影戏棚子,以防本坊游人小儿相失,以引聚之"。这里提到的影戏,很难判断是皮影还是手影。然《都城纪胜》在提到皮影戏的同时,"杂手艺皆有巧名"目下除了踢瓶、弄碗、变线儿、写沙书之外,还有"手影戏"的单项。洪迈《夷坚三志》中,能够"信口谈人灾福,一切多验"的僧惠明,"尝遇手影戏者,人请之占颂,即把笔书云:三尺生绡作戏台,全凭十指逞诙谐。有时明月灯窗下,一笑还从掌握来",赞赏了手影戏形神兼备的一面。

"衣冠优孟本无真,片纸糊成面目新;千古荣枯泡影里,眼中都是幻中人。"(清陈赓元句)皮影戏曾经为百姓喜闻乐见,今天成为各地的非遗也势所必然,我们需要尽可能地呵护它,网络媒体的使命不容忽视,使这种民间传统艺术形式不至于被年轻一代淡忘,进而留给他们大有作为的空间。

歌手

央视"星光大道"节目是个造就百姓歌手的舞台,从中走出来的"草根"数不胜数,西单女孩、阿宝、凤凰传奇、玖月奇迹、李玉刚等。正是其"草根"的属性吧,感觉这个节目一直颇受欢迎。歌唱是一门艺术,也是一种娱乐,古人便很喜欢以唱歌的形式进行表达。

举几个著名的例子。其一,《论语·微子上》云:孔子适楚,"楚狂接舆歌而过孔子曰:'凤兮凤兮! 何德之衰? 往者不可谏,来者犹可追'"。前人释曰,接舆"闻孔子将之楚,故歌以迎之;思孔子之不必适楚,故歌以止之",全都用歌唱来解决。其二,《史记·项羽本纪》载:"项王军壁垓下,兵少食尽,汉军及诸侯兵围之数重。夜闻汉军四面皆楚歌,项王乃大惊。"刘邦军队用高唱楚歌的方式,达到了瓦解项军斗志的目的。其三,《汉书·高帝纪》载,当上皇帝的刘邦衣锦还乡,"置酒沛宫,悉召故人父老子弟佐酒"。酒到深处,刘邦"击筑自歌",唱出了那首收入中学课本的《大风歌》。

接舆、刘邦充其量算是"玩票",历史上还有许多职业歌手。王灼《碧鸡漫志》"古人善歌得名不择男女"条有个归纳:"战国时男有秦青、薛谈、王豹、绵驹、瓠梁,女有韩娥……汉以来男有虞公、李延年、朱顾仙、朱子尚、吴安泰、韩法秀，女有丽娟、莫愁、孙琐、陈左、宋容华、王金珠"。这里面，我们熟悉的非李延年莫属。《汉书·佞幸传》载，李延年"坐法腐刑，给事狗监中"，负责给皇帝养狗，因为嗓子好，"善歌"，且"每为新声变曲，闻者莫不感动"，而汉武帝"方兴天地祠，欲造乐，令司马相如等作诗颂"，结果不仅自己发迹了，妹妹也连带成了"孝武李夫人"。《汉书·外戚传》载，李延年有回唱的是"北方有佳人，绝世而独立，一顾倾人城，再顾倾人国。宁不知倾城与倾国，佳人难再得"，令武帝叹息曰："善！世岂有此人乎？"平阳主说有啊，就是他妹妹，"上乃召见之，实妙丽善舞。由是得幸，生一男，是为昌邑哀王"，就是前两年南昌发掘的海昏侯墓墓主刘贺他爹。在这些歌手中，李延年的身份是明确的，另一个我们熟悉的莫愁，在今天还面临地域之争，究竟梁武帝萧衍"河中之水向东流，洛阳女儿名莫愁"中的莫愁，是不是南京莫愁湖那个，存疑。

唐朝文化高度发达，音乐歌舞皆盛况空前，歌手更有相当之众。《碧鸡漫志》便罗列了 15 大男歌手和 18 大女歌手，男歌手即"陈不谦、谦子意奴、高玲珑、长孙元忠、侯贵昌、韦青、李龟年、米嘉荣、李衮、何戡、田顺郎、何满、郝三宝、李可及、柳恭"；女歌手即"穆氏、方等、念奴、张红红、张好好、金谷里叶、永新娘、御史娘、柳青娘、谢阿蛮、胡二姊、宠姐、盛小丛、樊素、唐有态、李山奴、任智方四女、洞云"。王灼还特别补充了一句"今人独重女音，不复问能否，而士大夫所作歌词亦尚婉媚"，可窥其时的歌坛状况。

在这些歌手中，因为杜甫的"落花时节又逢君"，李龟年众所周知。还有一些，从当时的笔记、诗歌中可以领略其风采。比如李衮。《唐国史补》云："李衮善歌，初于江外，而名动京师。崔昭入朝，密载而至。乃邀宾客，请第一部乐，及京邑之名倡，以为盛会。"崔昭假装说李衮是他表弟，先令其"弊衣以出，合坐嗤笑"。酒过一巡，崔昭说想请表弟唱歌，"坐中又笑"，结果李衮一亮嗓子，大家都听傻眼了。又比如米嘉荣。刘禹锡有《与歌者米嘉荣》传世："唱得《凉州》塞外声，旧人唯数米嘉荣。近来时世轻先辈，好染髭须事后生。"但刘禹锡并非只是"米粉"，《全唐诗》里还有《与歌者何戡》《与歌童田顺郎》等，"旧人唯有何戡在，更与殷勤唱《渭城》"，以及"九重深处无人见，分付新声与顺郎"云云，表明了二人斯时的歌坛地位。再比如永新娘，《开元天宝遗事》"歌直千金"条云："宫妓永新者善歌，最受明皇宠爱。每对御奏歌，则丝竹之声莫能遏。"玄宗曾经对左右说过："此女歌直千金。"

玄宗本人也是歌手。《明皇杂录》云，其从四川避难回京，"夜阑登勤政楼，凭栏南望，烟云满目"，自己便开唱了，"庭前琪树已堪攀，塞外征夫久未还"云云。唱罢问道："有旧人乎？逮明为我访来。"第二天，高力士果然找到了几个当时的梨园子弟。夜里，玄宗又"乘月登楼"，这回他是让贵妃侍者红桃唱贵妃所制的《凉州词》，自己"亲御玉笛为之倚曲"，越唱越伤心，"曲罢相睹，无不掩泣"，与昔日的其乐融融景象，全然南辕北辙。

《朝野佥载》云："洛阳县令宋之逊性好唱歌，出为连州参军。刺史陈希古者，庸人也，令之逊教婢歌。"于是，宋之逊"每日端笏立于庭中，呦呦而唱，其婢隔窗从而和之，闻者无不大笑"。宋之逊历史评价不高，驸马王同皎"与一二所亲"议论武三思等，"每至切齿"，被他听到后告了密，时人以"之问（之逊兄）等绯衫，王同皎血染也"。然《大唐新语》又云："武三思干纪乱常，海内忿恚。张仲之、宋之逊、祖延庆等，谋于袖中发铜弩射之，伺便未果。"历史有时候当真是迷雾一团。

舞蹈

昨天（2017）看了冯小刚的新片《芳华》，拍得如何不去说它，见仁见智。里面文工团员们的舞蹈，相信给观众留下了深刻印象，未必出于怀旧心态，大抵应了洪昇《长生殿》里唐明皇的赞叹："妙哉，舞也！逸态横生，浓姿百出。"

1973年，青海大通县出土了一件属于马家窑文化的"舞蹈纹盆"，盆内绘有剪影形式的三组五人联臂舞蹈形象。马家窑文化为新石器晚期，距今5700多年了，舞蹈的悠久历史不言而喻。在文献史料中，《周礼》有"舞师"一职，"掌教兵舞，帅而舞山川之祭祀；教帗舞，帅而舞社稷之祭祀；教羽舞，帅而舞四方之祭祀；教皇舞，帅而舞旱暵之事。凡野舞，则皆教之"。那些都是大的活动，"凡小祭祀，则不兴舞"。对仪礼舞蹈，前人相当重视，《论语·八佾》里孔子谓季氏："八佾舞于庭，是可忍也，孰不可忍也。"佾，乐舞的行列，舞佾即多人纵横排列的舞蹈。礼法规定："天子八，诸侯六，大夫四，士二。每佾人数如其佾数。"因此，"八佾舞"即每行八人，共八列六十四人；"六佾舞"即每行六人，共六列三十六人。季氏，大夫而已，理当四佾，僭越了礼法，所以孔子很生气。

提起宫廷舞蹈，想必多数人马上会想到唐朝，尤其李杨那两位。《长生殿》明皇的那声赞叹，正发生在杨贵妃率众舞罢《霓裳羽衣曲》后。当其时也，"轻扬，彩袖张，向翡翠盘中显伎长""飘然来又往，宛迎风菡萏""翩翩叶上。举袂向空如欲去，乍回身侧度无方""盘旋跌宕，花枝招展柳枝扬，凤影高骞鸾影翔"……令"妃子妙舞，寡人从未得见"的明皇大饱眼福，立刻掷去一顶最高级的帽子："宛若飘风回雪，恍如飞燕游龙，真独擅千秋矣。"贵妃侍女张云容，也善为此舞。《全唐诗》载有贵妃一首诗，"轻云岭上乍摇风，嫩柳池边初拂水"云云，表达了她对云容舞姿的欣赏。题下原注曰："云容，妃侍儿，善为霓裳舞。妃从幸绣岭宫时，赠此诗。"明皇自己也会舞蹈，《明皇杂录》云："武惠妃生日，上与诸公主按舞于万岁楼下。"按舞，即按乐起舞。跳舞是件高兴的事，不过明皇这次不仅生了气，还想杀人，因为他在步辇上"从复道窥见卫士食毕，以饼相弃水窦中"，于是怒命"高力士杖杀之"。赖其大哥——宁王李宪的谏诤乃止："从复道窥见护卫之士有过而杀之，恐人臣不能自安，又失大体。陛下志在勤俭爱物，恶弃于地，奈何性命至重，反轻于残飧乎？"

唐太宗便已非常重视舞蹈。《旧唐书·音乐志》载："贞观元年（627），宴群臣，始奏秦王破阵之曲。"为什么要奏这个呢？太宗有他的想法："朕昔在藩，屡有征讨，世间遂有此乐，岂意今日登于雅乐。然其发扬蹈厉，虽异文容，功业由之，致有今日，所以被于乐章，示不忘于本也。"并且，"朕虽以武功定天下，终当以文德绥海内。文武之道，各随其时"。贞观七年（633），太宗又制《破阵舞图》，使我们可以通过文字来想象舞蹈画面："左圆右方，先偏后伍，鱼丽鹅贯，箕张翼舒，交错屈伸，首尾回互，以象战阵之形。"这个舞蹈，太宗"令吕才依图教乐工百二十人，被甲执戟而习之。凡为三变，每变为四阵，有来往疾徐击刺之象，以应歌节，数日而就"，并将之更名《七德舞》，与《九功舞》《上元舞》一道，构成唐朝自制乐舞的"三部曲"。《九功舞》亦太宗所制，"以童儿六十四人，冠进德冠，紫袴褶，长袖，漆髻，屣履而舞"。该舞本名《功成庆善乐》，盖世民生于庆善宫，太宗曾多次临幸。这样来看，编排两舞实为艺术地再现世民的奋斗史，本身也堪称精品吧，所以太宗满意至极。某日演出之后，"观者见其抑扬蹈厉，莫不扼腕踊跃，凛然震竦"。武臣列将纷纷到太宗面前敬酒："此舞皆是陛下百战百胜之形容。"

前人跳舞是什么样子？在我们外行来说通过文字来想象，在专业人士则根据"舞谱"能再现也说不定。如果说新旧《唐书》的那些记载比较笼统，周密《癸辛杂识》从"故都德寿宫"得到的"舞谱二大帙"所载，什么"左右垂手""大小转撺""打鸳鸯场"，细分又有"双拂、抱肘、合蝉、小转、虚影、横影、称里……盘转、叉腰、棒心、叉手、打场、撺手、鼓儿……分颈、回头、海眼、收尾、豁头、舒手、布过"等。结合其他记载，转换成相关舞蹈动作想来并非难事。有趣的是，从前的"舞蹈"也是臣下朝见君上的礼节。《大唐新语》中就有一反一正两件事。其一，"初，炀帝之被戮也，隋官贺（宇文）化及，善心独不至。化及以其人望而释之，善心又不舞蹈，由是见害"。其二，高宗与魏元忠交谈，"无所屈挠，慰喻遣之。忠不舞蹈而出"，高宗没有生气，反而谓中书令薛元超曰："此书生虽未解朝庭礼仪，名以定体，真宰相也。"

不可望文生义的是，"舞法"不是舞谱，而是指歪曲法律条文以营私作弊。比如北朝时的薛琡，虽"形貌环伟"，但"受纳货贿，曲理舞法，深文刻薄，多所伤害"，就是说：仪表堂堂却坏事做尽。

字舞

因为新冠疫情而推迟一年举办的东京奥运会,终于在 7 月 23 日(2021)晚间拉开了帷幕。疫情还没有退去,开幕式现场的观众席上空空如也,气氛差了不少。与此同时,我们不少人对开幕式的演出也吐槽不已。在吐槽的内容来分析,这里面有文化隔阂的极大成分。我说的文化,是文化人类学里的文化。在我们的文化里,在这种场合,由人海组成的大型团体操是少不了的,表演者按照事先编排表演各种体操或舞蹈动作,或进行队列变化,尤其是用队形来组成各种图案或文字。

至少从唐代开始,我们已有这种做法,那时叫字舞。段安节《乐府杂录》"舞工"条云:"舞者,乐之容也。有大垂手、小垂手,或如惊鸿,或如飞燕。"这是说舞姿的曼妙。"古之能者,不可胜记。即有健舞、软舞、字舞、花舞、马舞。"这是说舞蹈的种类。其中的"字舞",即"以舞人亚身于地,布成字也"。亚地,俯于地或倒于地。顾文荐《负暄杂录》"傀儡子"条亦云:"字舞者,以身亚地布成字也。"今天团体操组成的字是由人头组成,昔日则是由身体组成。

从前的字舞都组些什么字呢?典籍中多有描述。《旧唐书·音乐志》载,武则天作《圣寿乐》组了 16 个字:圣超千古,道泰百王,皇帝万年,宝祚弥昌。具体而言,"舞者百四十人。金铜冠,五色画衣。舞之行列必成字,十六变而毕"。这140个舞人每变换一次队形,就组成一个字,变换16次后组成了这16个字。那时如圣、道、万诸字还未有简体,笔划如此之多而由舞者来组成,真是难以想象。《圣寿乐》演出时,"雷大鼓,杂以龟兹之乐,声振百里,动荡山谷",北京奥运会开幕式上的安塞腰鼓庶几近之吧。

到了"善音乐"的唐玄宗时代,字舞更得到了光大,尤其是玄宗对《圣寿乐》进行改编之后,增添了"回身换衣,作字如画"的情节。崔令钦《教坊记》具体谈到了什么是"回身换衣"。云"开元十一年初,制《圣寿乐》,令诸女衣五方色衣以歌舞之"。排练时,玄宗到场亲自指导,"亲加策励曰:'好好做,莫辱没三郎'",玄宗是睿宗李旦的第三个儿子。服装设计上,"《圣寿乐》,舞衣襟皆各绣一大窠,皆随其衣本色。制纯缦衫,下才及带,若短汗衫者以笼之,所以藏绣窠也"。表演时,"舞人初出,乐次,皆是缦衣。舞至第二叠,相聚场中,即于众中从领上抽去笼衫,各内怀中",这时,"观者忽见众女咸文绣炳焕",就难免"莫不惊异"了。这种表演在北京奥运会开幕式上同样有呈现,今人仍然啧啧称奇。

唐朝字舞的普及程度,影响到了"南蛮"。《新唐书·南蛮传下》载,唐德宗时,骠国国王雍羌闻南诏归唐,也有了内附之心,南诏国王异牟寻乃"遣使杨加明诣剑南西川节度使韦皋请献夷中歌曲,且令骠国进乐人"。于是韦皋作了一套《南诏奉圣乐》,在寓意方面,又是"象西南顺",又是"象戎夷革心"。在场景方面,则以"工六十四人,赞引二人"舞出"南诏奉圣乐"五个字。具体而言,"舞人十六,执羽翟,以四为列。舞'南'字,歌《圣主无为化》;舞'诏'字,歌《南诏朝天乐》;舞'奉'字,歌《海宇修文化》;舞'圣'字,歌《雨露覃无外》;舞'乐'字,歌《辟土丁零塞》。皆一章三叠而成"。接下来这些文字,多数地方只有专业人士才看得懂了。"舞者初定,执羽,箫、鼓等奏散序一叠,次奏第二叠,四行,赞引以序入。将终,雷鼓作于四隅,舞者皆拜,金声作而起,执羽稽首,以象朝觐。每拜跪,节以钲鼓。次奏拍序一叠,舞者分左右蹈舞,每四拍,揖羽稽首,拍终,舞者拜,复奏一叠,蹈舞抃揖,以合'南'字。字成遍终,舞者北面跪歌,导以丝竹。歌已,俯伏,钲作,复揖舞。余字皆如之,唯'圣'字词末皆恭揖,以明奉圣。每一字,曲三叠,名为五成。次急奏一叠,四十八人分行磬折,象将臣御边也"。

在宋朝和清朝笔记中也见到了字舞。宋朝如周密《齐东野语》云:"州郡遇圣节锡宴,率命猥妓数十群舞于庭,作'天下太平'字,殊为不经。"猥妓、不经,表面至少周密看不惯这些。清朝如赵翼《簷曝杂记》云:"上元夕,西厂舞灯、放烟火最盛。清晨先于圆明园宫门列烟火数十架,药线徐引燃,成界画栏杆五色。每架将完,中复烧出宝塔楼阁之类,并有笼鸽及喜鹊数十在盒中乘火飞出者。"然后有八旗马戏表演,"或一足立鞍凳而驰者;或两足立马背而驰者;或扳马鞍步行而并马驰者;或两人对面驰来,各在马上腾身互换者;或甲腾出,乙在马上戴甲于首而驰者,曲尽马上之奇"。傍晚时,"则楼前舞灯者三千人列队焉,口唱《太平歌》,各执彩灯,循环进止,各依其缀兆",字舞出现了。舞灯者"一转旋则三千人排成一'太'字,再转成'平'字,以次作'万''岁'字,又以次合成'太平万岁'字,所谓'太平万岁字当中'也"。末句出自唐朝王建:"罗衫叶叶绣重重,金凤银鹅各一丛。每遇舞头分两向,太平万岁字当中。"

历史地看,字舞这一传统文化得到了很好的传承。

英歌舞·水浒戏

　　潮汕地区流行一种叫作"英歌舞"的集体舞蹈，我还没有现场见识过，耳闻也是不久之前（2019）的事情。然而，2006 年 5 月国务院公布的第一批国家级非物质文化遗产"民间舞蹈"大项里，英歌舞已赫然在列："英歌　广东省揭阳市、汕头市（普宁英歌、潮阳英歌）。"这要怪自家视野实在偏狭了。

　　看了若干段视频和若干篇报道，对英歌舞有个大致了解：昔日水浒戏的一种。水浒戏，就是关于梁山好汉的故事。以陆丰甲子镇的英歌舞而言，先以时迁领头引队，头插金花、红绸武冠，手舞银蛇，然后由李逵带领三十六人排成两排紧跟而上……

　　浏览所见，张岱《陶庵梦忆》"及时雨"条所云其"里中扮《水浒》"一事，与英歌舞颇有相类之处。张岱是绍兴人，写的是他家乡的风俗。"壬申七月，村村祷雨，日日扮潮神海鬼，争唾之"，而他们那里则是扮《水浒传》里的人物，扮之前先海选角色，"分头四出，寻黑矮汉，寻梢长大汉，寻头陀，寻胖大和尚，寻苗壮妇人，寻姣长妇人，寻青面，寻歪头，寻赤须，寻美髯，寻黑大汉，寻赤脸长须，大索城中。无则之郭、之村、之山僻、之邻府州县，用重价聘之，得三十六人"。集齐之后，"梁山泊好汉，个个呵活，臻臻至至，人马称娖而行，观者兜截遮拦，直欲看杀卫玠"。看杀卫玠，是借用西晋美男子卫玠因风采夺人而被处处围观这个典故，来形容人们观看"扮《水浒》"的热闹非凡了。

　　对《水浒传》有一定了解的人，对张岱所列举的有那些特征的人物都会知道个八九不离十。比如黑矮汉，宋江无疑。头陀、胖大和尚，武松、鲁智深无疑。茁壮夫人、姣长妇人、顾大嫂、扈三娘无疑，她们出场时的判词分别有"眉粗眼大，胖面肥腰"和"天然美貌海棠花"嘛。至于青面，自然是杨志；美髯，朱仝；黑大汉，李逵；赤脸长须，该是关胜。看起来，绍兴彼时相当重视形似，求的是一望而知。为此他们不惜工本，城里找不到就去城外找，去乡村甚至去外地找，一定要找到才肯罢休。人齐了如何表演？可惜张岱没有多着一笔，甲子镇的英歌舞或可补缺：参与者全身武侠装扮，头戴红帽，加插雉尾过龙武冠，着红裤，打五彩脚绞，穿上带小铃草鞋，走动起来发出节奏铃声，身携古代类似兵器，手舞双棍，旋转过肩和小铃鼓，一上一下，伴随鼓点的节奏同时起落。其中前24人，画上不同花脸，手握双木棍，后12人武生面谱，手提小铃冬鼓。

　　施耐庵之前，梁山好汉的故事在元杂剧中便多有呈现，《梁山泊李逵负荆》《黑旋风双献功》《同乐院燕青博鱼》《鲁智深喜赏黄花峪》《争报恩三虎下山》等。或者说，正因为有了民间水浒戏的基础，才有施耐庵的妙笔生花吧。《啸亭续录》云，乾隆皇帝时，"以海内升平，命张文敏制诸院本进呈，以备乐部演习，凡各节令皆奏演"。题材方面，有"宋政和间梁山诸盗及宋、金交兵，徽、钦北狩诸事，谓之《忠义璇图》"，意味着水浒戏还进过庙堂。后来在禁止"演淫盗诸戏"中，水浒戏亦在其列，有人认为："今登场演《水浒》，但见盗贼之纵横得志，而不见盗贼之骈首受戮，岂不长凶悍之气，而开贼杀之机乎？"徐时栋《烟屿楼笔记》亦云："一切如

《水浒传》《说唐》《反唐》诸演义，并禁绝之，已习者不得复演，未习者不许复学。"在他看来，对游手无赖之徒，"日日以忠孝节义之事，浸润于其心肝肺腑中，虽甚凶恶横暴，必有一点天良尚未澌灭者，每日使之歌泣感动，潜移默化于不自知，较之家置一喙，日挞其人，其功效相去无万数也"。当然了，也要切忌入戏过深，对号入座。王士禛《香祖笔记》讲了件事，是他侄子亲眼所见。说兖州阳谷县西北"有大族潘吴二氏，自言是西门嫡室吴氏、妾潘氏之族"，那是自认跟吴月娘、潘金莲沾亲带故了。"一日，社会登台演剧，吴之族，使演《水浒记》，潘族谓辱其姑"，结果"聚众大哄，互控于县"，县令大笑之余，"各扑一二人，荷枷通衢"，来了个游街示众。

有意思的是，甲子镇的英歌舞以时迁领头，而在施耐庵笔下的一百单八将中，时迁排名倒数第二。按马幼垣先生观点，时迁应当列席天星组的中层才对。的确，没有时迁盗甲，逼徐宁上山，梁山可能破不了呼延灼的连环马；没有时迁火烧翠云楼、摸清曾头市的底细，梁山可能也没那么容易拿下大名府、曾头市。对梁山立下了特殊功勋的时迁，为何遭到这般待遇，迄今不曾见到有说服力的观点。《水浒传》薄之而英歌舞厚之，假以时日，要了解一下甲子镇用意的出发点了。同时，英歌舞是潮汕地区每年春节迎新的重要文化活动之一，功能何在？在绍兴那里，有人曾问张岱："《水浒》与祷雨有何义味？近余山盗起，迎盗何为耶？"张岱"俯首思之，果诞而无谓"，勉强给了理由：队伍里的六块大牌子上不是写着嘛，两块"奉旨招安"，一块"风调雨顺"，一块"盗息民安"，还有两块大书了"及时雨"。对英歌舞的功能，只有通过田野调查才能得出结论吧。

韩流

自从"韩流"来袭，韩国美女就成了国人眼中的一道亮丽风景。但很多人都相信，因为韩国的美容业发达，她们中有不少是"人造美女"。有业内人士甚至断言，80%以上的韩星都有整形或整容的历史。一些明星后代的长相，更被视为"铁证如山"了。

"韩流"很早就来袭过。宋朝文人就很欣赏高丽的白折扇，徐兢说"藏于怀袖之间，其用甚便"，苏东坡说"展之广尺余，合之只两指"，赞美溢于言表。明朝人则很青睐他们的马尾裙。陆容《菽园杂记》云："马尾裙流入京师，京师人买服之，未有能织者。"开始呢，流行范围"惟富商、贵公子、歌妓而已"，慢慢地"无贵无贱，服者日盛。至成化末年，朝臣多服之者矣"。著名的"万岁阁老"万安，至于"冬夏不脱"，而"大臣不服者，惟黎吏侍淳一人而已"。并且，"京师始有织卖者"，自己也生产了。这种服饰，王锜《寓圃笔记》云："以马尾织成，系于衬衣之内。体肥者一裙，瘦削者或二三，使外衣之张，俨若一伞。"不过对赶这种时髦，他有不同看法："然系此者，惟粗俗官员、暴富子弟而已，士夫甚鄙之，近服妖也。"《宋史·高丽列传》已载："（高丽）男子巾帻如唐装，妇人鬈髻垂右肩，余发被下，约以绛罗，贯之簪。旋裙重叠，以多为胜。"这个"旋裙"，就是马尾裙吧？

用品、服饰如此,美女自然也要登陆了。皇家娶来的,也许不大能说明问题,我们去"和番"的,也还要挑选长相如王昭君那种,但还是先看一下。《续资治通鉴》载,至元六年(1340),元顺帝立奇氏为第二皇后。奇氏即高丽人,原本"进为宫女,主供茗饮以事帝",然其"性颖黠,日见宠幸"。立了之后,奇氏"无事则取《女孝经》、史书,访问历代皇后之有贤行者为法"。顺帝"尝为近幸臣建宅,亲画屋样,又自削木构宫,高尺馀,栋梁楹槛,宛转皆具,付匠者按此式为之",对这个"鲁般天子",奇氏还有过进谏,"陛下年已大,子年已长,宜稍息造作"云云。但她心疼的并非国家财富,皇后鸿吉哩氏崩,奇氏"见其所遗衣服敝坏",曾经大笑:"正宫皇后,何至服此等衣耶!"富贵之后,奇氏还将手里掌握的高丽美人当成了公关物品,"大臣有权者,辄以此遗之",导致"京师达官贵人,必得高丽女然后为名家"。因此,"自至正(顺帝年号)以来,宫中给事使令,大半高丽女,以故四方衣服、靴帽、器物,皆仿高丽,举世若狂"。由此足窥彼时"韩流"的热度了。高丽女子为何热得发烫?明朝正德年间回回人于永的上言可见端倪:"高丽女白皙而美,大胜中国。"

明朝的永乐皇帝也娶过一个高丽女子。据沈德符《万历野获编》之"帝王娶外国女"条,永乐"纳高丽所献女数人,其中一人为贤妃权氏,侍上北征,回师薨于峄县,遂槀葬焉"。《明史·后妃传》中披露了更详细的信息:"权氏,朝鲜人。永乐时,朝鲜贡女充掖庭,妃与焉。姿质秾粹,善吹玉箫。帝爱怜之。七年封贤妃,命其父永均为光禄卿。"《李朝实录》还说,永乐帝在"权妃生时,凡进膳之物,惟意所适;死后,凡进膳、造酒,若浣衣等事,皆不适意"。这里面自然会有夸张的成分,但其后来见到贤妃之兄,"赐言之时,含泪伤叹,至不能言",表明感情还是有些的吧。对永乐帝娶权妃,沈德符说"是时尚仍元俗,未禁属国进女口也",不过,按其"高丽女见疑"条,永乐帝实则违反了父训。当然,他连父亲指定的继承人、侄子建文帝都毫不客气地推翻,此之违反更微不足道了。该条载,洪武十三年(1380),"高丽愆贡期,上赐诏诘责之"。未几高丽派周谊来斡旋,朱元璋警惕性很高,敕辽东都指挥使司曰:"前元庚申君,曾纳谊女于宫中,庚申君出奔,内臣得此女以归,今高丽数遣谊来使,殊有意焉,卿不可不备。敕至当遣谊来京,别有以处之。"庚申君,即元顺帝。"及周谊至京,署本国衔,为礼曹判书。上赐以袭衣,遣通事先归,留谊于京师",这时仍命边将:"自今入境者,皆止于边,不许入见,虽有贡赋亦不许入献。"在沈德符看来,这是朱元璋"终以女在宫为疑",而"严防女戎如此",在于得免褒姒、骊姬之祸。

从前"韩流"登陆,委实不易,王明清《挥麈录》可资佐证。宋哲宗时扬康功出使高丽,先和大家告别,问有没有什么东西要带的,"皆不答",只蔡卞说,高丽的磬很不错,回来时给我捎一口吧。康功使还,"遂以磬及外国奇巧之物,遗元度(卞字)甚丰,它人不及也"。有人问怎么回事,康功笑曰:"当仆之度海也,诸公悉以谓没于巨浸,不复以见属。独元度之心,犹冀我之生还,吾聊以报其意耳。"如今双方交往,路途上的风险早已不存在。而"韩流"来袭,亦文化交流的现象而已。只是不知,我们的影视在他们那里的反响如何。倘若完全是单向度,来而无往,不仅"非礼也",我们也有检讨自己外宣成效的必要了。

翻译

12月28日(2016)上午,浙江文艺出版社发出微博宣布:从即日起在全国各大书店及网络平台下架引起极大争议的冯唐翻译的泰戈尔《飞鸟集》。引起了什么争议呢? 对比郑振铎、冰心的译本,许多人认为冯唐译句粗俗,不仅歪曲亵渎了泰戈尔,也暴露了其本人以及时代文化的恶趣味,"世界解开裤裆""大地变得很骚",译出的尽是此类句子。

翻译,即把一种语言文字转换为另一种语言文字。《礼记·王制》云:"中国、夷、蛮、戎、狄,皆有安居、和味、宜服、利用、备器,五方之民,言语不通,嗜欲不同。达其志,通其欲,东方曰寄,南方曰象,西方曰狄鞮,北方曰译。"孔颖达疏:"通传北方语官谓之曰译者,译,陈也,谓陈说外内之言。"贾公彦疏《周易》更明确:"译即易,谓换易言语使相解也。"《说文解字》释"囮"为"译"。为什么"从'口','化'声"? 因为"率鸟者系生鸟以来之,名曰'囮'"。钱锺书先生说,南唐以来,"小学"家都申说"译"就是"传四夷及鸟兽之语"。不难看出,前人对翻译的定义,骨子里流露出的是居高临下的姿态。

通过翻译,不同的语言之间得以相互沟通,尤其是与少数民族地区的交往。《汉书·董贤传》载,22岁的董贤已成哀帝宠臣,百官要"因贤奏事",必须通过他。匈奴单于来朝,发现了这一点。"怪贤年少,以问译",怎么这么年轻就当了这么大的官?"上令译报"回答。颜师古注"译"曰,"传语之人也"。表明上述对话一来一往,都通过翻译。《汉书·平帝纪》载:"元始元年春正月,越裳氏重译献白雉一,黑雉二,诏使三公以荐宗庙。"重译,即辗转翻译。颜师古又说话了:"译谓传言也。道路绝远,风俗殊隔,故累译而后乃通。"

　　少数民族建立的政权更需要翻译。比如元朝官方通用汉文、蒙古文和回回文三种文字,清朝通用汉满两种文字,今天我们游览故宫,牌匾上还能见到。《魏书·吕洛拔传》载,代人吕洛拔的大儿子文祖,"以旧语译注《皇诰》,辞义通辩,超授阳平太守"。《皇诰》是什么?《魏书·文明皇后冯氏传》云:"太后以高祖富于春秋,乃作《劝戒歌》三百余章,又作《皇诰》十八篇。"高祖,即推动北魏改革的孝文帝拓跋宏(元宏)。有学者指出,《皇诰》是改革的纲领性文件;"旧语"即鲜卑语,以旧语译注《皇诰》,系用汉字记录相应的鲜卑语音。吕文祖因为翻译得好,得到了元宏的父皇——献文帝拓跋弘的破格提拔。王恽《中堂事记》记忽必烈继位之后的中央行政架构,其中有"通译使四人"和"回回译使一人",前四人分别是阿里和之、道奴大哥、王合剌、王炳;回回译史叫麦术丁。麦术丁"其所译簿,捣治方厚尺纸为叶,以木笔普速蛮字,该写众事。纸四隅,用缕穿系,读则脱而下之"。《中堂事记》又云,忽必烈曾"呼金齿蛮使人问其来庭之意及国俗、地理等",也是"言语侏离,重译而后通"。

　　翻译在旧时被称为译人。《宋史·张方平传》载,张方平徙益州,"未至,或扇言侬智高在南诏,将入寇,摄守亟调兵筑城,日夜不得息,民大惊扰"。方平认为这一定是有人在散布恐慌,"适上元张灯,城门三夕不闭,得邛部川译人始造此语者,枭首境上,而流其余党,蜀人遂安",果然是土人的一个翻译在造谣传谣。有趣的是,宋朝不仅有"译语官",而且有"润文官"。《云麓漫钞》云:"本朝有译经院,凡得西域书,令晓蕃语、通文义人充译语官,译从华言讫,僧鉴义等删定译经润文,便与之润色。"译经院,翻译佛经的场所。宋敏求《春明退朝录》云:"太平兴国中,始置译经院于太平兴国寺,延梵学僧翻译新经。"润文官也列举了好多位。梅尧臣《题译经院同文轩》,描述了翻译们工作的情形:"有书无异文,有车无异轨。贝多得旁行,白马来万里。清轩延高僧,一岁译几纸。译罢坐焚香,庭章洒寒水。"此前,如唐朝的玄奘取经归来之后,我们知道他是在长安大慈恩寺里译经。

钱锺书先生有篇《林纾的翻译》,读之莞尔。林纾大约算是合"译语官"与"润文官"为一体的奇特人物。钱先生说文学翻译的最高标准是"化"。把作品从一国文字转变成另一国文字,既能不因语文习惯的差异而露出生硬牵强的痕迹,又能完全保存原有的风味,那就算得入于"化境"。"译本对原作应该忠实得以至于读起来不象译本",但是,"一国文字和另一国文字之间必然有距离,译者的理解和文风跟原作品的内容和形式之间也不会没有距离,而且译者的体会和他自己的表达能力之间还时常有距离。从一种文字出发,积寸累尺地度越那许多距离,安稳到达另一种文字里,这是很艰辛的历程。一路上颠顿风尘,遭遇风险,不免有所遗失或受些损伤",而"坏翻译会发生一种消灭原作的效力"。因此,有一类翻译"不是居间,而是离间,摧灭了读者进一步和原作直接联系的可能性,扫尽读者的兴趣,同时也破坏原作的名誉"。

钱先生的先见之明令人拍案叫绝,冯唐翻译的《飞鸟集》不是正被戳中吗?

神童

11 月 17 日（2021）凌晨，"东方神童"魏永康的妻子付碧在"天涯论坛"发布讣告，称魏永康于 11 月 9 日突发疾病逝世，时年 38 岁。魏永康之所以被称为神童，是因为他两岁便掌握 1000 多个汉字，4 岁基本学完初中阶段的课程，8 岁进入县属重点中学读书，13 岁以高分考入湘潭大学物理系，17 岁又考入中科院高能物理研究所，硕博连读……

神童，是那些特别聪明、才能非凡的儿童。史上不乏。

《汉书》作者班固，"年九岁，能属文诵诗赋"。《三字经》有"莹八岁，能咏诗；泌七岁，能赋棋"，说的是北齐祖莹和唐朝李泌；"香九龄，能温席……融四岁，能让梨"，说的是东汉黄香和孔融，他们虽然分别以孝顺父母、敬爱兄长的面目出现，实则也都是神童。《后汉书》载，黄香"年十二……博学经典，究精道术，能文章，京师号曰'天下无双江夏黄童'"；孔融呢，"幼有异才"。三国时"二士争功"中的钟会，"年四岁授《孝经》，七岁诵《论语》，八岁诵《诗》，十岁诵《尚书》，十一诵《易》，十二诵《春秋左氏传》《国语》，十三诵《周礼》《礼记》，十四诵成侯《易记》，十五使入太学问四方奇文异训"。唐朝刘晏，"玄宗封泰山，晏始八岁，献颂行在，帝奇其幼，命宰相张说试之"，张说因有"国瑞"之叹。于是乎，刘晏对大臣们邀约的饭局应接不暇，"号神童，名震一时"。

从前的神童太多，唐宋科举考试还专门开辟了童子科，赴举者称应神童试，后世的大学"少年班"似可窥其踪影。在我读中学那阵，宁铂、谢彦波名噪一时，令年岁相当的我等无地自容。

《新唐书·选举志》载："取士之科，多因隋旧……其科之目，有秀才，有明经……有童子。"录取标准呢？"凡童子科，十岁以下能通一经及《孝经》《论语》，卷诵文十，通者予官；通七，予出身。"刘晏就经过了这个环节，"举神童，授秘书省正字"。"初唐四杰"之一的杨炯也是。《新唐书·文艺传》载，杨炯"举神童，授校书郎"。

宋朝的标准是："凡童子十五岁以下，能通经作诗赋，州升诸朝，而天子亲试之。其命官、免举无常格。"晏殊因此脱颖而出。《宋史·晏殊传》载，晏殊"七岁能属文，(真宗)景德初，张知白安抚江南，以神童荐之。帝召殊与进士千余人并试廷中，殊神气不慑，援笔立成。帝嘉赏，赐同进士出身"。晏殊时年14岁。宋朝"童子以文称者"，还有杨亿、宋绶、李淑等，"皆为贤宰相、名侍从"。

宋孝宗时礼部提出对童子试增加难度，概因"郡国举贡，问其所能，不过记诵，宜稍艰其选"。于是淳熙八年(1181)，童子试"始分为三等：凡全诵《六经》《孝经》《语》《孟》及能文，如《六经》义三道、《语》《孟》义各一道、或赋一道、诗一首为上等，与推恩；诵书外能通一经，为中等，免文解两次；止能诵《六经》《语》《孟》为下等，免文解一次。覆试不合格者，与赐帛"。《文献通考·童科》记载了南宋童子试的几组数据："高宗一朝，童子求试者三十有六人，授官者五人……孝宗一朝，童子求试者七十四人，而命官者七人……光宗一朝，童子求试者十七人，无补官者。"且"自置童子科以来,未有女童应试者",只淳熙元年(1174),"女童林幼玉求试,中书后省挑试所诵经书四十三件,并通,诏特封孺人",算是孤例。

不过,童子科并没有延续到宋朝之后。《宋史·选举志》载:"理宗后罢此科,须卓绝能文者,许诸郡荐举。"而《度宗本纪》载,咸淳二年(1266)秋七月,礼部侍郎李伯玉言:"人材贵乎善养,不贵速成,请罢童子科,息奔竞,以保幼稚良心。"于是,"诏自咸淳三年为始罢之"。这一年也许才是神童试寿终正寝之时。

李伯言的罢黜理由言简意赅,颇堪玩味。比如"息奔竞"。《梁书·刘孝绰传》载,刘孝绰"幼聪敏,七岁能属文"。他父亲刘绘是南朝齐之大司马霸府从事中郎,"掌诏诰";舅舅是中书郎王融。舅舅"常与同载适亲友",每言曰:"天下文章,若无我当归阿士。"阿士,是刘孝绰的小字。父亲的一干好友沈约、任昉、范云等闻其名,"并命驾先造焉,昉尤相赏好"。这三位都是一代文豪,刘孝绰的神童身价就不免让人存疑,被抬起来的比重有多少? 又比如"以保幼稚良心"。叶梦得《避暑录话》的一则最能说明问题。"饶州自(宋神宗)元丰末朱天锡以神童得官,俚俗争慕之。小儿不问如何,粗能念书,自五六岁即以次教之五经,以竹篮坐之木杪,绝其视听。教者预为价,终一经偿钱若干,昼夜苦之……流俗因言饶州出神童。然儿非其质,苦之以至死者盖多于中也。"再以刘孝绰而言,其"少有盛名,而仗气负才,多所陵忽,有不合意,极言诋訾",也该是神童性格缺陷了一种吧。

从报道看,魏永康的成长经历与"绝其视听"有得一比。没有母亲的照顾,他的生活便全然失控,甚至冷热不知添减衣服。当年,他不但硕士学位没有拿到,还被中科院劝退,遑论博士学位了。"人材贵乎善养,不贵速成。"李伯言的话再显精辟一面。速成,难免揠苗助长。

小伙伴

　　《咬文嚼字》编辑部日前发布了 2013 年度十大流行语,"中国梦"位居榜首,光盘、倒逼、逆袭、大 V、土豪、点赞入选,出乎大家意料的是,小伙伴、大妈等热门候选语名落孙山,一时间令"我和小伙伴们都惊呆了"。更惊呆的是,"小伙伴"落选的理由在于语源不雅,某个不知何方专家说了,它指的是男性生殖器。就是说,不雅不是浮在表面,而是藏在深处。男性生殖器的别称不少,阴茎、JB、老二、小鸟、男根……如果再加上各地的方言,怕是手指加脚趾也数不过来。忽地添一"小伙伴",仍有石破天惊之感。

　　"我和小伙伴们都惊呆了",出于网友贴出的一篇小学生的奇葩作文。该网友自称教了几年小学作文,并附有作文的影印件,我们得以看到这名小学生如何用逆天的想象力讲述端午节的由来。但"小伙伴"指男性生殖器,不说不知道,一说吓一跳,那是什么年月的事情?见诸何种典籍?本想借此长长知识,偏偏始作俑者话题抛出之后却又不再深入。进而又欲"自己动手",越俎代庖探究"小伙伴"的源流,却是调动各种掌握的图书资料也始终不得要领。这当然首先要检讨自己才疏学浅,其次由此更知敝国"某"字用法之害人匪浅。倘说作奸犯科的官员动辄"某"一下,尚可解释有为官者讳的良苦用心,对普及社科知识的专家"某"什么呢?

你看,现在想请教一下都不明对象,为了"弄清真相",只好在黑暗中摸索更长一段时间了。此中先进行种种猜想。

伙伴,应该是从"火伴"引申而来吧。在我国古代兵制中,五人为一列,二列为一火,十人共一火炊煮,同火的也就是大家在一个灶吃饭的,称为火伴。战国时魏与赵联合攻韩,韩告急于齐,齐王派田忌为大将、孙膑为军师驰援。在作战中,孙膑就是用减灶之计骗过了魏将庞涓。《史记·孙子列传》载,孙膑对田忌说:"使齐军入魏地为十万灶,明日为五万灶,又明日为三万灶。"灶少了,表示吃饭的人少了,也就是表示战斗减员了,借此麻痹对手。庞涓果然中计,径直以灶的减少作出判断:"我固知齐军怯,入吾地三日,士卒亡者过半矣。"于是"弃其步军,与其轻锐倍日并行逐之",结果追到马陵道,庞涓中了埋伏,落得兵败自刎的下场。对这件"兵家以为奇谋"的战例,南宋时的洪迈即"独有疑焉"。他说在孙膑方面,"方师行逐利,每夕而兴此役,不知以几何人给之",每天挖这么多灶得动用多少人,"又必人人各一灶乎?"另,在庞涓方面,得出"所谓士卒亡者过半"的结论,"则是所过之处必使人枚数之矣,是岂救急赴敌之师乎?"

洪迈大概是用他所掌握的军队作战供给状况来看待前人的,一旦埋锅造饭为所必需,一定是全兵动手的事情,不用专人来做,十人共挖一灶以及庞涓清点灶数,应该都不是什么难事吧。此处且不多作计较。火伴,因为军队的吃饭方式而成词语,先引申为同在一个军营的人,再引申为同伴。所以,《木兰辞》有"出门看火伴,火伴皆惊惶",狭义上看"火"与"伙"还真不能算是通假,两者的意思并不完全相同,而小伙伴,应该就是再引申而来的结果,按那名小学生作文的"语源",加个"小"字,只表示年龄的差别而已。当下较狐疑的是:是"伙伴"还是"小伙伴"的语源不雅?

如果从语源角度考虑问题的话,好多用熟了的词语恐怕都要蒙羞。《木兰辞》中接下来的"雄兔脚扑朔,雌兔眼迷离;双兔傍地走,安能辨我是雄雌?"后世称"同性恋"为兔子,有人认为起源这里。又,《管锥编》指出,刘勰之《灭惑论》乃驳道士《三破论》而作。如《三破论》云:"佛旧经本云'浮屠',罗什改为'佛徒',知其源恶故也。所以诏为'浮屠',胡人凶恶故,老子化之,其始不欲伤形,故髡其头,名为'浮屠',况屠割也。"这种"源恶",自然有攻击者故意的成分,所以刘勰说"不原大理,惟字是求"。钱锺书先生进而指出,攻佛其实不始于道而为儒,举《全后魏文》之荀济《上梁武帝论佛教表》为例:"其释种不行忠孝仁义,贪诈甚者,号之为'佛'。'佛'者戾也,或名为'勃','勃'者乱也。"明末清初褚人获更有"'佛'为'弗人','僧'为'曾人'"之谑。不过,释家也有反唇相讥:"'僧'系'曾人';曾不为人者为僧可乎?"剔出其间的纠纷不论,照今天那专家看来,此类字眼尚可用否?

"我和小伙伴们都惊呆了",作为网络流行语迅速传播,于今不见衰竭之势。对某件事情不可思议的惊讶之情,人们往往脱口而出,新闻媒体亦每每采用,这才是真正的流行语。本国专家近年每被讥之为"砖家",不是公众存心找茬儿跟他们过不去,实在是他们卖弄的那点儿半吊子知识,有"语不惊人死不休"的主观故意。如果"小伙伴"的语源就这么不了了之,我们也可以把"砖家"的帽子毫不客气地掷给那个"等闲平地起波澜"的家伙。

宅男

宅男、宅女的说法时下比较流行。据说,最初的定义是从日语御宅族而来,指那些热衷于次文化的人。但是现在,它们的概念显然被外延了,通常表示足不出户,整天待在家里的人,不大与人相处。如果以这样的标准来回溯,则古代富贵人家的女子因为"大门不出,二门不迈",大抵都可以称为宅女。相应地,古代也有宅男。

沈括《梦溪笔谈》中的杜五郎,堪称标准宅男。他住的地方"去县三十余里,唯有屋两间,其一间自居,一间其子居之,室之前有空地丈余,即是篱门",但是,"杜生不出篱门凡三十年矣",30年没出自家院子。他不出门,自然不会像今天一些宅男那样有网瘾或者交际能力欠缺,但又为什么呢? 黎阳尉孙轸是沈括的手下,听说之后很好奇,"曾往访之"。杜五郎说,自己也不是30年都猫在院子里,他指着门外的一棵桑树自证:"十五年前,亦曾到桑下纳凉,何谓不出门也?"即便打了五折的时间段,也足令今天的宅男逊色。不外出,因为"但无用于时,无求于人,偶自不出耳",并且他觉得这种做法实在没有什么,"何足尚哉!"孙轸问他靠什么为生,他说"昔时居邑之南,有田五十亩,与兄同耕",后来侄子娶媳妇,"度所耕不足赡,乃以田与兄,携妻子至此,偶有乡人借此屋,遂居之"。早先给人家婚丧嫁娶选日子,再看点儿小病"以具饘粥",但经常断顿,"后子能耕,乡人见怜,与田三十亩,令子耕之尚有余力,又为人佣耕,自此食足"。而"乡人贫,以医、卜自给者甚多,自食既足,不当更兼乡人之利,自尔择日、卖药,一切不为",索性就呆在家里了。孙轸又问他平时干什么,杜五郎回答:"端坐耳,无可为也。"问:读书吗? 答:"二十年前,亦曾观书。"问:读些什么书呢? 答:"曾有人惠一书册,无题号,其间多说《净名经》,亦不知《净名经》何书也。当时极爱其议论,今亦忘之,并书亦不知所在久矣。"时值盛寒,但杜五郎"布袍草履",且"室中枵然,一榻而已"。孙轸再问其子之为人,曰:"村童也,然质性甚淳厚,未尝妄言、未尝嬉游,唯买盐酪则一至邑中,可数其行迹以待其归,径往径还,未尝傍游一步也。"宅的程度跟他老爹差不多。沈括说,当时正有战事,"至夜半未卧,疲甚,与官属闲话,轸遂及此",听了之后,"不觉肃然,顿忘烦劳"。

《宋史》在《隐逸传》中收录了这位宅男,比对一下,当是对《梦溪笔谈》那一段的照单全收。与此同时我们也可推知,今天的宅男与昔日的隐居者在形式上有一定的共通之处。然一如宅男之中,境界有高下之别,隐居者也有优劣之分。明朝王少冶"罢郡归,闭户读书,门无杂宾",不当官了,便潜心修养,不是一天到晚觉得退下来真是亏了,到处牢骚满腹,所以"人以为难"。清朝进士高其倬"改庶吉士,即乞假归,闭户读书数年,然后就职,卒为名臣,官至户部尚书",上任前先充电。还有的貌似宅男,实则沽名钓誉。《大唐新语》云:"卢藏用始隐于终南山中,中宗朝累居要职。有道士司马承祯者,睿宗迎至京,将还,藏用指终南山谓之曰:'此中大有佳处,何必在远!'承祯徐答曰:'以仆所观,乃仕宦捷径耳。'藏用有惭色。"卢藏用暂时之隐完全是为了日后之显。

《北梦琐言》里还有一个没名字的宅男。说唐朝孔拯有一次"朝回遇雨，不赍油衣，乃避雨于坊叟之庑下"，雨越下越大，过了吃饭时间，"民家意其朝饥，延入厅事。俄有一叟，乌帽纱巾而出，迎候甚恭。因备酒馔，一一精珍"。孔拯欲借油衣，叟曰："某寒不出，热不出，风不出，雨不出，未尝置油衣。然已令铺上取去，可以供借也。"这几"不出"，令孔拯"赏羡，不觉顿忘宦情"，后来跟同事聊起，以为"大隐之美也"。《东轩笔录》里的郭延卿也是这样，钱惟演曾对僚属说："此真隐者也，彼视富贵为何等物耶？"钱惟演晚年以使相留守西京，与谢绛、尹洙、欧阳修等一时文士经常"游宴吟咏"，有一天钱惟演虽"率僚属往游"，然"去其居一里外，即屏骑从，腰舆张盖而访之，不告以名氏"。两人"对花小酌"，言谈甚欢。不小心，钱的身份暴露，郭毫无艳羡，但笑言"不图相国肯顾野人"而已。钱辞去时，郭云"老病不能造谢，希勿讶也"。钱惟演登车之后，"茫然自失"，第二天就跟僚属说了这句话。宋人陈希夷诗曰："我见世人忙，个个忙如火，忙者不为身，为身忙却可。"大概道出了钱惟演的心声。另，孔拯的"顿忘宦情"，沈括的"不觉肃然"，与此一般无二。

杜五郎式的宅男，呆坐而已，诚如他自己所言："何足尚哉！"金代刘祁留有一部《归潜志》，是今天研究金代历史的重要著作之一。书名来自自己的斋名——归潜堂，他在阐释用意时说："'潜'之为言隐也。古之所谓瘾君子者，无江海而闲，不山林而幽，盖藏器待时，乐天知命，不潜而潜者也。"这种境界远非今日宅男所能企及吧。

和谐·合鞋

12 月 14 日(2008),到访伊拉克的美国总统布什,在记者招待会上被一名伊拉克籍埃及电视台记者扔了鞋子,据说,在伊斯兰习俗中这是对他人严重侮辱的意思。萨达姆铜像被推倒后,就有不少伊拉克人脱下鞋子拍打铜像的面部。不过,此番记者连扔了两次都被布什弯腰躲过,电视画面记下了这颇为滑稽的这一幕。

鞋子在那里可以成为"武器",在我们国度则有另外的功能。《清稗类钞》云,乾隆选秀女,"忽见地上现粉印若莲花",一调查才知道,"有一女雕鞋底作莲花形,中实以粉,故使地上莲花随步而生"。《南史》载南齐东昏侯"凿金为莲花,以帖地,令潘妃行其上",就是制造"步步生莲花"的效果。该女大约仿效该典行事,目的就像布什说的"试图引起注意",也如同西晋那些宫女或在门口挂竹叶柳条、或在地上撒盐以"贿赂"羊车而等着司马炎"临幸"。不过,扔鞋子的记者随后挨了一顿痛扁,今后也还不知会面临怎样的处罚;那女子的遭遇也是一样,乾隆先是大怒,然后"遽令内监逐之"。

清朝也有一则利用鞋子当"武器"的故事,那是鞋店看不起顾客所付出的代价。说杭州清和坊有个鞋店,"偶来一村翁购布鞋,选择颇苛",店员不耐烦了,说起风凉话:"乡人得着新鞋,已足荣耀乡里,何用挑选!"老头没吭声,"徐徐著鞋去"。第二天,又来了个老头,说自己近来在灵隐寺广作佛事,"且欲斋罗汉,请为我制罗汉鞋五百双,其足样大小,约如灵隐所塑者,用黄绫子作鞋面可也"。说罢还付了五十圆定银,拿到收条就走了。鞋店坐等来这宗天降的大生意,"无不大喜,昕宵趱赶,匝月而成",一边做还一边奇怪,怎么老头也不来关心一下进度呢?等到全做好了,"堆置店中",还是不见老头来,跑到灵隐寺去问,人家说没有这么个施主啊,鞋店这才明白上当了,肯定是先前得罪了的老人在进行报复。

吴宇森电影《赤壁》中,被曹操蔑称为"织席贩履小儿"的刘备,居然在平时果真在给兄弟们编织行军打仗穿的草鞋("关羽"很严肃地告诉"周瑜"的),不能不让人忍俊不禁。这部并非喜剧的电影屡屡让观众如此,类似的场面是为其一。由草鞋想到皮鞋。范公偁《过庭录》云,许冲元察御僚属甚严,有天"宾佐过厅,一都监曳皮鞋而前",冲元问他哪弄来的。都监以为冲元看中了,美滋滋地说:"某衙一卒能造,枢密或须之否?"哪知马屁拍错,冲元变了脸:"某非无此,但不敢对同官着耳。"此语一出,不仅都监惶恐失措,而且"坐间数十客,莫不各视其足"。宋朝的皮鞋与今天的不是同一概念吧,然由此亦知彼时官场穿鞋也是有一定之规的。

《南史》里还有个故事。有人认错了,说刘凝之穿的鞋是他的。凝之笑曰:这双鞋穿破了,回家找双新的赔你吧。后来那个人在田里找到了自己的鞋,把凝之那双送了回来,而凝之"不肯复取"。同样的事情也曾发生在沈麟士身上,麟士也是笑着说,是你的吗?脱下来就给了他;后来那人找到了自己的,同样是送还,麟士仍然笑着收下了。苏东坡就此认为:"此虽小事,然处事当如麟士,不当如凝之也。"为什么由收不收认错了的鞋联会想到为人处事？可惜东坡此间没有细说。

唐传奇中有一篇《霍小玉传》,是宪宗时翰林学士蒋防的成名作。那是一出悲剧,讲的是李益对霍小玉始乱终弃。其中说道,小玉尝"梦黄衫丈夫抱生(益)来,至席,使玉脱鞋",乃惊寤自解曰:"'鞋'者'谐'也,夫妇再合;'脱'者'解'也,既合而解,亦当永诀。"钱锺书先生说,以"鞋"谐"谐",此唐人俗语,诗中屡见。且举例曰,王涣《惆怅诗》之六:"薄悻檀郎断芳信,惊嗟犹梦合欢鞋";白居易《感情》:"中庭晒服玩,忽见故乡履。昔赠我者谁?东邻婵娟子。因思赠时语,特用结终始。'永愿如履綦,双行复双止。'自吾谪江郡,漂荡三千里。为感长情人,提携同到此。今朝一惆怅,反覆看未已。人只履犹双,何曾得相似?"再引张云璈《四寸学》云:"今俗新婚之夕,取新妇鞋,以帕包裹,夫妇交递之,名曰'和谐'。"则今日建设之和谐社会,大抵可自此寻找文化基因了。

《史记·儒林列传》中黄生有个迂腐观点:"冠虽敝,必加于首;履虽新,必关于足。"为什么呢?"上下之分也"。他是想借此来说,桀、纣虽然不是好东西,但是是"上",汤、武虽然是圣人,但是是"下",因此汤武代桀纣,不是受命,而是弑,"夫主有失行,臣下不能正言匡过以尊天子,反因过而诛之,代立践南面,非弑而何也?"这个迂腐逻辑如果成立,那就不是今人代康熙高唱"真想再活五百年"了,桀、纣自己恐怕要"真想再活五千年"!

快递

报社大门口每天(2013)都聚集好多送快递的小哥。每个人用各自的交通工具运来一堆,花基正好提供了座位,也正好一字排开,分拣完了,打电话招呼收件人来拿。天天如此。看得惯了,不免若有所思,终于想高攀一下适之先生,"做一点半新不旧的考据文章"。

古代也有快递,彼时叫急递或急脚递,主要用于传递紧急文书或军事需要,不像今天多数都是网购商品。凡事当然不会那么绝对,所谓"挪用"便不是今天的新生事物。比如杨贵妃吃荔枝,因为"必欲生致之",乃动用驿道来"置骑传送"。就算荔枝是四川涪州所供,比从广东来要近得多,到长安也有两千里行程;而荔枝"味未变已到京师",动用的自然还是驿递中的快递,且代价肯定极大,杜牧有"一骑红尘妃子笑,无人知是荔枝来"、东坡有"颠坑仆谷相枕籍,知是荔枝龙眼来"嘛。需要说明的是,向朝廷贡荔枝,并非杨贵妃受宠结出的恶果,托名西汉刘歆的《西京杂记》云:"尉陀献高祖鲛鱼、荔枝,高祖报以蒲桃、锦四匹。"从赵佗时就开始了。

不那么严格的话,烽火、狼烟,以及民间的鸿雁传书,都可以视为快递的先驱。严格的话,则要视相应的机构设置与否。《梦溪笔谈》云:"驿传旧有三等:曰步递、马递、急脚递。急脚递最遽,日行四百里,惟军兴则用之。熙宁中,又有金字牌急脚递,如古之羽檄也。"急脚递,就等同于今天的快递了。金字牌急脚递更不用说,快上加快,"以木牌朱漆黄金字,光明眩目,过如飞电,望之者天不避路,日行五百余里"。岳飞在抗金前线一天之内接到十二道金牌,要他撤军,岳飞因有"十年之功,废于一旦"之叹。金牌,应该就是金字牌急脚递。主流观点认为,急脚递肇始于宋,迄元普遍推开,元朝叫急递铺。《元史·兵志》载:"古者置邮而传命,示速也。元制,设急递铺,以达四方文书之往来。"《资治通鉴》卷二百七十八载,后唐安远节度使符彦超是被部下王希全、任驾儿谋杀的,二人"夜,叩门称有急递,彦超出至听事",然后下手。胡三省注曰:"军期紧急,文书入递不容稽违晷刻者,谓之急递。"这则记载表明,至少五代时已有急递一说。

读过《水浒传》的人都知道,一百单八将里的神行太保戴宗,"有一等惊人的道术,但出路时,赍书飞报紧急军情事,把两个甲马拴在两只腿上,作起神行法来,一日能行五百里;把四个甲马拴在腿上,便一日能行八百里"。从那阕《临江仙》判词来看,戴宗也就是寻常人物,"面阔唇方神眼突,瘦长清秀人材,皂纱巾畔翠花开"。今天的各路"气功大师"也都貌不惊人,但同样因为"术奇",政界的、商界的、演艺圈的各路俊杰便纷纷趋之若鹜。戴宗的这种神奇本领,当是建立在急脚递的现实生活基础之上,同时又大大超越了生活。《续资治通鉴长编》载,哲宗元祐六年(1091)刑部大理寺曾言:"敕降入马递,日行五百里。事干外界或军机,及非常盗贼文书入急脚递,日行四百里。如无急脚递,其要速并贼盗文书入马递,日行三百里。"饶是奔走的里程不及戴宗的一半,也非独立完成,而要接力,10里或20里一换人(马)。这似可见,戴宗的所谓本领,应该先自家吹牛,自媒体再跟着瞎嚷嚷,炒作出来的。放在今天,曝光之后估计也是个倒掉的"大师"。

元朝急递铺里送快递的人,叫铺兵。今天的快递员招聘而来,没有装备上的讲究,英宗时铺兵属于体制内人,整齐划一:腰革带,悬铃,持枪,挟雨衣;夜则持炬火。带铃铛,相当于特种车辆顶上呜呜叫的装置,"道狭则车马者、负荷者,闻铃避诸旁",且兼有"夜亦以惊虎狼"的功能,与特种车辆光是"惊"人不同。工作流程呢?举惠宗时为例。"凡有递转文字到,铺司随即分明附籍,速令当该铺兵,裹以软绢包袱,更用油绢卷缚,夹版束系,赍小回历一本,作急走递"。到下一铺交割,要"附历讫,于回历上令铺司验到铺时刻,并文字总计角数,及有无开拆、磨擦损坏,或乱行批写字样,如此附写一行,铺司画字,回还。若有违犯,易为挨问"。并且,"随路铺兵,不许顾人领替,须要本户少壮人力正身应役",可见那是一个很苦的差事。《西游记》第三十五回,孙悟空降服太上李老君金、银炉童子化身的妖魔,解救了师傅,唐僧例牌"谢之不尽",连说悟空辛苦了,悟空也一点儿都不客气:"诚然劳苦。你们还只是吊着受痛,我老孙再不曾住脚,比急递铺的铺兵还甚,反复里外,奔波无已。"不过,唐朝还没有急递铺和铺兵,这是《西游记》"穿越"的又一有趣之处了。

《清稗类钞》有一则"送快信者不失信",道是"自邮局兴而有快信,繁盛之都会悉有之。有专足之邮差投递,虽夜分必往,虽风雨无阻"。紧接着推介了一名行业先进典型——长沙邮差易寿彭,事迹是:"宣统辛亥夏五月,一日,大风雨,至落星田,其地有大树,风甚树折,枝适压其背,血流被体,犹忍痛疾奔,分投讫,始归,已薄暮矣。家人尤之,谓何不早归就医,则曰:'余所送者,快信也,焉可以余一时之伤而失信乎?'"按今天网友的评判标准,这该算是"最美快递员"了。

跳槽

粤方言里有"跳槽"一词，如今应用得十分普遍。艺人跳槽、上班族跳槽，几乎每天都有这样的新闻，这种"你方唱罢我登场"，动机、目的不同，但早已成为社会流动的一种正常现象，"乱哄哄"与否，要具体问题具体分析。跳槽在今天的意思是离开原来的单位，另谋高就，从前则完全与之无关。

冯梦龙编纂之民歌集《挂枝儿》里收了两首《跳槽》，就是青楼女子的哀怨。其一："你风流，我俊雅，和你同年少/两情深，罚下愿，再不去跳槽/恨冤家瞒了我，去偷情别调/一般滋味有什么好/新相交难道便胜了旧相交/匾（扁）担儿的塌来也/只教你两头都脱了。"其二："记当初发个狠，不许冤家来到/姊妹们苦劝我，权饶你这遭/谁想你到如今，又把槽跳/明知我爱你/故意来放刁/我与别人调来也/你心中恼不恼。"刘瑞明先生在注解中释义"跳槽"："牲畜拣槽而食，妓院中指嫖客另投好他妓。"然徐珂《清稗类钞》对"跳槽"还有一种解释："原指妓女而言，谓其琵琶别抱也，譬以马之就饮食，移就别槽耳。"也就是说，无论嫖客还是妓女，一旦"移情别恋"，都可以称作跳槽。《挂枝儿》流传于苏州地区，因而粤方言里的"跳槽"，很可能是从吴方言中"引进"的。

杨慎《升庵诗话》溯及了跳槽的词源，认为"元人传奇以（魏）

明帝为跳槽,俗语本此"。魏明帝即三国时曹叡,文帝曹丕之子。用东晋史学家孙盛"闻之长老"的话说,"魏明帝天资秀出,立发垂地,口吃少言,而沉毅好断"。曹操很喜欢这个孙子,"常令在左右"。曹丕登基后,"以其母诛,故未建为嗣"。而随着一次打猎,情况发生了根本变化。那是途中"见子母鹿",曹丕射杀了母鹿,再叫曹叡射鹿子,曹叡不从:"陛下已杀其母,臣不忍复杀其子。"很有些一语双关,说完还哭了。于是,"文帝即放弓箭,以此深奇之,而树立之意定矣"。曹叡"自在东宫,不交朝臣,不问政事,唯潜思书籍而已",他对诸葛亮"外慕立孤之名,而内贪专擅之权"的评价,表明他确有自己的独立思考,这是他"工作"时的一面。而他生活的另一面,杨慎从《三国志》之外的典籍中看到了:"魏明帝初为王时,纳虞氏为妃,及继位,毛氏有宠,而黜虞氏……其后郭夫人有宠,毛氏爱弛,亦赐死。"因此,虞氏从"曹氏自好立贱,未有能以令终"中看出,曹魏"殆必由此亡国矣"。她说的是气话,但杨慎却认为"虞氏亡国之言良是"。皇帝老换老婆,正是"跳槽"。而跳了几跳就成亡国之征,虞氏之说可解,杨慎之认同殊不可解。

"跳槽"一旦进入市井,便得到广泛应用,明清小说中屡见"跳槽"字眼。沈复自传体随笔《浮生六记》中有一记叫"浪游记快",其中讲到表妹夫徐秀峰邀他到岭南走走,更主要是"芸亦劝",两个人就出发了。一路上饱览滕王阁、大庾岭风光,过南雄、佛山,抵省城广州。广州的"花艇"(妓船)一直到解放前都是很有名的,珠江两岸,一字排开,遑论彼时?沈复等二人与"署中同乡"先还是"游河观妓",继而做东的便请他们实践实践,结果沈复看中了一个叫喜儿的"雏年者",说她"身材状貌有类余妇芸娘",表妹夫则"唤一妓名翠姑",其余诸人"皆各有旧交",于是"放艇中流,开怀畅饮"。20世纪90年代初,余自省政协机关被抽调随省委检查团检查两个地级市的党风廉政建设,在其中一市所遇颇与之相类:到了一家歌厅,门口坐着一堆小姐,当地纪委书记、办公室主任正"皆各有旧交",毫不避讳。花艇上的人们"有卧而吃鸦片烟者,有拥妓而调笑者",最后,"伻头各送衾枕至,行将连床开铺"……在广州的日子里,沈复对喜儿用情"始终如一",而"秀峰今翠明红,俗谓之跳槽,甚至一招两妓"。

《浮生六记》主要描述作者沈复和妻子陈芸之间如何情投意合,然钱锺书先生说那是"一部我不很喜欢的书",未明原因。余之不喜,在于沈复"浪游"之"快"的那种得意,与喜儿的调笑、喜儿后来因其不往"几寻短见",与其"闺房"之"乐"似无区别,则后人渲染的"伉俪情深、至死不变"能不疑窦丛生? 陈寅恪先生说:"吾国文学,自来以礼法顾忌之故,不敢多言男女间关系,而于正式男女关系如夫妇者,尤少涉及。盖闺房燕昵之情意,家庭米盐之琐屑,大抵不列载于篇章,惟以笼统之词,概括言之而已。此后来沈三白《浮生六记》之《闺房记乐》,所以为例外创作。"《浮生六记》的意义,或仅在于此吧。

话说回来,"跳槽"从青楼"进入"职场,全无色情印痕,词义的变迁就是这样有趣。乌龟、绿帽子等,变成了骂人,"同志"的境遇不尴不尬,"驴友"却又成了昵称……在历史中追根溯源,都会不失为很有意思的事情。

连环画

　　3 月 16 日（2016），著名连环画家贺友直先生病逝于上海，享年 94 岁。先生从事连环画创作 50 多年，作品多达百余种，尤以在 20 世纪 60 年代创作的长篇连环画《山乡巨变》最为知名，那是中国美术史上一部具有里程碑意义的大作。余生也晚，虽对之如雷贯耳但只见过零星画面，本世纪之初恰逢原出版社重印经典，赶快收入一套。

　　连环画是绘画的一种，用多幅画面连续叙述一个故事或事件的绘画形式。现代意义上的连环画兴起于 20 世纪初叶的上海，但其雏形却可以在历史中上溯很远，至少可以溯至东汉的画像石吧，其后的故事壁画、故事画卷以及小说戏曲中的"全相"——通俗话本、演义中那些绘有人物绣像及每回故事内容的插图等，都有连环画的性质。

　　比如汉画像石，它是一种表面有雕刻、模印或彩绘图像的建筑用砖石，通常被使用在墓葬或者墓葬的地面附属建筑如祠堂、阙、碑中，本质上属于祭祀性丧葬艺术。画像石上的画，好多都分为几层，每一层表现不同的故事。山东嘉祥武氏祠画像石在中国美术史上占有重要地位，国家邮政局 1999 年发行《汉画像石》特种邮票一套六枚，第五枚即取材自"荆轲刺秦王"。那块石的画面分为三层:第一层为管仲射小白故事,第三层为伏羲女娲故事,中间第二层的主要部分是荆轲刺秦王。此外,嘉祥县宋山村出土的一块四层画像石,画面分别是:东王公、乐舞、庖厨和车马出行。这样分层表现的画像石都有"连环"的性质,只是还不连贯。

故事壁画呢,可以敦煌壁画为代表。识者指出,第290窟(北周)的佛传故事作横卷式六条并列,用顺序式结构绘制,共87个画面,描绘了释迦牟尼从出生到出家之间的全部情节,算得上长篇巨制的连环画。此外,428窟中的萨埵太子舍身饲虎,以三条横卷相接,也呈连环画构图。故事壁画的另外一种是墓室壁画。举1972年发掘的内蒙古和林格尔东汉墓为例,画的是墓主人从举孝廉到封为郎官,出任西河长史、行上郡属国都尉、繁阳令,直到仕途顶峰——持节护乌桓校尉。关键是榜题亦即说明文字有250多项,700余字,这就完全具备后世连环画的要素了。

一些故事画卷也是这样。东晋顾恺之《洛神赋图》画面分为三段,分别描绘了曹植与洛神相遇、对洛神相思、与洛神相别的情形,相当于一册三幅的连环画。五代顾闳中《韩熙载夜宴图》,分听乐、击鼓、观舞、歇息、清吹及送客五个段落,表现了韩氏整个夜宴的全过程。每一段里韩熙载都是主角,那么,倘若把那五段的榜题标出来,这幅画卷实际上就等于一册五幅的连环画。1990年我国发行了该图邮票,五枚连印,可惜设计者没有弄懂这个道理,为了票幅的统一,居然有一枚里没有韩熙载,而另一枚里有两个韩熙载!

现藏于美国大都会博物馆的《晋文公复国图》,南宋李唐的作品,与今天的连环画已经一般无二。晋文公即重耳流亡在外19年,在秦的支持下回国即位,在任时文治武功,成为春秋五霸之一。这幅画卷描绘的即重耳回国。全卷分为六段,每段左侧均有宋高宗赵构手书《左传·僖公二十三年》和《僖公二十四年》关于重耳流亡生涯的相关记载。从"及宋，宋襄公赠之以马二十乘"开始，画面是重耳在堂上与宋国方面人士交谈，堂下立定了赠送的两匹骏马，其余的正在陆续牵入，连同幕帐外若隐若现的马头，能看到八匹。重耳的座驾在旁，驾辕的马形单影只，两名舆夫在站立观望，一名在蹲着打瞌睡。第二段是"及郑"如何，第三段是"及楚"如何，第四、五段是"在秦"如何，第六段是"重耳即位"，所节录的《左传》文字，到"丁未，朝于武宫"止。每一段画面都有不少人物，重耳的雍容庄重、侍臣的恭敬、武士的威严、仕女的秀雅、舆夫仆役的畏怯，都刻画得细致入微。鉴定大家徐邦达先生指出，高宗题字是其早年字迹，可能尚未称帝。一边是图画，一边是说明文字，形象生动，除了篇幅少点儿，不就是连环画吗？

南宋佚名所作《女史箴图》（现藏故宫博物院，不是传为顾恺之的那幅），是描绘古代宫廷妇女节义行为以标榜"女德"的作品。画共 12 段，每段画一个故事，旁边以小楷书写张华的《女史箴》。比如卷首书的是"茫茫造化，两仪既分"，绘的是妇人在聆听士人讲述女德之要。然后是"樊姬感庄，不食鲜禽""卫女矫桓，耳忘和音；志励义高，而二主易心""玄熊攀槛，冯媛趋进；夫岂无畏，知死不吝"等，分别对应不同的画面。截开来，是一册 12 幅画面的连环画，完整的《女史箴》图解。

连环画又被称为"小人书"，似乎是给小孩看的。如果以这样的思维去操作，就低估了这种艺术表现形式的功能，我们的动画片如今也落入了这种窠臼。像《山乡巨变》这样的连环画，无论在当时还是在现在，恐怕都不是"小人儿"所能理解的。把文学家的形象化思维转化为可视的艺术形象，成人同样能够欣然接受，或许才意味着真正意义上的成功。

摆地摊

"地摊经济"新近（2020）成为一个热词。成都率先对占道经营开绿灯、全国两会期间政协委员提议给地摊松绑、中央文明办明确全国文明城市测评不考核占道经营等，都与"地摊经济"相关。地摊，在街边就地出卖货物的摊子，"占道"是其经营形态。

摆地摊在从前很普遍，谋生的一种。《老残游记》第十二回，申子平"径奔山集"去找刘仁甫，"看那集上人烟稠密，店面虽不多，两边摆地摊、售卖农家器具及乡下日用对象的，不一而足"。这种情形，今天在农村仍然是常见景观，只是在很多城市里，摆地摊才是城管眼里的"过街老鼠"。提倡"地摊经济"，是要在城市中再现这种久违了的情形。但有的城市公开声明自己这里并不适合，有的城市则划定了一定范围，摆可以，不能随心所欲。

《夷坚志》里有个叫王良佐的，"初为细民，负担贩油，后家道小康，启肆于门，称王五郎"。这或可说明，摆地摊是一种比较低端的谋生方式。宋朝京师人等如何摆地摊，从张择端名画《清明上河图》中可窥一斑。"孙羊正店"前就有一溜摆地摊的，有的相对固定，张着圆伞、摊主悠然坐在多种果品旁，也有在弯腰忙活的半流动摊贩；旁边鲜肉铺前还有个说书摊，围着十几个听众，有老有少；有个倚筐而立，筐里装的不知是什么，在和顾客介绍或讨价还价。"李家输卖店"前，有人在问讯一个半流动小贩。大路上，有顶着货品拿着三脚托架在寻找合适卖货地点的流动小贩；大路一角有个卖药摊，摊主席地而坐，面对围观者正在运用"三寸不烂之舌"。虹桥上更人满为患，扒着桥栏看热闹的，搭棚起伞卖东西的，颇有水泄不通之势，骑马的官员、坐轿子的不知何种人士，前导的人只好吆喝着开道，轿子左手边，地上正摊着不少货品。宋朝地摊卖的东西真叫五花八门。《武林旧事》"小经纪"条，记载的是南宋杭州的地摊，生活用品之外，有班朝录（朝士官职姓名）、供朝报（刊载诏令、奏章及官吏任免事务的朝廷公报）、选官图（赌博游戏用具）、诸色科名（登录各种科举考试中第人名的簿册）、开先牌（登载佛寺名录的簿册），还有卖老鼠药的，卖"猫窝、猫鱼""鸡食、鱼食"的，目测总有二三百种之多。

历史上有几个皇帝或准皇帝也喜欢摆地摊。《后汉书·灵帝纪》载，光和四年（181），"帝作列肆于后宫，使诸采女贩卖，更相盗窃争斗。帝著商估服，饮宴为乐"。《晋书·愍怀太子传》载："（太子）于宫中为市，使人屠酤，手揣斤两，轻重不差。其母本屠家女也，故太子好之。"然其"又令西园卖葵菜、蓝子、鸡、面之属，而收其利"。《南齐书·东昏侯纪》载，萧宝卷"于苑中立市，太官每旦进酒肉杂肴，使宫人屠酤，潘氏为市令，帝为市魁，执罚，争者就潘氏决判"。让太监杀猪宰羊，宫女沽酒卖肉，自己假装市场执法人员，有争议的，由其所宠爱的潘妃来定夺。《旧唐书·中宗睿宗纪》载，景龙三年（709），中宗"遣宫女为市肆，鬻卖众物，令宰臣及公卿为商贾，与之交易，因为忿争，言辞猥亵。上与后观之，以为笑乐"。除了愍怀太子的"收其利"，这些人的摆地摊大抵要归为怪癖之列，与经济无甚关联。

对无牌流动小贩的称呼，广东白话叫作"走鬼"。在了解其由来之前,我曾望文生义,以为该是"鬼走",管理的人来了,跑的该是小贩嘛。且前人有此类用法,如唐朝之"不良人",实为"捉不良人",指县衙中专管缉捕盗贼的吏卒,即捕快。《朝野佥载》云:"贞观中,左丞李行廉弟行诠前妻子忠烝其后母,遂私将潜藏,云敕追入内。行廉不知,乃进状问,奉敕推诘极急。"李忠害怕了,"私就卜问,被不良人疑之,执送县"。另一则就更明确了:"中书舍人郭正一破平壤,得一高丽婢,名玉素,极姝艳,令专知财物库。正一夜须浆水粥,非玉素煮之不可。"结果玉素趁机下毒,并卷走"金银器物十余事"。郭正一赶快服食土浆、甘草,算是保住了命,"录奏,敕令长安、万年捉不良脊烂求贼",赖"不良主帅魏昶有策略",最终破案。"捉不良"与"不良",一字之差,意思恰好相反。识者指出,"走鬼"语源上世纪三四十年代香港,彼时对来自印度和巴基斯坦的雇佣警察,港人称之"红毛鬼",走鬼,意谓他们来了,快跑。原本相互招呼走脱的暗语,变成了流动小贩的代名词。

黄六鸿《福惠全书》是了解清初地方社会情况的第一手资料,其"门摊税"条云:"凡城市临街、铺面前隙地,有支棚摆摊,卖杂货生理者,晚则收归,早则铺设,有司以为贸易取利,宜输官钱,名之曰门摊税。然此皆穷民小本,藉之为糊口计。本铺既索地租,而官又分其微获,将安忍乎? 邑如有此,宜除之以示慈惠。"门摊,即临街摆摊。门摊税,即营业税。黄六鸿觉得这个税不该收。

"地摊经济"欲重现江湖,初衷想来正是"以示慈惠"。曾几何时,城管与小贩的矛盾激化到不可调和的地步,极端的地方还闹出了人命。在管理已颇见成效的当下,回归之,或是新冠疫情面前的权一时之需。无论如何,城市管理者的管理智慧又将面临考验,远比收税与否困难得多。

城管

广州城管最近装备了"六件套"——防刺衣、防护手套、防护头盔、防护盾牌、全频加密对讲机、胸挂摄像头。其中,胸挂摄像头为全国首创。此事引起了舆论的普遍关注。8月29日(2013),广州市某副市长在新闻发布会上对此进行了说明,有趣的是,他还说自己查了一些资料,"古代就有城管,在宋朝京城就有一支500人的专门从事城市管理的队伍,明确规定在官府门前、民宅周围不能乱摆放"。

以愚意度之,他查的应该是百度,百度里有篇相关文章,引了《宋史·职官志》中的"街道司,掌辖治道路人兵"。李焘《续资治通鉴长编》载,仁宗嘉祐二年(1057)十二月,又有"置街道司指挥兵士,以五百人为定额"。两者叠加,就此有了结论。苟如是,或谬矣。首先不妨把《宋史》那句话看全:"街道司,掌辖治道路人兵,若车驾行幸,则前期修治,有积水则疏导之。"光看前面,容易望文生义和城管联想;如果看全了,会发现某种程度上那是专为皇帝出行服务的建制。皇帝要动弹了,他们先动弹,这与城管的功能怕是南辕北辙吧。

宋朝应该没有城管,至少跟小贩没什么交集。《水浒传》里,武大郎、武松两兄弟偶遇于阳谷"县前",显系"县衙前",武大正在那里卖炊饼。什么是炊饼？就是蒸饼。吴处厚《青箱杂记》云，仁宗皇帝讳贞，以其音近于蒸，"今内庭上下皆呼蒸饼为炊饼"。武家本在与阳谷县相邻的清河县，武大之得娶潘金莲，乃因某"大户"偷腥不成而忌恨，于是"却倒陪些房奁，不要武大一文钱，白白地嫁与他"，后果如何众所周知了。结婚之后，"清河县里有几个奸诈的浮浪子弟们"一天到晚前来武家骚扰，清河县住不下去，武大便"搬来这阳谷县紫石街赁房居住，每日仍旧挑卖炊饼"，成了一个标准的流动小贩。那个"不忿闹茶肆"的郓哥也是这种角色，"自来只靠县前这许多酒店里卖些时新果品"。武大、郓哥能够在"县前"做小买卖，前者还能供养漂亮老婆，逻辑推断彼时并无城管驱之逐之的前提。

如果说那是小说，还是地方上的事，那不妨再看看《东京梦华录》中的京城。其"御街"条云："坊巷御街，自宣德楼一直南去，约阔二百余步。两边乃御廊，旧许市人买卖其间，自政和间官司禁止。"宣德楼乃皇宫的南门，也是汴京的中心。这里的"市人"理解为流动小贩应该没有疑问。概汴京城中，每一街巷都有固定的店家，如"潘楼东街巷"中有"李生菜小儿药铺""仇防御药铺""看牛楼酒店""郑家油饼店"等；"东角楼街巷"有"金银彩帛交易之所，屋宇雄壮，门面广阔，望之森然。每一交易，动即千万"，不是小打小闹的。而潘楼东街巷之"东十字大街"的那些，小贩的性质无疑，他们"每五更点灯博易，买卖衣物、图画、花环、领抹之类，至晓即散"，彼时叫"鬼市子"，今天广东叫"天光墟"。与此同时，张择端名作《清明上河图》中，京城街道两旁的空地上正有不少张着大伞的小商贩，不乏占道经营的意味。

与宽容小贩相反，宋朝对违建的打击不遗余力，这跟今天倒是恰恰相反。以屋顶违建来说，新近北京的"全国最牛"居然占据了整个楼顶;深圳"最牛"则是建了个空中庙宇。前者施工了六年,后者八年前就曝光了,都没见城管有什么办法制止,人家不在家或不搭理他们,他们就乐得当甩手掌柜。宋朝不然。毕沅《续资治通鉴》载,真宗咸平五年(1002),"京城衢巷狭隘,诏右侍禁、阁门祗候谢德权督广之"。谢德权得令,"先撤贵要邸舍",从重量级人物开刀,阻力之大可想而知,至于未几"有诏止之"。但谢德权意志坚定:"今沮事者皆权豪辈,吝僦屋资耳,非有它也。臣死不敢奉诏。"仁宗时有个叫周湛的知襄州,"襄人不用陶瓦,率为竹屋,岁久,侵据官道,檐庑相逼,故火数为害"。所以周湛一到,"度其所侵,悉毁撤之",不同的是,此番亦因"豪姓不便",周湛最后"徙知相州"。不过由此可知,宋朝在强拆违建当中亦难觅城管的踪影,都是钦定或地方大员的作为。违建问题至少可以溯去唐朝。《唐会要》载,代宗大历二年(767)五月敕:"诸坊市街曲,有侵街打墙、接檐造舍等,先处分一切不许,并令毁拆。"文宗太和五年(831)七月,左街使上奏:"伏见诸街铺近日多被杂人及百姓、诸军诸使官健起造舍屋,侵占禁街"。由谁来执行呢?代宗那时明确委任了李勉。李勉是什么人?唐朝宗室,《旧唐书》有他的传,大历二年他的职务是"拜京兆尹,兼御史大夫"。京兆尹乃首都的最高行政长官,御史大夫掌管监察执法。那么同样,李勉也是钦定,在某个时期靠专项行动来集中治理痼疾。

现代意义的城管何时出现?在下未加考证,然何以不少评论随声附和宋朝即有城管?该是今人并不读书,凡事依赖"百度"检索并望文生义的恶果了,始作俑者一旦开了黄腔,后面的便纷纷跌倒。城管装备的升级,折射了城管与小贩尖锐对立的现状,倘若不能从小贩何以产生这些根本上解决问题,城管的装备只能是越升越高。

Ⅱ

凡人贱近而贵远

读黄山书社新出版（2008）的《王映霞自传》，看到了一个与历史记载不大一样的郁达夫，有兴趣的可以去翻一翻，这里只引用书中曹聚仁所说的一句话：一位诗人，他住在历史上是个仙人，若他住在你家楼上便是个疯子。如果借用东汉时桓谭的话来表达，这句话可以精练为"凡人贱近而贵远"。

桓谭的话是针对扬雄说的。今天我们知道扬雄，是因为他的名著《法言》。这部书虽然"用心于内，不求于外"，但"于时人皆忽之"，当时并不被看好，独桓谭"以为绝伦"。扬雄死后，有人问桓谭："子常称扬雄书，岂能传于后世乎？"桓谭说："必传，顾君与谭不及见也。"然后他就讲了"凡人贱近而贵远"这句名言，认为《法言》之所以如此受冷落，在于人们"亲见扬子云禄位容貌不能动人，故轻其书"。度桓谭上下文的语意，"凡人"不是对应神仙的普通人，而乃"凡是人"的简称，意即大家都有这种心理。这里的贱近贵远，就空间而言，人们总觉得眼前的事、身边的人没有什么，耳闻并非目睹的人才真正了不起。钱锺书先生说，若觉得鸡蛋好吃，没必要认识下蛋的鸡，可能就是出于这层担心。而好多如雷贯耳的名人一旦跟他接触，大抵能验证曹聚仁先生的概括。

《北梦琐言》中有一则后梁开国皇帝朱温的故事。当他尚未登基，还"领镇于汴"的时候，"盛饰舆马"去接母亲。母亲吓坏了，"辞避深藏"，对人家说："朱三落拓无行，何处作贼送死，焉能自致富贵？汴帅非吾子也。"来人于是把他怎么离的家、这么多年都干了些什么，一一讲给老太太听，老太太才"泣而信"。在老太太眼里，儿子根本就不成器，怎么可能会发达呢？但是显然，由朱温到朱全忠再到梁太祖，就算是包括流氓手段在内的各种手段迭出吧，朱温的本领一定是有的，老太太"贱近"罢了。

　　汉高祖刘邦的经历也是这样。没发迹时，刘邦"尝避事，时时与宾客过其丘嫂食"，把嫂子弄烦了。这当然怨不得她这个家庭妇女，连在本地还有一官半职的萧何，不是也因为"贱近"而对亭长刘邦看走了眼，下结论说"刘季固多大言，不足成事"吗？有一天刘邦又带着人来蹭饭，大嫂告诉他饭都吃完了，"羹尽辕釜"，只能用勺子刮刮锅底。客人知趣地走掉但刘邦赖着没有，他知道有诈，果然"视其釜中有羹，由是怨嫂"。发迹之后，虽刘家鸡犬升天，"而伯子独不侯"。老子出来讲情，刘邦说不是我忘了，而是他妈当年对我的态度实在太坏。后来勉强把侄子封了，却名之"羹颉侯"，以示不忘旧怨。《东坡志林》里，苏轼拈出此事，旨在议论刘邦的所谓"大度不记人过者"其实不堪一击，他"不置辕釜之怨，独不畏太上皇缘此记分杯之语乎？"项羽当年要烹了他老子，他说好啊，分我一杯羹吧，老人家事后并未恨得咬牙切齿，说明刘邦的大度还不如他爹。

　　还有一种贱近贵远，属于时间上的，"过去的"就好。鲁迅先生笔下的九斤老太有句著名的口头禅：一代不如一代。九斤老太一天到晚只知道发牢骚，"常说伊年青的时候，天气没有现在这般热，豆子也没有现在这般硬；总之现在的时世是不对了"。而九斤老太的这种"贱近贵远",却并非她的发明,也是对古人思维模式的一种沿袭。"江郎才尽"的江淹留有一篇《铜剑赞》,其中说道,"今之作必不及古,犹今镜不及古镜,今钟不及古钟矣"。钱锺书先生说,这话酷似葛洪《抱朴子》所斥:"俗士多云:今山不及古山之高,今海不及古海之深,今日不及古日之热,今月不及古月之朗。"

《大唐西域记》里的一段就更有趣了,"一沙门庞眉皓发,杖锡而来",婆罗门"以淳乳煮粥进焉"。谁知"沙门才一哜齿,便即置钵,沉吟长息"。婆罗门问:这粥不好喝吗?"沙门憖然告曰:'吾悲众生福佑渐薄……非薄汝粥;自数百年不尝此味。昔如来在世,我时预从,在王舍城竹林精舍,俯清流而涤器,或以澡漱,或以盥沐"。他的结论是:"嗟乎! 今之淳乳不及古之淡水!"《韩非子·五蠹》谈到用兵打仗的动机:"上古竞于道德,中世逐于智谋,当今争于气力。"由比赛谁的道德高尚,到竞逐谁更野蛮,也是一代不如一代了。不过,钱先生认为,后来角智、斗力之用兵,也是借"仁义之师""吊民伐罪"之名,"如同今日西方之强每假'保卫人权'为攻心之机括"。就是说,道德作为一个制高点,明明缺德的也要打着这个旗号。

"文革"时余尚年少,犹记一度批判"厚古薄今",要颠倒过来,"厚今薄古"。厚古薄今,即有时间乃至空间"贱近贵远"的意味。到今天,似乎又颠倒回去了,"过去的"东西——几十年前的——一概津津乐道,旧时风物、旧时人物、旧时学校,都成了醇香美酒,全社会来了个集体怀旧。而诸如此类,却亦正见桓谭概括之妙。

贬损与虚誉

电视剧《走向共和》播出（2003）之后，引来了不少专家为编导"上课"，讲解历史人物的真相如何。最近又看到一则消息，片中涉及到的赵启霖，其后人要求该剧编导道歉，否则将诉诸法律。因为赵氏孙辈在查阅了大量史料之后，发现该剧对其祖父完全"歪曲"了。在赵氏后人看来，赵启霖弹劾段芝贵、载振，一本奏折罢了一个尚书和一个巡抚，且间接揭发了军机大臣庆王和直隶总督袁世凯的腐败，史实十分清楚。但在《走向共和》中，赵启霖揭露权贵钱、色、权腐败交易的正义行为却变了味，被说成是瞿鸿机出于私心，为攻击政敌而指使赵启霖行事，使本来性质明确的弹劾变成了争权夺利的派系斗争。

对赵启霖应该如何评价，我是没有发言权的，但想借此谈点相关问题。我能理解赵氏后人的心情，然而，休说这只是部电视剧，便是真正的历史典籍，力所能及的话，也是要进行甄别的。

魏收在撰写《魏书》时公开声明，他的笔可以翻云覆雨，不管是谁，"举之则使上天，按之当使入地"。所以，《魏书》虽也跻身二十四史之列，但因为有借修史来贬损或虚誉的前科，问世之后即被称为"秽史"，臭得很。司马光《涑水记闻》云，宋朝文坛享誉盛名的杨亿曾娶张泊的女儿为妻，但这个老婆"骄倨不事姑，或效姑语以为笑"，被杨亿给休了，杨、张两家的关系也因此恶化。于是杨亿在后来修《国史》时写到张洎，乃"极言其短"。当然，张洎也确有短处。比方他原来是南唐的重臣，南唐亡国，他与另一重臣陈乔相约"效死于李煜之前"。然而陈乔如约死了，他却对李煜说："若俱死，中朝责陛下久不归命之罪，谁与陛下辨之？臣请从陛下入朝。"就这么恬不知耻地变节，在北宋官场上又混了起来。然而，倘若杨、张没有交恶，张洎的过去虽然人人皆知但硬是不会出现在史书中，也毫不奇怪。

与刻意贬损同样值得密切关注的，是对历史人物的虚誉，也就是刻意拔高。《晋书》卷一百五载，东晋十六国时的后赵皇帝石勒，有次酒酣之际问徐光："朕方自古开基何等主也？"可以与以前的哪个开国皇帝相比呢？徐光立刻奉上一顶高帽子："陛下神武筹略迈于高皇，雄艺卓荦超绝魏祖，自三王已来无可比也，其轩辕之亚乎！"虚誉石勒仅仅次于黄帝，好在石勒没有忘乎所以："人岂不自知，卿言亦以太过。"他说他要是生在汉高祖时代，"当北面而事之，与韩、彭竞鞭而争先耳"，跟韩信、彭越是一个档次的；要是生在光武帝时代，"当并驱于中原，未知鹿死谁手"，可以和他争下皇帝的宝座。自己"当在二刘之间"，哪里就能和轩辕黄帝相提并论呢！我们似乎可以武断地认为，能够这样清醒认识自己的人物，比清廉的官员不知更加难寻几许。

刘体智《异辞录》云，陈宝箴成名之后，当年在家乡"治乡团"抵御太平军等事迹广为传诵。时人虽"知其粉饰"，不过因为陈宝箴声望好，大家也就姑妄听之，宁可信其有。但《清史稿》不知有意还是无意，把传闻当作信史，云陈宝箴"以举人随父伟琳治乡团，御粤寇。已而走湖南，参易佩绅戎幕，军来凤、龙山间。石达开来犯，军饥疲，走永顺募粮，粮至不绝，守益坚，寇稍稍引去。宝篋之江西,为席宝田画策歼寇洪福瑱,事宁,叙知府",全然成了儒帅。刘体智认为,倘若陈宝箴地下有知,"谅不乐于有此虚誉"。就是说,把本不属于他的尽管是颂扬的东西都堆到他的头上,他未必高兴。

"信史诚有未足信者矣",这是明朝叶盛的结论。其《水东日记》"史官以心术为本"条,阐述了这一观点。他为什么不"足信"所谓"信史"呢? 因为首先前人说了,"有欲书而不得书,有欲书而不敢书",这就不免导致遗漏、避讳。另外还有拘泥于著令、偏私不公以及史官之才不足等,不幸牵扯到其中的一种,都能够使文字记载的可靠性打个折扣。曾巩说他父亲在朝廷为官时,"疾当事者不忠……虽屡不合而出,其所言益切,不以利害祸福动其意也",而父亲"卒以龃龉终,其功行或不得在史氏记,藉令记之,当时好公者少,史其果可信欤?"鉴于此,叶盛尤其强调"修史必以心术为本",与时下持所谓"盛世修史"论者大异其趣。

《走向共和》不过是部电视剧,尽管号称"全新视角再现历史",毕竟它也不是历史。那么,对里面涉及的"史实"委实没必要过多地苛责,电视剧的功能并非要把历史变成活动的画面。掌握所谓历史"真相"的专家们,倘若以居高临下的姿态去训斥人家,无异干预别一领域的艺术创作。此外,《走向共和》把李鸿章刻画得近似完人,有个高三学生因此发帖子说:"我看到了一个有气节、有民族英雄感的李鸿章,让人同情李鸿章、敬仰李鸿章,更加憎恨腐败愚昧的统治者,而不是一个对历史无能为力的志士!"现在没有以后也不会看到李鸿章的后人站出来指责编导吧,从这个意义上看,虚誉比贬损要更可怕。

名家就好

　　《战国策·燕策》有个"马价十倍"的故事。说"人有卖骏马者，比三旦立市，人莫知之"，站了三天，连搭话的人都没有。于是他去找了伯乐，讲了自己的境况，希望伯乐能来一下，绕着他的马细看一番，走的时候再回回头，所谓"愿子还而视之，去而顾之"，然后他"请献一朝之贾"，出大价钱。伯乐还真去了，也真的做出恋恋不舍的样子，结果"一旦而马价十倍"。伯乐，众所周知善于相马。韩愈说："世有伯乐，然后有千里马。千里马常有，而伯乐不常有。"前一句的逻辑虽不大通，但那篇《马说》足以发人深省，应该是他感慨万千之余的宣泄。

　　"马价十倍"有个前提，即所卖的确是"骏马"，是如假包换的千里马，市面上的人"有眼无珠"。那么，这个故事所要表达的未必就是一些人所认为的所谓盲从，盲从名家。不过我们也必须承认，现实中也的确存在这样一种情况：名家说好就好，名家说好才好。另外还有一种，只要是名家的东西就好、才好，所以免不了像族谱一样进行攀附，佚名的、无名的，"挂靠"到某个名人头上。不妨来看若干实例。

　　《封氏闻见记》云，萧诚擅长书法，李邕"恒自书言别书"，擅长鉴别。但"萧有所书，将谓称意，以呈李邕，邕辄不许"，横竖看不上他的字。萧诚"遂假作古帖数幅,朝夕把玩,令其故暗,见者皆以为数百年书也",然后告诉李邕:"有右军真迹,宝之已久,欲呈大匠。"李邕欣然愿见。萧诚来了个欲擒故纵,"迟回旬日,未肯出也"。等李邕着急了,才拿出来,"李寻绎久之,不疑其诈,云是真物,平生未见,在座者咸以为然"。过几天,一个宾客云集的场合,萧诚对李邕亮了底牌:"公常不许诚书,昨所呈数纸,幼时书,何故呼为真迹?鉴将何在?"李邕愣住了,说你再拿来看看。"及见,略开视,置床上曰:'子细看之,亦未能好。'"李邕在这里要了无赖,但也说明,他这个名家也落了"唯名家"的窠臼。

在兰亭雅集上,王羲之留下了名垂千古的《兰亭序》,序的是什么呢?在"曲水流觞"现场的诗作结集。当时在场的 40 多人中,有 26 人即席赋诗,其中包括王羲之在内的 11 人都写了两首,要么四言要么五言,诗集被序文及书法夺去了光芒就是。如果不了解诗集里的作品,就不能准确地理解《兰亭序》所表达的文字,而唐代一位佚名人士正誊录了一卷《兰亭诗并后序》。不过,明朝有人在后面伪造了一段宋代黄伯思的题跋,云"此卷唐谏议大夫柳公权书,故自不凡,当为希世珍藏也"。把佚名的书法,托名为柳公权的;而后来的人包括乾隆皇帝在内,也乐得认定就是"柳公权书"了。

将佚名作品如此"挂靠",大约是从古代起中国某些古董商或书画收藏家的一个传统。鉴定大家徐邦达先生指出,宋朝已有"马皆韩幹牛戴嵩"之说。韩幹、戴嵩都是唐朝画家,分别以画马、画牛而闻名。台湾故宫博物院藏有韩幹《牧马图》,他们还发行过邮票,可以一睹韩马风采。苏轼诗云:"韩生画马真是马,苏子作诗如见画。世无伯乐亦无韩,此诗此画谁当看?"黄庭坚诗云:"韩生画肥马,立仗有辉光。戴老作瘦牛,平田千顷荒。觳觫告主人,实已尽筋力。乞我一牧童,林间听横笛。"二人对韩马、戴牛俱推崇有加,"马皆韩幹牛戴嵩"的现象就不是一种偶然。在兰亭问题上,书法固托名柳公权,绘画也没有例外。宋元以来以兰亭雅集为题材的绘画创作,大多托名北宋画家李公麟,李乃"宋画第一人"。

唐朝殷仲容也是个有名的书法家,其外甥孙颜真卿说他"以能书为天下所宗,人造请者笺盈几"。忙不过来,殷仲容就要外甥颜元孙给他代笔。颜元孙"少孤",在殷仲容家长大,耳濡目染,"尤善草隶"。对颜元孙的代笔,"得者欣然",因为大家奔着殷仲容去的,虽然狸猫换了太子,但是"莫之能辨"嘛。有意思的是,殷仲容没有明确题名的书法作品传世,倒是颜元孙有一部《干禄字书》,由其侄子颜真卿书写并摩勒上石,成为唐代正字学的一项成果,在汉字改革史上有着积极影响。还有一种是代笔作画。《清稗类钞》云,钱塘布衣周乾"私仿奚铁生画",甚至连奚氏本人也辨不出真假。他问周乾画得这么好,"何不自署款?"周乾毫不隐讳:"署丈名,多得钱。"奚铁生即奚冈,著名的"西泠八家"之一,"性高而僻。尝自定润格,榜于门,索画者如其价,以金及绢素投之,为籍记次岁月先后以为之。求者益众,积三五年不画,亦不启缄也"。和殷仲容的情况一样,让那些并非名家的民间高手有了用武之地。《养吉斋丛录》讲到郑板桥也有过如此待遇,他不是"工画兰竹,字亦有别趣"吗? 当潍县令的时候,"潍有木工某能效其书画,佳者几乱真。今人家所藏,赝者十九"。

名家就好,今天亦然。所以范曾先生的"流水线"作画,披露归披露,还是大有市场。若干名人为一些书籍站台,导致"腰封"成了"妖封",站台甚者成了"妖封小王子"。种种怪相,该是文化传统的余绪吧。

誉人过实

一首名为《县委书记》的 MV（Music Video）正在网络热传（2011），那是歌颂张家口市张北县委书记李雪荣的。画面选取了李书记工作或开会的若干情景，歌中唱道："县委书记，胶鞋布衣，田间地头拉家常，像咱农民的亲兄弟；县委书记，你扎根在泥土里，你的皱纹刻下了党员的公仆意识……"不过，热传不是因为歌中的好干部形象打动了全国人民的心，恍若焦裕禄在世，而是因为嘲讽、鄙夷，网友将该 MV 毫不吝惜地赠予了"太肉麻""拍马屁""马屁神曲"等词语。

舆论如此强烈反感，或许不在于此 MV 的表达形式拙劣与否，而在于衡诸今天的社会现实，大家无论怎么都不相信那是真的。这种不吝的赞美，用古人的话说叫作"誉人过实"，不是过于实在，而是如刘备评价马谡：言过其实。柳宗元对誉人过实也发表过见解，针对的是文人间的"马屁""神曲"，事见洪迈《容斋四笔》。那是杜温夫三次致书柳宗元，希望借助其声名使自己得到延誉。柳宗元复信云："书皆逾千言，意若相望仆以不对答引誉者……抵吾必曰周、孔，周、孔安可当也！"显然，杜温夫深谙"将欲取之必先与之"之道，先掷给柳宗元一顶高帽子，把他比成儒学奠基人周公以及圣人孔子。然柳宗元非但自己不接受，还连讥带讽了此一类现象："生来柳州，见一刺史即周、孔之，今而去我，道连（州）而谒于潮（州），又得二周、孔。去之京师，京师显人为文词立声名以千数，又宜得周、孔千百。何吾生胸中扰扰焉多周、孔哉！"在柳宗元眼里，不要说京师千数的"显人"了，连被贬连州的刘禹锡、被贬潮州的韩愈这种响当当的人物，同样不宜"周、孔之"。洪迈说，"此文人人能诵"，而他在随笔中辑录此文的目的，"以为子孙戒"，因为"今之好为谀者，固自若也"，高帽子仍然来回乱飞。

晚清名臣张之洞表达过类似柳宗元的意思："古今体诗，忌好自誉誉人。如酬应诗，誉公卿必曰韩范（韩琦、范仲淹），守令必曰龚黄（龚遂、黄霸），将帅必曰卫霍（卫青、霍去病），诗则李杜（李白、杜甫），文则韩苏（韩愈、苏轼）之类，受者滋愧，作者失言。至于述怀，藉口杜诗自比稷契之语，信口夸诞，尤为恶习。"感觉上，在文化口，于今这种誉人过实更盛行于书法、绘画领域，介绍寻常人物，动辄用笔"上追魏晋、下取诸家""师法八大、博采众长"之类。曾国藩在谈及对人"贬尤加慎"的同时，认为"称人庸德，不可愈量"。庸德，就是常德，一般的道德规范。曾国藩跳出了"文人"范畴针砭誉人过实，这种做法在政界也的确更加盛行，且危害尤剧，至少开诣谀取幸之一途。

沈德符《万历野获编》云，张居正七十大寿时，学者文人如王世贞、汪道昆等"俱有幛词"，然而"谀语太过，不无陈咸之憾"。陈咸之憾，即诣谀奉承，《汉书》有陈咸传，交代了典故的来历。王世贞曾把该文收进自己的文集；没几年，张居正倒台，又"削去此文"。自家来了个掩耳盗铃，但"已家传户颂矣"。这该像新中国成立后历次政治运动中学界名流的表现吧，今天乃至今后，那些白纸黑字都不会因为自家"削去"而淡出历史的视野，诚然在彼时有迫不得已的成分，然当事人倘若以为一句"毕竟是书生"可以了事，便显得轻描淡写，如邵燕祥先生坦承"人生败笔"，才是直面问题的态度。对待张居正大寿时的谀辞，倒是汪道昆晚年"自刻全集"，虽然政治恐怖依旧笼罩，"却全载此文，亦不窜易一字"，被沈德符认为"稍存雅道"，也就是尚有"知耻"意识吧。今天的学界大家编纂全集的时候何妨仿效汪道昆之举？

刘声木《苌楚斋续笔》录有刘坤一怀曾国藩诗："事事不能及古人，立身窃与古人类，事事无殊于今人，居心却与今人异。画鹄画虎在我为，呼牛呼马凭人戏。卓哉惟有湘乡翁，纷纷诸子谁能媲。"刘声木认为，刘坤一虽不以诗词见长，然"此诗虽寥寥数语，颇能尽文正之生平"。但刘声木掌握着誉人的度，在"论曾国藩文"时他说，曾国藩"工古文学，在国朝人中，自不能不算一家。无奈后人尊之者太过，尤以湘人及其门生故吏为尤甚，言过其实，迹近标榜……实则曾文正公古文，气势有余，酝酿不足，未能成为大家。亦以夺于兵事史事，不能专心一志致力于文，亦势所必至，理有固然，亦不必曲为之讳也"。他还说，《曾文正公奏议》"颇为外间所称诵，并非名不副实，实论者言过其实。每谓之可追迹古人，为数百年来所仅见，窃恐未必然也"。并且，书中文字"实多系幕僚代拟之稿，曾文正公所亲为裁定者甚少，然则所誉者，并非曾文正公本人，实誉其当日之幕僚"。这就是说，誉人者自己别有用心，拉大旗作虎皮罢了，与杜温夫庶几近之。

报道说，《县委书记》MV的制作人是个1986年出生、刚大学毕业的年轻人。他觉得张北县的"三年大变样"和新来的县委书记有关，这个书记唯才是举，让他这样一个没有背景的大学生考上了社区副书记。或许如此。但是，一个刚走上社会的学子先学会了誉人过实这一套，令人难免生出忧心忡忡的理由。

溢美增恶

"不因爱而溢其美，不因恨而增其恶。"当年在中山大学读书时，某位老师常常引用这么一句话。出处及用于什么都不记得了，但内容在脑海里很清晰。后来知道，《庄子·人间世》有云："两喜必多溢美之言，两怒必多溢恶之言。"当下——并不局限于当下，对人物评价——不拘今古，都往往逃不出溢美增恶的窠臼。以孔夫子而言，"批林批孔"时大家举手投足，对之莫不缀着一个"恶"字；之后，《论语》里的片言只字又全是金科玉律，连孔子后裔修族谱都要验 DNA，以防鱼目混珠了。

唐朝李泌小时候非常聪明，"书一览必能诵"，张九龄呼之"小友"。《三字经》中的"泌七岁，能赋棋"，说的就是他。《太平广记》之"李泌"条共有两处，一处在卷三十八，把他归入"神仙"；另一处在卷二百八十九，则把他归入"妖妄"。"神仙"派取自无名氏《邺侯外传》，"妖妄"派取自李肇《国史补》。前者云，有人送来"美酒一榼"，正好有客人在，李泌跟人家说是麻姑的馈赠，"与君同倾"。正喝着呢，门房来说"某侍郎取榼"，盛酒的家伙人家要拿回去。这一句"侍郎"露馅了，什么麻姑呀，真扯，然"泌命倒还，亦无愧色"。这就是李肇眼中的"妖妄"。后者云，李泌在衡山读书时与明瓒禅师交游，明瓒有个徒弟叫嫩残，李泌觉得他不是凡人，加上"听其中宵梵唱，响彻山林"，自己也懂些音律，"能辩休戚"，乃"谓懒残经音，先凄怆而后喜悦，必谪坠之人，时至将去矣"。半夜时偷偷去拜访，"懒残命坐，拨火出芋以馅之"，对李泌说："慎勿多言，领取十年宰相。"这就是《邺侯外传》中的"神仙"。钱锺书先生认为，"神仙""妖妄"实为一事，乃毁誉天渊，"此观者情感之异耳"。所谓实为一事，指两故事荒诞不经的本质一面，讨厌李泌的或喜欢他的，见解自然要分道扬镳。所以溢美，所以增恶，关键也正在于此。

几千年来，国人虽非以溢美增恶为信条，然行其实也。姜太公兵法《龙韬》云："多言多语，恶口恶舌，终日言恶，寝卧不绝，为众所憎，为人所疾。"清朝尚书钱陈群则一概说好话，其居京时，但有举子求见必极力赞扬，"貌瘦，则赞其清华；体肥，则赞其福厚；至陋劣短小者，亦必谓其精神充足、事业无穷，各使得意而去"。一天送客回房，"方解衣，子弟问客何人"，老钱凝思良久说，忘了叫什么了。子弟曰："大人如是称许，何遽忘之？"老钱笑了："彼求见者，不过求赞耳！赞之而已，又何必知为谁也。"太公指出的现象是一贯言恶，老钱的做法是一贯称美，这些都不是真正意义上的溢美增恶。真正意义上的，是因时因事因人而言。

宋仁宗时太常博士马端除监察御史，马端是苏绅举荐的，苏绅为龙图阁大学士、知河阳。欧阳修不同意马端的任命，他说马端"往年常发其母阴事，母坐杖脊"。当儿子的对母亲的丑事"不能容隐"，还让母亲被刑，"理合终身不齿官联，岂可更为天子法官？臣不知朝廷何故如此用人，纵使天下全无好人，亦当虚此一位，不可使端居之，况刚明方正之士不少"。说着说着，连举荐人也捎带上了，"绅之奸邪，天下共恶，视端人正士如仇雠，唯与小人气类相合，宜其所举如此也。端之丑恶，人孰不知！而绅敢欺罔朝廷者,独谓陛下不知尔。此一事尚敢欺惑人主,其余谗毁忠良,以是为非,又安可信!伏乞寝端成命,黜绅外任,不可更令为人主侍从"。仁宗虽然采纳了欧阳修的建议,但欧阳修对二人"增恶"的程度亦见一斑。后来,60岁的欧阳修也尝到了"增恶"的苦果。其"守青州,上疏请止散青苗钱,王安石恶之",欧阳修欲告老还乡,冯京请留之,安石曰:"修善附流俗,以韩琦为社稷臣。如此人,在一郡则坏一郡,在朝廷则坏朝廷,留之何用!"离了大谱的,还有司马光说陈升之、御史中丞李定说苏东坡。前者云:"闽人狡险,楚人轻易。今二相皆闽人,二参政皆楚人,必将援引乡党之士,天下风俗,何由得更惇厚!"全凭籍贯论人,属于典型的地域歧视。后者云:"知湖州苏轼,本无学术,偶中异科。"须知东坡的地位非为后人奠定,时人已有"其文学实天下奇才"的结论,则李定之"增恶"全无理智可言了。

王充《论衡·艺增篇》云:"世俗所患,患言事增其实;著文垂辞,辞出溢其真,称美过其善,进恶没其罪。"他觉得,这是"誉人不增其美,则闻者不快其意;毁人不益其恶,则听者不惬于心"。原因查找有一点儿想当然,相较之下,宋朝上官均的话平实而更能破的:"夫爱憎好恶者天下之常情,好则相誉而忘其不善,恶则相毁而忘其所可称。"环诸后世乃至今天我们国度里的种种事实,捧起来的那些,此"人"只应天上有;贬损的那些,要踏上一万只脚,叫他永世不能翻身。所以后代每要为前代的人或事褪去光环或进行平反。明了这些,就不能不佩服前人见解的精辟之处。

文人无行

1月10日(2005)《南方都市报》推出《2004年文化年鉴》,以演义的形式把去年若干文化事件"都付笑谈中",很有趣味。其中数则让我想到了"文人无行",虽然有的属于学人,如第五回"名落孙山甘生忤逆,父子联袂学术双簧"。据说"文人无行"的发明权,属于三国时期的曹丕。不妨由近及远看一看。

《柳弧》云,乾隆皇帝五十大寿,大臣循例要通过文字表示祝贺,纪晓岚出手不凡:"四万里江山,伊古以来,几见一朝一统四万里?五十年圣寿,从今而后,还有九千九百五十年。"当其时也,"各大臣撰联皆不惬上意",惟有纪晓岚的,令乾隆"大称赏"。电视剧《康熙王朝》主题歌歌词有一句"真想再活五百年",是代康熙道出了心声,但此语一出,让现代公民接受不了,群起而攻之。为什么?倘把这虚数实计——纪晓岚正是如此,就会发现问题的可怕一面:康熙驾崩那年是1722年,再活五百年就是2222年。那么,这意味着从现在起还有几辈子的人都要笼罩在康熙爷的专制统治下,脑袋上还要留着那条"尾巴"。再看纪晓岚的算法就更不得了,从秦始皇到现在,也才不过2200多年。那么,为了皇帝老儿的一时欢愉,纪晓岚称得上是挖空心思了。

皇帝这个例子有点儿特殊。钱泳《履园丛话》云,和珅当权时，"欲令天下督抚皆欲奔走其门以为快，而(毕秋帆)先生淡然置之"。但到和珅四十岁生日，"自宰相而下皆有币帛贺之"，毕秋帆也坐不住了，赋诗十首，"并检书画铜瓷数物为公相寿"。钱泳问他："公将此诗入《冰山录》中耶?"毕秋帆"默然，乃大悟，终其身不交和相"。毕秋帆即毕沅，《续资治通鉴》编著者。钱泳所说的《冰山录》当是《天水冰山录》，明朝权相严嵩被革职后，被查抄没收的全部财产登在《天水冰山录》中，换言之，那是一份赃物清单。钱泳的意思很明白，他先见了和珅的倒台，乃给毕氏一个忠告；毕氏接受了，遂保持了气节。可惜，这只是钱氏的一家之言，真正的历史不是由个人口述而来的，尽管是当事人。清人陈康祺早就指出："秋帆制府爱古怜才，人所共仰，其交和珅，慑于权势，未能泥而不滓，亦人所共知。"毕秋帆死后被抄家，正缘于卷入和珅贪污案。《清史稿·毕沅传》在结尾轻描淡写地说："(嘉庆)四年，追论沅教匪初起失察贻误，滥用军需币项，夺世职，籍其家。"教匪，即白莲教；失察贻误，即和珅指使时为湖广总督的毕沅不以实入告，导致朝廷以为白莲教起事不过是"疥癣小疾"，不足挂齿。在陈康祺看来，作为"毕氏客"的钱泳，对这件事不要提就算了，"惟欲以拒绝权门，归功于一言之谏沮，其然，岂其然乎?"欲盖弥彰，弄巧成拙。

往前追溯。明朝有位大画家徐渭徐文长，当代专业人士称之为"大写意画派的开山大师"，说他"体现了中华民族文化脊梁的精神"。不过，后面这顶高帽子恐怕他承受不起，被戳脊梁还差不多。不说别的，他那篇"谀词满纸"的《代寿严(嵩)公生日启》，即被后人认为"廉耻丧尽"。徐文长都写了些什么呢?《蕉轩随录》收录了该文，说严嵩"生缘吉梦，盛传孔、释之微；出遇明时，绰有皋、夔之望"；当其生日到来，"四海居瞻，万邦为宪。恭惟华诞，爰属首春。八袠初跻,同尚父遇君之日;一年以长,多潞公结社之时"。他甚至这样表白心迹:"知我比于生我,益征古语之非虚;感恩图以报恩,其奈昊天之罔极。"最后祝愿严嵩"寿考百年,讵止武公之睿圣;弼亮四世,永作康王之父师"。而今天许多介绍徐文长的文字,却都说他反对权奸严嵩,这一篇莫非是他人故意栽赃的不成?

再往前追溯。南宋陆游与权相韩侂胄的亲密也令人颇觉遗憾。放翁先生居然"依附",韩氏欢喜不已,欢迎会上,"至出所爱四夫人擘阮琴起舞"。陆游则以词助兴,"飞上锦茵红绉"云云。《四朝闻见录》收有陆为韩写的两篇文字,《阅古泉记》尚可,讲自己"幸旦暮得复归故山",与韩氏"一酌古泉",因为年纪最大,喝得最多,有"独尽一瓢"的荣幸;《南园记》就很不像话了,说韩"勤劳王家,勋在社稷,复如忠献(其曾祖韩琦)之盛,而又谦恭抑畏",甚至肉麻地预言"韩氏之昌,将与宋无极"。可叹的是,陆游揣度韩侂胄所以请他作文,却在于他的文字"庶几其无谀词、无侈言而足以道(韩)公之志"!倘若后世不知韩某为何等货色、不知其何种下场,单看陆游此篇,真要被他蒙蔽了。

当年,《蕉轩随录》收录徐文长的文章,为的是"足为文人无行者戒",这在当时及今后会不会是一厢情愿,看官自有结论。

师娘

一篇原本非常小众且早在 2013 年便发表在核心期刊《冰川冻土》上的科学论文忽然火了，原因却在于论文的内容极其大众。倘若只看题目会被惊住，道是《生态经济学集成框架的理论与实践：集成思想的领悟之道》。然而，不知谁不仅有兴致看了下去，而且发现论文大段阐述的乃"导师的崇高感和师娘的优美感"。该导师是该期刊主编，该论文又属于国家自然科学基金重点项目资助的一部分，叠加在一起，舆论若不哗然才是咄咄怪事。

作者徐先生——中国科学院研究员、博士生导师——旋即回应称，不能将论文理解为拍马屁，"身边也有很多这样的例子，不是从他们俩身上总结一个什么理论，它是一个普适的结构"，论文基于对未来景象的一种描述，主要证明的是发展理论。然而，"我的师娘……雍容华贵，仪态大方，性格温柔体贴，近处让人能感到春草的芬芳，优美感四溢"，见诸散文类刊物未尝不可，用于证明发展理论，从何说起呢？

师娘，对教师或师傅妻子的敬称，旧时还有称师父娘的。《二刻拍案惊奇》卷二云，辽国围棋第一国手妙观，"受过朝廷册封为女棋童，设个棋肆，教授门徒"。因为"等闲未肯嫁人"，那些"慕他才色的咽干了涎唾，只是不能胜他，也没人敢启齿求配"，因而

"晚间师父娘只是独宿而已"。感觉上,师母的说法更普遍些。徐先生在北京工作,湖南籍,想来沿用了家乡话的称呼吧。京剧《红灯记》也有"师娘"称谓,故事虽以东北抗日联军为背景,但第五场《痛说革命家史》中,李奶奶告诉铁梅,"早年你爷爷在汉口的江岸机务段当检修工人。他身边有两个徒弟:一个是你的亲爹叫陈志兴。一个是你现在的爹叫张玉和",二七惨案发生的那天晚上,浑身是伤的张玉和抱着未满周岁的铁梅急急忙忙地走进她家,他说"我师傅跟我陈师兄都……牺牲了! 这孩子是陈师兄的一条根……师娘啊! 师娘! 从此以后,我就是您的亲儿子,这孩子就是您的亲孙女。"以此推断,师娘大约也是湖北的叫法。

师娘还有女巫或男巫的义项,词源正是如此。陶宗仪《南村辍耕录》"妇女曰娘"条云,"世谓稳婆曰老娘,女巫曰师娘,都下及江南谓男觋亦曰师娘,娼妇曰花娘,达旦又谓曰草娘,苗人谓妻曰夫娘"等,他还列举了好多。徐先生论文取的自然不是这层意思,他说师娘与导师二人和谐统一,达到"生活之美与人生大道",与我们心目中的女巫形象完全大相径庭。但由徐先生此文,不免想起清朝道光年间的一件往事。

陈康祺《郎潜纪闻二笔》"士大夫之谄媚"条云:"道光朝,一翰林夙出潍县陈文恪公官俊门下,文恪丧耦,翰林为文以祭之,有'丧我师母,如丧我妣'之句。"该翰林妻子又尝为许乃普尚书的义女,"有诋之者,集成语作联,揭诸门外曰:'昔岁入陈,寝苫枕块;昭兹来许,抱衾与裯。'"后一件事,刘体智《异辞录》说得比较清楚。祭文次年,翰林"见许尚书,尚书言其夫人久病。甲云'门生妇当来服事',尚书固辞。未几,其妇携行李来。及门,许夫人扶病出谢,阻弗使人"。陈康祺说,这两件事"皆为言官登白简,至今有余臭焉"。他记下来的目的,在于"使十钻千拜之流,稍自顾其名节;而才士之笔端剽悍者,亦当稍留地步",不要一味只顾得阿谀。

这个翰林是谁呢?从《清史稿·陈官俊列传》中可以找到答案:童福承,道光二十五年(1845)乙巳恩科进士。"师母"云云,想必是陈官俊曾"历典乡会试"之故吧。该传载:"编修童福承素无行,直上书房授皇子读。给事中陈坛劾之,语及福承为官俊妻作祭文,措词过当。"处理结果是:"福承遣黜,诏斥官俊容隐不奏,罢(上书房)总师傅,议降三级调用,从宽留任。"需要看到,处理陈官俊,童之谄媚只是个契机。陈官俊此前已颇负面。其"迁侍讲学士,命回京,仍直上书房。山西巡抚成格追劾官俊在学政任殴差买妾,妄作威福,大开奔竞"。处理结果中的"容隐不奏",也有值得玩味的余地。概今日被徐先生讴歌的导师虽系发表论文刊物的主编,但他说自己自"2011 年从领导岗位退下来后对期刊的关心很少",因而对"文章的发表事先一无所知",不属于"容隐不奏"。不过,可赞导师的是,他认为自己"作为主编事后没做任何处理,应负重要责任"。

齐白石老人有幅时常展出的书法作品:"凡我门客,喜寻师母请安问好者,请莫再来。"醉翁之意不在酒,向老人求画,谄媚师母是一个突破口。《冰川冻土》是中国冰、雪、冻土和冰冻圈研究领域唯一的学报级期刊。刊登这样的所谓论文,且长达 35 页之多,虽然旋即声明撤稿,然而恶劣影响恐怕无法撤去。比照徐文,可叹的是孔子,弟子三千、贤人七十二,而师娘优美与否,世人不知,敢是皆与师娘悭一面乎?敢是师娘既谈不上"风姿绰约,雅致宜人",更当不起"清水出芙蓉,天然去雕饰"乎?可惜的是,徐先生盯住了老师和师娘,却遗忘了最重要的师表,那就是在道德或学问上成为学生的榜样。

草包

　　前几天（2021），在贵州毕节市兰苑花园小区居住的贵阳任女士因在业主群质疑业委会不召开业主大会便擅自让新物业公司通过试用期，对社区支书刘某表达不满，称其为"草包支书"。刘某报警，结果已经回到贵阳的任女士，被毕节市执法人员铐回毕节，行拘三日。报道既出，引发舆论关注。其中一点是，激愤之中说社区支书是"草包"，是否就到了当地警方所说"公然侮辱他人"的地步，从而要被跨市行拘？

　　草包，实指的话是稻草等编成的袋子，借指的话是比喻无能的人，当然不是一个好听的称呼。《牡丹亭》第二十二出《旅寄》，老广柳梦梅进京应考，"不提防岭北风严，感了寒疾"，走在路上又摔了一跤，正巧"为求馆冲寒到此"的私塾先生陈最良经过，将他扶起。柳梦梅自诩"是个擎天柱，架海梁"，陈最良则在调侃小柳之余，告他"老夫颇谙医理"，且"边近有梅花观，权将息度岁而行"。对这一相遇，陈最良"小结"云："尾生般抱柱正题桥，做倒地文星佳兆。论草包似俺堪调药，暂将息梅花观好。"草包，这里是陈最良的自嘲。而随着剧情的展开不难看出，这自嘲倒未尝不是写实。

　　《万历野获编》中有则草包，出自他人之口，说的是明朝开国名将徐达七世孙徐鹏举。徐鹏举出生时其父梦见岳飞诉说："吾一生艰苦，为权奸所陷，今世且投汝家，享几十年安闲富贵。"他父亲乃将儿子视为岳飞转世，"以岳之字名之"。不过，徐鹏举"凡享国五十七年，为掌府及南京守备者数任，备极荣宠，较之武穆遭际，不啻什佰过之"，然其所以如此，袭爵而已，沾了祖宗的光，自身则方方面面都不堪一提。如"溺爱嬖妾郑氏，冒封夫人，因欲立其所生子邦宁，而弃长子邦瑞弗立，为言官所聚劾，致夺禄革管事"；再如"为守备时，值振武营兵变，为乱卒呼为草包，狼狈而走，全无名将风概"。振武营兵变，《明史·李遂传》中所载颇详，只是未将"草包"之呼收录，算是正史对他颜面的照顾了。

草包，犹言肚子里装的是草，这当然是肚子里的"社会学"层面。据实的话，吃了什么，肚子里装的就是什么。《万历野获编》另有一则讲到胡宗宪治军，"时有健儿买酤肆醇酒肉鲊饮啖，而不酬其值，且痛殴之"，小贩不干了，告了状。"胡立命缚卒至，卒力辨云无之。胡不能决"。这时徐文长出了个主意，"剖腹以验之"，看军卒肚子里面究竟有什么，"胡笑以为然"。结果"鲊尚在"，还没消化呢，"遂释酤者，而倍偿之"，自此"军中股栗，不复敢肆"。拙作前有《腹中物》文，探讨了肚子里生理学层面之外的那些东西，此处再借机续之。

《世说新语·排调》云，"王丞相（导）枕周伯仁（颛）膝"，指其腹曰："卿此中何所有？"周颛回答："此中空洞无物，然容卿辈数百人。"的确，王敦之乱，"刘隗劝帝尽除诸王"，是周颛"言导忠诚，申救甚至"。因为他没有向王导表功，王导还以为他不肯帮忙，"甚衔之"，至于后来坐视其被害。周颛当时说出那样的话，表明他了然王导的心胸。不过，"新亭对泣"之时，周颛却是悲观派，意气豪迈的又是王导。

《爱日斋丛抄》云，范仲淹帅延安，夏人相戒："今小范老子腹中自有数万甲兵，不比大范老子可欺。"大范，即范雍。其拜振武军节度使、知延州时，"元昊先遣人通款于雍，雍信之，不设备"，结果三川口之战大败亏输。《宋史·范仲淹传》载，"延州诸砦多失守，仲淹自请行，迁户部郎中兼知延州"，他是主动请缨的。范仲淹肚子里的战略战术，在实战中也的确收到成效。

所见腹中最多的，当推诗书了。如《巢林笔谈》云，有个夏孝廉"遇一摘菜者，踵至其家"，但见"茅斋蓬蒿，几上摊诗数首，无余物也"。夏书呆子"怪其不列书籍"，未料人家"指腹以对"，都在肚子里呢。又如《梵天庐丛录》云，盛夏的一天，左宗棠"解衣卧便榻上，自摩其腹"，自信满满地问旁边一个武夫，知道里面装了什么东西吗？对方回答，都是燕窝、鱼翅。左宗棠给逗笑了，混账东西，说的是什么话！武夫误解了，赶快又说那就是鸭子、火腿了。显见他看到左宗棠中午吃的就是这些。气得左宗棠大笑而起："汝不知此中皆绝大经纶耶！"经纶，原本借指抱负与才干。武夫却还是一脸懵懵然，一声不响退出来后，对同僚纳闷："何等金轮，能吞诸腹中，况又为绝大者耶！"

1月26日晚，毕节市公安局发布警情通报称，撤销对任女士的行政处罚，涉案的派出所所长和民警已停职接受调查。我赞成某位律师的见解，"草包"之事是一个社区成员对支书公务处理水平的评价，只是用词不够文雅，不能说主观存在侵犯人格权的故意。即使被称为"草包"的人觉得受到侮辱，也应是通过民事诉讼来解决。如今呢，往轻了说是用力过猛，往重了说则是滥用公权力。不过，任女士表达婉转的话可能也就平安无事了。清朝某总兵大起宅第后请名士题匾，名士写了"竹苞堂"三字。因为总兵并不读书，"家中皆纨绔子弟，目不识丁"，所以"竹苞堂"意谓其家"个个草包"。你看，话放在那儿了，总兵不是还很高兴吗？

粗口教授

　　自认为遭到了某位教授的恶意批评,被批评的教授就在自己的博客上作出了强烈反应,声称自己"这回有当一当畜生的必要"。(2008)在这个原则支配下,他称批评者为"屁眼教授",回击文章甚至标题也都加上了辱骂的内容:《昏话连篇·臭气熏天》《患上脑便秘,难免满纸都是屁》……就我的有限视野,这该是继"打虎派"首领——中国科学院某位首席研究员之后,由学者嘴里吐出来的最肆无忌惮的语言了。其"直率"程度,倘若不明就里,会以为出自街头寻衅滋事的瘪三烂仔。

　　学者或文人自己要当畜生,南宋进士赵从善有过一回,那是他为了取悦权臣韩侂胄,躲在篱笆下学狗叫,旋为当时及后世所讥讽、鄙夷。这件事,我在《也曾学犬吠村庄》里说得很详细。另外,清朝学者王士禛说过:"唐中宗时,群臣多应制赋诗,如崔湜、郑愔、宋之问辈,皆人头畜鸣。"就是说,崔湜等以为自己是人,但因行为龌龊,旁观者都把他们当畜生看。这就可见,人,即使是发怒时分,当不当畜生也还是要慎重。虽然今天我们对动物的看法已有了截然的转变,但人和畜生之间,还是有着本质分野。

　　清人叶梦珠说:"今人见前二十年文,往往指其疵处,以为笑语。夫二十年前文,不过字句陈腐耳,其笑有限,如今所称绝妙好文，留俟二十年后，吾不知人又更当如何笑也。"从前当然也有文学或学术批评，谁都不是绝对正确的。张继的名篇《枫桥夜泊》，欧阳修就认为诗写得虽好，可惜"夜半不是敲钟时"，事实都弄错了。当然，后来也有人说寒山寺的确夜半敲钟，且"惟姑苏有之，诗人信不谬也"。杜牧《阿房宫赋》、白居易《长恨歌》，都被指出不少地方违背史实。后者在陈寅恪《元白诗笺正稿》中考订得最为详尽。寅恪先生说，古人洗温泉，"其旨在治疗疾病，除寒祛风。非若今世习俗，以为消夏逭暑"。因此，玄宗临幸华清池，"必在冬季或春初寒冷时节"，不可能是在盛夏时节的七夕；而且"详检两唐书玄宗记，无一次于夏日炎热时幸骊山"，按照"君举必书"的记载传统，"若玄宗果有夏季临幸骊山之事，断不致而不书"。还有，"唐代宫中长生殿虽为寝殿，独华清宫之长生殿为祀神之斋宫。神道清严，不可阑入儿女猥琐"，那么两人的"私誓"纯属空穴来风。

凡批评，大抵都面临相应的风险，所以陈鹄《西塘集耆旧续闻》告诫："观人文字不可轻诋。"他举例说，欧阳修与王安石诗云："翰林风月三千首，吏部文章二百年。"安石答："他日若能窥孟子，终身安敢望韩公。"欧阳修笑了，说："介甫错认某意，所用事乃谢朓为吏部尚书，沈约与之书，云二百年来无此作也，若韩文公迄今何止二百年耶！"于是乎，"至今博洽之士莫不以欧公之言为信，而荆公之诗为误"。陈鹄认为，安石的句子其实出自孙樵《上韩退之吏部书》之"二百年来无此文也"，欧阳修"知其一而不知其二"。不过王安石并没有像今天那教授一样跳起来大骂，一句"欧公坐读书未博耳"也就过去了。前文《互嘲》曾道及，黄庭坚和苏东坡相互挖苦书法，一个说你的字像石头压着的蛤蟆，另一个说你的字像树梢上挂着的蛇，但我们知道那只是开玩笑。《侯鲭录》云，黄庭坚对东坡书法的真正评价是："学问文章之气，郁郁葱葱，散于笔墨之间，此所以他人终莫能及。"

《在园杂志》云："近日后生小子，专以指摘前辈为能，细扣其学问见识，全然指摘不著，真是蚍蜉撼树。此辈不独可笑，实可哀已。"恶意批评肯定什么时候都有，关键是被批评的人以怎样的气度去面对。明朝张瀚说："古人为学，使心正身修，俯仰无愧而已。"这也正是检验的最好时刻。《玉光剑气集》云："学者读书穷理，须实见得，然后验于身心，体而行之。不然无异买椟还珠也。"又云："道在五伦，学在治心，功在慎独。日诵《六经》而不力行，徒得其字画耳。"还云："为学如治病，有病须服药，徒讲药方何益？学而不身体力行，是徒讲药方之类也。"在自己博客上粗口谩骂80余天后，骂人者现在已将部分言辞激烈的博文删除，且称"本人如此失言、失态、失礼、失德、失身份，何尝不知不合体统，甚至令人深恶痛绝"。明知如此却还要一切尽"失"，这位教授真的是买椟还珠、徒得字画、徒讲药方了！

近人刘声木认为："'尿''粪'等字，用之诗文者，甚为罕见。"元好问的"情知春草池塘句，不到柴烟粪土边"，因之被他称为"用字甚奇"。但他还是说："此等字，总以不用为愈。"为什么？粗俗吧。而把类似字眼大量掷之于批评者，颇有把流氓习气当作率真的意味。这样的学者即使学问再大，终究也只是个"两脚书橱"而已，身在以"行为人师，学为师范"为宗旨的师范院校，真是有些讽刺。

无佛称尊

宝岛出品的涉及传统文化的邮票，在经济条件许可时，我喜欢收集大版票，也就是一个印刷整张，邮票还没有按照齿孔撕成单枚时的样子。因为版票的边纸，往往有精美的图案或文字设计。如《三国演义（第二辑）》一套四版，边纸左侧是主人公的京剧水彩形象。票面图案《单骑救主》，边纸图案便是赵云；票面图案《弹琴退敌》，边纸便是诸葛亮。因为边纸图案溢出了邮票票面，所以单独购买套票，即便是从边上撕下来的，也只能见到边纸局部。

苏轼《寒食帖》邮票大版票，边纸是黄庭坚手书题跋，自右侧开始，贯穿底部，再蔓延到左侧，成凹型分布："东坡此诗似李太白，犹恐太白有未到处。此书兼颜鲁公、杨少师、李西台笔意，试使东坡复为之，未必及此。它日东坡或见此书，应笑我于无佛处称尊也。"这套大版相当于汇集四套邮票，每套一行四枚，就是每行将《寒食帖》"截"成四段。《寒食帖》有"天下第三行书"的美誉。"无佛处称尊"，固然出于黄庭坚的自嘲，然颇堪玩味。称尊，自居第一，自以为最好。无佛处称尊，比喻在没有能手的地方称霸逞强，也可以是俗话"山中无老虎，猴子称大王"的文雅表达。

以此语境来观察，若干前人的运用，实属不当。如谢肇淛《五杂组》云："泰山之称雄于江北,亦无佛处称尊耳。"但他接着又说："齐鲁之地旷野千里,冈陵丘阜诧以为奇,而岱宗巍然,障大海而控中原,其气象雄伟莫之与京,固宜为群岳之宗也。"分明是赞赏泰山的口吻。又如梁章钜《归田琐记》云,他朋友家藏有"唐李昭道海天旭日图",若"就现存之迹,剔去卷后各伪跋,重加潢治,以无负此唐人妙迹,庶可于无佛处称尊云尔"。须知唐高宗时的宗室画家李昭道史上相当知名,有"小李将军"之谓,他父亲李思训是"大李将军",概曾受封为右武卫将军。李昭道的画留存到清朝,一句无佛称尊是否轻佻了些?

嘲讽,该是无佛称尊的本意。《玄怪录》"元无有"条云,唐代宗时,元无有"尝以仲春末独行维扬郊野",日色将晚,风雨大至,"时兵荒后,人户逃窜",他就躲进路旁的一座空房子。"须臾霁止,斜月自出",元无有听到堂中有"衣冠皆异"的四个人正在高谈阔论:"今夕如秋,风月如此,吾党岂不为文,以展平生之事?"然后玩儿起搞起口号联句,"相与谈谐,吟咏甚畅"。元无有听了,并不认为有什么水平,无非"嘉宾良会清夜时,辉煌灯烛我能持"之类,口水诗。但那四个"递相褒赏",觉得"虽阮嗣宗《咏怀》亦不能加耳",阮籍那八十二首也没法跟他们比。天亮后"无有就寻之,堂中惟有故杵、烛台、水桶、破铛,乃知四人即此物所为也"。《东阳夜怪录》更进一步,将病驼、瘠驴、老鸡、没毛狗各化为人,在进士成自虚面前自矜篇什,酸不溜秋的,倒也十分有趣。当然像前面的"元(原)无有"一样,这故事出于王洙杜撰,人名已露端倪。那个叫"敬去文"的不就是"苟(狗)",叫"卢倚马"的不就是"驴"吗?钱锺书先生认为这是在"嘲讽文士",所谓"无佛称尊,群儿自贵,不知有旁观窃听,绝倒于地者"。

这种故事还有好多。《二十年目睹之怪现状》第三三回,洋行买办唐玉生觉得"做大名家也极容易"，他举自己为例现身说法："象我小弟，倘使不知自爱，不过是终身一个买办罢了。自从结交了几位名士，画了那《啸庐吟诗图》，请人题咏，那题咏的诗词，都送到报馆里登在报上，此刻那一个不知道区区的小名，从此出来交结个朋友也便宜些。"因为"知自爱"，唐玉生把自己包装成"大名家"，真是绝妙的反讽。恬不知耻的，自然还有他那些显见是花钱买来的"朋友"，他不是接着说了嘛："此刻我那《吟诗图》，题的人居然有了二百多人，诗、词、歌、赋，甚么体都有了，写的字也是真、草、隶、篆，式式全备，只少了一套曲子。我还想请人拍一套曲子在上头，就可以完全无憾了。"说罢，他"又把题诗的人名字，屈着手指头数出来，说了许多甚么生，甚么主人，甚么居士，甚么词人，甚么词客，滔滔汩汩，数个不了"。又，孟超先生评《水浒传》，认为梁山泊好汉中的知识分子，"也就于无佛处称尊而数着萧让、金大坚两人了，而他俩，一个专于摹拟别人书法，一个专于仿雕别人印信，不过是些下三烂的货色"。不知怎么，由此忽地想到今日（2020）频频亮相于各种论坛、电视上的嘉宾，其中该有多少无佛称尊的货色？

　　钱锺书先生有首奉答表丈孙颂陀的诗，"涂抹风花安足数，漫劳无佛处称尊"云云。漫劳，即徒劳，白忙。自谦己诗还未入作者之列，与黄庭坚的语意异曲同工。就书法水准而言，苏东坡和黄庭坚同列"宋四家"，但两人当年曾相互开玩笑。苏说黄字"如树梢挂蛇"，黄说苏字"似石压蛤蟆"。而在正式场合，黄庭坚对老师还是相当推崇的："东坡先生常自比于颜鲁公，以余考之，绝长补短，两公皆一代伟人也。"《寒食帖》大版票将二人书法铺陈在一起，不啻珠联璧合，至于是否如二人所相互揶揄的那样，想必观者能有自己的认识吧。

说人话

电视剧《甄嬛传》热播（2013），催生了"甄嬛体"的表述方式。该体的特点，如清人周寿昌所云之"摘裂书语以代常谈"，也就是把简单的表述弄得繁复，让人骤然间不名所以。电视剧中，自称必"本宫、臣妾"，缀以"想必极好、倒也不负"一类；而流行的"甄嬛体"还需一个反转，就是加上一句流露出不耐烦意味的"说人话"，虽然"甄嬛体"说的也是人话。举一例来看，"你今儿买的蛋糕是极好的，厚重的芝士配上浓郁的慕斯，是最好不过的了。我愿多品几口，虽会体态渐腴，倒也不负恩泽。"这是电视剧的对白，如果"说人话"，其实就是："蛋糕真好吃，我还要再吃一块。"

这样的现象古代也有很多，"掉书袋"即可视为其一。常见的一个笑话是：秀才夜里被蝎子给蜇了，赶忙喊道："贤妻，速燃银灯，尔夫为毒虫所袭！"喊了半天，老婆听不懂，没反应，秀才痛得受不了，只好"说人话"："老婆子，快点灯，我让蝎子给蜇着了！"掉书袋当有褒贬之分，如秀才对老婆这样，文化程度不在一个层次而硬要为之，便属于卖弄；而倘若针对的是"同等学力"的人群，则是学问的一种体现，引经据典，是为了更深刻地揭示问题。钱锺书先生的笔记体巨著《管锥编》，倘以"掉书袋"名之，只能归结为名之者的轻率与轻佻，真正读进去的人会觉得受益匪浅。

周寿昌说，"掉书袋"这三个字始见于马令《南唐书·彭利用传》，彭利用自号"彭书袋"。那里面罗列的或许现实发生的故事，"真堪绝倒"。比方其一，他家的仆人干活老出错，他这么教训的："始予以为纪纲之仆，人百其身，赖尔同心同德，左之右之。今乃中道而废，侮慢自贤，故劳心劳力，日不暇给。若而今而后，过而弗改，予当循公灭私，挞诸市朝，任汝自西自东、以遨游而已。"倘"说人话"，意思无非是：你原来表现还不错，但像现在这样继续下去，就别干了。其二，邻居家失火，他去救，看着大火发了感慨："煌煌然，赫赫然，不可向迩。自钻燧而降，未有若斯之盛，其可扑灭乎？"倘"说人话"，其实就是火这么大，扑得了吗？前一例中，彭利用说话的对象明确是家中仆人，后例无论是对谁说的，时机都不对，像那个秀才刚一被蜇，所以这是典型不"说人话"，完全是可贬的掉书袋了。

范镇《东斋记事》云，蔡君谟尝言："宋宣献公未尝俗谈。"宋宣献公，即宋绶，北宋著名学者、藏书家。欧阳修有《宋宣献公挽词三首》，"望系朝廷重，文推天下工"云云，其《归田录》引谢绛之言："宋公垂（绶字）同在史院，每走厕必挟书以往，讽诵之声琅然闻于远近，其笃学如此。"沈括《梦溪笔谈》说宋绶"博学，喜藏异书，皆手自校雠"，他还因此留下了一段名言："校书如扫尘，一面扫，一面生。故有一书每三四校，犹有脱谬。"北宋一代文豪杨亿亦称其文沉壮淳丽，曰："吾殆不及也。"在《宋史》中，宋绶"性孝谨清介，言动有常。为儿童时，手不执钱。家藏书万余卷，亲自校雠，博通经史百家，其笔札尤精妙。朝廷大议论，多绶所财定"。可惜，蔡君谟举其"未尝俗谈"的例子却是："在河南时，众官聚厅虑囚，公问之曰：'汝与某人素有何冤？'囚不能对。坐上官吏以俗语问之，囚始能对。"这根本不是宋绶谈话雅俗的问题，而是根本不看对象文化程度的问题,对那囚犯来说,宋绶就是不"说人话"。

张岱《陶庵梦忆》说他有一次去做客,准备告辞了,主人说"宽坐,请看'少焉'"。张岱不解,主人说,他们这里有个缙绅先生,"喜调文袋,以《赤壁赋》有'少焉月出于东山之上'句,遂字月为'少焉'",指的原来是月亮。这也是不"说人话"的一种,虽与"缩脚"有几分类似。张岱还说,天童山上有个金粟和尚,人家来向他探求解决人生困惑之方,他却是见人便打,还美其名曰"棒喝"。张岱是跟朋友来的,抢先封了老和尚的手,说我们两个门外汉,"不知佛理,亦不知佛法,望老和尚慈悲,明白开示。勿劳棒喝,勿落机锋,只求如家常白话,老实商量,求个下落"。机锋,乃禅宗用以比喻敏捷而深刻的思辩和语句。这里的"勿落机锋,只求如家常白话"明白无误,就是别弄得玄而又玄,请"说人话"。

前文曾引《吴下谚联》中一个书生的谄媚:"恭惟大王高耸金臀,洪宣宝屁。清音入耳,依稀短笛之声;香霭袭人,仿佛烧刀之味。"阎王放个屁而已,看他说的是人话吗?如今网友喜欢创造"××体",但见有人尤其是名人新奇一点儿的表述,马上跟风造句。然如我们所见,"××体"皆不长寿,咳唾间便成过眼云烟。这种现象说"××体"是文化快餐大抵都抬举了,纯粹只是网友找乐的一种方式,与文化了不相涉。

无厘头

10年大修一次的新版《辞海》9月21日（2009）起正式面世。报道说，新增收了常用或流行的近现代汉语和网络用语，如互联网、网虫、bbs、闪客、黑客等，不过一段时间以来相当火红的超女、快女、躲猫猫之类，并没有入选。忽然想到"无厘头"这个已经沉淀了有些"年头"且广泛用开的词，不知道《辞海》收没收，或者收没收过呢？手边没有新版或次新版《辞海》，暂不得知。

"百度"词条里是有的，释义"无厘头"为故意将一些毫无联系的事物现象等进行莫名其妙组合串联或歪曲，以达到搞笑或讽刺目的的方式。今天道及"无厘头"，马上会让人联想到香港艺人周星驰，周星驰和他的"无厘头"电影在20世纪90年代中后期风行内地，其中《大话西游》的台词甚至成为一整套青年流行话语。此外，《唐伯虎点秋香》《九品芝麻官》之类，也令人捧腹不已。但周星驰只能说是"无厘头"的集大成者以及"普及"者，因为这种说话方式至少在元曲中就很常见，许多杂剧中都有那么一个或几个角色，本来一本正经地说着话，忽地变成一本不正经。

关汉卿《裴度还带》中的净行者，就是个无厘头角色。白马寺长老要他"门首觑着，看有什么人来"，他嘴里叨叨咕咕地说："阿弥陀佛，阿弥陀佛，南无烂蒜吃羊头。"来人问他师父在家吗，他说不在，师父"去姑子庵里做满月去了"。

高文秀《襄阳会》中，刘表儿子刘琮的开场白也非常无厘头："河里一只船，岸上八个拽。若还断了簪（纤索），八个都吃跌。"他手下的两员大将——蒯越、蔡瑁，有过之而无不及。且听蒯越说话："某乃前部先锋将，俺家老子是皮匠，哥哥便是轮班匠，兄弟便是芝麻酱。某乃蒯越，兄弟蔡瑁。我又没用，他又不济。我打的筋斗，他调的百戏。"面对刘备要来借荆州，蒯越出了条计策，活脱脱星仔神态："俺这里安排一席好酒，多着些汤水，多着几道嘎饭，准备几碗甜酱，我着他酒醉饭饱，走不动，撑倒了呵，那其间下手拿住。"刘琮连赞"妙妙妙"之余，又很严肃地提出疑问："你先撑我不的?"在刘琮看来，我给撑倒了他反而没倒该怎么办？

在杨显之《潇湘雨》里，也用到了"八个都吃跌"。那是主考赵钱"面试"状元崔通，问："你识字么?"崔通说："我做秀才，怎么不识字？大人，那个鱼儿不会识水。"问："我如今写个字你识：东头下笔西头落。是个甚么字?"答："是个一字。"赵钱很满意："好不枉了中头名状元，识这等难字。我再问你：会联诗么?"便道了"河里一只船，岸上八个拽"这前两句，崔通马上续了后两句。赵钱赞赏之余，"再试一道"，这回是"一个大青碗，盛的饭又满"，崔通毫不含糊："相公吃一顿，清晨饱到晚。"在现存元杂剧中，《潇湘雨》据说是仅有的一部以男人负心为题材的剧作。但这一出无厘头答问，先让我们见识了赵钱这个"清耿耿不受民钱，干剥剥只要生钞"的腐败兼草包考官的嘴脸。

接着说回《襄阳会》。曹章亮相时的自白更是无厘头："某乃是曹章，身凛貌堂堂。厮杀全不济，则吃条儿糖。某曹章是也。某深知赵钱孙李，我曾收得蒋沈韩杨。三军大败，金魏陶姜。若还拿住，皮卞齐康。某正在空地上学打筋斗，有父亲呼唤，须索走一遭去。"扯了一通《百家姓》，赵钱孙李、蒋沈韩杨用得还算巧妙，金魏陶姜、皮卞齐康则在说些什么呢？和关羽交战时，曹章则有"三军见了都害怕，若是着刀鲜血流。轮起刀来望我脖子砍，不慌不忙缩了头"。

还有李文蔚《圮桥进履》，其中钟离昧说自己"文通四略，武解七韬"，四略还道得一本正经，七韬说着说着就无厘头了：一文韬，二武韬，三龙韬，四虎韬，五豹韬，六犬韬，七核桃。季布五十步学百步："我做大将甚是标，兵书战策不曾学。听的厮杀推害病，正是买卖归来汗未消。"为了擒拿张良韩信，他的主意是："一个人要三十根好箭，一个人要五张硬弓。身穿上五领胖袄，一个人带着八十个酒瓶。左肩上挑着五石白米，右肩上担着五万个烧饼。左脚上绑着炉锅，头上顶着五十个铜盆。左手里拿住铁叉，右手里拿着四十条麻绳。"然而，"若是他与我交战，唬的我去了魂灵。若是他众军将我来赶，我骑上马走如飞星"。

不同作者的不同曲目，都不约而同地利用"无厘头"来增加剧情，似可从侧面证明元人欣赏这样的说话方式。不独元曲，插科打诨可能是戏曲中的一个特色。曲文孕育了"无厘头"的土壤，还是民间的"无厘头"影响了曲文，要由专业人士发言了。生活中还有另外一种"无厘头"，如9月20日刘翔在上海田径大奖赛上复出，"冬菇教"亦重出江湖。在网友们看来，央视记者冬日那的赛后采访每每"无厘头"，那天毫不例外。比较区别，周星驰们的无厘头出于主观故意，目的正在解颐，而冬日那们本来严肃认真，毫无取笑于民的打算。后一种"无厘头"，折射了中国体育记者的专业素质。

无赖

从济南始发到北京的高铁列车上，新近（2018）出了一桩咄咄怪事。一名女乘客上车后发现自己的座位上坐着一名男子。他要女乘客要么去坐他的座位，要么站着，而他与女乘客座位周围的乘客也并不认识。直到列车长和乘警闻讯赶来，该男子也依然拒绝让座，说自己站不起来。

该男子的言语及行为逻辑，相信义愤填膺的人们首先想到的就是：无赖。所谓无赖，就是那种有着强横无耻、放刁、撒泼等恶劣行为的人。视频曝光后，该男子旋即被网友"人肉"搜索，竟然还是个在读博士生，其同学还列举了该人先前的斑斑劣迹。

必须看到，无赖有许多义项，阅读古籍时不可望文生义。比如它有"无用"的意思。《史记·高祖本纪》载，刘邦当上皇帝后洋洋自得，未央宫落成之际，"大朝诸侯群臣，置酒未央前殿"。席上，刘邦奉玉卮给父亲祝寿的同时，敞开了心扉，或曰未忘心中一直梗着的一个疙瘩吧："始大人常以臣亡（无）赖，不能治产业，不如仲力。今某之业所就孰与仲多？"您老人家以前老是说我不如老二，现在看看怎么样？ 在这里，裴骃集解引晋灼曰："许慎曰：'赖，利也。'无利于家也。"

《史记·张释之传》载，张释之陪同汉文帝视察上林苑虎圈，文帝对着"诸禽兽簿"问了上林尉十几个问题,结果"尉左右视,尽不能对",倒是虎圈啬夫(掌虎圈的人)解了围,"从旁代尉对上所问禽兽簿甚悉,欲以观其能口对响应无穷者"。文帝因有感慨:"吏不当若是邪?尉无赖!"乃诏释之拜啬夫为上林令。在这里,裴骃集解又引张晏曰:"无赖,才无可恃。"文帝认为上林尉不称职,草包一个,所以把啬夫来了个破格提拔。

当年,刘邦话音刚落,"殿上群臣皆呼万岁,大笑为乐",遭到羞辱的老父想来无地自容。"龙种"刘邦当然是不会顾及父亲的感受的,楚汉相争时,项羽要烹了他父亲,他不是说过届时分他一杯羹嘛。张释之呢,不同意文帝的"超授"做法,他没有看好啬夫,认为"秦以任刀笔之吏,吏争以亟疾苛察相高,然其敝徒文具耳",空具其文而无其实,于秦之危害已然不浅,现在还搞这套,"臣恐天下随风靡靡,争为口辩而无其实"。张释之的思绪飞去了前朝的教训,要么他了解上林尉的真实水准,要么是他对当时"以口辩而超迁"的现象借题发挥,行进谏之实。无论真实情况如何吧,"无赖"在这些语句中是不中用的意思。

又比如,无赖还可以是"无聊"或"无奈"。前者如徐陵"惟憎无赖汝南鸡,天河未落仍争啼"句,陆游"多情幽草沿墙绿,无赖群蛙绕舍鸣"句,道得分明。后者如《三国志·魏书·华佗传》载:"彭城夫人夜之厕,蛰螫其手,呻呼无赖。"手给蝎子类的毒虫咬了一口,无计可施,华佗乃"令温汤近热,渍手其中,卒可得寐,但旁人数为易汤,汤令暖之,其旦即愈"。

比较不可思议的是,无赖的义项以贬为主,却也可以似憎实爱,语含亲昵。辛弃疾的"最喜小儿亡(无)赖,溪头卧剥莲蓬",人们耳熟能详,说的是在这幅山居农家乐的生活图景中,最有趣的是那个最小也最顽皮的儿子,正躺在小溪边剥着莲蓬呢。此外，其《浣溪沙》中还有"啼鸟有时能劝客，小桃无赖已撩人"，一鸟一花，无不悦目赏心，跃然纸上。

然而，时至今日，"无赖"中的亲昵成分已然演化得踪影皆无，完全定格成了负面用词，一如形容某人为"缩头乌龟"，除了想到骂人而不会想到其他一样。类似高铁"占座男"这种，适合的正是"无赖"义项中被定格了词义的那一类人。这样的无赖，历史上同样一抓一把。别说他只是个在读博士生了，不少王公贵族甚至皇帝在登基前也是这种无赖。

《宋书·始安王休仁传》载，晋平王休祐乃宋文帝19个儿子之一，平生就是"狼抗无赖"，其之"贪愚，为天下所疾"，处死之，形同"为民除患"。五代十国皇帝中也有几个这样的人物。如梁之朱温，《新五代史·梁文惠皇后王氏传》载："太祖壮而无赖，县中皆厌苦之。"又如前蜀王建，《前蜀世家》载，王建"少无赖，以屠牛、盗驴、贩私盐为事，里人谓之'贼王八'"。再如南平高从诲，《南平世家》云其常常掠取假道本地去别国供奉的财物，"而诸道以书责诮，或发兵加讨，即复还之而无愧"，来硬他就软，因此他国的人都叫他"高赖子"。

无赖形象最生动的，当推《水浒传》中落魄的杨志卖刀之时前来纠缠的牛二。他先是出口不逊："甚么鸟刀！要卖许多钱！我三十文买一把，也切得肉，切得豆腐！你的鸟刀有甚好处，叫做宝刀？"再紧揪住杨志："我偏要买你这口刀！""你要买，将钱来！""我没钱……你好男子，剁我一刀！"当世无赖男被"人肉"之后，发了道歉视频，表达悔恨和自责，但看上去颇欠诚意。最新消息说，铁路方面的处理结果是：处治安罚款200元，并在一定期限内限制购票乘坐火车。观诸新闻，在高铁列车上耍无赖的，正有增多的趋势，对高铁方面的软弱管理无疑提出了新课题。

剽窃

　　6 月 24 日（2004）出版的《南方周末》有篇报道，讲的是《中国悬棺葬》作者陈明芳的一场痛苦官司。用陈明芳的话说，一个从没有涉足过悬棺葬研究的人，"在转瞬之间就偷走了我 20 多年历经风雨艰辛的科研成果"。那个人，现在是四川大学博士生导师。据陈明芳粗算，那人所著 14 万字的《魂归峭壁》，涉嫌抄袭《中国悬棺葬》7 万多字，甚至连笔误、标点符号错误也悉数照搬。

　　学术剽窃这几年渐渐地不成新闻了，能成为新闻的，只是如陈明芳的痛苦官司一般，如此白纸黑字根本无法抵赖的剽窃，却没有公正的判决结果。翻开历史，剽窃自然也不陌生。宋之问是初唐很有名的诗人，"尤善五言诗，其时无能出其右者"，跟那个博士生导师是"考古学界一个不可缺少的人才，川内无人能比"差不多。宋之问的诗以属对精密、音韵谐调而与沈佺期齐名，号"沈宋体"，代表着律诗成熟的开始。而关于宋之问的"夺句疑案"，至少就有两起。

　　其一，剽窃的是今人熟知的"年年岁岁花相似，岁岁年年人不同"。剽窃谁的呢？他外甥刘希夷。检索中华书局出版的《全唐诗》，这一首《有所思》正放在宋之问名下，但同时标注"一作刘希夷诗，题为《代悲白头翁》"。《大唐新语》云，刘希夷先写的是"今年花落颜色改，明年花开谁复在？"既而"更作此句"，旋又一声叹息，"乃两存之"。然"诗成未周，为奸所杀。或云宋之问害之"。这里还只是怀疑，《刘宾客嘉话录》则予以坐实，说刘希夷得出此句之后，宋之问"苦爱此两句，知其未示人，恳乞，许而不与。之问怒，以土袋压杀之"。严格地说，这起谋诗害命案算是疑案，史上不少人便不认同。如金王若虚云："年年岁岁，岁岁年年，何等陋语，而以至杀其所亲乎？"清沈德潜云："宋之诗高于刘，不用攘窃他人也。"其二，剽窃骆宾王的《灵隐寺》诗，"楼观沧海日，门对浙江潮"云云。当然，明朝以后，也是提出疑问、加以辩驳者渐多，以王世贞说为代表。但宋之问何以背上杀人之名？"人品污下而恶归"，怕是极为重要的因素。

《邵氏闻见后录》云，刘敞"每戏曰"欧阳修于韩愈文章，"有公取，有窃取，窃取者无数，公取者粗可数"。那个"戏"字道得分明，是在开玩笑，刘敞与欧阳修"同为昭陵侍臣，其学问文章，势不相下，然相乐也"。公取、窃取说，属于"相乐"的一种。欧阳修崇拜韩愈，对韩文到了"皆成诵"的地步，刘敞戏之以"韩文究"。他说欧阳修《赠僧》有"韩子亦尝谓，收敛加冠巾"，韩愈《送僧澄观》有"我欲收敛加冠巾"，这还不是"公取"吗？但他又笑着补充说："永叔无伤事主也。"这种高雅的玩笑，折射了二人关系的亲密无间。

不过，欧阳修的文章被他人公然剽窃却是事实。事见魏泰《东轩笔录》。那是欧阳修刚到滑州（今河南滑县）上任，宋子京对他说："有某大官，颇爱子文，俾我求之。"欧阳修说没问题，"遂授以近著十篇"。过一个多月，子京又来说："某大官得子文读而不甚爱，曰'何为文格之退也？'"欧阳修笑而未答。没多久，有人说那大官极其赞赏丘良孙的文章，欧阳修乃"使人访之"，看看都是些什么,不料却发现正是自己先前给那大官看的十篇文章,"良孙盗己文以为贽"！欧阳修知道这大官是谁,"不欲斥其名,但大笑而已"。后来,欧阳修为河北都转运使,又得知丘良孙"以献文字,召试拜官",因为他有剽窃的前科,"心颇疑之",等到看到他所献的文字,果然又是剽窃的,"乃令狐挺平日所著之《兵论》也"。这个丘良孙堪称当时的"剽窃大盗"了。可惜,欧阳修又一次采取了纵容的态度,在与仁宗谈起时,"仁宗骇怒,欲夺良孙官",他说:"此乃朝廷已行之命,但当日失于审详,若追夺之,则所失又多也。"仁宗"以为然,但发笑者久之"。

丘良孙是何方神圣？目前我没有看到其他材料,但他用剽窃来的文章作敲门砖,想来至少是附庸风雅之士。宋朝的学者有"三多"说,即看读多、持论多和著述多。孙莘老曾就此请教欧阳修,修曰:"此无他,唯勤读书而多为之自工,世人患作文字少,又懒读书,每一书出,必求过人,如此少有至者。疵病不必待人指摘,多作自见之。"孙莘老把这话当成名言,"书于座右"。《四友斋丛说》云,欧阳修晚年审定自己生平所做文章,"用思甚苦",夫人止之曰:"何苦自如此,当畏先生嗔耶?"欧阳修笑答:"不畏先生嗔,却畏后生笑。"欧阳修所戳中的未尝不是今日一些学者的要害。

明朝学者宋濂说过:"古人为学,使心正身修,措之行事,俯仰无愧而已。"从学术剽窃的各种事实看,当代不少学者所欠缺的,正在"俯仰无愧"这一点上。他们的所谓"学",大抵是为了达到某种目的而装饰出的门面。

古人诗句犯师兄

　　几年前——记不得具体是几年了,刘心武先生梦中得"江湖夜雨十年灯"句,醒来觉得"挺有诗味儿"的,赶紧记下来。他说,心下尽管得意,但"意识的深层"怕与古人暗合,查了资料,但查来查去,最后认定古人没这么一句,于是"便只好坦然地将其"版权"归于自己",还说打算以后凑成四句。此语在报上甫一刊出,即被一些人讥讽得灰头土脸。因为有人查到,那是北宋黄庭坚七律《寄黄幾復》中的颔联:桃李春风一杯酒,江湖夜雨十年灯。也有人就此极端地认为,刘心武这一梦,暴露了"中国作家的学问功力"。

　　梦中得句,在古人算是稀松平常之事。史料中有不少,可知问题并没有那么严重。因此,翻出旧账,非要揪住刘先生不放,相反有为之开解的意味。

　　赵令畤《侯鲭录》里就有两则。其一,令畤少时师从李慎言,老师自言"昔梦中至一宫殿,有仪卫,中数百妓抛球,人唱一诗",醒来时还记得三首:"侍宴黄昏未肯休,玉阶夜色月如流""隋家宫殿锁清秋,曾见婵娟飏绣球""如今重到抛球处,不见熏炉旧日香"云云。《梦溪笔谈》也提到此事,且云"山阳蔡绳为之传,叙其事甚详",引用诗句字眼略有出入。其二为苏东坡少时,梦到自己被召入禁中,"一宫人引行,见风吹裙带在笏上",自己先来了诗兴:"百叠漪漪水皱,六铢纤纤云轻。植立含风广殿,微闻环珮摇声。"面对女性,东坡很有些不能自持,对自家灶下女仆也曾吟出"掀起裙儿,一阵油盐酱醋香"。到了殿上,神宗老儿很无聊,"脱丝鞋,令坡铭之",考一考东坡能把他的鞋说成啥样。岂知东坡也是张嘴即来:"寒女之丝,铢积寸累。步武所临,云生雷起。"神宗当即表示赞赏,赞赏后面那八个字吧。

而东坡的梦还不止于此。他说过他不能喝酒,喝一点儿就醉,醉了就睡觉,睡时则"鼻鼾如雷,旁舍为厌"。睡得香,梦也就多吧,有一次梦到南海海神广利王祝融请他去玩,"予被褐草履黄冠而去,亦不知身步在水中,但闻风雷声暴如触石,意知在深水处"。《西游记》里,孙悟空去东海龙宫寻金箍棒的时候,还要"使一个闭水法,捻着诀,分开水路",东坡照走就行。到那儿真开了眼界,"其下则有骊目夜光,文犀尺璧,南金文齐,眩目不可仰视,而琥珀、珊瑚,又不知多少也"。广利王和他本人,更是且欢且笑,"自知不在人世"。人家是慕他的诗名请的,自然要赋诗,东坡也乐于奉上:"天地虽虚廓,惟海为最大。圣王时祀事,位尊河伯拜。祝融为异号,恍惚聚百怪。三气变流光,万里风雨快……"一气呵成,大拍了海神一通马屁。大家都说写得好啊,独有一位鳌相公从细微处洞察到了问题所在:"苏轼不避忌讳,祝融字犯王讳。"广利王于是由喜转怒,想来东坡此梦要被惊醒。

刘祁《归潜志》云,他祖宗三代都曾梦中得句。爷爷的是"山路堑有壁,松风清无尘",父亲的是"落月浸天地",他自己的是"玄猿哭处江天暮,白雁来时泽国秋"。刘祁对这些句子很得意,至于认为"梦中作诗,或得句,多清迈出尘"。钱锺书先生《谈艺录》举龚自珍《梦中做四截句》之"叱起海红帘底月,四厢花影怒于潮",表明龚自珍也有类似之举。

刘心武先生梦到黄庭坚的句子,黄庭坚则曾梦到李白的句子,不同的是,后者的"版权"是否属于李白,全凭黄氏一说。那是黄庭坚夜宿一家驿站,梦见李白告诉他说:"予往谪夜郎,于此闻杜鹃,作《竹枝词》三叠世传之不仔细,忆集中无有,三诵而使之传焉。"于是口占:"一声望帝花片飞,万里明妃雪打围。马上胡儿那解听,琵琶应道不如归。"另两首此处从略。时人说,后来李白集中的这几首,正出自"梦中语也",究竟是不是,我没有考证;但时人同时也认为,这几首诗的"音响节奏似(李白)矣,而不能拼其真"。梦中得诗或得句,大抵都有"不能拼其真"的问题,姑妄听之可也。既不能排除人家真的做了这个梦,真的梦有所得,也不能排除有些人借此制造噱头,增添神秘色彩以抬高身价。《庄子·齐物论》云:"予尝为女妄言之,女以妄听之奚?"以这种态度对待梦中得句,未尝不是上佳选择。

《鹤林玉露》云,唐某僧(另说为宋僧)诗曰"河分冈势断,春入烧痕青",另一僧以诗嘲之:"河分冈势司空曙,春入烧痕刘长卿。不是师兄偷古句,古人诗句犯师兄。"意思是说,"河分冈势"和"春入烧痕",分别是司空曙和刘长卿的句子。司空曙与刘长卿,均系唐朝著名诗人。对待类似刘心武先生的这种失记,以"古人诗句犯师兄"来调侃一下也就足够了,犯不着去上纲上线。那时百度、搜狗一类还没有问世,检索全凭记忆或辅助记忆的卡片,多有疏漏是必然的,哪像后来这么容易?着实不必一棍子抡将过去。

滥竽充数

前几天(2018)有个视频热传一时,关于我出生和工作过的齐齐哈尔市。那里的一台中秋晚会上有个集体合吹葫芦丝节目,站在最中间的女演员虽然异常陶醉,葫芦丝却拿倒了;旁边也在演奏的大叔发现后试图纠正,她则赶快躲开,且流露出明显的不满。旋即知道,该演员还是齐市民族民间文化艺术交流协会主席。何以如此不专业?她这么说的:黑幕中换场,工作人员把葫芦丝给递倒了,为了保证舞台效果,她就没顺过来。

识者指出,无论周边亮度如何,葫芦丝拿倒没有,一摸即知。那么,网友一边倒地讥之为现实版滥竽充数,不算过分。滥竽充数,比喻没有真才实学的人,冒充有本领,混在行家里充数。现实版,是因为对应着古典版,众所周知那出自先秦韩非的一则寓言。《韩非子·内储说》云:"齐宣王使人吹竽,必三百人。南郭处士请为王吹竽,宣王说之,廪食以数百人。宣王死,湣王立,好一一听之,处士逃。"同时期的韩昭侯也遇到过同类问题,他问:"吹竽者众,吾无以治其善者。"田严对曰:"一一听之。"

竽,古代的一种竹制簧管乐器,与笙相似而略大,今日似已不存。但在从前的演奏中占有相当重要的地位,否则,齐宣王那里也不会养着好几百吃皇粮的吹竽人。《韩非子·解老》另外说到:

"竽也者，五声之长者也，故竽先则锺瑟皆随，竽唱则诸乐皆和。"竽，俨然有领头"乐"的意味。

竽是个什么样子呢？《周礼·春官·笙师》云："笙师掌教（吹）竽、笙、龠、箫、篪、篴、管、舂牍、应、雅，以教祴乐。"这里的舂牍，东汉时已经不知道是什么了，然这些乐器总的特点，如孙诒让所说："皆乐器之有孔者，故经并谓之龡。"郑司农具体指出："竽，三十六簧。笙，十三簧。"贾公彦注《通卦谚》"竽长四尺二寸"说："竽，管类，用竹为之。形参差，象鸟翼。"按郑司农的理解，竽的这个尺寸是非常有讲究的，它不是"象鸟翼"嘛，"鸟火禽，火数七，冬至之时吹之，冬，水用事，水数六，六七四十二，竽之长，盖取于此也。"聊备一说吧。

如果这些描述仍然无助于对竽的形象认识，则 1972 年长沙马王堆一号汉墓中出土的一件保存相当完好的竽，正可以弥补这一点。那是竽在我国考古发掘中的首次发现。鉴于此间无图，只有依据当年主持马王堆汉墓发掘的熊传薪先生的文字：竽嘴为圆管形，用独木制成，但未钻通，首端嵌有宽一厘米许的角质口缘，尾端缠以一厘米的箍；竽斗为椭圆形，由两块木头拼制而成，内无气槽；前面正中开一圆孔，以与吹嘴对接……

至于滥竽充数的南郭处士，有姓而无名，寓言嘛，未必实有其人。当然，话也不能绝对，叶公好龙里的"叶公子高"，前几年不是有人撰文认为寓言污蔑了他，要给他平反吗？"处士"用在南郭先生身上，颇有反讽意味，彼时处士乃指德才兼备而隐居不愿做官的人，而南郭先生的表现恰恰相反。《晋书·刘寔传》载，刘寔有篇《崇让论》，针对其时"世多进趣，廉逊道阙"而作。在他看来，"让道废"，因而汉魏以来，"令众官各举所知"。但是，谁都说自己举荐的是贤良之人，"加之高状，相似如一"，实际上"参错相乱，真伪同贯"。导致这种状况的原因,在于"举者知在上者察不能审,故敢漫举而进之",那么,"虽举者不能尽忠之罪,亦由上开听察之路滥"。说到这里,刘寔援引了滥竽充数的典故,以为"嗣王觉而改之,难彰先王之过"。因此,他认为"推贤之风不立,滥举之法不改,则南郭先生之徒盈于朝矣。才高守道之士日退,驰走有势之门日多矣。虽国有典刑,弗能禁矣"。南郭先生,自问世后便成为无其才而居其位的代名词,名之"处士",真是天大的嘲讽!

竽在战国迄汉,大抵在朝野间都非常风行。《史记·苏秦列传》载,苏秦游说六国共同抗秦,对齐宣王这么说的,"临菑甚富而实,其民无不吹竽鼓瑟,弹琴击筑,斗鸡走狗,六博蹹鞠者。临菑之涂,车毂击,人肩摩,连衽成帷,举袂成幕,挥汗成雨,家殷人足,志高气扬。夫以大王之贤与齐之强,天下莫能当。今乃西面而事秦,臣窃为大王羞之"。苏秦的话也生出令人不解之处,光是临淄吹竽的群众基础就这么好,南郭先生是怎么混进去的呢?

《梁书·庾肩吾传》载,"时太子(简文帝萧纲)与湘东王书(纲弟绎)",鉴于"近世谢朓、沈约之诗,任昉、陆倕之笔,斯实文章之冠冕,述作之楷模。张士简之赋,周升逸之辩,亦成佳手,难可复遇"。萧纲主张推崇这类文字,树立标杆,与弟弟一道,拯救文坛的丽靡之风,"辩兹清浊,使如泾、渭;论兹月旦,类彼汝南。朱丹既定,雌黄有别,使夫怀鼠知惭,滥竽自耻。譬斯袁绍,畏见子将;同彼盗牛,遥羞王烈"。事实上,韩非编写出那则寓言,也并非针对文艺界,而是提醒方方面面都要严格把关,提防招摇撞骗的人。这样的人,在今天也举目可见,虽未吹竽,但帽子上罩着光环就是。

"峰峦帐锦绣,草木吹竽籁。"王安石的句子。竽的声音想必相当美妙,可惜的是因为南郭先生而与滥有染,蒙上了一层灰尘。

当代"孔子"

5月16日(2007)《人民日报·海外版》报道,央视当红主讲于丹日前赴台签名售书,当地文化名人陈文茜现场听了于丹的演讲后,笑言其讲话"没有句点",语速够快,恐怕自己和李敖都不是对手,接着更把于丹比作"抹口红的女孔子"。这样说,让人感觉不是滋味。虽然严格地说,这种说法却也不是陈女士的发明。

性质首先就不一样,二人没有可比性。《论语》尽管是由孔子弟子们整理出来的,但是属于原创;而于丹讲解《论语》属于阐发,用通俗语言和现代视角诠释《论语》的当下意义,像考八股文的举子一样,"代圣人立言"。所以,如果一定要将于女士攀附孔门,充其量可与夫子"弟子三千"中的"贤人七十二"站在一起吧,算是女弟子而非女孔子,要低一个层次。如今凡事喜欢复古或曰振兴——当然是看到以前被当作破烂的东西现在能给地方带来经济效益,因而汉服、深衣之类都给翻出来了,"配享"将来可能也要"新生",苟如此,则于女士可以在"孔庙中食一块冷肉"。不过,这也只是我的一家之言、一厢情愿。

王弘撰《山志》云,宋有大逆二,一个是"张邦昌为帝,居宋大内",另一个就是"王安石配享孔子"。看,连王安石这样的大学者配享孔子也被指为大逆不道,可知配享的资格也不是那么容易取得的了。王弘撰分析，安石生前一定曾经自以为是当代孔子。他这么说的："安石闻人也，方将以其学易世。是其居恒、言动，必有以孔子自拟者，故没而其党推尊之若此。"但王弘撰对安石显然持有偏见，不仅流露不屑，还咬牙切齿地说："使孔子而在，必加两观之诛矣！"两观之诛，喻指为了国家安定而对乱臣贼子所施行的必要杀戮。而众所周知，孔子杀过人。《荀子·宥坐》曰："孔子为鲁摄相，朝七日，而诛少正卯。"这是说，孔子在鲁国由司寇代行宰相职务才七天，就杀死了大夫少正卯。

安石之外，还有好多当代"孔子"。隋朝王通被弟子奉为"至人"，称之"王孔子"，又仿孔子门徒作《论语》而编《中说》，保存下王通讲课时的主要内容。孙光宪《北梦琐言》云，唐朝王起也被师友目之为"当代仲尼"，文宗很看重他，"曾为诗，写于太子之笏以扬之，又画仪形于便殿"。王起虽然在地方干过，但是"家无余财"，不知是个清官，还是因为"昧于理家，俸入其家，尽为仆妾所有"，总之他"耄年寒馁"，文宗甚至"诏以仙韶院乐官逐月俸钱五百贯给之"。不过时人说，王起"与伶人分俸，利其苟得，此为短也"。

安石的政敌司马光，也曾被人戴了顶"当代孔子"的高帽子。司马光《涑水纪闻》云，成都进士李戒投书拜访他，说自己"少学圣人之道，自谓不在颜回、孟轲之后"，自视甚高。但司马光认为"其词孟浪，高自称誉，大率如此"，由他自说自话。没多久，李戒又来投书，这回把高帽子奉送给了司马光："三皇不圣，五帝不圣，自生民以来，唯孔子为圣人耳。孔子没，孟轲以降盖不足言，今日复有明公，可继孔子者也。"这是说，您老人家真乃孔子在世。不过，司马光并没有丝毫得意，而是读罢"骇惧，遽还其书"，还问他："足下何得为此语？"李戒非让他把投书留下，司马光说我要留下的话，

"是当而有之也"，就好像默认这么回事一样，"死必不敢"。李戒又要塞给司马光的左右，司马光呵斥谁也不要接，李戒才悻悻而去。司马光把这件事"常语于同列，以资戏笑"。换了别人，可能真就沾沾自喜了，让李戒到处去传播也说不定。

《郎潜纪闻三笔》云，清朝大学问家戴震小时候即善于思考，常常把老师问住。有一次，塾师授《大学章句》时读至《右经》一章，他问道："此何以知为孔子之言，而曾子述之？又何以知为曾子之意，而门人记之？"塾师说，这都是朱熹老夫子说的。震问，朱子是什么时候的人呢？师曰南宋。曾子什么时候的人呢？师曰东周。东周到南宋过了多少年呢？师曰两千年。戴震再问，时代相距那么遥远，"然则朱子何以知其然？"塾师答不上来了。于丹女士的《论语心得》也是一样，赢得了大众的欢迎固然不假，但得到了多少孔子的精髓，曲解了多少孔子的本意，还要由专家说话。

孔子是一个伟大的思想家，时间过去 2500 多年了，尽管历史上出了不少形形色色的"孔子"，但大浪淘沙，赢得人们敬仰的终究只有这一个。历史的经验更告诉我们，即便在今天，也还是不要随意地比附孔子，自比，或者由他人代言而自家乐得接受。一定要这样的话，不仅会留下笑柄，而且也是在亵渎孔子。

"大师"

　　北京某个住宅小区楼顶上的"最牛违建",真可谓"拔出萝卜带出泥"。不难猜想,能以六年之久在楼顶兴建两层违章"别墅",曾对物管声称"我既然敢住这,我就不怕谁告"的人,必有所恃。果然,僵持之中又牵出了一个"大师",即违建的主人张必清。此"大师"当年发明过"神鞋",如今是"奇经诊疗方法发明人"。所以说"又",因为不久前(2013)公众刚刚围观了"能够在几十米之外戳死司马南"的王林。

　　此中"大师"所以要加引号,在于它非指在相关领域造诣精深、享有盛誉的专业人才,而是入得了《搜神记》《太平广记》的人物,共同特点是"绝技"傍身,能治绝症,通晓吉凶,半人半神。这自然并非当代土产,自从有了人,可能同时也就有了这种人,彼时由"三观"导致,渐渐发展成别有用心。《史记·田单列传》载,"燕引兵东围即墨,即墨大夫出与战,败死",大家推田单当头,田单就利用了"大师"。先"令城中人食必祭其先祖于庭,飞鸟悉翔舞城中下食。燕人怪之",田单因宣言曰:"神来下教我。"乃令城中人曰:"当有神人为我师。"有个守卒说自己就是上面派来的"大师",田单将计就计,"东乡坐,师事之"。冒牌货却害怕了:"臣欺君,诚无能也。"田单并不计较:"子勿言也!"于是,"每出约束,必

214　别来世事一番新

称神师"。借此"大师",田单不仅玩燕军于掌骨之中,也令自家队伍笃信不二,坚定了守城的信心。

宋朝的不少"大师",就与今天这般尊容相似了:与权贵打得火热,以之为靠山,行诈骗之能事。

《续资治通鉴》载,真宗天禧元年(1017),"有日者上书言宫禁事,坐诛,籍其家,得朝士所与往还占问吉凶简尺,帝怒,欲尽付御史案罪"。日者,即"大师",唐章孝标《日者》诗曰:"十指中央了五行,说人休咎见前生。"一双手、一张嘴,你的前程运命他都掌握了。真宗本来很笃信这一套,此番不知因何动怒。宰相王旦打圆场,先是把这些书札"具请以归",第二天告诉皇帝:"此人之常情,且语不及朝廷,不足究治。"并且说自己当年也"不免为此",如果一定定罪的话,"愿并臣下狱"。真宗刚被说动,王旦便赶快学了曹操的做法,"悉焚所得书"。未几有大臣"欲因是以挤己所不快者,力请究治",真宗让把那些书信找出来,王旦说已经烧了。从"由是获免者众"来看,当时朝廷官员和此"大师"交往的不在少数。真宗乾兴元年(1022)还有一件,这回是个女"大师",名叫刘德妙,本是巫婆,跟宰相丁谓打得火热。"谓败,逮系德妙,内侍鞠之",刘德妙把二人如何演双簧和盘托出。她说丁谓这么教她的:"汝所为不过巫事,不若托老君言祸福,足以动人。"丁谓还作了一篇《混元皇帝赐德妙》,把女"大师"吹成太上李老君的使者。

神宗熙宁八年(1075),"沂州民朱唐告前余姚县主簿李逢谋反,辞连宗室右羽林大将军世居、河中府观察推官徐革,命御史中丞邓绾、知谏院范百禄、御史里行徐禧杂治之。狱具,世居赐死,逢、革等伏诛"。这案件又牵出了一名"大师":蜀人李士宁。此兄"得导气养生之术,又能言人休咎,以此出入贵家"。他以仁宗御制诗赠世居母,又许世居以宝刀,且曰:"非公不可当此。"这几招,令"世居与其党皆神之",相信李士宁乃"二三百岁人也",对他的诗"以为至宝之祥"。世居败后,如何处置李士宁出现了不同意见。范百禄"谓士宁以妖妄惑世居致不轨,罪当死";徐禧则偏袒之,"以为无罪"。最后,"士宁但决杖,配永州;而百禄坐报上不实,贬监宿州税"。后来,李士宁成了政治斗争的工具,"惠卿始兴此狱,连坐者甚众,欲引士宁以倾安石",因为王安石与李士宁也关系不错。

《杨文公谈苑》里有"王延范误惑于术人"条,说王延范广西转运使干得好好的,三个"大师"把他忽悠上了死路。一个忽悠他"君素有偏方王霸之分",一个忽悠他"君当八少一,当大贵不可言",再一个忽悠他"君形如坐天王,眼如顾伽,鼻如仙人,耳如雌龙,望视如虎,当大有威德"。三人成虎,遑论三个"大师"?王延范飘飘然了,"日益矜负,因寓书左拾遗韦务升,作隐语讽朝廷事,为人所告,鞫实抵罪,籍没其家,藁葬南海城外"。杨亿说:"大抵术人谬妄,但知取悦一时,不知误惑于人,其祸有至于如此者。"正是王旦所说的"人之常情",致使"大师"遍地,时时成为一景吧,如王延范这种地位得到这种下场的,何代乏人?

国内这些年倒了不少"大师",严新、张宏堡、张香玉、张宝胜、沈昌……有人统计过,仅仅20世纪80年代气功热度正高的时候,出名的"大师"就不下100个,不出名的1000个也不止。如今"大师"们知道环境不同了,在公开场合都选择了偃旗息鼓,暴露的这些大抵像诸多落马贪官一样,或一不留神,或被"牵连"。李一因为上了杂志的封面,王林因为人家网上晒出的合影,张必清此番因为"最牛违建",但也正如偶然落马的贪官一样,靠偶然打回原形的"大师"尽管再多,也说明我们的社会根本没有剔除令他们滋润的土壤。

"神医"

　　"神医"张悟本一家伙从神坛栽入了凡间。或曰像孙悟空的金箍棒落下，被打者究竟是什么，虎豹熊罴还是其他，现出了本相。近1个多月来（2010），随着张悟本身份、学历、资质等接连被揭出造假，他所到处兜售的主要由绿豆、茄子构成的张氏养生法，也被一一拆穿。这不是什么难事嘛，为什么先前他到处风光之时，卫生部不知道召集包括院士在内的专家批驳每天一斤绿豆煮水喝，便能治近视、糖尿病、高血压以及肿瘤呢？

　　我们是个盛产神医的国度，正牌的即有扁鹊、华佗等。所谓正牌，就是上了史书，千百年来得到一致认可的。神医之神，可为虚指，亦可为实指。扁鹊最有名的故事是他见到齐桓侯，一眼就看出他有病，病到了什么程度，腠理、肌肤、肠胃，清清楚楚。扁鹊有这套本领，是因为长桑君向他传授了秘方，扁鹊"修炼"了一下，"以此视病，尽见五藏症结"。明传奇《醉乡记》里还有个扁又鹊，颇类今天的网名。扁又鹊仍是神医，白痴文人白一丁科试前不知所措，请扁又鹊来，扁又鹊要他"磨墨汁一斗饮下"，或者"把《四书》烧灰服下"，极具讽刺意义。《史记》中与扁鹊同传的太仓公淳于意也是神医，淳于意即著名的"缇萦救父"故事中的"父"，因为缇萦，文帝"此岁中亦除肉刑法"。本传里，淳于意口述了自己治好的诸多疑难杂症，有点儿像今天的医疗广告。淳于意的本领，也来自神人秘传。

医圣张仲景在《伤寒杂病论》序文中，开列了他认为的神医："上古有神农、黄帝、歧伯；中古有长桑、扁鹊；汉有公乘阳庆、仓公；下此以往，未之闻也。"他的卒年在华佗之后，未知彼时华佗并不知名，还是"医人"相轻。《太平广记》卷二百一十八至二百二十，尽皆以稀奇古怪手法治疗稀奇古怪病症的"实例"。其中的华佗医郡守，采用大骂法。先让郡守儿子把他爹"从来所为乖误者"都列出来，"佗留书责骂之"。郡守大怒，"发吏捕佗，佗不至，遂呕黑血升余，其疾乃平"。这该归入"社会学疗法"了，另如"陈琳檄愈头风，杜甫诗驱疟鬼"，都是这样。李卓吾先生说："夫文章可以起病，是天下之良药不从口入而从心授也。病即起于见文章，是天下之真药不可以形求，而但可以神领也。"但他同时指出："不难于有陈琳，而独难于有魏武。设使呈陈琳之檄于凡有目者之前，未必不皆以为好，然未必遽皆能愈疾也。唯愈疾，然后见魏武之爱才最笃，契慕独深也。"所以，他"不喜陈琳之能文章，而喜陈琳之遇知己"，如唐明皇也是文章高手，杜甫、孟浩然却都得不到赏识，更不要说那些"六朝之庸主"了！

《资治通鉴》载："王玄策之破天竺也，得方士那罗迩娑婆寐以归，自言有长生之术。"唐太宗很相信，"深加礼敬，使合长生药"，且"发使四方求奇药异石，又发使诣婆罗门诸国采药"。不过，因为"其言率皆迂诞无实，苟欲以延岁月，药竟不就，乃放还"。高宗即位，他又回来了，"又遣归"。王玄策对此颇为遗憾，奏言曰："此婆罗门实能合长年药，自诡必成，今遣归，可惜失之。"玄策退，高宗谓侍臣曰："自古安有神仙！秦始皇、汉武帝求之，疲弊生民，卒无所成。果有不死之人，今皆安在！"唐太宗为一世英主，为后人所称道之处颇多，但在"长生"问题上，这个英明的父亲远远不及儿子的识见了。

唐朝许胤宗医术高明，有人说："公医术若神，何不著书以贻将来？"许胤宗答道："医者，意也，在人思虑。又脉候幽微，苦其难别，意之所解，口莫能宣。且古之名手，唯是别脉，脉既精别，然后识病……脉之深趣，即不可言，虚设经方，岂加于旧。吾思之久矣，故不能著述耳。"他认为看病是经验积累，抛开"只可意会、不可言传"之类的话，至少他非常慎重。中医被国际生物医学界主流观点归为"另类医学"，不属于医学科学，原因似在于此，中医在逻辑的自恰性、可检验性、可证伪性、可测量性等方面还存缺陷。当然，也有中西文明冲突的因素，典型如郑晓龙电影《刮痧》（2001）中，孩子的爷爷用中国传统的刮痧疗法为孙子治感冒，却被美国的儿童权益保护机构横加了虐待儿童的罪名。然而，现在的"神医"豪气得多，挂名张悟本而炮制的《把吃出来的病吃回去》，半年的时间就发行了 300 万册，直到张氏败露才从书店下架。

清人周寿昌说，从前有不少人叫扁鹊，"盖必当时善医者皆以扁鹊相承为名，犹善工之名共工，善射之名羿"。他说宋朝有个叫窦扁鹊的，写本书叫《扁鹊新书》。扁鹊虽曰神医，也很有自知之明，虢太子死而复生，他说："越人非能生死人也。此自当生者，越人能使之起耳。"这些年来，中国的"神医"层出不穷，宝岛上也眼花缭乱，曲黎敏、李培刚、马悦凌以及林光常、陈怡魁等，像胡万林看病抓芒硝一样，一抓一把。以经验及社会氛围来推断，"神医"不可能随着张悟本之流倒掉而灭绝，还会此伏彼起。

地域歧视

　　在赵本山贺岁片《落叶归根》中，"非著名相声演员"郭德纲扮演了一个肥头大耳的马路劫匪，且用并不标准的河南话说了一段台词。这段情节博得了观众的笑声，但是，一篇由河南籍网友发的题为"郭德纲扮劫匪说河南话严重侮辱河南人的形象"的帖子，引来大量跟帖，大抵都对这一情节非常反感，认为带有强烈的地域歧视色彩。

　　单凭几句方言就得出如此结论，有些"上纲上线"了。不过，翻开我们的历史，在相当长的时间内确实存在着地域歧视。尤其"南人"与"北人"的界限，划得相当清楚，成了一个解不开的死结。寇準当年参与科举录取，总要跟同僚力争，每一如愿，则喜滋滋地说："又与中原夺得一状元。"寇準争的是录取"北人"，掌握着一条"籍贯"的原则。《邵氏闻见录》云，宋太祖以开国功臣皆"北人"，乃刻石禁中，立了条家规："后世子孙无用南士作相。"太宗赵光义显然遵从了皇帝哥哥的教导，真宗时"始用闽人"，未知是否"其刻不存矣"，才这么大胆。到英宗打破这一禁令时，有大臣马上下了结论："天下自此多事矣。"盖其人认为"天下将治，地气自北而南，将乱，自南而北"。他举例说比如杜鹃吧，洛阳原本没有这种鸟，现在不仅有了，而且自南面飞来，说明"南方地气至矣"。不用说,这是从骨子里瞧不起"南人"的心态在作怪。英宗认为"北人文雅不及南人",但北人"质直雄威,缓急当得力",于是,掌管铨选、又"性不喜南士"的王翱,抓住这句最高指示,"益多引北人"。

这种状况直到明朝也没有改变。顾炎武有个评价:"北方之人,饱食终日,无所用心。南方之人,群居终日,言不及义,好行小惠。"貌似不偏不倚,对"北人"与"南人"的劣性一面,嘴下都来了个毫不留情。想来亭林先生一定心有所指吧,所概括的也许是他自己平日接触到的"北人"和"南人",虽无私心,却未必不是以偏概全。但这种私底下的品评无关宏旨,用之于国家政策的落实,就会贻害不浅。《明史》卷一三七记载,洪武三十年(1397)有个案子,翰林学士刘三吾"偕纪善白信蹈等主考会试",开榜时,浙江"泰和宋琮第一,北士无预者"。因为榜上没有一个"北人",被落选考生指责身为"南人"的主考官"私其乡"所导致,不公平。朱元璋"命侍讲张信等覆阅,不称旨",于是大怒,不仅"信蹈等论死,三吾以老戍边",还"亲赐策问,更擢六十一人"。这回走了另一个极端,录取者"皆北人",一个"南人"也没有,以致后人讥讽这年科举有"南北榜"。当时也有一种说法,认为复查的张信他们"故以陋卷呈",专挑差的往上送,刘三吾等"实属之",并不存在故意,碰巧了都是"南人"而已。然"南北榜"的背后,折射出来的是"南"与"北"的相互成见之深,哪怕偶然的巧合也可能酿成严重事件。不知道与这件事是否存在一定的逻辑关联,洪熙元年(1425)科举开始实行分卷制度,仁宗皇帝命杨士奇等定会试南、北卷,规定取士之额,比例为"南人十之六,北人十之四"。赵翼《陔馀丛考》云:傅维麟《明书》谓宣德中上尝论科举须兼南、北士,但北人学问不及南人。这就是南人录取比例稍高的缘故吧。

宣德、正统年间，又分出了南、北、中卷，"以百人为率，则南取五十五名，北取三十五名，中取十名"。

《明史》卷三百六另载，阉党焦芳"深恶南人，每退一南人，辄喜。虽论古人，亦必诋南而誉北"，完全是因地废人。他还写过一篇《南人不可为相图》呈送刘瑾，作为理论上的依据。在对地域歧视问题的认识上，倒是清朝雍正皇帝比较明白，别看他制造了多起骇人听闻的文字狱，残暴无比。萧奭《永宪录》云，雍正晓谕群臣："如江、浙则诋山、陕为蠢，山、陕更诋江、浙为柔靡"，这种现象是很不正常的，"若山、陕之人佩服江、浙之文，江、浙之人推重山、陕之武，则文武并济，各效所长，岂不美哉！"

近代人文地理学奠基人之一、德国的拉采尔提出了地理环境决定论，认为地理环境从多方面控制人类，对人类生理机能、心理状态、社会组织和经济发达状况均有影响。对这个理论历来褒贬不一，但是不同的地域繁衍出不同的文化特色，却是不能否认的。这些文化都有值得骄傲自豪的一面，也都有需要反思内省的一面。倘若像历史上那样一味地就要地域歧视，是极其可笑的。

憾事

　　豫剧大师常香玉在作客央视《艺术人生》(2004)时表示,自己一生有两大遗憾:一是她的后代没有人能完整地把她的常派唱腔继承下来;二是她这么多年将所有的心思都放到了豫剧事业上,忽略了丈夫和孩子。读报得知,著名电影演员于蓝也有三大憾事:没有能够塑造更多的银幕形象、没有陪伴丈夫迎来改革开放、没有在孩子小的时候好好养育他们。于蓝酷爱表演,但她演过的电影还不到十部。相信很多人对《英雄儿女》中的王政委印象至深,扮演者就是于蓝的丈夫田方,"文革"中过早离开人世;其子田壮壮则是享誉国内外的第五代电影导演。

　　憾事,认为不完美的或感到不满意的事情。人皆有憾。古人所谓"天下不如意事十常居八九",说的就是这层道理。

　　汉光武帝刘秀没发迹时到新野,听说有个叫阴丽华的姑娘长得不错,"心悦之";后来到了都城长安,见执金吾车骑甚盛,羡慕得很,于是把两件事联系到一起发出感叹:"仕宦当作执金吾,娶妻当得阴丽华。"实现了这两个既定目标,可谓人生无憾。而执金吾不过是一个小小的仪仗官,阴丽华的漂亮程度也极其有限,所以刘秀后来远远地超越了当年的理想:当上了皇帝,皇后也不止阴氏一个。即便如此,刘秀依然留下憾事,封禅泰山的底气就不很足。在此之前,汉武帝刘彻明确提出了封禅"资格":扫平宇内、一统天下仅仅是前提,还要做到在任时文治武功、四海升平。《后汉书·祭祀志》载,建武三十年(54)二月,群臣曾有此建议,刘秀尚能正确认识自己,回答得很干脆:"即位三十年,百姓怨气满腹,吾谁欺,欺天乎?"但后来还是坐不住了,夜读《河图会昌符》到"赤刘之九,会命岱宗。不慎克用,何益于承"那些,他告诉大臣那说的就是我啊,麻溜动身吧。也正是从刘秀开始,封禅泰山的意义便受到了质疑。

《酉阳杂俎》云,晋武帝司马炎时有个叫刘伯玉的,"常于妻前诵《洛神赋》",还对老婆说:"娶妇得如此,吾无憾矣。"老婆生气了,"君何得以水神美而欲轻我,吾死,何愁不为水神",当晚便投河自尽。"常于"而非"尝于",表明老刘不是开玩笑,而是一本正经。老婆这样死了,对他而言应该不算憾事。

唐高宗时的宰相薛元超富贵至极,平生也有"三恨"——三件憾事:始不以进士擢第,不娶五姓女,不得修国史。五姓女乃李、王、郑、卢、崔氏人家的女儿,这五姓当时把持朝政,形成了一个独立于皇权之外的权力集团。薛元超如此遗憾,大约自己始终只是一个傀儡吧。不过倘若薛元超生在今世,三件憾事会少去一多半,文凭不够硬可以"交易"一个,修史嘛,以他的身份地位,那些惯于"拉大旗"的学者请还怕请不来呢!

宋朝胡旦豪迈地说:"应举不作状元,仕官不为宰相,乃虚生也。"结果,状元是考得了,但当什么级别的官,可不是凭自己本事的事情。读《宋史·胡旦传》,觉其仕途真是坎坷,动辄被贬。黄河决口而复塞,他来了篇《河平颂》,大吹"圣道如堤",拍马屁的文字却也落下"词意悖戾"的罪名。两个宏愿只实现了一个,则胡旦之憾,要半其人生了。

金之李冶诗词极好，李屏山赞誉"仁卿（冶字）不是人间物，太白精神义山骨"，说他爸爸"儒术吏事更精研，只向宦途如许拙"，可惜"当不好"官，而李冶当监察御史，"言纠石执中不法事，闻者悚然"，看起来跟他爸爸也差不多。清朝吴文溥的诗"清逸出尘"，阮元赞誉为"两浙诗人第一"，但吴文溥《示儿》中承认自己"除却惊人诗句外，平生事事不如人"，对自己的人生道路遗憾不已。另一位王苍也是如此，认为自己"任事太早、学业太浅、用心太苦而多忤人"。

陆以湉《冷庐杂识》对史震林《西青散记》钦佩有加。《西青散记》是写苦命才女贺双卿的，双卿人称"清代李清照"。民间文士写民间才女，实际上是男性文人心目中理想女性的记录和想象。正所谓一部《红楼梦》，有人读出了爱情，有人读出了人生，有人读出了"万家血泪史"。陆氏读《西青散记》，"最爱其讽世之语隽而不腐"，如"一生有可惜事：幼无名师，长无良友，壮无善事，老无令名。贫贱人可惜者二：面承唾为求利，膝生胝为求容。富贵人可惜者二：临大义沮于吝，荷重任败于贪"。此外还列举了聪明人、豪侠人"可惜"在哪里。陆氏极力推崇，显见是深表认同。

因为欲望的不同，人而无憾，几乎是不可能的，憾之内涵不同而已。但高尚之士仍有自己的无憾观。明朝王琦说："吾求无愧于心耳。心无所愧，虽饥且寒，无不乐也。"清朝王懋竑说："老屋三间，破书万卷，平生志愿，于斯足矣。"如果说，这些无憾观取决于个人单方面的修养，那么明朝夏寅的"君子三可惜"理论，则可视为应当遵循的一条人生定理了："此生不学，一可惜。此日闲过，二可惜。此身一败，三可惜。"这样一条定理，当时即传为名言，今天又焉不适用？

"撼"事

　　故宫博物院出了单"撼"事。报道（2011）说，一个非同寻常的毛贼轻而易举地偷走了他们正在展出的文物，案子侦破后，按照惯例给公安机关送去锦旗。笑容满面，握手联谊，事情至此本来皆大欢喜了，殊不知"撼"事尾随而至，盖因其中一面锦旗上写的是："撼祖国强盛，卫京都泰安。"报道既出，旋被各种"文化程度"的人——郑渊洁（自号只读过小学四年）、韩敬体（中国社科院语言研究所研究员）等——指出："撼"字用得满拧，应该是"捍"。然而"故宫相关负责人表示"，这个字没错，显得厚重，"跟'撼山易，撼解放军难'中'撼'字使用是一样的"。可惜，这老兄对人家后面缀的那个"难"字视而不见。

　　撼与捍，一个是摇动，一个是保卫。祖国强盛，肯定得保卫，摇晃就是搞破坏了。毛主席词曰"蚍蜉撼树谈何易"，正有这方面的意思。老人家提笔之时，正值中苏论战前夕，国际上反华逆流亦相当汹涌。在这个背景之下理解，可知此句是自信的写照。韩愈诗曰"蚍蜉撼大树，可笑不自量"，该是毛句的"前身"了。蚍蜉者，蚂蚁也。据说蚂蚁是地球上力量最大的大力士，能够举起300倍于自己体重的物体，但让它摇晃大树，还是不自量力。

　　"撼山易，撼解放军难"，众所周知脱胎于"撼山易，撼岳家军难"。岳家军，岳飞的部队。关于岳飞，人们耳熟能详其作为民族英雄抵御外寇的一面，《宋史·岳飞传》载，他也平定过杨幺，毛主席将"宋朝的钟相、杨幺"定性为历代农民起义链条上的一环。斯时其战法很有意思："伐君山木为巨筏，塞诸港汊，又以腐木乱草浮上流而下，择水浅处，遣善骂者挑之，且行且骂"，把对方骂恼了，"怒来追，则草木壅积，舟轮碍不行"。岳飞乃"亟遣兵击之，贼奔港中，为筏所拒。官军乘筏，张牛革以蔽矢石，举巨木撞其舟，尽坏"。结果，"幺投水，牛皋擒斩之"。岳飞的这一战法，被都督军事的张浚叹为"神算"。其抗击金兵，就更为人称道了，"你有金兀术，我有岳少保"，时谚已道出中流砥柱的意味。虽然清人昭梿认为"宋人战绩，每好夸张"，说朱仙镇之役并没有多么辉煌，但抗金确有战绩该是个基本事实。因为岳飞内外的仗都打过，所以《宋史》本传中"故敌为之语曰：'撼山易，撼岳家军难'"中这个"敌"是谁，还比较耐人寻味。

在官场上，撼同样是摇动的意思。《曲洧旧闻》云，司马光死后，"元丰余党以先政撼摇宰执"。北宋中后期，国家的政治形态主要表现为新旧党争，持续了半个多世纪，某种程度上是南北士人之间的政见（对熙宁、元丰新法的态度）之争。新党核心人物王安石、吕惠卿、曾布、章惇、蔡京等都是南方人，旧党核心人物司马光、富弼、程颢等都是北方人，用钱穆先生的话说："新党大率多南方人，反对派则大率是北方人。""大率"嘛，没那么绝对，反对新法的唐介、曾公亮即南方人。作为政见之争，又折射出南北文化冲突的一面，北宋的党争因之大别于东汉、唐、明那种争权夺利的党争，性质完全不是一回事，虽然后来也变了味儿，但有学者仍然认为它是我国政党政治的萌芽。所谓"元丰余党"就是新党了，所谓"以先政撼摇宰执"，就是要通过恢复安石的新法，以此动摇旧党的执政地位。

撼，当然不只摇动这一个意思，由此还衍生出打动、怂恿等。《宋史·徐勣传》有"蔡京自钱塘召还，过宋见勣，微言撼之曰"，撼即打动。蔡京"曰"了些什么呢？"元功（勣字）遭遇在伯通右，伯通既相矣。"伯通，何执中字。徐勣与何执中曾经"偕事帝（徽宗）于王邸"。蔡京这话等于是说，你原来比何执中更被看重啊，但你看看人家现在混得多好。徐勣笑了笑："人各有志，吾岂以利禄易之哉？"说得蔡京"惭不能对"。当然，你不愿当官不会有人求你，徐勣因此"亦终不复用"。后来的事实表明，何执中也就是一心想当官、惦记着权力的料，其"与蔡京并相，凡营立皆预议，略无所建明"；及张商英任事，"执中恶其出己上，与郑居中合挤之"。贬谪台州的陈瓘，以王安石《日录》"改修神宗史，变乱是非，不可传信"，乃撰《尊尧集》"正君臣之义"，何执中则专门派石悈知台州事，"谋必死瓘；瓘不死，执中怒罢悈"。

撼的这些意思后面倘若接上"祖国强盛"，该成什么话呢？故宫的这单"撼"事，令国人为他们汗颜，好在他们没有像余秋雨先生那样一意孤行，及时地道了歉。而锦旗明明是故宫博物院副院长等相关负责人送去的，道歉时却说是下属干的，与如今"衙门"里闹出不光彩的事情都是"临时工"干的如出一辙。这一点，又不能不令世人为之抱憾。

Ⅲ

做事与做官

母校中山大学怀士堂的外墙壁上，镶嵌着著名古文字学家商承祚先生篆书的"学生要立志做大事，不可要做大官"。那是1923年12月孙中山先生在岭南大学演讲词中的一句，因循成为对中大学子的告诫。这种告诫也完全可以延伸为对所有学子。按我的理解，中山先生的话并不是要使做事与做官泾渭分明，截然对立，事实上，母校学子做官、"做大官"的，从前和现在都为数很不少，未必就是不遵从教诲，时事使然，舍我其谁？只要不是一心想着做官就是了。

历史上很有一些人对做官没有丝毫兴趣。《南村辍耕录》云，元朝学者许谦隐居金华山著书立言，"四十年不入城府"。搜寻"遗贤"的人访到他的名声，"以学行荐于朝"，请他出山做官。然而，"有录其举文至者，先生方讲说，目不少一视"，看都不看一眼。参见《元史》，可对许谦有个大致完整的了解。许谦天资极高，很小时父亲就去世了，母亲陶氏"口授《孝经》《论语》，入耳辄不忘"，长大后，"于书无不读"。然许谦读书，不是一味死读，"有不可通，则不敢强；于先儒之说，有所未安，亦不苟同也"。后来，他开门延徒，也很讲究方式方法，"惰者作之，锐者抑之，拘者开之，放者约之",使"著录者千余人,随其才分,咸有所得",至于"四方之士,以不及门为耻"。但许谦的原则,是"独不以科举之文授人",乡闱大比,请他去阅卷都不干。许谦认为读书、科举,"此义、利之所由分也",读书如果为了科举,性质就变了。作为精通《论语》的人,许谦对"学而优则仕"这句话自然清楚得很,那么在出山做官这件事上,我们不仅见到了许谦的态度,而且见到了其对先儒甚至圣贤"不苟同"的实证。

《榆巢杂识》云,清朝周郜生本来是刑部主事,当着官,而且当得好好的,忽然有天"淡于仕进",乃"未华颠即抽簪去",回去的时候,行囊是满满的一船书。后来,他直接了当地教育学生们:"书可读,官不必作。"他儿子考中举人,离做官还有一步之遥了,他却"不令其与廷试,发所藏书读之"。华颠,白头、年老之意;抽簪,谓弃官隐退。《后汉书》有"唐且华颠以悟秦、甘罗童牙而报赵"的典故,说的是90岁的唐且与12岁的甘罗同样能为国家做贡献。这就是说,周郜生在还没到退下来的年龄即带着铺盖还乡了,不像今天许多到了退下来年龄的人还要千方百计地能拖就拖。周郜生是想通了,还是在官场上受了刺激,看透了,不大清楚,但前人诸如此类的思想,想必对中山先生构成了一定影响。

在有些甚至不少情况下,"做大事"与"做大官"却是不可分割的一个整体,前者以后者为前提、为基础、为保障。在全国各地热播过的反腐电视剧《绝对权力》里,齐全盛被调到"镜州市"担任市委书记,省委问他有什么要求,他提的是:自己要有"绝对权力"。于是,为了让齐全盛放开手脚搞改革,省委将可能构成阻力的市长刘重天调离了"镜州"。而电视剧的剧情表明,齐全盛确实是个好官,对"绝对权力"并没有滥用。剧情也同时告诉我们,齐全盛要做再造"镜州"辉煌的大事,他首先得做大官,还得是拥有

"绝对权力"的大官,否则,他将一事无成。就耳闻目睹的社会现实来看,电视剧除了人物、地点之外,其他的倒未必是虚构。

所以,即使有了"做大官"的想法也并不可虑,可虑的是"做大官"的动机和"做大官"后的作为。宋朝王元之家以磨面为生,有位官员试探他的才能,让他作一首《磨诗》,元之立刻吟道:"但存心里正,无愁眼下迟。若人轻着力,便是转身时。"以之喻官,可以理解为在一点儿见不得人的手段面前就浑然忘却了党纪国法,这种官才可怕。王元之也许正有这个层面的意思吧。这样的官一旦拥有了"绝对权力",后果更不堪设想。丁柔克《柳弧》里有个清朝太守,没有点名,说他"官气甚重",每天就是"以官为题,以身为文章,而日夜做之者也"。对该太守,丁柔克恨之入骨:"其骄人也,令人眦裂;其谄人也,令人肉麻。总之,一举一动,一言一行,皆不忘官字。"这样一种官当然也可怕。更可怕的,还是明朝被招安了的海盗郑广当官后所观察到的那种——众人做官却做贼。在郑广看来,这些人还不如他这个"做贼还做官"的呢。

"学生要立志做大事,不可要做大官。"作为近乎校训的这句话,80年来,各个年级的中山大学学子想必都耳熟能详,不能排除有口无心的叨咕之辈,但确有以之为励志格言而践行的。有一年怀士堂大修之时,一位恰回母校的著名学者没见到那块镌石,乃撰文在一家著名杂志上发表感慨,大意是说母校不要这个传统了。由该学者的痛心疾首,可窥以之为代表的那部分中大学子的纯净胸怀。"做大事"与"做大官",尽管没有绝对意义上的互为因果,尽管更没有绝对意义上的价值高低,但是较之立志于"做大官",立志于"做大事"或许更值得推崇吧。

其公廉乎？

朱镕基总理主持国务院工作时，先后在多个场合向领导干部推荐西安碑林刻录的一则明代官箴："吏不畏吾严，而畏吾廉；民不服吾能，而服吾公；公则民不敢谩，廉则吏不敢欺。公生明，廉生威。"朱镕基说自己从小就会背诵这段，希望每个官员都能明白其中道理。温家宝总理继任之后，也在多次场合强调这则官箴。

官员如何为政，是一个不知议论了多少世代的问题。所以如此，是因为讲起道理来谁都明白，让他自己讲，更能天花乱坠，可实践起来往往不是那么一回事。前几年修复开放的河南内乡县衙保留有一副对联："得一官不荣，失一官不辱，勿说一官无用，地方全靠一官；吃百姓之饭，穿百姓之衣，莫道百姓可欺，自己也是百姓。"对当官应当持有的心态、官员的重要性，以及自己如何摆正位置，认识得可谓透彻不过。但在留给世人的感觉中，衙门从来都是个"有理没钱莫进来"的地方，霸道得很。世人未必感觉错了，而是太多的事实让人不得不作此结论。

内乡的表白有没有代表性，不得而知，因它是全国惟一保存完整的县衙，没法类比，但"正大光明""明镜高悬"之类我们是见得多的。这种自诩或曰承诺，比没有也许要好，但行为正大光明与否、高悬的究竟是不是明镜，光看表白是不行的。明朝曹端有个评价标准:其公廉乎? 在曹端眼里,口号叫得如何山响他不管,他只看结果,看当官的是不是公正、廉洁。公正与廉洁密不可分,廉洁是公正与否的首要前提。他对自己的观点进一步阐释道:"公则民不敢谩,廉则吏不敢欺。"一碗水端平,老百姓怎么会嘲笑你甚至骂你;自身没有把柄可抓,手下又如何敢不循规蹈矩? 曹端在《明史》里有传,并有《曹端集》存世。有人更考证说,两任总理推介的那则官箴,就是年富任山东巡抚时,将曹端上面的话稍作改动再补增而成,并用楷书书写刻碑立于泰安府衙内,成为我国最早的官箴刻石。

其公廉乎? 事实是最好的回答。宋朝京城里有个叫王元吉的百姓被人诬告下狱,官吏先受了诬告者的贿赂,逼得王元吉不得不"自诬服",被判死罪。但在"自诬服"之余,王元吉深知官场的潜规则,也来个上下使钱,这一招果然奏效,承办的官员于是"稍见其冤状"。后来王元吉虽被"免死"却仍然被"决徙"时,他不干了,当堂大叫:"府中官吏悉受我赂,反使我受刑乎?"这件事惊动了皇帝,王元吉才算洗脱罪名。当时社会果真没有法律法规吗? 当然不是,但一桩不难明了的官司,可以靠"阿堵物"来忽左忽右,除了说明廉洁与公正的确是一对孪生兄弟之外,还说明制度的存在与其所要达到的目的,没有自然地划上等号。

王元吉临急抱佛脚,也能奏一时之效,那些事先已经铺垫好了的就会更加明目张胆。《宋史》卷四百九载,高斯得新任湖南提点刑狱,把当地罪恶多端的豪绅陈衡老缉拿归案。陈衡老到庭时,怪事发生了,为首的胥吏竟然对他作揖打拱,俨然老朋友来造访。不仅如此,中央不少部门的官员也早就被陈家买通了。高斯得这边不为所诱,雷厉风行地一动,那边便"厚赂宦者",绕开他,走上层路线,在宋理宗耳边造他的谣了。好在宋理宗对高斯得还有一定的了解，认为"高某硬汉，安得有是"，才没信他们的鬼话。正因为高斯得身上多了个"廉"字，才可能"公"，也才可能无畏地开展工作，否则的话，立刻加入到陈家"保护伞"的行列也说不定。

同样是朝廷的官员，规章制度同样都是写在纸上、挂在墙上，但对不同的人产生的效果可以截然不同。这不奇怪，因为个人素质、修养在其中起着很大作用；但是如何为政的话题长此以往地议论不休，不知要议论到何年，是应当感到奇怪的。认识问题的目的是为了解决问题。如果某个地方的官员对为政之道说得头头是道，动辄拍案或怒斥一番，而当地的问题却还是老样子，那么这种高谈阔论不免有作秀之嫌。据说，"公生明"这则官箴经朱镕基总理多次介绍后，吸引了许多领导干部前往观瞻。西安碑林博物馆藏馆以拓片手工绫裱方式大量复制，领导干部们纷纷购之，挂之、赠之、勉之，给西安碑林藏馆带来了可观的经济效益。但现实中的行动呢？官员的公与廉是不是好了许多呢？

把曹端的话当作一把简易的标尺吧，不论到什么时候，也不论官员自诩或承诺得怎样登峰造极，老百姓掌握好自己的衡量标准就行了。前后两任总理如此重视明朝的一则官箴，折射出的可能是公与廉在我们这个现实社会中的极端欠缺！

须知痛痒切吾身

国土资源部原部长田凤山倒了。这是今年（2003）以来落马的第四名正省部级官员。田凤山的问题出在哪，官方尚无正式消息披露，因而人们议论纷纷。一种说法是，与他在北京主政国土资源部期间国内出现违规用地问题有关；另一种流传更广的是，与他在黑龙江省期间，该省发生的绥化"马德案"、哈尔滨"国贸城案"有关。与此同时，一名县委书记最近遇难高尔夫球场，更成为人们议论的焦点。虽然官方给出了"因公殉职"的明确结论，但是仍然有人提出种种"疑点"。概因为此前也是官方媒体，报道了该书记性质截然对立的"两种死法"。

民间的议论非常正常。宋人真德秀诗曰："既以脂膏供尔禄，须知痛痒切吾身。"该诗载于罗大经《鹤林玉露》，书中共辑录了两则，另一则是王十朋为泉州守，"会邑宰"，把辖下的县令们找来吃饭，即席赋诗云："九重天子爱民深，令尹宜怀恻隐心。今日黄堂一杯酒，使君端为庶民斟。"真德秀官长沙，"宴十二邑宰于湘江亭"，对王十朋的做法亦步亦趋，诗作未尝不是在王诗基础上的进一步发挥："从来官吏与斯民，本是同胞一体亲。既以脂膏供尔禄，须知痛痒切吾身。此邦素号唐朝古，我辈当如汉吏循。今日湘亭一杯酒，便烦散作十分春。"给下属打"预防针"，晓之以理，动之以情。

　　王十朋、真德秀，《宋史》皆有传，评价均甚高，可见二人写出那样的诗句不是说说而已。秦桧死后，高宗亲政，策试士人，王十朋以"权"来对策，他的观点是："法之至公者莫如选士，名器之至重者莫如科第。往岁权臣子孙、门客类窃巍科，有司以国家名器为媚权臣之具，而欲得人可乎？愿陛下正身以为本，任贤以为助，博采兼听以收其效。"他特别强调用人，自己也身体力行，作出表率。"政声人去后"，王十朋自饶州移知夔州，"饶民走诸司乞留不得，至断其桥，乃以车从间道去，众葺断桥，以'王公'名之"。后知湖州、泉州，"凡历四郡，布上恩，恤民隐，士之贤者诣门，以礼致之。朔望会诸生学宫，讲经询政，僚属间有不善，反复告戒，俾之自新"。他死的时候，"二子犹布衣"，自家书房匾额写着"不欺"二字，"每以诸葛亮、颜真卿、寇准、范仲淹、韩琦、唐介自比"。这几个人中，唐介稍稍陌生，而读《宋史》其本传可知，唐介"直声动天下，士大夫称真御史，必曰唐子方（介字）而不敢名"。

　　真德秀也是这样。《宋史》本传载，德秀知潭州时，即曾以"廉仁公勤"四字勉励僚属。最可贵的，他也是见之于行动。"民艰食，既极力赈赡之，复立惠民仓五万石，使岁出粜。又易谷九万五千石，分十二社县置社仓，以遍及乡落"。一句话，叫作"惠政毕举"。真德秀"立朝不满十年，奏疏无虑数十万言，皆切当世要务，直声震朝廷。四方人士诵其文，想见其风采。及宦游所至，惠政深洽，不愧其言，由是中外交颂"。因为太受百姓的欢迎，至于"时相益以此忌之，辄摈不用"，那些只知道吸吮脂膏的官员无地自容，进而迁怒了。

　　一个不把百姓痛痒挂在心上的官员，是不可能做到王十朋、真德秀这一点的。官员对百姓的痛痒记挂了多少，是实干还是作

"政绩秀",是偶尔一两回还是长期不懈,百姓的心里再清楚不过,如同电视剧《宰相刘罗锅》主题曲所唱:"天地之间有杆秤,老百姓是那定盘的星。"《冷庐杂识》云,鸦片战争时抗英名将陈化成镇守吴淞口,"三易寒暑,未尝解衣安寝",并且"优待士卒,犒之厚,而自奉甚俭,或馈酒肉,必峻却之",百姓因有"官兵都吸民膏髓,陈公但饮吴淞水"之谣。他壮烈战死之后,百姓"皆大惊曰:'长城坏矣!'"

道理人人都明白,为什么实践起来就南辕北辙呢?《菽园杂记》云,陆容考中进士之后,父执徐梦章对他说,"仕路乃毒蛇聚会之地",你不适合。这个说法很有一点儿偏激,但徐梦章有切身体会:"坐中非但不可谈论人长短得失,虽论文谈诗,亦须慎之。不然,恐谤议交作矣。"官场本身有太多的"潜规则",十分在意帽上乌纱的人,势必要分出有限的精力用来应付,也就没有心思、也没时间去关心百姓的痛痒了。纵观历史上为百姓津津乐道的官员,哪一个是对乌纱帽孜孜以求的?

据新近的一项统计,全国省部级干部有 2000 多人,其中在一线工作的 1000 多人,过去 3 年中,平均每年落马十六七人,比例在 1% ~ 2% 之间。田凤山既然倒了,案情就终有一日会大白于天下。从小学教员、公社书记、省长,最终成为掌控 25 万亿国资的"大管家",其人生角色转换之变幻莫测,耐人寻味。官是一步步当上来的,令人不齿之事也是一点点累积起来的。既无"脂膏"意识,也就不可能有"痛痒"意识。

"为官择人"与"为人择官"

5月18日(2015)《人民日报》有一篇评论文章叫作《"为官择人"与"为人择官"》,从唐太宗李世民下诏自省"为官择人者治,为人择官者乱"起兴,论及如今任人唯亲的歪风,"用人腐败是最危险的腐败"云云。

文章的观点毋庸置喙,只是唐太宗那句话实则出自诸葛亮,见于其《便宜十六策·举措》,太宗只是转述。太宗之后,宋理宗时的赵葵疏奏,再次提及:"今天下之事,其大者有几?天下之才,其可用者有几?……为官择人,不为人而择官。用之既当,任之既久,然后可以责其成效。"至于表达相同意思的话就更多了,如明朝宋濂对朱元璋说:"取士莫善于乡举里选,用人莫善于以能任官,任人莫善于久居不迁。"

无论哪个朝代,官员的任用大抵都离不开这两条路线:要么"为官择人",要么"为人择官"。自古及今常见的"跑官",显见该归入"为人择官"之列。所以宋高宗时"大宗正阙丞,人争求之",陈俊卿的态度很明确:"当予不求者。"此外,辽道宗或许是个特殊的例外。他"晚年倦勤,用人不能自择,令各掷骰子,以彩胜者官之"。拿不定该提拔谁,让大家自己碰运气。耶律俨就这样得过胜彩,道宗还来了句"上相之征也",以为如此择官颇有些符合天意。这"两条路线",也许贯穿着传统人治社会的官场史。但是,正如诸葛亮所言,走哪条路线,并不是单纯地走一走那么简单,决定着社会是"乱"还是"治"的大问题。辽道宗那种荒谬无比的择官方式,指望国家能得到"治"就几乎是梦想,正如《辽史》的结论,其后期朝政"群邪并兴,谗巧竞进……尚足兴论治哉"。

为什么要"为官择人"?前人的论点精辟极了,后人谨记就是。举宋朝几位人物。如袁甫:"监司、郡守非其人,则一道一州之蠹也。"如王居安,凡政事"问百辟士大夫则治,问左右近习则乱;大臣公心无党则治,植党行私则乱;大臣正、小臣廉则治,大臣污、小臣贪则乱"。如洪天锡:"在廷无严惮之士,何以寝奸谋?遇事无敢诤之臣,何以临大节?人物稀疏,精采销兑,隐惰惜已者多,忘身徇国者少。"如鲁宗道:"汉宣帝除刺史守相,必亲见而考察之。今守佐虽未暇亲见,宜令大臣延之中书,询考以言,察其应对,设之以事,观其施为才不肖,皆得进退之。吏部之择县令放此,庶得良守宰宣助圣化矣。"他不仅这样说,而且对非因才能途径上来的"恃权骄横"者,在皇帝面前亦敢"折之",致使"贵戚用事者皆惮之"。

道理这样清楚,如此浅显易懂,又为什么会"为人择官"?就是王居安所说的"植党行私"了。在我们的历史簿子中,这似乎才是一个常态,实例亦俯拾皆是。还说宋朝。《宋史·孙沔传》载,"宰相吕夷简求罢,仁宗优诏弗许",征求孙沔的意见,他正相反:"自夷简当国,黜忠言,废直道。"看他提拔的那些人,王随、陈尧叟"才庸负重,谋议不协,忿争中堂,取笑多士,政事寝废";张士逊,"本乏远识,至隳国事"。究其原因,"盖夷简不进贤为社稷远图,但引不若己者为自固之计,欲使陛下知辅相之位非己不可,冀复思己而召用也"。在《盛度传》中,还可以读到后续。仁宗景祐二年（1035），王曾、吕夷简为相，盛度与宋绶、蔡齐并参知政事。这几个人等于分成三伙，"曾与齐善，而夷简与绶善，惟度不得志于二人"，老哥一个。当王、吕两人齐齐提出辞相时，仁宗没弄明白，问盛度怎么回事。盛度说他们两人怎么想的，我肯定不知道，但是"陛下询二人以孰可代者"，就能大概明白他们对将来怎么打算的。结果仁宗问王曾，王曾推荐蔡齐；问吕夷简，夷简推荐宋绶。各自选择各自的心腹，不仅给自己将来的方便留了后路，而且摆明就是"为人择官"了。结果"四人俱罢，而度独留"。

《明史·刘基传》载，李善长罢，太祖想以杨宪接替。杨宪和刘基一直很要好，但刘基力言不可，认为杨宪"有相才无相器"，而宰相应当"持心如水，以义理为权衡，而己无与者也，宪则不然"。又问汪广洋如何，刘基说气量比杨宪更狭窄。又问胡惟庸如何，刘基说宰相好比驾车的马，担心他会将马车弄翻。太祖说，那肯定非你老先生莫属喽，刘基说我也不合适："臣疾恶太甚，又不耐繁剧，为之且孤上恩。"然而，"天下何患无才，惟明主悉心求之，目前诸人诚未见其可也"。刘基在这件事上的表现，完美地诠释了"为官择人"与"为人择官"的根本分野。对这样的人，朱元璋"察其至诚，任以心膂"，真是没有走眼。

如今，从落马官员身上都不难窥见干部提拔问题上"两条路线"之争的影子。他们有的公然卖官鬻爵，有的奉行"不跑步送，原地不动"，那些属于窝案的，东窗事发时貌似各在天南地北，领域又各自不同，细看之下：你曾是我的秘书，我曾是他的部下……"为人择官"是怎样的一种情势，暴露得还不够充分吗？

与其更于后，曷若慎于初

石家庄市团委原副书记王亚丽因骗官案近日（2010）由河北省纪委作出处理：对其党员身份不予承认，开除公职，涉嫌犯罪问题移送司法机关处理。王亚丽案件之所以能够曝光，制度没有起到丝毫作用，全因王亚丽本人贪得无厌。她要不是冒充人家的女儿争遗产，就还安稳地当她的官，继续升迁也并非没有可能。正是这一曝光，使我们再一次见识了地方用人腐败严重到了何种程度。

每个时代都有每个时代的用人标准。《容斋随笔》云："唐铨选择人之法有四，一曰身，谓体貌丰伟；二曰言，言辞辩正；三曰书，楷法遒美；四曰判，文理优长。"用人标准无疑具有很强的导向意味，还用洪迈的话说："既以书为艺，故唐人无不工楷法，以判为贵，故无不习熟，而判语必骈俪。"唐朝官员多是经历了科举考试的，文字是基本功，用人标准再一导向，"自朝廷至县邑，莫不皆然"，至于"宰臣每启拟一事，亦必偶数十语"，有"今郑畋敕语、堂判犹存"可资佐证。洪迈举唐朝的例子，旨在批评当下，"非若今人握笔据案，只署一字亦可。国初尚有唐余波，久而革去之"。但不知"只署"的那个字是什么字，今天每为"阅"，当然还有更简单的，阿Q就是在自己的名姓上面画个圆圈，连字都省了。看得出，洪迈很欣赏唐朝用人标准，只是对"体貌丰伟"这一条很有看法。

无论哪个时代，标准归标准，执行归执行，执行的人如何拿捏，非常重要。《封氏闻见记》云，武则天朝，"性公直"的顾琮职司选人，"时多权悻，公行嘱托，琮不堪其弊"。有一次在寺庙里看到关于地狱的壁画，他跟同僚说："此亦至苦，何不画天官掌选乎？"但多数同样司职的人，却未必有他这么痛苦。《朝野佥载》云，唐中宗时郑愔为吏部侍郎，"掌选，赃污狼籍"。有个候选人"系百钱于靴带上"，郑愔问他什么意思，那人答曰："当今之选，非钱不行。"乾隆时进士邹炳泰，干脆直接"于政事堂谓铨部诸君曰：'汝部中皆卖法之人，何面目入此堂也'"。一棍子抡将过去，惹得大家"皆欲挂冠去"。虽然都生气了，但其中肯定有真生气的，有佯为生气的，更有不生气似乎默认而不能不跟着生气的。

沈德符《万历野获编》对吏部有一番议论，说其"堂属体貌"看起来和别的衙门不同，"软环境"其实区别很大。比如别的部门"有本司重大事，俱说堂贰卿，及同司官俱得商榷"，大家可以各抒己见，吏部则不然，"遇升迁用人，选君独至太宰火房，面决可否，其门闩皆选郎手自启闭，即款语移日，无一人敢窥。至疏上而两侍郎尚不闻，同司员外主事亦不敢问"，搞得神神秘秘。又比如私宅送客，别的部门"仅送之门而止，惟吏部则送其司官上马方别"。所以沈德符感叹："统均之地，先自炎凉，何以责人奔竞要地耶？"另外，吏部"虽握重权，其位不过郎吏耳"，却着实牛气得很，"于朝房见客，与揆地同一尊严。而言路诸公，亦俯首候之，须其一面，即竟日不敢告疲。或退有后言，而再谒则仍坐以待矣"。沈德符认为，吏部"即以进贤退不肖为职，自应博采众论，前辈如严文靖之为太宰，陆庄简之为选郎，私宅皆无日不通宾客，未闻有讥评之者"，况且，人家要是走门路、通关节，"岂朝房公署所能绝耶？其后抨击所及,亦不因此衰止也",太假惺惺了吧!

唐太宗时的唐皎,用人——不是选拔而是派任——之前先问人家去哪里好。人家说"家在蜀",他就注上可到吴;人家说"亲老在江南",他就注上可到陇右。欲西则派东,欲南则派北,专门反着来。后来大家知道他这个特点,以其人之道还治其人之身。有一信都(约今河北邢台)人本来想到河朔(约今黄河以北),偏说自己"愿得淮、沘",唐皎即注明"漳、淦间一尉",都这么往反里说,"取之往往有情愿者",所谓歪打正着。《吴下谚联》说,包拯庶出的儿子也是爱听反话,"父命之东,偏适西。公辄反其谕,如招之使来,说不得来,须作去字说话,然后得来。终公之世,事事如此"。临死时,包拯对儿子说:"吾死殡以石枕,勿用木也。"这也是反话,因为"相传人死,棺中枕烂,始转世而复为人",谁知这个惯听反话的儿子此时良心发现,说一辈子跟爸爸拧着来,"临终一嘱,必当顺之",来个了"枕公以石",倒是又逆了他爸爸的意思。唐皎与包拯儿子不谋而合,属于各自的"独立发明"还是"文化传播"?

"初唐四杰"之一的杨炯"恃才简倨",为盈川令,"每见朝官,目为麒麟楦许怨",也就是说人家徒有其表。人问其故,杨炯说:"今傀乐假弄麒麟者,刻画头角,修饰皮毛,覆之驴上,巡场而走。及脱皮褐,还是驴马。无德而衣朱紫者,与驴覆麟皮何别矣!"杨炯是有一点儿极端的,但是明朝蒋德璟说得好:"与其更于后,曷若慎于初。"王亚丽案中,虽然有牵连的 10 余名石家庄市官员也被给予了相应处分,甚至如时任石家庄市市委副书记和市委宣传部部长也被问责,但这问责却是按官位的高低层次而逐级下降,而事实证明正是位高权重者在用人腐败上才有一锤定音之效。这就是公众对王案处理很有保留地拍手称快的一个重要原因了。

引咎辞职

因为中石油吉化公司爆炸事故导致松花江水污染,而权威部门反应滞后,"错过了解除污染隐患的最好时机",国家环保总局局长解振华已于日前引咎辞职。这个消息是在 12 月 2 日(2005)由新华社发稿公布的。不过,参阅 12 月 5 日《21 世纪经济报道》以及 12 月 8 日《南方周末》相关报道,解振华的去职更像是被免职。当年,唐朝姚崇的"频面陈避相位",才有点儿像引咎辞职,虽然那时还没有这个概念。

唐朝出了不少"才臣",但乏"清贞"之臣,这是清朝学者王夫之的观点。才臣,干练之臣;清贞之臣,清白坚贞之臣。王夫之《读通鉴论》云:"唐多才臣,而清贞者不少概见,贞观虽称多士,未有与焉。"甚至像陆贽、杜黄裳、裴度这些"立言立功,赫奕垂于没世"的响当当人物,也未入他的法眼,当然,也有他们"宁静淡泊,固非其志行之所及"的因素。在王夫之眼里,只有开元时的宋璟、张九龄、卢怀慎够得上"清贞"标准,"宋璟清而劲,卢怀慎清而慎,张九龄清而和",这三人"远声色,绝货利,卓然立于有唐三百余年之中,而朝廷乃知有廉耻,天下乃藉以乂安"。王夫之甚至认为,开元之盛正与这三位带动的风气相关。概因他们的"清贞",不像"汉、宋狷急之流,置国计民生于度外,而但争泾渭于苞苴竿牍之闲"，而是"能清而不激，以永保其身、广益于国"。因此，"璟与姚崇操行异而体国同；怀慎益不欲以孤介自旌，而碍崇之设施；九龄超然于毁誉之外，与李林甫偕而不自失"。

开元时的名相姚崇绝对是个干练之臣。他一度"独当重任，明于吏道，断割不滞"。大臣奏事，倘称旨，玄宗辄曰："此必姚崇之谋也。"倘不称旨，则曰："何不与姚崇议之？"至于同时期的宰相源乾曜等"但唯诺而已"，形同虚设。然而姚崇至少在两个问题不够"清白"，一个是对待子女，另一个是对待亲信，影响颇坏，王夫之当然要把他排除在"清贞"之外了。

姚崇非常溺爱自己的孩子，因此而"为时所讥"。他的溺爱超出了家庭界限，到了纵子"广引宾客，受纳馈遗"的地步。魏知古是因姚崇的举荐得到擢升的，而姚崇之子正在他的手下做事，仗着这层关系，崇子"颇招权请托"。其实，魏知古与姚崇"同列"的时候，姚崇心里已经不大舒服，"稍轻之"，魏知古也看出来了，找到这个茬子在皇帝面前打了小报告。但是当玄宗刚一问到他的儿子时，姚崇即"揣知帝意"，来个先发制人："知古微时，臣卵而翼之。臣子愚，以为知古必德臣，容其为非。"玄宗本来是要试探一下姚崇是不是袒护儿子，这样一来觉得姚崇坦诚，反而是"知古负崇"了，欲罢其官。姚崇"固请"曰："臣子无状，挠陛下法，陛下赦其罪，已幸矣；苟因臣逐知古，天下必以陛下为私于臣，累圣教矣。"然知古未几便左迁，正是姚崇的"阴加谗毁"。

在对待亲信上，姚崇同样把握不好。赵诲"受蕃珍遗，事发"，玄宗"亲加鞫问"，拟"下狱处死"，姚崇却积极营救。如果说上次的"儿子事件"玄宗受了蒙蔽，错判了"葫芦案"，那么此番却是他所器重的高官在眼皮底下营私舞弊。玄宗"由是不悦"，特赦京城系囚时，敕书特地点明赵诲不在其列，且要"决杖一百，配流岭南"。姚崇害怕了，连忙"荐宋璟自代"，引咎辞职。

　　护短、包庇亲信，在姚崇并不常见，但凭上述两点就足以将他摒出"清贞"之列。作为一代名相，姚崇与宋璟并称，一个是才臣，一个是清贞之臣，虽然只是王夫之的个人划分，一家之言，但能够给"本质"还算不错的为官者以启迪，使之提升境界。王夫之还说："天下之事，自与天下共之，智者资其谋，勇者资其断，艺者资其材，彼不可骄我以多才，我亦不可骄彼以独行，上效于君，下逮于物，持其正而不厉，致其慎而不浮，养其和而不戾，天下乃赖有清贞之大臣，硗硗者又何赖焉？"因此他认为"君子秉素志以立朝，学三子焉斯可矣"。

　　姚崇的离去实有些引咎辞职的味道。引咎辞职，是一种官员"能下"的制度。但环顾我们这个事故多发的社会，引咎辞职者本来就凤毛麟角，勉强挂上的还给人责令辞职的嫌疑。想一想并不奇怪，引咎辞职该是个人的自觉行为，属于道德层面。罢自己的官，又要由自己主动提出，没有一定的道德修养无异缘木求鱼。欲其引咎，先要知咎，有自责意识，而究竟有几个官员认为自己居然还有过错呢？

寸心端不愧苍苍

当下关于公务员的新闻很多。很遗憾,大多与"政事"无关,前一阵讨论是否应该"强制带薪休假",这一阵又在讨论应该怎么着装。北京市海淀区规定,从 8 月 1 日(2005)开始,公务员穿吊带裙、凉鞋光脚上班的,将会受到教育和劝阻。8 月 4 日,上海培训 1800 名新任公务员较往年增添了新内容:中外名著导读、中西文化比较、人际交往与沟通艺术以及音乐欣赏。浙江省档案系统还颁布了全系统《女公务员办公礼仪规范》。

有专家对此予以肯定,认为公务员的着装相当于一种身份标志、一种告示,旨在告诉公众,这是公务员代表国家在执法。着装跟执法怎么联系起来的,本人一时转不过弯,权且算有他的道理吧,但着装规定打的都是女公务员的主意,难道男公务员不必如此?从个人感觉看——当然不一定对,咱们百姓对公务员的"外在形式"似乎并没有太高要求,别"门难进、脸难看"就行了。将来,公务员怎么穿可能该讲究,但还没到讲究的时候。

元朝张养浩著有《为政忠告》,是他"就其居官所得,剀切指陈,欲凡从政者知法所戒"。(张元济先生语)书中的一些见解,对今天的公务员未尝没有启迪。比如开篇的"省己"条,谈的就不是福利方面,而是"命下之日,则扪心自省,有何勋阀行能,膺兹异数"。自己把自己掂量清楚了,就应该知道"苟要其廪禄,假其威权,惟济己私,靡思报国,天监伊迩,将不容汝"。因此,对吃皇粮的人来说,更要把职责放在第一位;否则,"夫受人直(值)而怠其工,儋人爵而旷其事,己则逸矣,如公道何?如百姓何?"类似的话,张养浩说了许多,"戒贪"条、"察情"条、"民病如己病"条等。令笔者叫绝的,还是他所记载的"仕瘴"说。

岭南地区在古代被称为瘴疠之地,到处迷漫着瘴气,也就是山林间湿热蒸发所导致的致病之气。《后汉书·南蛮传》载:"南州水土温暑,加有瘴气,致死者十必四五。"白居易诗曰:"瘴乡得老犹为幸,岂敢伤嗟白发新。"虽然不乏极度夸张的成分,但瘴气之恐怖,确实令不少人心有余悸。韩愈、刘禹锡、寇準、苏轼等跟广东之所以发生密切关系,正因为瘴疠之地是放逐、贬谪他们这些官员的理想所在。因此,有活动能力的官员听到要去南方任职的内幕消息,要想尽办法换个地方,前文论及的陈少游跑官,属于发生在唐朝的一种现象。《剪灯馀话》亦云:"有知己者,荐为端州(今广东肇庆)巡官。念瘴乡恶土,实不愿行。"当然,到了"贪冒之徒,皆欲仕宦岭南"的时代,话要另说。

张养浩的"仕瘴"说,正相对"地瘴"而言。什么是"仕瘴"呢?有这样几种表现:"急催暴敛,剥下奉上,此租赋之瘴;深文以逞,良恶不白,此刑狱之瘴;侵牟民利,以实私储,此货财之瘴;攻金攻木,崇饰车服,此工役之瘴;盛拣姬妾,以娱声色,此帷薄之瘴。"在张养浩看来,"有一于此,无间远迩,民怨神怒,无疾者必有疾,而有疾者必死也"。因此,"地之瘴未必能死人,而能死人者,常在乎仕瘴也"。从我们耳闻目睹的社会现实看,这一番话,今天仍有振聋发聩之效。"孔子过泰山侧"而悟出的"苛政猛于虎",正该是"仕瘴"说的先驱吧。

《治世馀闻》云,明朝弘治皇帝继位,刘戬以侍讲身份"颁诏"交南(今越南)。他轻装简从,携二仆由南宁直抵其境,交南人惊其为天人。因为以前的人都是坐船来,"飓樯蔽洋,贸重易奇",假公事之便干点儿自己的买卖。《明史》载:"安南多宝货,后使者率从水道挟估客往以为利,交人多轻之。"刘戬结束使命时,交南王循例馈赠金珠珍玩、犀角象牙甚多,他却"一不顾即行";交南王复令接待的大臣于路上拦截,"期必致之",怕刘戬假惺惺。不得已,刘戬亮出了初入关时表明此行态度的诗句:"咫尺天威誓肃将,寸心端不愧苍苍。归装若有关南物,一任关神降百殃。"交南人终于明白了,刘戬真的不是做表面文章的那种人,于是在"益敬悚"之余,"遣陪臣入谢,表有'廷臣清白'之语"。

寸心端不愧苍苍!今日听来仍然铿锵有力,继续跨越时空也是完全可能的。这才是今天公务员理当把握的精髓之处,以之作为座右铭亦有必要。至于所谓着装之类,毕竟只是一种外在形式,倘若服务宗旨变异了,穿得再正规、再标准,又有什么用呢?

从政六箴

前几天（2021）去江门走了一趟，在开平参观了"风采堂"即"名贤余忠襄公祠"。余靖逝后，谥曰襄。

风采堂始建于清光绪三十二年（1906），得名则可上溯至北宋。仁宗庆历年间，欧阳修、余靖、王素俱除谏官，蔡襄以诗祝贺："御笔新除三谏官，喧然朝野尽相欢。当年流落丹心在，自古忠贤得路难。必有谋猷裨帝右，直须风采动朝端。世间万事皆尘土，留取功名久远看。"诗中的"风采"尚是三人"专利"，到仁宗以"风采第一，广南定乱，经略无双"来赞誉余靖，"风采"便为余靖所专美了，与其前代同乡张九龄之"风度"，相映成趣。

风采堂于 2019 年 10 月被列为全国重点文物保护单位，那是其中西合璧的建筑风格得到的认可。"三雕两塑"（石雕、木雕、砖雕，陶塑、灰塑）一应俱全，祠堂本身也是建筑艺术博物馆。在人文内涵方面，作为北宋名臣，余靖留下了颇多事迹，以"从政六箴"最为知名。箴者，箴言，用以规戒他人或自己为目的的一种文体。"从政六箴"即清、公、勤、明、和、慎。那是余靖从政生涯的经验之谈，同时结合了历史教训。风采堂供奉的余靖塑像背后的墙壁上，正镌刻有"从政六箴"。

在"从政六箴"中，清，也就是清廉、清白，被余靖排在首位。

他认为"政为民纲,清本士节。立于寡过,先乎自洁。根不坚固,枝必颠折"。这就与今天的"基础不牢,地动山摇"异曲同工了。在他看来,官员倘若不清,则"幽有鬼神,明有斧钺。贪彼赇赏,过乎豪夺。罪盈于贯,阳诛阴罚"。若要人不知除非己莫为,"何如砥砺,清名不灭?"其他几字也大抵望而知义,如公,"勿畏于势,受人之制;挠法用情,为害不细。勿黩于贿,移人之罪;鬻狱奉身,其祸可待"。如勤,"赵盾夙兴,盗退寝门,官无留事,史称名臣",而"二王(戎、衍)清谈,晋失其尊,养名逋事,羲和罪人"云云。

被他排在最后的慎,也同样值得玩味。为什么要慎?"太行之险,摧輈折辕;龙门之浚,舟沉楫翻。危乎官路,逾兹阻艰",这该是从白居易诗中化来,"太行之路能摧车,若比人心是坦途。巫峡之水能覆舟,若比人心是安流"嘛。因为"巧者争进,挤之疾颠。青蝇止棘,谗其无间。蕙苣似珠,谤亦有端",总有那么一些人要搬弄是非,那就不要给人留下口实。但是,余靖的"慎",却也不是谨小慎微,保住自己的官帽子,更不是不作为。

余靖以敢于直言著称。《涑水记闻》云,蔡襄诗成之后,欧阳修等"三人以其诗荐于上,(蔡襄)寻亦除谏官",这就有了"庆历四谏官"。余靖都谏过些什么呢?《宋史·余靖传》小结说:"尝论夏竦奸邪,不可为枢密使;王举正不才,不宜在政府;狄青武人,使之独守渭州,恐败边事;张尧佐以修媛故,除提点府界公事,非政事之美,且郭后之祸,起于杨、尚,不可不监。"除了这些"例牌"的进谏之外,至少还有两事能见其风骨,前一件在司职谏官之前,尚属非职务行为。

先看前一件。"范仲淹贬饶州,谏官御史莫敢言",所谓"缄口避祸"。斯时情形如欧阳修痛责谏官高若讷所言,朝廷"戒百官不得越职言事,是可言者惟谏臣尔。若足下又遂不言,是天下无得言者也"。然而余靖站了出来："仲淹以刺讥大臣重加谴谪，倘其言未合圣虑，在陛下听与不听耳，安可以为罪乎？……陛下自亲政以来，屡逐言事者，恐钳天下口，不可。"虽然"疏入，落职监筠州酒税"，被贬了，但是余靖显然给仁宗留下了深刻印象，后来他"锐意欲更天下敝事"，想到将余靖增为谏官。

再看后一件。《渑水燕谈录》说得比较简略：庆历中，开宝寺塔灾，国家遣人凿塔基，得旧瘗舍利，迎入内庭，送本寺令士庶瞻仰。传言在内庭时，颇有光怪，将复建塔。余靖这时又说话了："彼一塔不能自卫，何福逮于民？凡腐草皆有光，水精及珠之圆者夜亦有光，乌足异也。"他举例说梁武帝造长干塔，"舍利长有光"，然"台城之败，何能致福！"仁宗虽然"从之"，过程却并非轻而易举。《续资治通鉴长编》卷一百五十记述颇详。

余靖是从天人感应论起的，"开宝寺塔为天火所烧。五行之占，本是灾变，朝廷宜戒惧以答天意"，进而指出"自西陲用兵以来，国帑虚竭，民间十室九空"的现实，认为"天下之民，皆厌赋役之烦，不聊其生，至有父子夫妇携手赴井而死者，其穷至矣。陛下若恤民之病，取后宫无用之物、内帑自馀之币，出助边费，勿收中民一年田租，明降诏书而告中外，此则陛下结天下之心，感召和气，虽造百塔，无以及之。若作无用浮侈之事，民益怨矣"。推断其情其景，余靖一定越说越激愤，加上他"素不修饰"，至于仁宗退朝后气呼呼地说："被一汗臭汉薰杀，喷唾在吾面上。"

时人石介评价余靖："言论磊砢，忠诚特达。禄微身贱，其志不怯。尝诋大官，亟遭贬黜。万里归来，刚气不折。屡进直言，以补予阙。"综观余靖一生，很好地践行了"从政六箴"。六字箴言有其历史局限性是必然的，但其中一些无疑也是超越时空的，值得后世借鉴、咀嚼。

三不

"崔永元公益基金"计划将于今年8月（2012）在湖南开展"乡村教师培训"项目,湖南省教育厅的回复是:不反对、不支持、不参与。这让小崔非常生气,他同样回之以"三不",说人家"不努力、不作为、不要脸"。然而,正当大家对湖南省教育厅"同仇敌忾"之际,人家也说话了,原来崔方提出了"发文件"等六项要求,而他们认为,"对于民间公益组织开展的公益活动,应由该组织依法依规进行组织,省教育厅作为政府机构,依照自身的职能职责不宜代替民间组织直接发文和参与组织"。信息披露一完全,小崔立刻被戴上了"颐指气使"的"公益钦差"帽子。

小崔这个项目举办过五期,"甘肃、贵州、四川、湖南、黑龙江等省共约700名乡村教师已接受这个培训",此前肯定一路顺风顺水。此番的是非曲直,由于社会舆论的强烈介入,即便最后没有定论,想必公众关于"民间"与"官方"的界线会清晰许多。这里比较感兴趣的是双方的"三不"。传统文化中,"×不"是一种常见的用法。姜太公《阴符》有"大知似狂:不痴不狂,其名不彰;不狂不痴,不能成事"。《庚巳编》中,人家向120岁的王士能请教长寿之方,他说"但平生不茹荤,不娶妻,不识数,不争气"。诸如此类的"二不"或"四不"诚然亦不乏见,然"三不"更具规模。

明朝"要留清白在人间"的名臣于谦，被誉为"不要钱、不爱官、不顾身"。浙江千岛湖上有"三不"亭纪念海瑞，一说此乃海瑞在淳安极力倡导的社会道德基本准则：不偷、不抢、不讨；另一说为海瑞自警：不怕死、不爱钱、不立党。清朝程镜涛乃"不目色、不拾遗、不徼名"，那是曾任云南、川陕、两江总督的尹继善给他的概括。尹尝在嘉定城隍庙灵苑微服私访，"时方春游，士女杂沓，尹踞坐盘石，镜涛适至，遇妇女，侧身避之。有遗钗者，镜涛拾得，亟访其夫，还之，其夫感谢，且叩姓氏，不以告，拱手遥去"。尹继善追上去，就这样给程镜涛奉上了"一举有三善"的溢美之词。当然，尹继善本人觉得自己是深思熟虑的，"观子于微，知非矫饰所致。某阅人多矣，未有高谊如先生者"。昭梿《啸亭杂录》则曰尹继善本人还多一不：不侵官、不矫俗、不蓄怨、不通苞苴。只是未知此"四不"的客观程度如何。

金埴《不下带编》云，他在京城中发现，"朝彦群公，遍粘公约一纸于邸馆门左"，写的是什么呢？"同僚朝友，夙夜在公，焉有余闲，应酬往返，自今康熙五十八年己亥岁元旦为始，不贺岁，不祝寿，不拜客，有蒙赐顾者，概不接帖，不登门簿，亦不答拜。至于四方亲友，或谒进，或游学，或觅馆来京枉顾者，亦概不接帖，不登门簿，不敢答拜，统希原谅"，落款为"九卿、六部、詹事、翰林、科道等衙门公启"。就是说，这里面的三组"三不"，是朝臣们的自律之约。《清稗类钞》里有个年纪不小的县令，上任之后即在县治之前大书一纸：一不要钱，二不要官，三不要命。清官出来了，百姓应该感动才是，谁知第二天再看那"三不"，每行下各添了两个字：嫌少、嫌小、嫌老。人家刚来，就给这样"定性"，只有一种解释：百姓被先前的那些信誓旦旦弄怕了，没有丝毫的信任感。金埴看到的那纸告示又执行得如何？可惜没有下文。

前人云:"古书凡数稍多者皆曰三,尤多者曰九。"而"三不"之"三"既然为确数,是乃钱锺书先生所说的"累叠之妙"了。《史记·项羽本纪》中:"诸将皆从壁上观,楚战士无不一以当十,楚兵呼声动天,诸侯军无不人人惴恐。于是已破秦军,项羽召见诸侯将,入辕门,无不膝行而前。"叠用了三"无不",而《汉书·项籍传》里只剩了个"无不一当十",明朝陈仁锡认为:"(《史记》)叠用三无不字,有精神;《汉书》去其二,遂乏气魄。"钱先生认同此说,且又举本篇末项羽"自度不能脱"时说的三句话,一则曰:"此天之亡我,非战之罪也。"再则曰:"令诸君知天亡我,非战之罪也。"三则曰:"天之亡我,我何渡为!"此处"累叠",揭示了项羽"心已死而意未平,认输而不服气"的心态,故"言之不足,再三言之也"。钱先生还将《史》《汉》两书《晁错传》中错父的话进行了对比,前曰:"刘氏安矣!而晁氏危矣!吾去公归矣!"后曰:"刘氏安矣而晁氏危,吾去公归矣!"钱先生认为《史记》叠用三"矣",纸上如闻太息,断为三句,削去衔接之词,顿挫而兼急讯错落之致;《汉书》的处理则索然无味。

小崔们的"三不",亦得"累叠"之精髓了。项又见一则消息,6月3日,台北市资深议员杨实秋宣布参选下届市长,以"不应酬、不浪费、不加班"原则为政见。杨实秋认为,不应酬才能避免贪污与政风问题;不浪费除了樽节公帑之外,更要努力活化市有资产,不愧对市民辛苦的纳税钱;不加班是要求所有同仁提高效率,将更多的时间放在家庭生活。看起来,"三不"什么的,在今天的生命力仍然勃兴。

"三不足"

　　3 月 18 日（2008）上午，国务院总理温家宝与采访十一届全国人大一次会议的中外记者见面并回答问题时，提到"中国十一世纪的改革家"王安石的名言——天变不足畏，祖宗不足法，人言不足恤——借以强化经济体制改革和政治体制改革要有新的突破，必须解放思想，必须有勇气、决心和献身精神。

　　这"三不足"，来历有点儿复杂。《宋史·王安石传》载："安石性强忮，遇事无可否，自信所见，执意不回。至议变法，而在廷交执不可，安石傅经义，出己意，辩论辄数百言，众不能诎。甚者谓'天变不足畏，祖宗不足法，人言不足恤'。"这样来看，"三不足"是他自己说出来的。不过，宋史专家邓广铭先生考证，当年翰林学士院对谋求馆职的李清臣等人考试，司马光拟的"策问"题，准备把"三不足"当作奇谈怪论向与试者质询，只是在送审时神宗这关没过，要他们"别出策目"。第二天，王安石来见神宗，神宗问："闻有'三不足'之说否？"安石答："不闻。"因而邓先生认为，在此之前安石"决不曾在神宗面前提到过'三不足'"，但他同时认为，倘若王安石不曾亲口说过，司马光也不会撰造出如此富有开创和革新意义的话语。

　　不论出处如何，"三不足"简明扼要地道出了王安石必欲变法的决心和勇气。熙宁变法,虽然出发点是富民、富国和强兵,但是因为触动了特权阶层的既得利益,遭遇了极大阻力,重臣韩琦、富弼、司马光等莫不表示强烈反对。苏轼曾借70岁老农之口说:"宰相何苦以青苗钱困我?于官有益乎?"在这种情况下推行变法,没有"三不足"作为精神支柱肯定是进行不下去的。

先看"天变不足畏"。在古人世界观中,自然界的灾害与人类社会的政治具有必然的联系。"日无光,臣有阴谋",解释的就是日食现象预示的人间状况。反对势力抓住"天变"来恐吓神宗。范镇说:"乃者天雨土,地生毛,天鸣,地震,皆民劳之象也。惟陛下观天地之变,罢青苗之举,归农田水利于州县,追还使者,以安民心而解中外之疑。"程颢说:"天时未顺,地震连年,四方人心,日益摇动,此皆陛下所当仰测天意、俯察人事者也。"吕诲更下结论:"如安石久居庙堂,(大自然)必无安静之理。"对政敌们的言论,王安石回答得很干脆,"水旱常数,尧、汤所不免","天文之变无穷,人事之变无已,上下傅会,或远或近,岂无偶合?此其所以不足信也!"不足信,也就不足畏。

再看"祖宗不足法"。从真宗开始,太祖太宗施行的法度及其精神,被称为"祖宗之法",奉为治国理事之圭臬。熙宁变法被反对派认为违反了"祖宗成宪",司马光说:"夫继体之君,谨守祖宗之成法,苟不毁之以逸遇,败之以谗谄,则世世相承,无有穷期。"他还直接了当地说过"祖宗之法,不可变也"。这是北宋的"两个凡是"派。王安石当然不这么看,他认为"因循苟且,逸豫而无为,可以侥幸一时,而不可以旷日持久";如果"事事因循弊法,不敢一有所改"就叫"谨奉成宪"的话,"恐非之"。王安石并非刻意站在祖宗法度的对立面,他也提出过"法先王之政",但是认为"当法其意",不是死抠教条,要"视时势之可否,因人情之患苦,变更天下弊法",使之适应当时的"所遭之变"和"所遇之势"。

再看"人言不足恤"。在王安石政敌司马光文集中,这句话写作"流俗之言不足恤"。那么,王安石不是听不进人们的意见,那些"不足恤"的"人言",专指流俗之见以及流俗之人的言论。在他看来,凡是反对变法的人,就是流俗之人;凡是反对变法的意见,就是流俗之见。而流俗的宗主就是司马光。他之所以"不足恤",是要从战略上予以藐视。这也表明,他对这次变法充满了信心,不论怨谤如何之多,决"不为怨者故"而有丝毫的改变。正是因为王安石的个性太强吧,当宋神宗问曾巩"安石何如人"时,这个安石未达时的好朋友——"及安石得志,遂与之异",说安石的文学成就堪追西汉的扬雄,但是因为太"吝",所以比不上。神宗觉得奇怪:"安石轻富贵,何吝也?"曾巩说,安石"吝于改过",听不进别人的意见,把任何不同意见都当成"邪说营营"。

安石已矣,然"三不足"留给了后人极大的评说空间。今年是改革开放30周年,改革的成就无须赘言,然而以今天中国的现实来看,还远远没有走到尽头。而且,改革越是深入,阻力势必越大。现在,从温总理口中道出"三不足",品味之下,想来别有新意。

宁得罪于上官

教育部副部长张保庆忽地成了公众瞩目的焦点人物。8月29日(2005),他严厉批评了天津、海南等8个省市在国家助学贷款方面几年来的几乎毫无作为;9月1日,教育部联合财政部对外宣布了针对不落实教育部政策、"群众反映强烈的地方和高校"的"惩罚性措施",张保庆被媒体称为"罕见地批评地方官员,用词之严厉,近十年来少见"。不过张保庆说:"我们也不愿得罪人,我们是迫不得已。"

南宋吴芾总结自己的为官历程,说过类似的一句话,不过口气没有张副部长那么委屈,而是比较决绝:"与其得罪于百姓,宁得罪于上官。"把百姓和上司放在一起比较而更看重百姓,这是此种见解的可贵之处。吴芾是不是像好多官员一样,什么话漂亮说什么,什么话能达到哗众取宠的效果说什么,而行动起来则完全是另外一码事呢?可能不是。史载吴芾"立朝不偶",先后在六个郡任地方长官,所到之处"吏莫容奸,民怀惠利"。

心中如何记挂百姓,平素的表白可以说得天花乱坠,但是在对上官负责还是对百姓负责发生冲突时,最能检验表白的真实或虚伪。《庸闲斋笔记》云,清朝道光年间广东某个知县吴昌寿政声卓然,被称为"吴青天",谈及如何获得民心,他说:"无他伎俩,惟实心任事,不要钱耳。"一心扑在工作上、不贪,似乎很轻易,实际上就包含了对谁负责的问题。对上官负责,而实心任事,可能吗?何良俊《四友斋丛说》云,苏州某个知县的孩子"方在孩抱,偶出痘疹",结果引得乡官争相进县问安。《杨文公谈苑》里的南汉后主刘铢,有天"自结真珠鞍勒,为龙戏之状",献给宋太祖。鞍勒,也就是马鞍子和笼头,这两件小玩意,让刘铢很下了番功夫,手艺之精巧,令同僚"皆骇伏"。不难想象,那些乡官面对上官时,怎么可能会得罪前者呢? 这个刘铢面对百姓时,怎么可能不尽搜刮之能事呢? 好在宋太祖拿刘铢当了反面教材,对左右说:"移此心以勤民政,不亦善乎?"

只有一心想着百姓的人,才可能"宁得罪于上官"。《四友斋丛说》另云,明朝正德皇帝南巡,驾至淮安,知府薛赟拍马屁到了"沿河皆拆去民房以便扯船"的地步。不仅如此,他还把皇帝的路过看成了捞一把的机会,连拉船的纤绳也"皆索民间绢帛",以至"两淮为之大扰"。而驾过扬州,知府蒋瑶顶住了:"沿河非圣驾临幸之地,扯船自有河岸可行,何必毁坏民居?"正德的宠臣江彬传旨要扬州报大户,蒋瑶当然知道用意所在,就把两淮盐运司、扬州府、扬州钞关主事和江都县给报了上去,不是衙门就是职能部门,他的答复很干脆:"扬州百姓穷,别无大户。"江彬又传旨朝廷要选绣女,蒋瑶说扬州只有三个绣女,那就是自己的三个亲生女儿,除此"民间并无",如果"朝廷必欲选时可以备数"。驾至,皇帝的随从都认为扬州繁华,可以借机打抽丰,弄点儿特产什么的,也被蒋瑶一一予以回绝。蒋瑶"宁得罪于上官",扬州百姓才得以安然,扬州也才得以"安堵如故"。后来他升迁,扬州百姓"争出赀建祠祀之",是毫不奇怪的。

明朝万历年间,户部长官张孟男因为征收矿税而有过深深自责。张孟男本来极其反对征收，曾因此"五上章乞归"，不干了就是，但都没有得到批准。后来，"矿税患日剧"，张孟男更"草遗疏数千言，极陈其害"，深知此项征收远远超过了百姓的承受能力，收上来的，"皆鬻男市女、腃骨割肉之余也"。张孟男直截了当地告诉皇帝："臣以催科为职，臣得其职，而民病矣。"得者，尽也；病者，贫困也。《管子》云："振民之病者，忠臣之所行也。"那么张孟男的话就非常容易理解：自己尽职了，上官高兴了，百姓却遭殃了。所以张孟男在"不胜哀鸣"之余痛心疾首："聚财以病民，虐民以摇国，有臣如此，安所用之。"倘若各级官员都有这种"民病"意识，就不会因为执行的是上官的旨意而盲从、而心安理得了。

在《四友斋丛说》中，何良俊还转引了《菽园杂记》里的一段话，说时下这些当官的，"饮食衣服与马宫室子女妻妾，多少好受用，干得几许事？"并由此导出了一个结论："今日国家无负士大夫，天下士大夫负国家多矣。"何良俊对此极其认同，以为对许多官员来说，"省之不能无愧"。其所言应该反省的，当然是那些眼睛只盯着仕途，"与其得罪于上官，宁得罪于百姓"的家伙。说到最后，张副部长的那句话我很不爱听，主管部门在今天纠正属下的错误，怎么叫"得罪"、叫"迫不得已"呢？

民留官

2月8日(2013)，山西大同市市长耿彦波被任命为太原市副市长并代理市长。消息传出，不少大同市民一度聚集，以签名和举横幅等方式表达对耿彦波的感激与挽留，吸引了全国的目光。报道说，自2008年2月耿彦波上任大同市长后，雷厉风行地修路、种树、拆迁、造城，大同市"一轴双城"的发展构想已具雏形。这些工作得到了大同市民的认同吧。

这两年间或有百姓挽留官员的新闻，不过有的一眼看去就有闹剧之嫌。这类事情在从前较多，真心实意的不乏，盖官员"青天"或清廉。唐朝崔戎"改华州刺史，迁兖海沂密都团练观察等使"，华州百姓便不让他走，至于"恋惜遮道至有解鞒断镫者"，把他靴子给脱下来，马镫给割断。这是《旧唐书·崔戎传》的记载。《新唐书》稍详一些：崔戎"徙兖海沂密观察使，民拥留于道不得行，乃休传舍，民至抱持取其靴"。当时上面来宣布调令的人还在场，"民泣诣使，请白天子丐戎还"，人家出于维稳需要还真就答应了，然而是一招缓兵之计，崔戎"夜单骑亡去，民追不及乃止"。

《续资治通鉴长编》中也有不少这样的挽留。宋真宗景德元年(1004)，"定州民诣阙贡马，乞留知州吴元扆，并求立德政碑"，真宗"命还其马，赐元扆诏褒之"。真宗大中祥符五年(1012)，澧州知州刘仁霸奉诏"仍留在任",乃因"考满,吏民有请故也"。仁宗天圣四年(1026),杜衍自乾州卸任,"百姓邀留于境上",不解"何夺我贤太守也?"乞留吴元扆,百姓是借贡马之机提前向上面发出请求;刘仁霸"考满"而暂时不动,相当于吴元扆故事的续集;而杜衍那种,便与唐崔戎、今耿彦波庶几近之了。

官员被百姓挽留,有事迹是重要前提,担心喂饱了一头饿虎再来头饿狼那种反其道而行之,亦即明明心底里极端憎恶口头上却又让他留下的,无奈而义愤地表达而已,现实中断无真实发生的可能。综合新旧两《唐书》,可窥知百姓何以挽留崔戎。其为剑南东、西两川宣慰使,"既宣抚,兼再定征税,废置得所,公私便之"。为华州刺史,"吏以故事置钱万缗为刺史私用,戎不取",小金库的钱并不入私囊;走的时候还交待,"籍所置钱享军,吾重矫激以夸后人也",也就是把这笔钱用作享军费用,以给后任一个示范。

吴元扆又干了些什么,令定州百姓挽留呢?惜乎只附一例。"元扆在定州凡五年,属久旱,州吏白召巫作土龙祈雨",元扆觉得很扯,以为"巫本妖民,龙止兽也。惟精诚可以格天"。于是他召集了一帮道士,"设坛醮,洁斋三日,百拜恳祷,信宿而雨"。吴元扆的做法更扯,但凑巧的是雨来了,百姓不问过程只问结果,就把他看成了可以格天的人物。不能说百姓愚昧,彼时认识世界的水准只在那个程度。刘仁霸的事迹亦稍显单薄,李焘说他"近作歌十首,述本州风俗,以劝课农桑为意,农民唱於田里"。《宋史·蛮夷传》载:"大中祥符三年(1010),澧州言,慈利县蛮相仇劫,知州刘仁霸请率兵定之。上恐深入蛮境,使其疑惧,止令仁霸宣谕诏旨,遂皆感服。"文武两方面合起来,是百姓依依不舍的原因吧。

杜衍呢,形象要丰满得多。王曙知潞州时碰到一宗案子:上党民王氏杀了继母，"狱已具，僚吏皆以为无足疑者"，但王曙觉得有问题。"既而提点刑狱杜衍至，更讯之，果得真杀人者"，推翻了先前的所谓铁案，王曙因此作《辨狱记》"以戒狱官"。而杜衍之平反冤狱，并非个案。《宋史》另载，"高继升知石州，人告继升连蕃族谋变，逮捕系治，久不决，衍辩其诬，抵告者罪"；还有"宁化军守将鞫人死罪，不以实，衍覆正之。守将不伏，诉之，诏为置狱，果不当死"。杜衍之举尤该为今人所推崇，近几年来，曝光的冤案有不断增多的趋势，刚刚就有陷入10年牢狱之灾的"张氏叔侄强奸案"获得平反，当年，"女神探"聂海芬硬是靠突审制造了这起冤案。冤案免不了，杜衍更重要。《宋史》还说杜衍清廉得很，"不殖私产，既退，寓南都凡十年，第室卑陋，才数十楹，居之裕如也"。这样的官员，无论在哪里为官，一定都是深受百姓爱戴的。

大同方面的报道还说，他们那里最现实的问题是，"大同改造计划规模宏大，牵涉甚广，居民安置、工程款支付、资金后续等大量问题亟待解决"，那么，大家挽留耿彦波，未必没有对政策延续性的担心，这正是当今中国太多地方的共性问题，跟史上的那些倒是大不一样。

陶侃癖

4月15日（2004），国务院召开电视电话会议部署在全社会深入开展资源节约活动，提出要提高全民族的资源忧患意识和节约意识，切实转变经济增长方式，调整经济结构，加快技术进步，用三年左右时间使建设资源节约型社会工作迈出实质性步伐。

建设节约型社会，需要榜样的示范。古人里有一个现成的典范，就是晋代的陶侃。《唐语林》云唐朝郭子仪有"陶侃之僻（癖），动无废物"。陶侃癖，就是勤俭节约的同义语。

陶侃乃东晋一代名将。在东晋建立过程中，以及在稳定东晋初年动荡不安的政局上，他都颇有建树。其武功此处不表，单看《晋书·陶侃传》中几个节俭事例。其一，陶侃"尝出游，见人持一把未熟稻"，就问那人干什么，那人说不干什么，路上看见了，"聊取之耳"。陶侃大怒道："汝既不田，而戏贼人稻！"自己不耕种，还要祸害人家的东西，陶侃说罢便"执而鞭之"，他非常反感不珍惜粮食的人，因此"百姓勤于农殖，家给人足"。其二，"时造船，木屑及竹头悉令举掌之，咸不解所以"，都不明白陶侃留那些东西干什么。后来积雪融化的时候，"听事前余雪犹湿，于是以屑布地"，木屑派上了用场；再后来桓温伐蜀，"又以侃所贮竹头做丁（钉）装船"。因此，陶侃癖的实质正在"动无废物"。今人认为，世间没有废物,只有放错了地方的资源。陶侃的概念里还没有"循环经济",但其行为已然在践行之。

陶侃还是个"节约"亦即珍惜光阴的典范。他常对人说:"大禹圣者,乃惜寸阴,至于众人,当惜分阴,岂可逸游荒醉,生无益于时,死无闻于后,是自弃也。"那些级别较高的部下,如果"以谈戏废事",他就把他们喝酒、下棋的家什,"悉投之于江";级别较低的,"则加鞭扑",一边打还一边骂:"樗蒱者,牧猪奴戏耳!"对赌博的人鄙视到了极点。

郭子仪与陶侃很有一些可比之处。作为中唐名将,"安史之乱"后,是他率领大军收复长安、洛阳两京;作为大臣,晚年的他享有崇高的威望和声誉。唐肃宗感叹说:"虽吾之家国,实由卿再造。"有个故事说,郭子仪七十大寿时,幼子郭暧的老婆——唐代宗掌上明珠升平公主,因为拖拖拉拉不肯早来给公公拜寿,被积怒良久的郭暧拳脚相加,并且对动辄端着公主架子的老婆气愤地说:你不就是仗着你父亲是天子吗? 我父亲还不愿做那皇帝呢! 京剧里有一出保留曲目《打金枝》,讲的就是这回事。有意思的是,经此一番风波,升平公主来了个"脱胎换骨",不仅性情变得柔顺,而且一心一意相夫教子,孝敬公婆,循规蹈矩地扮演着郭家媳妇的角色。郭子仪的确有做皇帝的条件,但终其一生,却是"权倾天下而朝不忌,功盖一代而主不疑"。

有"陶侃之癖"的郭子仪,节约方面又到了什么程度呢?《唐语林》云,其"每收书皮之右剺下者,以为逐日须,至文帖余悉卷贮。"就是说,他经常让人把书信边上的空白部分纸给裁下来,日积月累地攒着;就是公文什么的,看完了也都收起来,装订好,"每至岁终,则散与主守吏,俾作一年之簿",让大家翻过来继续使用。有一天,裁纸的小刀断了,"不余寸许",他身边的工作人员也不是丢掉了事，而是削了两小块木板，"加于折刃之上，使才露锋"，继续用来裁纸。郭子仪"嘉其用心"，感叹"真郭子仪部吏也"。

陶侃和郭子仪，位高权重，都是伸手要什么就可以来什么的人，原本不必凡事精打细算，所谓"有条件挥霍"，但在没有制度约束的情况下却能够自律至此，委实要令当时以及后世那些滥用"职务消费"且津津乐道以为能耐的官员汗颜。

从来有癖好的人，都容易给人找到攻克的"突破口"。《浪迹丛谈》里有个叶天士，医术没得说，在清朝雍乾间十分著名，但这人架子不小。有个富人家的孩子病得很重，"念非天士不能救"，但又担心家里离城太远，叶天士不肯上门出诊，于是便百般打听他的嗜好。知道叶天士很喜欢斗蟋蟀后，"乃购蟋蟀数十盆"作为诱饵，通过中间人许诺："君能治儿，则蟋蟀皆君有也。"结果，叶天士不仅大老远地跑来了，而且施展出了自己的看家本领，把孩子从死亡边缘抢救了回来。《明史》载，那个与唐伯虎齐名的大才子祝枝山"尤工书法，名动海内"，一天到晚求他的文章及墨宝的人极多，因为他"好酒色六博"，所以知道这层底细的人往往"多贿妓掩得之"。

这在今天也是一样。比方厦门海关原副关长接培勇原本对赖昌星不屑一顾，赖昌星曾提出送他儿子到国外读书，安排他弟弟到香港发展都被他拒绝。后来赖昌星弄来绝版的《毛泽东评点二十四史》、一幅由九位当今知名画家合作的牡丹图和一些当今名家的书画作品奉上，自诩颇有文化修养的接培勇便招架不住了。癖好就是这样容易使人入彀。但是，有"陶侃癖"者则不然。这是一个在任何时代都值得大力推介的"癖好"，不仅仅是在建立节约型社会的前提下。

俭

　　在去年(2004)的全国"两会"上,不少人大代表呼吁:领导干部不要做时尚的领头人。呼吁基于我们都习见的一种现象,有些领导干部热衷于赶时髦,扮演着时尚消费引导者的角色。比如说手机,要想知道什么是最新款,留意一下领导干部手上拿的就能猜个八九不离十了。"楚王好高髻,宫中皆一尺;楚王好细腰,宫中皆饿死。"上行下效,前人已有精辟的总结。被八国联军赶去"西狩"的光绪皇帝,在"衣履敝垢"之际,"一日内侍进呈新袜",因为"式劣"还非常"不悦"。内侍到慈禧那儿告了一状,慈禧赶来当面问他"袜佳耶?""差长否?"光绪"然"了两然,才老老实实地穿上。

　　古时的物质没那么丰富,诱惑没有现在那么多,住房、用"车"又都有严格的规定,僭越不得,能引领时尚的,也就是在自己身上打点儿主意,当然,正式场合的官服又是个例外。唐朝路岩,"风貌之美,为世所闻",他在成都当官时,整天"以妓乐自随,宴于江津",吃喝玩乐。路岩"善巾裹,蜀人见必效之",于是他又"翦纱巾之脚,以异于众也"。路岩所引领的时尚,到了闾巷之人但盛装修饰必被讥之以"尔非路侍中耶"的地步。《万历野获编》云,明朝首辅张居正"性喜华楚,衣必鲜美耀目,膏泽脂香",下面的官员们"一时化其习，多以侈饰相尚"。工部郎徐渔浦没什么家底，但"每客至，必先侦其服何纾何色，然后披衣出对，两人宛然合璧，无少参错"。还有个太守叫金赤城的，"家无儋石，貌亦甚寝"，但只要走近他的家，"则十步之外，香气逆鼻，冰纨雾谷，穷极奢靡"，连尿盆都是银的，史书却说他"作吏颇清白"，十分滑稽，不贪不占支撑得起这种消费吗？

福康安就更不得了，无论走到哪里都要"笙歌一片，彻旦达宵"，行军打仗也不例外。他本人喜欢昆曲，"每驻节，辄手操鼓板，引吭高唱"，至于"虽前敌开仗，血肉交飞"，他这里"袅袅之声犹未绝也"。福康安是傅恒的儿子，三藩之乱后成为清朝异姓封王的第一人，颇受赏识。福康安爱穿紫色衣服，大家争着效仿，"谓之福色"。这些记载，是官员奢的一面所引领出的"时尚"。与之相对应，则是俭，当然，只是相对意义上的，对不同的人来说，俭的内涵并不一样。对明朝皇帝朱元璋来说，衣服洗过了还肯再穿，就是一些人眼中的俭了。《典故纪闻》云："太祖视事东阁，天热甚，汗湿衣，左右更衣以进，皆经浣濯者。"参军宋思颜便在一旁发感慨了："主公躬行节俭，真可示法子孙。"是朱元璋头一回如此，还是宋思颜在大拍马屁，且不计较，但宋思颜接下去的话却说得不错："臣恐今日如此，而后或不然，愿始终如一。"这些话让朱元璋听了很受用，他借题发挥说："此言甚善。他人能言，或惟及于目前，而不能及于久远，或能及于已然，而不能及于将然。今思颜见我能行于前，而虑我不能行于后。信能尽忠于我也。"

朱元璋的例子实在有些特殊。但作为一个官员尤其是方面大员，自己以身作则，是可能改变一地陋习的。《郎潜纪闻二笔》里有一位董教增，刚到任四川时，那里"俗尚华侈"，乃下决心扭转过来。他有一条原则是："每公宴，诚不用优伶。"吃饭就是吃饭，不用那些花里胡哨的玩意助兴。有次总督勒保请他喝酒，"公至门，已通刺矣，闻音乐声，即返去"。总督是当地"一哥"，名片都递上了，哪里还有不进去的道理？但董教增仍然掉头就走，待"勒公为之撤乐，乃复至，饮尽欢，风尚为之一变"。董教增不是和勒保过不去，而是践行言出必行的诺言，勒保也极其认同，因而"蜀人两贤之"。

　　不过，在"俭"的行为之下，还要擦亮眼睛，分清性质。比如《池北偶谈》里有个刘念台，"居常敝帷穿榻，瓦灶破釜"，结果别人登他的门，"饰舆骑而来者，多毁衣以入"，好衣服也得弄破几个洞，与他保持同步。刘念台"偶服紫花布衣，士大夫从而效之，布价顿高"。看到这个效果，刘念台也许会很高兴，但别人是被迫而俭，顺着他，做样子给他看，说到底他还是被蒙了。对官场油子而言，做样子并不是什么难事，李宝嘉《官场现行记》之"巧逢迎争制羊皮褂"，揭示得痛快淋漓。不过，这里署院的"俭"与刘念台的，完全是两码事。在署院的"带动"下，"浙江官场风气为之大变。官厅子上，大大小小官员，每日总得好两百人出进，不是拖一爿，就是挂一块，赛如一群叫化子似的。从前的风气，无论一靴一帽，以及穿的衣服花头、颜色，大家都要比赛谁比谁的时样，事到如今，谁比谁穿的破烂"。关键在于，那个穿的顶顶破烂的人，大家都朝他恭喜："老哥不久一定得差得缺的了！"那么，这纯粹是一种欲进先退的时尚。

　　清朝乾隆进士、广东海康人陈昌齐说过："人必须节俭，然后可以立品。"说"人"而不是说官，可见此中之"品"不是官品而是人品。节俭与否的确可以上升到人品的高度，尤其是对待公款消费的态度上。此番人大代表的呼吁，旨在呼吁尽快规范干部职务消费行为，莫让少数干部利用职务之便行奢侈浪费之风吧。

说一丈不如行一尺

3月10日（2010），在全国政协十一届三次会议第四次全体会议上，广州市政协主席朱振中作了题为"狠刹搞形式唱高调耍花架子的不正之风"的发言。报道就赢得的掌声着重强调了一下，不过有的说响起了9次，有的说11次。我们在其他领域貌似严谨的各种统计数据都不堪一击，也就不要苛求现场"数数"的记者了。朱委员要狠刹的现象，不外"一些地方、一些党政机关、一些领导干部，仍然存在或出现一种不实事求是的不正之风"，搞形式、唱高调、耍花架子云云。

允许抬杠的话则很想问：讲话的、鼓掌的，在来开会之前对被批判的习气沾染了多少，回去后会否有所改进？倘若没什么两样，宋人刘元城的"说得一丈，不如行取一尺"，便仍然振聋发聩了。概因今日太多的情形跟刘元城说话时差不多，对官场恶习、社会痼疾都只停留在"说"的一面，好像与浸淫其中的自己浑然无关。也就是说，在"行"的一面，从我做起云云则极度罕见或干脆不见。宋朝御史中丞王畴弹劾大理寺丞杨枕就更有意思了，说他"口谈道义，而身为沽贩；气凌公卿，而利交市井；畜养污贱，而弃远妻孥"，典型的说一套做一套。而在明朝户部主事周天佐眼里，国家层面也没有好多少，一句"示人以言，不如示人以政"，十足说明问题。

周天佐的话说在嘉靖年间,御史杨爵下狱,周天佐疏言力救。杨爵是因为讲了一些不中听的话,"方今天下大势,如人极衰,腹心百骸,莫不受病"之类。他不是图个口快,而有五点论据作支撑,比如其一,"翊国公郭勋,中外皆知其恶",而"圣德优容,不止于微";其二,杨爵巡视南城,发现"两月中冻饿死者八十一人。此一城耳,五城不知有几也。千里之远,耳目所不及,又不知有几也",而这一切,在于陛下"浚民膏血而不知恤"。周天佐救杨爵,用的是"以子之矛,攻子之盾"法,"迩者九庙灾,陛下痛自修省,使诸臣实论时政,此治道更新、转灾为祥之机也",而"今陛下示人言耳。杨爵在狱,未见政也。承平日久,天子尊严,唯喏者多,忧危者少,不负此义,惟一杨爵。而圣怒之下,不名小人,则曰囚犯。夫纳忠而名小人,奉职而目囚犯,欲为君子端士易所处矣"。可惜,周天佐非但没有救成杨爵,反而被嘉靖"命廷杖,狱吏绝其伙食,三日死",后人只有哀之又鉴之了。

谁要是编纂一册中国漂亮话集子,必可洋洋大观。明太祖初置御史台,命汤和等为左御史大夫,其中说道:"盖己不正则不能正人,是故治人者必先自治,则人有所瞻仰。毋徒拥虚位,而漫不可否,毋委靡因循以纵奸长恶,毋假公济私以伤人害物。"他所重复的都是刘元城的道理。给人家讲道理很明白,但朱元璋自己的表现又如何呢?"己正"了吗?"自治"了吗?说了一丈,却没行进一尺。

《宋史》上有刘元城(安世)的传,足以印证他的"行一尺"。初除御史尚未领命时,他对母亲坦陈:"倘居其官,须明目张胆,以身任责,脱有触忤,祸谴立至。"然当朝皇帝强调孝,"若以老母辞,当可免"。但母亲勉励他"捐身以报国恩",倘若"得罪流放,无问远近，吾当从汝所之"，了了他的后顾之忧。因此，刘元城"在职累岁，正色立朝，扶持公道"，尤其是他"面折廷争"之时，皇帝盛怒不要紧，他"执简却立"，先不忙说，"伺怒稍解，复前抗辞"，致使"旁侍者远观，蓄缩悚汗，目之曰'殿上虎'，一时无不敬慑"。晚年时，大权在握、"能生死人"的梁师成派人前来请他重新出山，来人以"为子孙计"诱之，元城笑谢曰："吾若为子孙计，不至是矣。"比较这种境界，今天的许多官员真该汗颜才是。

从同时代真山民的《读刘元城言行录》中，亦可知刘氏之风骨。诗曰："一扫权奸九十章，七州不惮历炎荒。黄粱富贵百年短，青史是非千载长。丞相虽存心已死，先生既葬骨犹香。向令铁汉常留在，天下何缘有靖康。"高斯得更有《书室揭刘元城陈了斋像以自厉》："我昔天台游，偶得陈公像。以公谪是邦，祠堂悬真相。寻执宪于衡，复得划元城。以公子孙寓，家传遗写真。揭之书室内，朝夕得晤对。焉能为之役，妄意他年配。刘公色贞坚，疾悼固宜然。陈公甚和易，排京乃敢言。悼京为腐草，二公长不老。汝其择于斯，庶以传不朽。"崇敬之情，溢于言表。

当下的一个社会现实是，对社会痼疾，人人可以揭批得唾沫横飞，连位高权重的官员也动辄要拍案怒斥一回、痛陈一番，但不知解决问题该交给谁人。倘若仅仅停留在"暴露"层面，除了"老鸦落在猪身上——光瞧见别人黑不知道自己也黑"，则如朱委员之类发言所赢得的掌声数量无论多少，充其量也只是一时的快感。只有大家都来"行一尺"，哪怕"行一寸"，社会才有希望。

廉易，耻难

《朱镕基答记者问》虽然"低调"面世（2009），仍然受到了读者的热捧。本书汇集的都是当年旧事，何以能引起轰动？无他，这位前总理言谈的掷地有声，给人们留下了太深印象，重温之，又能触发许多现实感慨。比如在 2000 年全国"两会"闭幕时的记者招待会上，朱镕基说："我只希望在我卸任以后全国人民能说一句，他是一个清官，不是贪官，我就很满意了。那么再看开一点说，朱镕基还是办了一点实事，哎呀，我就谢天谢地！"

"宽一分则民受赐一分，取一文则官不值一文。"如此浅显的道理谁都清楚，历史上也确实产生了不少清官。《癸辛杂识》云："刘伯宣为宣慰司同知，去官日，泊北关外俞椀盏家之别室，一夕为偷儿盗去银匙箸两副，及毛衫布海青共三件。"虽然偷的东西不多，也不得了，因为第二天刘家"几无可著之衣"。刘伯宣对邻居说："此辈但知为盗，而不知吾乃穷官人也。所有之物，不过如此。"那小偷显然看走了眼，以为凡是当官的就能一偷一个准，今天各地不是时常爆出小偷偷出贪官的新闻吗？《不下带编》中金埴讲到的许应逵也是这样，说"许应逵守东平，临调去，百姓感恩，多泣送者"。晚上在旅馆，许应逵对仆人说："为吏无所有，只落得百姓几眼泪耳！"仆叹曰："阿爷囊中不著一钱，好将眼泪包回去做人事送亲友。"人家回去封红包装的是钱,你的就装眼泪吧,"许为之抚掌"。后来另有位清官杨由离任,百姓借用了这个典故赞美他。那是康熙五十六年(1717),杨由致政归,"吏民走送,哭泣不绝",民谣云:"归囊不著一钱行,三载真留慈父名。落得小民几多泪,包将归去作人情!"

但依赖个人修养而非体制约束产生的清官,只能是极少数,所以我们见识更多的还是贪官,吴晗先生更偏激地认为,一部二十四史就是一部贪污史。在这个问题上,宋朝曹彬的话很有代表性:"好官亦不过多得钱耳,何必使相也。"当多大的官是次要的,来多少钱是主要的。所以,既曰贪官,就是那些不论级别高低,能捞一把就捞上一把的人,真要有心出重拳的话,走眼的现象不会多见。《万历野获编》云,嘉靖四十四年(1565)巡按御史浙江黄廷聘回籍,"过衡山县,不礼知县陈安志",陈安志恼了,"发其箧,得金银诸物甚夥"。这一下把黄廷聘整老实了,"惶惧逊谢",陈安志也就还了他的东西。他原本就是要煞煞黄某人的气焰,跟反腐败了不相涉。嘉靖四十五年(1566)有件事也很有意思:给事中何起鸣追论巡抚郧阳都御史陈志先,因为陈志先任御史按江西,"归家过崇安县"时出了插曲,他倒不是牛皮哄哄,而是"亡其四橐",丢了四大口袋东西。建宁府推官吴维京"为捕获得之",结果发现"其中皆金宝,且有簿一扇,载赂遗不下数万"……这就当真与今天小偷偷出贪官完全丝丝相扣了。清朝有人一针见血地指出:"知府、知县幸不甚知,知则劫富民,噬弱户,索土产,兴陋规,百姓更不堪命。巡抚、巡道幸不常巡,巡则搅驿道,折夫马,斥供张,勒馈贶,属吏更不堪命,仍苦百姓耳。"这种说法虽然也走了极端,但实在不难理解讲话人的心境。

鄂尔泰是雍正朝的一位重臣,雍正帝之《朱批谕旨》收有《鄂尔泰奏折》，汇集了他在云贵广西总督任上的奏疏，不乏精辟见解。比如他说："盖谬拘臆见，薄务虚名，不以民事为事，不以民心为心，固未有能奏效者，恐廉吏与贪吏罪同等，好事较误事害更大。"这就是说，清廉只是为官的底线，还需要像前总理所说的要"办一点实事"。《管锥编》云，公孙弘"为布被"，且"食一肉，脱粟之饭"，不可谓不廉，而曲学阿世，何无耻也；冯道刻苦俭约，不可谓不廉，而更事四姓十君，何无耻之甚也。所以清初著名学者阎若璩说"廉易而耻难"，因为"廉尚可矫，而耻不容伪"。当然，这是一种相对的说法，相对"耻难"才"廉易"，真正的廉，不仅不易，而且大不易。再当然，对于今天的诸多恬不知耻的"两面人"来说，"伪"也"容"得极其自然了。

明朝范景文曾经疏言："今天下仕路，举国若狂，嗜进如骛，毋亦衡鉴之地，先自不清，而欲其恬淡寡营，讵可能乎？"范景文时为吏部典选，他这番话是针对选拔官员说的。因此，他搞了两个约定，一个是"与需次诸臣约"，约的是"一行嘱托，臣不能为之讳"；另一个是"与同事诸臣约"，约的是"一听嘱托，亦愿就选诸臣勿为臣等讳"。谁都不要搞小动作。两个约定归结为一点，等于现在不断强调的"公开"。范景文为后世尊称"二不尚书"，根据就是他在大门上张贴的"不受嘱，不受馈"六字。这一点，不知今日几人能够做到了。当然，东窗事发之前，好像哪个地方都能做到，哪个官员都能做到。

年龄门

国际体联 2 月 27 日（2010）宣布，已确认我国运动员董芳霄在参加悉尼奥运会时，实际年龄小于年满 16 岁的参赛要求，但中国体操协会对董芳霄的年龄造假予以否认。去年在国际赛场上闹得沸沸扬扬的，还有篮球运动员易建联的"年龄门"，国内一家媒体从易建联老家找到的证据证明其出生于 1984 年，而不是他对外宣称并在 NBA 联盟注册的 1987 年。不要小看这 3 年之差，在国内无所谓，在 NBA 那里，涉及选秀资格以及年薪问题。

环诸官场，"年龄门"更比比皆是：在档案上肆意改动年龄，以求在官位上多赖一两年的行为，一度非常猖獗。这一点因为不干外国人的事，变得他们不计较，我们也纵容吧。这种怪现象究竟始于何时？杜甫的"酒债寻常行处有，人生七十古来稀"，我们都很熟知，其实这只是一种好听的说法，不大好听的则是孙冕的"人生七十鬼为邻，已觉风光属别人"，要"莫待朝廷差致仕，早谋泉石养闲身"。所以，至少宋朝官员的退休年龄以 70 岁为界。王栐《燕翼诒谋录》中有不少此类记载，如宋真宗咸平五年（1002），"诏年七十退者，许致仕，如因疾或历任有赃犯者，不在此限"。大中祥符九年（1016），"诏乞致仕者，审官院具历任有无赃犯检勘，吏部申上取旨"。仁宗景祐三年（1036），侍御史司马池上言："文武官年七十,令自陈致仕。"庆历二年(1042),"御史中丞贾昌朝上言,臣僚年七十筋力衰者,优与改官致仕。诏从之"。至和元年(1054),"诏文武官年七十以上未致仕,更不考课迁官,有功于国,有惠于民,勿拘"。嘉祐三年(1058),"又诏年七十,居官犯事未致仕,更不推恩子孙。凡此者,皆以法绳之也"。"赃犯"的就不用说了,总之70岁是条硬杠杠。

《宋史·胡宿传》亦载,仁宗时大家议论,"七十当致仕,其不知止者,请令有司按籍举行之",自己不自愿退的要强制退。不过,胡宿反对这种一刀切的做法,认为对武官应"察其任事与否,勿断以年;文吏使得自陈而全其节"。他说得有道理,可惜出发点却是"优老之义",从人情上来考量。胡宿难道不知,"任事与否"的口子一开,尺度可以弹性得没有边界吗?《苌楚斋五笔》云,光绪八年(1882)左宗棠70岁之际,仍然"高谭雄辩,口若悬河,声如洪钟,气象甚伟",却"自言年来,不能任事",有人拍马屁说你老人家"尚须为国家办事廿年,再行退老林泉"。左宗棠高兴极了,"手握长杆大烟筒,不时呼'烟来'二字"。左宗棠属于有本事的一类,可以再干,而倘若没有制度硬性约束,更多的浑浑噩噩之辈会在这样的奉承之下,厚着脸皮"发挥余热"。

像易建联那样年龄由大改小,或像董芳霄那样由小改大,都不乏见,怎么改,视各自的具体情况。宋朝王鼎,"性廉不欺,尝任其子,族人欲增年以图速仕,鼎不可",族人就是想由小改大。魏司马朗12岁去考试,"监试者以其身体壮大,疑朗匿年"。问他,司马朗说,我们家人遗传这种体型,"朗虽稚弱,无仰高之风,损年以求早成,非志所为也",结果令监考的"异之"。正是有这些状况的存在吧,隋朝时,"民部侍郎裴蕴以民间版籍,脱漏户口及诈注老小尚多,奏令貌阅,若一人不实,则官司解职"。而妄改年龄的,如果只瞻前不顾后,难免会出现偏差。《清稗类钞》之"部吏索贿于某封翁"说的就是这种事。有个礼部尚书的父亲早年打仗死了,他是遗腹子,同乡为他老母亲请求旌表,"文已至部,方缮办间",有个礼房吏三更时找上门来。问他什么事,答"为公请旌事"。问请旌事为什么来找我? 答:"公请旌,须给小人万金。"问,那你是不是敲诈我呢? 答,不是,是为你办事。问怎么回事,答你父亲是哪年哪年死的,作为遗腹子,你今年应该是多少岁,"然公考试时,少报两岁,是太夫人生公,在封翁殁后二年,于理未洽"。因为改了年龄,遗腹子对不上板了,礼部尚书这时才意识到问题的严重性。礼房吏出主意说,你考试时,"府县院及吏部皆有档册,服官后,礼部及各衙门亦皆有档册,应将各衙门所报年岁逐一更正",而这一重新改正,得花不少钱。尚书"从其言,赠金如数而去"。

今天的"年龄门"与从前的,除了超越国界这点,没有本质区别吧。董芳霄之外,北京奥运会上的何可欣、江钰源等,都曾因年龄问题引起不小的非议,"可能"达不到年龄。然董芳霄的"年龄门"是自己露的馅儿。她在悉尼奥运会上的参赛注册信息是生于1983年1月20日,但在2008年北京奥运会担任技术官员时,她又声称自己生于1986年1月23日。报道说,国际体联取消了她参加1999年世锦赛、1999—2000年国际体联世界杯系列赛及2000年体操世界杯总决赛的所有成绩,教训可谓深刻,但不知能否为仍然信誓旦旦的相关人士引以为戒。

言清行浊

要过年了(2004),预防领导干部"节日病"又成人们关注的焦点。各种严厉的或语重心长的"不准""远离",早已经"N 令 M 申"了,而无论哪里总结起拒收"红包"的"战果",也都辉煌得很,但是谁的心里都非常清楚,这个问题要想得到根本解决没那么容易。否则,断不至于如一篇总结报道为了显示整治力度所不经意间透露的:随着时间的推移,当地"红包"的交易越来越频繁、数额越来越大。某种意味上,这是对先前"战果"的证否。

《三垣笔记》云,崇祯时期的傅振铎说过:"凡招权纳贿,言清而行浊者,虽日讲门户,日附声气,而亦真小人也。凡不招权,不纳贿,品高而名暗者,虽门户无讲,声气无附,而亦真君子也。"言清行浊,说的是清白好话,干的是污浊坏事,用于形容人之言行不一,概括得精辟至极。不过,这样的话唐朝李虚中已经说过,"言清行浊,执不通变"云云。《水浒传》第十八回"林冲水寨大并火"之前,林冲也曾公开指责王伦:"这是笑里藏刀言清行浊之人!我今日放他不过!"金圣叹在此批注曰"快绝妙绝,读之神旺",认为林冲要杀王伦,"非一朝一夕之心矣"。应当说,对一个痼疾的认识和治理措施,每到一定时候就要重申,就要强调,周而复始,不厌其烦,实乃没有收到应有成效的折射。所以如此,正在于有许多言清行浊之辈。让他在台上唱高调子，无论唱什么调子，他都能唱得非常动听，但私底下的行动却龌龊不堪。前几年，媒体以"两面人"呼之，远不如傅振铎骂的"真小人"切中肯綮。小人，本身已是人格卑鄙的人，再加上一个"真"字，憎恶到了骨子里。

从傅振铎那里再早上差不多两千年，《史记·孙子吴起列传》中，司马迁引用了当时的一句俗语："能行之者未必能言，能言之者未必能行。"意思很浅白，能做到的未必能说到，而能说到的未必能做到。较之傅振铎的话，这俗语实有异曲同工之处，不过略显客气而已。但这句客气话，却从侧面向我们告知了此类人等的"起源"时间，说明他们的传统也是"源远流长"的。

一些官员言清行浊是客观事实，但对多数未必称得上是"真小人"的官员，为什么也在许多不准的事情上——比如收"红包"不能罢手呢？怎么就不把禁令当回事呢？苏辙《龙川略志》"与王介甫论青苗盐法铸钱利害"条，其与王安石有一段对谈，很有意思，不妨作一参照。

那是王安石问起私盐泛滥、屡禁不止的状况，苏辙说大家认为杜绝私盐要三管齐下，"其一，立盐纲赏格，使官盐少伴和，则私盐难行；其二，减官价，使私贩少利；其三，增沿江巡检，使私贩知所畏"。但他的态度比较悲观，以为"利之所在，欲绝私贩，恐理难也"，利益的诱惑实在太大，不催生私贩是不可能的。王安石不同意苏辙的观点，觉得"但法不峻耳"，严一点儿就不一样了。苏辙说，贩私盐最高可以判处死刑，你还要刑罚怎么严厉？"而终不可止，将何法以加之"。安石举例说，如果一个村子里有一百户人家贩卖私盐，而只抓获了一两户，别的人家肯定会说："此不善贩，安有败？"真是笨蛋，干这个都能给抓住？所以他们还会继续干。"若五家败，则其余少惧矣"，如果抓获了五家，别的人家就该有点而害怕了；如果抓获了十家，"则其余必戢矣"，就一定有所收敛了；"若二十家至三十家败，则不敢贩矣"，为什么呢？"人知必败，何故不止？"贩私盐就要完蛋，铁定如此，也就没人干了；相反，如果私盐贩子漏网的太多，大家都知道这么干没什么大不了的，根本上的制止也就无从谈起。那么，王安石的"法不峻耳"，实际上说的是法之不"均"，犯了同样的事情，多数人能逃脱惩罚，法律就起不到震慑的作用。

二人关于私盐禁而不止的这番议论，完全可以套用于当下的"节日病"。每当各级部门宣布成果，都沾沾自喜地炫耀"红包"上缴了多少，这些数字并没有丝毫意义。尽管和哪一年的相比，拒收或上缴的"红包"数量上升或下降了一个多么了不起的数字，但因为这数字与客观存在的、无法能得其详的数字并不构成真实的对比。收受他人巨额贿赂后，将其中一小部分上交至廉政账户，却将大部分的款项收入私囊，这样的贪官早就屡见不鲜。因此，归根到底，要像王安石判断的那样，倘若以一国只有百名官员来打比方的话，收"红包"的，"败者"不能"止一二"，也不能止于五个、十个，而应当是二十、三十或更多，也就是使官员能产生明确认识：一旦收受"红包"，则"知其必败"。

在《龙川略志》"议奏荐门客"条，苏辙还说过："非知之难，蹈之实难。"包括拒收"红包"在内，什么道理其实都不用讲得太多，谁都清楚，不明白的只是装糊涂而已，难的是付诸实践，或者这正是"真小人"与"真君子"之所以产生的逻辑前提。那么是不是可以这样认为，当下的诸多禁令、不准，只能对"真君子"能起到作用，而对"真小人"，除了严厉打击，别无他途。

人事

一则《江南小县一个教育局的超额人事任免》的网帖(2010)写道:据不完全统计,浙江省金华市浦江县教育局在2010年2月到7月期间,竟然进行了84人次的人事任免。为什么会这样呢?据知情人士透露,该教育局局长已从2003年任职至今,因为明年肯定要换届,于是赶在换届前进行洗牌,从中捞取好处。发帖者甚至声称,局长从突击提拔的70余人次中,每人次收取了2—10万元不等的钱物,累计收受贿赂在150万元以上。

今天的人事,主要是指人员的录用、培养、调配等,人事部门为各单位所必有,国家机关层面曾经设有人事部,现在与劳动和社会保障部合并成为人力资源和社会保障部。从前的人事则没有这层意思,指人世上的各种事情。《归潜志》云,李长源"虽才高,然不通世事,傲岸多怒,交游多畏之"。李钦叔评价:"长源上颇通天文,下粗知地理,中间全不晓人事也。"李长源听到后大笑,认为说得正是。李长源非等闲之辈,元好问有《过诗人李长源故居》存世,"千丈豪气天也妒,七言诗好世空传"云云。

从前的人事,还指说情、请托,或者赠送的礼品。《后汉书·黄琬传》载:"旧制,光禄举三署郎,以高功久次才德尤异者为茂才四行。"但这是规章上,实际上呢,"权富子弟多以人事得举,而贫约守志者以穷退见遗",所以京师谣曰:"欲得不能,光禄茂才。"黄琬联合陈蕃,"显用志士",力图扭转这种状况,结果得罪了既得利益集团,"为权富郎所见中伤",最后"俱禁锢"。

《西游记》里的人事故事也很有名。唐僧师徒千辛万苦到达西天,如来吩咐阿傩、伽叶,"你两个引他四众,到珍楼之下,先将斋食待他。斋罢,开了宝阁,将我那三藏经中,三十五部之内,各检几卷与他,教他传流东土"。交待得这么具体,阿傩、伽叶还是拨弄自己的算盘,在"引唐僧看遍经名"之后,问他:"圣僧东土到此,有些什么人事送我们? 快拿出来,好传经与你去。"唐僧说不曾备得,两个家伙笑了:"好,好,好! 白手传经继世,后人当饿死矣!"结果,"白手"传"白经",唐僧拿到的所谓经书,"原来雪白,并无半点字迹"。师徒四人到如来那儿告状,如来为下属辩护还振振有词,"经不可以空传,亦不可以空取"之类讲了一大套。阿傩、伽叶奉命到珍楼宝阁再检几卷"有字的真经"时,"仍问唐僧要些人事",唐僧没办法,只有把化缘的饭碗——"唐王亲手所赐"的紫金钵盂"双手奉上"。阿傩接了,"但微微而笑",勉强受用,而那些管珍楼的力士、管香积的庖丁、看阁的尊者,"你抹他脸,我扑他背,弹指的、扭唇的,一个个笑道:'不羞! 不羞! 需索取经的人事!'"

当官而索取人事,历来都痛恨归痛恨,却习以为常。《解愠编》里有则笑话。新官赴任,问胥吏曰:"做官事体当如何?"吏曰:"一年要清,二年半清,三年便混。"官叹曰:"教我如何熬得到第三年?"《啸亭杂录》说和珅当道时,王杰似有先见之明,"绝不与之交,除议政外,默然独坐,距和相位甚远,和相就与之言,亦漫应之"。一天和珅来套近乎,执王杰手笑曰:"何其柔荑若尔?"不料马上被王杰噎了一句:"手虽好,但不会要钱耳!"同样的故事,在

《清稗类钞》里主人公变成了清末未发迹时的袁昶和某相国总管，此番"正色"的自然是袁昶，且与和珅的"绝然退"不同，总管"面红耳赤者有顷"。无论王杰还是袁昶，都是在讥讽对方只知道要"人事"。

明朝焦竑非常推崇汉代大司徒王良的清廉，自己能"布被瓦器"，妻子每"布裙曳柴从田中归"。焦竑发问："今之人有官清要而蒲席布被褥者乎？其妻有操井臼以养者乎？第施施然藉其权力，渔猎小人，为肥家饱妻子之计而已。"春秋时"楚之乐人"优孟编了首贪廉关系歌："贪吏而可为而不可为，廉吏而可为而不可为。贪吏而不可为者，当时有污名；而可为者，子孙以家成。廉吏而可为者，当时有清名；而不可为者，子孙因穷，被褐而卖薪。贪吏常苦富，廉吏常苦贫。"这种倒是有点劝人向贪，而要说教育僚属，还是康熙时的云贵总督巴锡说得最好："天生我为人，又与知觉，此恩不可负的。皇上赏与官服，把地方付托了，若不实心为百姓，把地方弄得不像样，便负朝廷的恩了。父母生儿子一场，好容易得他做官，若儿子贪赃枉法，百姓那些人定要骂到他父母上去，这就是大逆不孝了。"

就教育局局长上演的最后疯狂，浦江官方的回应予以否认，他们说今年总共进行了两次人事任免，涉及 46 人，所有的都是照章办事。而涉事局长本人也早知此事，但并不在意，只是说"随他们说，干好自己的工作"。不过，这个问题还是搞清楚的好，造谣抑或检举，实不难泾渭分明，别放过坏的，也别冤枉了好的。这些年来，借人事来索取"人事"，我们都耳闻目睹得多，否则，民间何来"不跑不送，原地不动"之类的民谚？

弹发御史

全国"两会"开始(2009)之后,媒体的报道始而照例有娱乐化的趋向,什么美女记者抱住张艺谋请求给点儿"下锅菜"啦,什么冯小刚为避开采访躲进了厕所啦。加上很有一些代表委员谈不到"政"事上,该趁着60周年国庆把牡丹确定为国花呀、该恢复繁体字别断绝了传统文化的继承呀,很让人忧心忡忡。仿佛国家花了那么多的钱把大家集结在一起,就是要他们闲扯淡。可喜的是,媒体随后真正表现了监督的功能,代表委员的各种"雷人"说法刚一出现,立刻予以毫不客气的批评。

由出席"两会"的代表委员想到从前的"言官",也就是谏官。二者是存在共同点的,那就是既要说话,更要敢说话,尤其是敢说真话。说真话就意味着讲问题,讲那些实际情况的确如此但却不大中听的话。"两会"毕竟是议论并决定国家大事的地方,国家需要根据地方的真实状况修订或完善决策,把平时里讲惯了的那套又大又空的话再搬到这里来,不仅对决策毫无益处,而且连累会议本身也会变得毫无意义。

《玉堂嘉话》引《西溪折槛铭》云:"世多张禹,代无朱云。"此语有些绝对,且不理会。汉成帝时的朱云痛感"今朝廷大臣上不能匡主,下亡以益民,皆尸位素餐",当廷请求皇帝赐他"尚方斩马剑,断佞臣一人以厉其余"。这个"佞臣一人",正是成帝的老师、丞相张禹,结果就有了"朱云折槛"的故事传世。不过,"世多张禹"固然不假,朱云自西汉之后也还是有的,魏徵、海瑞不就赫赫有名吗? 不那么知名的就更多了。明朝洪武时,御史齐鲁"以言事触上怒",朱元璋"命力士击落(其)二齿",齐鲁慢慢俯身捡起来说:"此二齿当送史馆。"明朝洪熙时,翰林侍讲李时勉因为进谏"制中不宜屡进嫔妃"等,惹得那短命皇帝大怒,"命左右以金爪拉其肋,拽出下狱"。此两例,同样触目惊心。所以,那句"代无朱云"改作"代乏朱云"更恰当一些,不是没有,而是很少。

还有一种言官,他也说话,说出来的却全是没用的废话甚至笑话。拈宋人笔记《东轩笔录》一例。仁宗庆历年间,"卫士有变,震惊宫掖,寻捕杀之"。这时御史台官员宋禧说话了:"此盖平日防闲不至,所以致患。臣闻蜀有罗江狗,赤而尾小者,其傲如神。愿养此狗于掖庭,以警仓卒。"于是,时人就称宋禧为"宋罗江",等于骂他。另拈《倦游杂录》一例。宋时御史台制度:"凡御史上事,一百日不言,罢为外官。"有个叫王平的,眼看"垂满百日,而未言事"。有同僚期望还不小呢,说"王端公(平)有待而发,必大事也"。终于那老兄有札子了,大家一看,却是"弹御膳中有(头)发"。其弹词曰:"是何穆若之容,忽睹卷如之状。"再拈清人笔记《啸亭杂录》一例。清朝雍正皇帝时,也是"求谏甚切,凡满、汉科道皆令轮班奏事,如旷职者,立加罢斥"。有个满洲御史实在没什么好说又想赖在位上,居然"奏禁卖煤人毋许横骑驼背"。这是为什么呢?"以防颠越",别让骑的人掉下来。结果仍然被罢了官不说,还"时传以为笑柄"。不仅如此,"弹发御史"和"煤驼御史"的浑号不是也每为今人道及吗? 杳不知还要贻笑几百千年。

在一定位置上的人为什么不喜欢说真话,是有体制原因的。

看明太祖,他对御史大夫文原吉的一段话说得多漂亮:"比来台臣久无谏诤,岂朝廷庶务皆尽善,抑朕不能听受故尔默默乎?"然后,他还责备起文原吉他们了:"尔等以言为职,所贵者忠言日闻,有益于天下国家。若君有过举而臣不言,是臣负君;臣能直言而君不纳,是君负臣。"好听吧?还有呢。"朕每思,一介之士,于万乘之尊,其势悬绝,平居能言,临对之际,或畏避不能尽其辞,或仓卒不能达其意,故常霁色以纳之,惟恐其不尽言也。至于言无实者,亦略而不究。盖见秦汉以来,季世末主护短恶谏,诛戮忠直。人怀自保,无肯为言者,积咎愈深,遂至不救。夫日月之行,犹有薄食。人之所为,安能无过?惟能改过,便可成德。"但是,朱元璋又是怎么做的呢?前已有齐鲁实例,再看御史王朴。同样是因为"数与上争曲直,上怒,命斩之",然"反接至市曹,赦还",问他:"汝其改乎?"王朴回答掷地有声:"陛下以臣为御史,岂可戮辱至此!且以臣为有罪,安用生之?无罪,又安得戮之?臣今愿速死。"去刑场路过史馆,王朴大呼曰:"学士刘三吾听之:某月日,皇帝杀无罪御史王朴!"

明朝刘野亭说自己:"谀词巧说,不曾习学;卑礼诡态,不曾操演。"今天许多台面上的人们怕是不敢这样自我鉴定的。全国"两会"上,钟南山代表义愤地指出审议中的一种现象:"发言10分钟,前面8分钟都是歌功颂德,对报告歌功颂德,对自己歌功颂德。"肩负共商国是使命的代表委员,不少人好像浑然不知年度齐聚北京是干什么来了,完全没有代表意识或委员意识。媒体批评之声不绝于耳,大抵是对这种"代乏朱云"的现象忍无可忍了。

应声虫

　　《武林外传》是一部令人捧腹的电视剧,主要演员来自轰动一时的军旅喜剧《炊事班的故事》。能从当代军人摇身一变为不知哪个年代的黎民,依然十足的喜剧成分,可圈可点。周日(2008)中午看了央视二套重播的几集,其中一集有个情节:展堂母亲扮成了展堂——当然展堂不知,母子两人站在房顶上,展堂说一句话她就跟着学说一句。"博采众长"是这部剧的一个突出特点,这里"借鉴"的该是《西游记》六耳猕猴假扮孙悟空那一回。大圣刚吩咐完沙僧,"那行者也如是说",弄得沙僧皂白莫辨。

　　你说一句我学一句,对学的一方来说,该算是应声虫。有人考证,关于应声虫最早的记载在唐代,只是还没有明确应声虫的概念。彼时,这种虫不是面对面地模仿说话,而是躲在人的肚子里学。《朝野佥载》这么说的:"洛州有士人患应病,语即喉中应之。"士人找到名医张文仲,文仲"经夜思之,乃得一法。即取《本草》令读之,皆应;至其所畏者,即不言"。于是,文仲"乃录取药,合和为丸,服之应时而愈"。《隋唐嘉话》云,问的是名医苏澄,对付的办法也是读《本草》,此前"其人每发一声,腹中辄应",但"唯至一药,再三无声。过至他药,复应如初"。苏澄乃"以此药为主,其病自除"。这里所说的《本草》,指的是著名药书《神农本草经》，因所记各药以草类居多，故名《本草》。

至少在宋代彭乘辑录的《续墨客挥犀》里，既明确这种虫叫做应声虫，又明确治应声虫的药叫做雷丸。那是刘伯时讲的关于淮西人士杨勔的故事，故事的大概跟前面两个差不多。说杨勔得过一种怪病，"每发言应答，腹中辄有小声效之"，几年下来，"其声浸大"。有位道士告诉他，这是应声虫，"久不治，延及妻、子"。怎么治呢？道士说，它不是喜欢什么都学吗？就拿《本草》来念，"遇虫所不应者，当取服之"。结果杨勔读到"雷丸"时，"虫忽无声"，他就吃了几粒雷丸，应声虫果然从此消失了。检索资料，雷丸是寄生在竹子根部的一种真菌，形状像兔粪，干燥后质地坚硬，外皮黑褐色，内部白色，有苦味，是驱虫的特效药。《本草》卷三云："雷丸，味苦寒。主杀三虫，逐毒气、胃中热。利丈夫，不利女子。作摩膏，除小儿百病。生山谷。"

有趣的是，治疗应声虫的"处方"如此清楚，后人还要另辟蹊径。比如《枣林杂俎》云，明朝弘治年间，"颇有文行"的裴师召得了"应声病"，觉得很难堪，"数月不出"。还有冯益斋，"每发言，腹中辄有虫应之，遂告病，卜居南京"。他们未必不知道前人关于雷丸的告诫，但裴师召说自己"向病此求死"，于是"道见异草即拾之。忽值一草，腹语之勿食，吾竟吞之，物即洞下而愈"。冯益斋的病，则是"杨守极用小蓝煎水服之，即吐其虫"。这似可见，治疗生理上可能存在的应声虫，并没有一个定论，诵读《本草》的治疗过程，想来本身有谐谑的因素在内。应声虫与雷丸，只在逻辑上发生关联罢了。

倒是生理之外的应声虫更值得引起注意，稍微留意一下历史或现实，都不难发现这种应声虫的存在。何良俊《四友斋丛说》云，有一新进欲学诗，别人跟他开玩笑："君欲学诗，必须先服巴豆、雷丸，下尽胸中程文策套，然后以《楚词》《文选》为冷粥补之，始可语诗也。"其中的服雷丸，是在跟他讲落笔不要人云亦云的道理，避免成为应声虫。很遗憾，官场上缺乏这种告诫，使之成为非常普遍的现象。在许多时候，人们甚至主动染上这种病，或者巴不得生出这种病。就像宋朝某个肚子里也有应声虫的乞丐一样，人家好心好意告诉他，吃点儿雷丸吧，他却说："某贫无他技，所以求衣食于人者，唯借此耳。"因为此病在乞丐而言，可以赢得"环而围观者甚众"；对官员而言，可以作为向上爬的手段或者明哲保身的资本了。

清朝有一种票拟制度：内阁代皇帝批答臣僚章奏，先将拟定之辞书写于票签，附本进呈皇帝裁决。因为"即新进进士，亦可援例处分"，所以大家都诚惶诚恐，久而久之，人们摸索到了窍门。前面的人不是留下了许多票签的成例嘛，有四巨册之多，就按那个来模仿行事。于是，"票拟者不遑他务，而惟揣摹此样本为急"。还有人把它编成了歌诀："依样葫芦画不难，葫芦变化有千端。画成依旧葫芦样，要把葫芦仔细看。"这种对照先例亦步亦趋、惟恐"出事"的票签，更是典型的应声虫了。

《清稗类钞》里有一则"官有奴颜奴性"，对那些"胁肩谄笑而奴其颜，委屈将顿而奴其性"的官员的愤恨溢于言表。金奇中更感慨道："凡有官癖有官气者，即谓其有天生之奴颜奴性也，亦无不可。"然而，愤恨归愤恨，毕竟生理上的应声虫还有雷丸等着，官场上的呢？

拍马屁

顾颉刚先生有篇小文，在考证"吹牛"由来的同时，还考证了"拍马"。

拍马溜须，谄媚奉承的意思，再口语一点叫拍马屁。顾先生说，正如"吹牛"本无贬义一样，"拍马"也不是先天即令人嗤之以鼻。蒙古族有"人不出名马出名"之谚，因而他们"以得骏马为无上荣耀"，于是牵马与人相遇，往往互拍其马股曰："好马！好马！"概因马肥则两股必隆起，"拍其股所以表其欣赏赞叹之意"。此种礼仪后来形成了一个套路，不管那马究竟好不好，路遇的人都要拍两拍喝彩，就有了后世奉承迎合的意味。顾先生认为，"拍马屁"即从此而来。

但凡属于拍马屁的那些话，被拍者大抵都很"受用"，一般的逢迎尚好，遇到别有用心的，就要入其彀中。《倦游杂录》云，张宗永知长安县，"时郑州陈相尹京兆"，而宗永"尝以事忤公意"。对这样的顶头上司该怎么化解前嫌？老陈"有别业在鄠、杜间"，宗永又知道他好绝句，找到办法了，"乘间诣之"后，"于厅大书"绝句一首："乔松翠竹绝纤埃，门对南山尽日开。应是主人贪报国，功成名遂不归来。"人家都是贪财、贪赃枉法，老陈家的别墅闲置，却是因为主人"贪报国"，把个"贪"字活用得妙极了，马屁拍得该是何等之响？结果老陈"览而善之，待之如初"，张宗永果然收到了成效。

《默记》云五代时官至相位的状元王溥，其父王祚"奉养奢侈，所不足者未知年寿尔"，总是担心自己的生死。有天来了个算命的瞎子，家人和算命的就共同设了一个局，对算命的承诺，如果拍好了，"当厚以卦钱相酬"。于是，"祚令布卦，成，又推命"，算命的装作大吃一惊："此命惟有寿也！"没别的，就是命大。王祚高兴地问："能至七十否？"算命的笑了："更向上。"又问能不能活到八九十？算命的又笑："更向上。"咬咬牙，再问："能至百岁乎？"算命的这回不笑又假装改作叹气了，告诉他："此命至少亦须一百三四十岁也。"王祚大喜，却不忘关心自己的生命质量："其间莫有疾病否？"曰："并无。"不大相信，"固问之"，算命的不情愿地透露了一点："俱无，只是近一百二十岁之年，春夏间微苦脏腑，寻便安愈矣。"这通长寿马屁，拍得王祚忘乎所以，他还一本正经地嘱咐身边的子孙："切记之，是年且莫教我吃冷汤水。"

明朝崇祯进士唐九经，特别好拍马屁，"里中有官学士者，其封君家居"，他天天往人家跑。人们借他的名字来讥讽他："九经第一不修身，只为年来敬大臣。"《中庸》第十九章有"凡为天下国家有九经"，而九经排在第一位的就是"修身也"，正如朱熹注中所说："修身为九经之本。"其他八经，则"尊贤也，亲亲也，敬大臣也，体群臣也，子庶民也，来百工也，柔远人也，怀诸侯也"。明了这些，可知人们讥讽的意味如何了。官学士死后，"里中有以监司家居者"，唐九经改换门庭，又开始往那家跑，这回大家又说："（九经）近日不敬大臣矣，体群臣矣。"当然，对于唐九经这种眼睛一贯向上的人来说，欲其"子庶民，来百工"，无异苛求。

涉及政治的领域中，拍马屁更加常见。隋失其鹿之际，王世充跃跃欲试,道士桓法嗣"取《庄子》'人间世''德充符'二篇以进",大拍马屁:"上篇言'世',下篇言'充',言相国当德被人间,而应符命也。"王世充高兴得不得了,真的以为前世已经注定自己可当皇帝。冯梦龙愤愤地说:"态臣贡谀,亦何不至哉!"连日暴雨,唐玄宗担心庄稼收成,杨国忠"取禾之善者献",曰:"雨虽多,不害稼。"《杨文公谈苑》云,广西转运使王延范既贵且富,一帮风水佬围在他周边,有的说他"素有偏方王霸之分",有的说他"当大贵不可言",有的说他"形如坐天王,眼如嚬伽,鼻如仙人,耳如雌龙,当大有威德"。一番马屁把王延范弄得忘乎所以了,"于是日益矜负,因寓书左拾遗韦务升,作隐语讽朝廷事",结果"为人所告,鞠实抵罪,籍没其家,藁葬南海城外"。杨亿感叹:"大抵术人谬妄,但知取悦一时,不知误惑于人,其祸有至于如此者。"沈德符《万历野获编》更认为,"但贡谀于先,而切谏于后",亦可视为"市名钓奇"的一类。就是说,拍过马屁,后来反思了的,也为其所不齿。宋朝刘昌言"捷给诙谐,善揣摩捭阖,以迎主意",然"士论所不协"。太宗始而没察觉,"连赐对三日,几至日旰",后来省悟了,对左右说:"刘某奏对皆操南音,朕理会一句不得。"马屁没拍成,刘昌言倒是知趣,"因遂乞郡"。

清末"鉴湖女侠"秋瑾有一篇《演说的好处》:"现在我们中国,把做官当做最上等的生涯,这种最上等的人,腐败不堪:今日迎官,明日拜客;遇着有势力的,又要去拍马屁;撞着有银钱的,又要去烧财神。"百年过去了,当年秋瑾抨击的包括拍马屁的这些现象,现在非但没有销声匿迹,反有愈演愈烈的倾向。对于这一点,任何关心社会现实的读者诸君想必都会认同吧。

傀儡

　　3 月 28 日（2009），爱新觉罗·溥仪生平文物在重庆展出。溥仪是中国封建王朝的最后一个皇帝，他的一生，被学界认为是一部活的中国近现代史，展览力图向市民讲述他"从皇帝到公民"的传奇人生。溥仪当过三次皇帝，第一次是承继清朝大统；第二次是因为张勋复辟，仅仅当了 12 天；第三次是当"满洲国"皇帝，成为日本人控制的傀儡。

　　傀儡，按《现代汉语词典》（第 5 版）的解释，是"木偶戏里的木头人"。这个解释简单了一些。宋朝高承《事物纪原》云："世传傀儡起于汉高祖平城之围，用陈平计，刻木为美人，立之城上，以诈冒顿阏氏，后人因此为傀儡。"当然，还有一种说法是陈平解围，采用的是重贿手段。但斯时傀儡虽有"戏"的意味，却属于"戏弄"，跟木偶戏还搭不上边吧。《列子·汤问》有"偃师造倡"，说偃师见周穆王，王问跟他一起来的是谁，他说那是我做的木头人。"穆王惊视之，趣步俯仰，信人也"，且其能歌善舞，"王以为实人也，与盛姬内御并观之"。谁知快演完的时候差点儿出娄子，"倡者瞬其目而招王之左右侍妾"，用眼睛勾引穆王身边的女人。穆王气得要立刻杀了偃师，偃师则"立剖散倡者以示王，皆傅会革、木、胶、漆、白、黑、丹、青之所为"，真的是个假人。偃师的这手绝活绝到什么程度？当时"自谓能之极也"的公输班（造过云梯）、墨翟（造过木飞鸢）知道后，"二子终身不敢语艺"。周穆王是公元前1000年左右的事情。

到了唐朝，玄学家们的幻想变成了现实。《朝野金载》有几个神乎其神的例子。其一，洛州殷文亮为县令，性巧好酒，"刻木为人，衣以缯彩，酌酒行筋，皆有次第"。他做了一个木妓女，"唱歌吹笙，皆能应节"。那些傀儡还会劝酒呢，"饮不尽，即木小儿不肯把；饮未竟，则木妓女歌管连理催"。其二，将作大匠杨务廉，"常于沁州市内刻木作僧，手执一碗，自能行乞。碗中钱满，关键忽发，自然作声云'布施'"。市民为了逗它说话，"施者日盈数千矣"，傀儡僧因此赚了个盆满钵满。其三，郴州刺史王琚"刻木为獭，沉于水中，取鱼引首而出"。原来，他在木獭口中放了诱饵，设了机关，"以石缒之则沉，鱼取其饵，关即发，口合则衔鱼，石发则浮出矣"。这种傀儡不仅娱乐，而且兼有鹭鸶一样的实用功能了。但孔颖达对傀儡的本质一针见血："刻木为人，而自发生动，与生人无异，但无性灵知识。"

唐朝有两个皇帝都因傀儡发过感慨，一个是太宗，一个是玄宗，然一个为国政，一个叹自身。《贞观政要·慎所好第二十一》载，贞观七年（633），工部尚书段纶"奏进巧人杨思齐至"，太宗让他使出本领，结果杨思齐只是造傀儡戏具。太宗对段纶说："所进巧匠，将供国事，卿令先造此物，是岂百工相戒无作奇巧之意耶？"言罢"削纶阶级，并禁断此戏"，不仅降了段纶的职，还封杀了傀儡戏。《明皇杂录》云，唐玄宗住兴庆宫，"耿耿不乐"，每自吟李白《傀儡》诗："刻木牵丝作老翁，鸡皮鹤发与真同。须臾弄罢浑无事，还似人生一世中。"这首诗收录在《全唐诗》卷二百二，归在"梁锽"的名下，诗题《咏木老人》，个别字眼也不同，如末句"一世中"为"一梦中"等等。然诗注亦引《明皇杂录》:"李辅国矫制,迁明皇西宫,戚戚不乐,日一蔬食,尝咏此诗。"且曰"或云明皇作"。那么,玄宗吟此诗该是他当太上皇的时候,自嘲不过傀儡而已。溥仪在第三次当皇帝,不知有没有同感,更不知他是否听说过这么一首唐诗。

《南齐书·褚渊传》载,褚渊"美仪貌,善容止,俯仰进退,咸有风则",长得帅哥不说,一举一动更很有派头,至于每次朝会,"百僚远国(使)莫不延首目送之",盯着他看。宋明帝说:"褚渊能迟行缓步,便持此得宰相矣。"不用别的能耐,风度就是宰相的风度。刘祁《归潜志》云,金"南渡之后,为宰执者往往无恢复之谋,上下同风,止以苟安目前为乐";且"朝廷近侍以诌谀成风",每当四方灾异或民间疾苦报来之后,他们都给压住,说什么"恐圣上心困"。有人讥讽道:"今日恐心困,后日大心困矣。"又,"在位者临事,往往不肯分明可否,相习低言缓语,互推让,号'养相体'。"相体,即宰相的风度。养相体,保养宰相的身体,实际上是说明哲保身。只重自家的风度,浑然不理对社稷的态度。后人更有邯郸学步者,明清之际的魏禧说:"最可笑也,舒行缓步,轻咳微声,以养相度,竟同木偶儿戏。"

生活中的一些官员也是如此。《清稗类钞》云左宗棠初以举人居骆秉章幕府,秉章"日与诸姬宴饮为乐"。左宗棠嘲曰:"公犹傀儡,无物以牵之,何能动邪!"骆秉章自知被正中命门,"干笑而已"。今天的许多贪官,除了唯情妇是从,还要唯行贿者是从,跟傀儡又有什么两样呢?

迎来送往

2月20日（2005），国务院公布了最新修订的《国务院工作规则》。在作风纪律方面，要求国务院领导下基层要减少陪同和随行人员，简化接待，轻车简从；不要地方负责人到机场、车站、码头及辖区分界处迎送，不要陪餐；不吃请，不收礼等。上面有如此规定，值得关注的是地方该怎么办。

对官员"热情"地迎来送往，在我们是一项传统。《榆巢杂识》云，乾隆二年（1737），侍郎赵殿最建议：上司、钦差所过地方，"止许佐贰杂职于城外驿亭迎送，其正印各员非有公事传询，不得轻迎出城"；并"禁止教官率领文武生员迎送道左，以杜奔竞之风"。佐贰，乃辅佐主司的官员，也就是辅佐知府、知州或知县的角色。正印官员，犹言重要职位的官员。明朝即规定：重要职位（比如御史）铸有二印，其一由职官本人掌管，谓之"副印"；另一藏于内府，谓之"正印"。从赵殿最的建议中，我们不难捕捉其时官员之间迎来送往的信息：不仅"一把手"要出城迎接下访或过往的方面大员，而且还要出动学生夹道欢迎。可惜《清史稿》没有赵殿最的传，令我们不能对他有一个全面的了解，只简略地知道他是康熙朝进士，在雍正、乾隆朝都当过工部尚书。赵殿最能把迎来送往视为"奔竞"，说明这个人很有识见，或者很有直言不讳的气概。

讲到这里不能不提及海瑞。海瑞有刚直不阿的一面尽人皆知，他还有生活非常俭朴的另一面。当淳安知县时，海瑞"布袍脱粟，令老仆艺蔬自给"，总督胡宗宪尝语人曰："昨闻海令为母寿，市肉二斤矣。"一个知县买二斤肉给老娘过生日成了新闻，可见其节俭程度。可贵的是，海瑞在公帑的使用上同样如此。《明史》载，胡宗宪儿子过淳安，因为感到被怠慢，"怒驿吏，倒悬之"。海瑞打算惩治这个身份如假包换的家伙，但他故意说："向胡公（宗宪）按部（巡视部属），令所过毋供张。今其行装盛，必非胡公子。"这句话的逻辑是：老子定的规矩，儿子最应该清楚，也最应该照办，那么眼前这个肯定是冒牌货。对冒牌货就不用客气了。胡公子一路上捞了不少，被海瑞"发橐金数千，纳之库"，同时"驰告宗宪"。以其父之道还治其子之身，把胡宗宪弄个哑巴吃黄连。

胡宗宪这个人也值得多说两句，因为他与前些日子"汉奸墓"事件的主人王直有点关联。早两年一帮日本人集资在安徽歙县修建了王直墓，来自苏、浙的两名教师气愤不过，自备斧头和榔头跑去那里把墓给砸了，在他们眼里王直就是汉奸。王直，《明史》作"汪直"，是不是汉奸有一点争议，但《明史》是认定了的。如《胡宗宪传》载，嘉靖三十三年（1554）胡宗宪出按浙江，值"歙人汪直据五岛煽倭入寇"。胡宗宪和汪直是同乡，乃用招安的法子，"释直母、妻于金华狱，资给甚厚"，汪直"心动"了，先派养子汪激跟官军共同抗倭，打了几个胜仗。但招安后的汪直终被下狱、"论死"。胡宗宪的主要事迹就是平定两浙倭寇，抗倭名将俞大猷还是他的部下。胡的受人诟病之处，首先在于他"多权术"，因赵文华而结交严嵩父子，"岁遗金帛女子珍奇淫巧无数"，并倚仗靠山，"威权震东南"。其次在于他"喜功名"，对倭寇的一点儿小胜便沾沾自喜,"论功受赉无虚月",因而有人说倭患不能灭绝,在于他"养寇"。有次他被人弹劾贪赃敛财,却这样辩解:"臣为国除贼,用间用饵,非小惠不成大谋。"逻辑上看,胡宗宪有那个骄横的儿子顺理成章。

不仅是胡公子,就是都御史鄢懋卿过淳安,海瑞同样"供具甚薄"。这个"薄"未必是海瑞的故意行为,恐怕就是执行正常的接待标准吧。鄢懋卿也是严嵩父子的红人,因此站进了《明史·奸臣传》中。这个人平日里生活极其奢侈,"以文锦被厕床,白金饰溺器",出去走一趟,"常与妻偕行,制五彩舆",找12个姑娘抬着,"道路倾骇"。且他所到之处,无不"市权纳贿,监司郡邑吏膝行蒲伏"。御史林润曾弹劾鄢懋卿五大罪状:要索属吏、馈遗巨万,滥受民讼、勒富人贿,置酒高会、日费千金,虐杀不辜、怨咨载路,苛敛淮商、几至激变。在其他地方不可一世的他,在淳安被怠慢,"忿甚",不过他"素闻瑞名,为敛威去",不着急报复。回京后他即鼓动巡盐御史袁淳用别的理由弹劾海瑞,并把此前跟慈溪知县霍与瑕——"亦抗直不诣懋卿者"——的过节一起来个秋后算账。

生活中似海瑞的骨鲠之士毕竟不多,比鄢懋卿跋扈的也更大有人在。《典故纪闻》云,明宪宗时都督过兴镇广西还,道经祁阳,"怒知县李翰应接不以时",竟叫儿子率部卒拽李翰及其子"撞掠之",至二人"俱死河下"。这些活生生的事实告诉我们,导致迎来送往不能保持在"规定动作"层面的,岂止是奔竞之风?

政绩工程

魏泰《东轩笔录》云，宋朝有个皇帝侍从官叫范延贵的，有年作为特使押兵路经金陵，金陵守张咏问他这一路过来，"还曾见好官员否？"范延贵说，路过袁州（今江西宜春）萍乡县时，虽然不认识其邑宰张希颜，但"知其好官员也"。张咏再问何以见得，范延贵说自从进了萍乡县界，就发现那里"驿传桥道皆完葺，田莱垦辟，野无堕农"，一派大治景象；到了城里，"廛肆无赌博，市易不敢喧争，夜宿邸中，闻更鼓分明"。在范延贵看来，这些看到的事情都可作为自己结论的依据。

眼见为实，耳听为虚，范延贵恪守的无疑是古训。和道听途说比起来，眼见的确实更靠谱。不过，倘若范延贵生活在今天，就不能再翻这种老黄历了。反对特异功能存在的司马南有句话就与之相左：眼见不为实。他还现场拆穿过许多先前眼见以为实的把戏，作为佐证。范延贵没有沿路考察谁的任务，只是比较留心观察，所以别人问起来，能够谈出感受。但范延贵式的鉴别，前提须是被鉴别者表里如一，政绩的确摆在面上。今天用这种方式来判断一地官员的贤否，十有八九则要走眼了。因为有一种叫作"政绩工程"的玩意，就是给走马观花的人——尤其是上面的人看的，这种"工程"纯粹是劳民伤财的花架子，但不少人把它当作升官晋级的敲门砖来经营，如果因此得出好的评价，便正中他的下怀。安徽贪官王怀忠透支阜阳未来 10 年的财力，修建了一个现在只有野鸟出没的"国际化机场"，在修建时要是给"范延贵"看见了，那还不得赞叹王怀忠的魄力、果断或者极有主见？2 月 21 日（2007）央视《焦点访谈》报道了赌博在荆州如何明目张胆，记者"暗访"后给当地派出所打了举报电话，却没有任何反映；而当记者随同治安大队的干警去那些生意兴隆的地方"明察"时，却是连赌机都不见了踪影，只剩下空荡荡的房间。后面这种情况要是给"范延贵"看见了，那还不也得跟着拍手叫好？

　　古人未必没有"政绩工程"，仅仅上任一年就把巴陵郡治理得"政通人和，百废俱兴"的滕子京，他所重修的岳阳楼就难说不是"政绩工程"。其所以被贬到巴陵郡，是因为"前在泾州费公钱十六万"，经济上有问题。司马光《涑水记闻》云，滕子京重修岳阳楼，筹资"近万缗，置库于厅侧，自掌之，不设主案典籍，楼成，极雄丽，所费甚广，自入者亦不鲜矣"。可见到了新的地方，他的毛病丝毫没改。且今天有岳阳的人士考证了，什么"百废俱兴"？一些见诸记载的"工程"到最后连影子都没有。比如说，他"尝欲起巨堤以捍怒涛，使为弭楫之便"，就是构筑所谓偃虹堤。没开工呢，先"求文于欧阳永叔，故述堤之利详且博矣，碑刻传于世甚多"，把牛先吹出去。而实际结果呢？王得臣《麈史》云："治平末，予宰巴陵，首访是堤，郡人曰，滕未及作而去。"可叹欧阳修这个大文豪，在《偃虹堤记》里把滕子京赞得不留余地，什么"不苟一时之誉，思为利于无穷"，根本没有调查研究，高帽子就甩出去了。

　　金陵守张咏询问范延贵，是因为他喜欢搜集信息，宋真宗曾称赞张咏才可任将帅，可惜"以疾不尽其用"。张咏说过："询君子得君子，询小人得小人，各就其党询之，则无不审矣。"可是，君子和小人的界限怎么区别，没有那么一目了然。张咏此前就了解张希颜和范延贵，所以有"希颜固善矣，天使亦好官员"的感叹，但是生活中还有另外一种情形，以为询到了君子，而不幸碰到了小人，就会有一个信息误导。《资治通鉴》卷一载，齐威王时即墨大夫把即墨治理得很好，"田野辟，人民给，官无事，东方以宁"，但是"毁言日至"；而阿大夫的辖区境况截然相反，却是"誉言日至"。齐威王派人调查才弄明白，那是后者"厚币事吾左右以求誉也"。齐威王的"左右"，显然是作为君子留在身边的。后来，齐威王"烹阿大夫及左右尝誉者"。把人给活活煮了，手段实不足取，但是群臣也因此"耸惧，莫敢饰诈，务尽其情"，更收到了"齐国大治，强于天下"的效果。

今天这样说范延贵，很可能对他冤枉至极，然而这里却无冤枉他的本意，而是要提防根据表面现象作出臧否结论的简单思维模式。我们不能不承认的一种现实是，诸多热衷"政绩工程"的人之所以得逞，"范延贵"式的"鉴别"正起了推波助澜的作用。

造大佛

不久前(2014),香港《南华早报》网站有一篇关于内地多个省份争造巨型大佛的文章,非常受到关注。文章认为,争造大佛的目的是为了复制无锡灵山大佛的所谓经济成功。灵山大佛高达88米,去年吸引了380万名游客,其所在景区门票为210元,这笔经济账就不难算了。略一盘点果然发现,神州大地大佛真的不少:山东烟台释迦牟尼大坐佛38.66米、安徽九华山地藏菩萨99米、海南三亚海上观音108米;河南鲁山是国家级贫困县,但他们也造了总高208米、身高108米的大佛,高度上争了个"世界之最"。

造大佛,在我们有悠久的历史可寻。佛像的诞生,李绰《尚书故实》认为从南朝刘宋的戴颙开始,"颙尝刻一佛像,自隐帐中,听人臧否,随而改之,如是十年,厥功方就"。戴颙的父亲即著名画家戴逵。清朝赵翼不同意这种观点,其《陔余丛考》云:《后汉书·陶谦传》已有"笮融大起浮屠寺,上界金盘,下为重楼堂阁",从规模上看,"周回可容三千许人,黄金涂像,衣以锦彩,招致旁郡好佛者五千余户,每浴佛,辄多设饮饭,布席于路,凡就食及观者且万余人"。由此来推断,笮融造了那么大的殿,安放的不仅是佛而且还是大佛。《南史·戴颙传》同时交待:"自汉世始有佛像,形制未工,逮特善其事,颙亦参焉。"这样来看,到戴氏父子这里,佛像的雕刻该是达到了一个顶峰。传中还有个细节:"宋世子铸丈六铜像于瓦官寺,既成,面恨瘦,工人不能改,乃迎颙看之。颙曰:'非面瘦,乃臂胛肥耳。'"就这么小小地一调整,"瘦患即除",观者"无不叹服"。

多大的佛像才算大佛,没有明确标准,只是相对而言。综合各种记载,不妨挑一些至少不小的来看看。东晋孝武宁康三年(375),襄阳檀溪寺沙门释道安"于郭西精舍铸造丈八金铜无量寿佛"。这里是丈八,前面宋世子那个是丈六,按当时的尺寸来换算,相当于今天的两米多。北魏文成帝拓跋濬兴光元年(454),敕有司"为太祖已下五帝铸释迦立像五,各长一丈六尺,都用赤金二万五千斤"。一下子立五个丈六的,成了规模。拓跋濬儿子献文帝弘气魄更大,皇兴元年(467)"于天宫寺造释迦立像,高四十三尺,用赤金十万斤,黄金六百斤"。北魏一尺约等于今天31厘米,则这尊佛到了13米。这个时期最著名的大佛,自然是见存于今的云冈大佛,其中第五窟的中央坐像高达17米。这是北朝的大略情形。"南朝四百八十寺,多少楼台烟雨中",那么多寺院,大佛自然是少不了的。齐永明七年(489)于江苏南京栖霞山凿成的坐佛,高达三丈一尺五寸。梁天监十五年(516)落成的浙江新昌大佛,前些年经光学经纬仪测算,佛座高1.91米,佛身高13.74米,佛头高4.87米,耳长2.7米,两膝相距10.6米,因而一度有"江南第一大佛"之誉。

有研究指出,唐代流行石窟巨像,但多依崖壁开凿。同样见存的龙门石窟卢舍那大佛,通高17.14米,作于唐高宗咸亨四年(672),传说还是取自武则天的形象。乐山大佛开凿于唐玄宗开元元年(713),完成于德宗贞元十九年(803),通高达71米,"山是一尊佛，佛是一座山"。而到北宋，开始出现寺院巨像，在大殿高阁内设坛座，无所依傍，自然是铸造技术的应用，表明其时多范青铜造像技术已远非前代所能匹敌。如今河北正定龙兴寺高达22.28米的千手千眼观音铜像，正是北宋开宝四年（971）的原物。"沧州狮子景州塔，赵州石桥大菩萨"，大菩萨，就是这尊观音像了。看石璋如先生口述史，当年他游日本京都方广寺，发现寺中丰臣秀吉时代的木雕大佛有19米高，是日本第一大佛，比奈良的还要大。不知道这数字准确与否，因为我们雍和宫的弥勒大佛，前些年是以"独木雕刻佛像"载入吉尼斯世界纪录的，地面部分高18米，地下那8米应该不算的吧。奈良大佛正是铜像，铸于8世纪中叶，在日本铜佛里最大，坐高14.9米，算上台座则高约17米。不知道他们现在的情况如何，还是凭借这些话，当年大家相比尚有一搏，如今和我们已经不在一个量级了。

然我们古今之造大佛，在本质方面当有不同之处，那就是从前的动机似乎纯正一些，虔诚的成分胜过现在。现在呢，如去年4月河南偃师出现的一座梳着"大背头"的怪异"佛像"不明何意之外，旅游部门和开发商争相建造大佛，一次次刷新纪录，大有"欲与天公试比高"之势，主要却是为了吸引游客，拨弄的是多少银两进账的小算盘。所以，虽然香港中文大学有个教授说，造大佛"是一种有助于社会和谐的办法"，但我们都知道即便能够如此，充其量也只是客观效果，人家的主观动机不在于此。江苏扬州一名佛教徒说："我希望看到更多佛像。佛像有助于宣扬佛法。但我不觉得这些佛像都要有几十米高，或者打破世界纪录。"但如前所述，俗人的出发点不同，不啻鸡同鸭讲。不难预见，各地造大佛一旦继续攀比下去、较劲下去，将愈益成为社会之忧。

灯光秀

11月26日(2018),广州国际灯光节开幕。可惜,因为人流量大大超出场地负荷,次日马上就被叫停。两天后重新开放,调整为预约进场。春节时那里也搞过,某天和太太想去看看,离现场至少还有1公里的时候,就被往外走的滚滚人流给吓了回来。

灯光节,就是灯光秀。前人已深谙此道,他们词赋中每每出现的"火树"二字,便指繁盛的灯火。最著名的句子,当推苏味道"火树银花合,星桥铁锁开。暗尘随马去,明月逐人来"了;不那么著名的,还有唐朝孟浩然的"蓟门看火树,疑是烛龙然",宋朝张宪的"星桥火树,长安一夜,开红莲万蕊",明朝唐寅的"凤蹴灯枝开夜殿,龙衔火树照春城"等。火树,顾名思义,彼时之灯光秀,通常围绕大树来做文章。这种情景今天也越来越常见,或以大灯来径直探射,或以串串小灯泡沿树干游走,广州的珠江主河道两岸就是这样。如此做法,未必是受前人启发吧。

前人搞灯光秀,每在农历正月十五。凡事都没有那么绝对。龚炜《巢林笔谈》"康熙诞辰"条云,1721年,为庆祝康熙登基60年,江浙"巡抚吴公暨诸僚属"就在康熙生日时搞了个庆祝活动,以其"深仁厚泽,浃髓沦肌,海内乂安,人民和乐,自唐虞以来,未有若斯之盛者"。活动规模极大,"铺张美丽,仙宫梵宇,普建祝圣道场;舞榭歌台,尽演蟠桃乐府"。其中,"华灯绮彩,绵亘长衢;火树星毬,光明彻夜。文武官舞蹈嵩呼,都人士欢声雷动。煌煌哉太平之盛观,图绘弗能殚已"。那时龚炜已经 17 岁,他又是江苏昆山人,不排除目睹的可能。不管怎么说吧,《清史稿》载"顺治十一年三月戊申诞上(即康熙皇帝)于景仁宫",这个灯光秀无关上元。

按照《大唐新语》的说法,苏味道那首诗写于唐中宗时的某个正月十五,是从几百件作品中脱颖而出的,所谓"神龙之际,京城正月望日,盛饰灯影之会。金吾弛禁,特许夜行。贵游戚属,及下隶工贾,无不夜游。车马骈阗,人不得顾。王主之家,马上作乐以相夸竞。文士皆赋诗一章,以纪其事"。苏味道的之外,还有郭利贞、崔液的,同被推为"绝唱"。苏味道全诗曰:"火树银花合,星桥铁锁开。暗尘随马去,明月逐人来。游妓皆秾李,行歌尽落梅。金吾不禁夜,玉漏莫相催。"郭利贞的:"九陌连灯影,千门度月华。倾城出宝骑,匝路转香车。烂熳唯愁晓,周旋不问家。更逢清管发,处处落梅花。"崔液的:"今年春色胜常年,此夜风光正可怜。鸡鹊楼前新月满,凤凰台上宝灯燃。"因为"文多不尽载",使我们无从知道有没有遗珠。中宗之后的玄宗,虽然开创了唐朝极盛之世,却是每以玩家的形象呈现于后世,此类情形就更常见了。如《开元天宝遗事》云:"韩国夫人(杨贵妃大姐)置百枝灯树,高八十尺,竖之高山,元夜点之,百里皆见,光明夺月色也。"

《水浒传》中至少便有三处描写上元灯光秀,大名府、东京汴梁的好说,大都市嘛,"宋江夜看小鳌山"是在清风镇,那不过是青州所辖的一个市镇,却也是"金莲灯、玉梅灯,晃一片琉璃;荷花灯、芙蓉灯,散千团锦绣"。鳌山,即堆成巨鳌形状的灯山。记载汴梁民俗的《东京梦华录》云,皇帝届时都出来观灯,百姓来得早的,可以借此"瞻见天表"。届时,"华灯宝炬,月色花光,霏雾融融,动烛远近"。皇帝回去了,"则山楼上下,灯烛数十万盏,一时灭矣。于是贵家车马,自内前鳞切,悉南去游相国寺"。那里,大殿两廊有诗牌灯,苏味道诗开头的那两句就写在上面,"其灯以木牌为之,雕镂成字,以纱绢幂之于内,密燃其灯"。与此同时,"资圣阁前安顿佛牙,设以水灯",但是"皆系宰执、戚里、贵近占设看位"。除了相国寺"竞陈灯烛,光彩争华,直至达旦",其他如"开宝、景德、大佛寺等处,皆有乐棚,作乐燃灯"。《武林旧事》讲的则是杭州元夕,禁中"一入新正,灯火日盛……起立鳌山,灯之品极多……禁中尝令作琉璃灯山,其高五丈,人物皆用机关活动,结大彩楼贮之"云云。曾忄《灵异小录》记当时的观灯盛况,至于"车马塞路,有足不蹂地,被浮行数十步者"。

"东风夜放花千树,更吹落、星如雨,宝马雕车香满路,凤箫声动,玉壶光转,一夜鱼龙舞。 蛾儿雪柳黄金缕,笑语盈盈暗香去,众里寻他千百度,蓦然回首,那人却在,灯火阑珊处。"辛弃疾这阕脍炙人口的《青玉案·元夕》,即其宋孝宗乾道七年(1171)正月十五在都城观灯所作。众人所观赏之"花千树",与那人所独处之"灯火阑珊",形成鲜明对照。后一句,更为王国维先生拈出,视为"古今成大事业、大学问者"的第三种境界亦即最高境界。徐复观先生阐释,此乃"一旦豁然贯通的自得精神状态"。这该是灯光秀始作俑者始料不及的了。

广州国际灯光节被中途叫停,已经不是第一次。自2011年首办以来,每对人们的热情判断失误,于是在交通保障、人流疏导、应急预判等方面手忙脚乱。可惜的是,前人如何保证观灯秩序的做法,暂时没有看到;否则,能给他们以启发也说不定。

石头标语

早几年(2002),一篇《郧西县"石头标语"劳民伤财》的报道获得了中国新闻奖二等奖。报道反映的是湖北省郧西县的一种普遍做法:乡镇热衷于在山坡上制作石头标语。如店子镇姜家沟村太平寨制作的一幅有"封禁治理"四个大字的标语,大到什么程度呢?每个字有930平方米,也就是超过两个半篮球场那么大。

我们中国人有用石头制作标语的传统。读《温故(之六)》知道,在长江巫山峡口的文峰上,曾经也有一条硕大无朋的石头标语:毛主席万岁。从山顶直排而下,五字连缀,差不多占去了半座山的高度。1961年9月16日,郭沫若先生坐船途经时看到,写下了五律《过巫峡》,咏叹"奇峰十二座,领袖万斯年"。他还在诗前的小序中说:"估计字径当逾十米。"而正确答案是每个字长宽各十丈也就是约合33米,五个字连同感叹号和间距,超过了6000平方米!郭大诗人的估计实在太"保守"了。

再把目光伸向遥远的古代。宋朝钱易留下一册《南部新书》,那里面有唐玄宗准备造石头标语的记载。说"准备",是因为最终并没有造成。那是玄宗有次游华山云台观,发现云台观的上方有个瓮肚峰——顾名思义,一块大石头向前突出,好像半个大瓮扣在那里一样。玄宗眺望之余,"嘉其高迥",忽地冒出个主意,"欲于峰肚大凿'开元'二字,填以白石,令百余里望见之"。显然,他是要利用这块大石头炫耀自己"开元盛世"的功绩。不过此事终因"谏官上言,乃止",可惜谏官当时都说了些什么,不得其详。《唐语林》云,玄宗曾要建一座凉殿,"拾遗陈知节上疏极谏",玄宗不仅不听他的,还在凉殿建成之后专门把陈知节找来"赐坐石榻",让他感受感受,结果害得陈知节闹了几天肚子。从这件小事上似乎可以看出,玄宗终止在瓮肚上开凿"开元"二字,恐怕不在于工程是否劳民伤财,而在于难度太大,实现不了。谏官能够抓住的应该只有这一点,因为今天干这种事仍然有点儿不得了。就说放样作字吧,太平寨要在对面的山上用望远镜和对讲机进行指挥;巫峡那里,则要在长江对岸采用"旗语"来调度安排。至于工程量,太平寨是先在半山腰上挖 40 厘米深的槽子,再埋入石头,用水泥抹平,涂上白色涂料,五个村 1200 多名农民,辛苦了 1 个多月才完成。其中一个村离太平寨 25 公里远,那里的农民要带着被子和粮食来"安营扎寨"。所用石头、水泥、沙、水等都是从山下运去的,从河中挑一桶水到最近的"封"字要 40 多分钟,从另一条路挑到最远的"理"字要 50 多分钟。劳民伤财,既然在今天也不算什么,在皇权时代就更不用说了。所以玄宗没有达成理想,委实属于自然条件的限制。人家太平寨尽管平均坡度在 65 度以上,巫峡那里虽然号称绝壁,文峰坡度也有 60 到 70 度,但毕竟都有个坡度呀,而瓮肚却是向前突出来的,凿两个"百余里望见之"的大字,当是不可能的任务。

别看唐玄宗最后没造成石头标语,后人并没有因此放过他。南宋著名词人李清照有《浯溪中兴颂诗和张文潜》二首,其中就提到了这件事。"浯溪中兴颂",指的是刻于浯溪(今湖南祁阳)边大石崖上的《大唐中兴颂》,由元结撰文,颜真卿书写,记载了安史之乱平定、肃宗中兴的史事，全是歌颂之词，并没有涉及玄宗还京后的狼狈情状。黄庭坚诗曰"春风吹船着浯溪，扶藜上读《中兴碑》。平生半世看墨本，摩娑石刻鬓成丝"，可见此碑对他的吸引力。当时的很多文人骚客都像黄庭坚一样发此感叹，"断崖苍藓对立久，冻雨为洗前朝悲"，大约是为张耒（文潜）"玉环妖血无人扫"的归咎所触及吧，李清照乃步其韵赋诗，指出玄宗的骄奢昏庸、腐化享乐才是安史祸乱的起因，其中说道："去天尺五抱瓮峰，峰头凿出开元字。时移势去真可哀，奸人心丑深如崖。"李清照尽管是张耒的晚辈，但她的识见却超过了包括张耒在内的她的许多前辈，所以宋人周煇评价说："以妇人而厕众作，非深有思致者能之乎？"

"君不见惊人废兴传天宝，中兴碑上今生草。"今天，文峰依然，"毛主席万岁"那五个大字却早已漫漶。郧西作为湖北生态环境最恶劣的地方之一，如果用建标语的干劲植树，太平寨也早都绿化了。今人建石头标语是为了向领导表功；古人欲建，则是为了对老百姓或后世炫耀。这也许是二者惟一的不同之处吧。郧西县是国家级贫困县，已建成的 300 平方米以上的大字居然有100 多个，远远地即能"望见之"；当年，轮船顺江而下，文峰那条也是几十里外就能看到。古人没办到的事，今人办到了，可惜却不是什么好事。

万民伞

　　江苏泗洪县出了一件新鲜事,是该县县委宣传部一名干部在博客中披露的:11 月 13 日(2008)一大早,数百名群众"自发地"排着整齐队伍,撑着"万民伞",打着"清官旗",集中在泗洪县政府门前,为离任的县纪委王书记送行。照片上望去,不过十来二十个人而已,且都是公务员模样;"万民伞"、锦旗皆为划一样式,倒像是有组织的。接下来会有人去发掘真相吧。

　　"万民伞"重出江湖,感到很新鲜。那是旧时绅民为颂扬地方官德政而赠送的一种伞,属于待在古籍里的东西,现代人把它翻出来欲古为今用乎? 那种伞不是借指而是实体,至于形制,以前的小人书上经常出现。我收藏的上海人民美术出版社《官场现形记》系列,有一册正叫《万民伞》,看上去,很像今天商贩用的遮阳伞,不过布幔垂得长了一些,又有点儿像蚊帐。用这样的东西来表达敬意,背后当然有一套讲究。

　　政声人去后。比起古代一些官员的离任,泗洪王书记的待遇与之有天壤之别。前文写过路岩离任民以瓦砾掷之的情形,就是一例。《玉光剑气集》有"陶使再来天有眼,薛公不去地无皮"的民谚,表达的是百姓对地方两个官员来、去的两种鲜明态度。陶使,陶垕仲;薛公,薛大方。明朝永乐年间,陶垕仲任福建按察使,薛大方为福建布政司。薛大方"暴而贪",戽仲上本弹劾,而薛亦上本反诬,朝廷将陶、薛一同逮捕解京,"事白,大方得罪,公(戽仲)还官"。此外,《巢林笔谈》云:"圣驾南巡,黜苏州知府某,清吏治也。"知府走的那天,"吴民将窘之",赖另一位官员出面解围,说了番"狼狈至此,亦足矣,毋为已甚"的话,大家才算了。《啸亭杂录》还谈到,毕沅任两湖总督时,满洲王公福宁为巡抚,陈淮为布政,"三人朋比为奸"。其中,"毕性迂缓,不以公事为务;福天资阴刻,广纳苞苴;陈则摘人瑕疵,务使下属倾囊解橐以赠,然后得免",因而当地谣曰"毕不管,福死要,陈倒包"。不仅如此,还说"毕如蝙蝠,身不动摇,惟吸所过虫蚁;福如狼虎,虽人不免;陈如鼠蠹,钻穴蚀物,人不知之"。诸如此类的官员离任,"待遇"都是可想而知的。

《玉光剑气集》还收录了明朝的一个规定:凡京官外谪,出都门以眼纱自蔽。为什么呢?该书没有解释,但刘天民的话或可道破。嘉靖朝,刘天民以谏大礼被谪,出京时"掷眼纱于地",说:"吾无愧于衙门,何妨令人见吾面目耶!"那么,蒙眼纱可以理解为官方的一种羞辱。《永宪录》则收录了雍正时的一个规定:"禁官员去任,士民擅行鸣锣聚众,罢市保留。"这又是出于什么考虑呢?"该员在任,实有政绩,惠泽在人,爱戴出于至诚,理应赴上司具呈陈请。即或清正廉干之官,冤抑被劾,百姓为之抱屈者,亦可赴阙审理"。所以,"除将刁恶之人分别首从,从重治罪外,其被保之员,即系好官,然既买嘱百姓,亦必加倍治罪,以儆刁风"。那么,这里要再次征引我在以前文字里提到的裴荫森的话了。他说官员离任之后,"凡得德政碑、万民伞之最多者,其政声之恶可知矣",这种完全的逆向思维,正建立在现实中种种丑陋不堪的表演之上。吴趼人的谴责小说《糊涂世界》中有一段说得同样深刻:

"在任时第一要联络绅士，要晓得地方官这些万民伞德政牌，并不是百姓送的，百姓一样出钱，却亦不能不出钱，出钱之后，绅士来还官的情。"李宝嘉在《官场现行记》讲的还是这个道理。胡统领"剿匪"回朝，要地方送万民伞，单太爷说："绅士、商人于统领的口碑都有限，如今要他们送万民伞，就是贴了钱也万万不会成功"。并且，他还奉送了一说了句"老实话"："若以现在外面口碑而论，就是统领大人自己把牌、伞做好交给他们，他们也未必就肯送来"。当然，万民伞终究还是"送"成了，懂得操作的人总有他的办法。

赵守俨先生有篇小文《"捉不良"与"不良"》，很有意思。他发现张鷟《朝野金载》屡屡提到的"不良人"，意思正相反，恰恰是"捉不良人"。比如，李忠"烝其后母"，事情闹得很大，"忠惶恐，私就卜问，被不良人疑之，执送县"。这个"不良人"，就是职司捕盗的吏，即《水浒传》中所谓的"做公的"，后世所说的捕快。至于为什么省掉一个"捉"字，赵先生认为也许为了顺口。笔者却由此产生了另外一个感觉，后来的"万民伞"尽管没有字数上的省略，也早已背离了它的本意，因为太多龌龊的人利用之，提起来已然成为反讽。其实，既然被欢送的纪委书记有那么多"感人事迹"，就不妨让旁的人分享一下，从那欢送的数百群众中随机抽取几位，既可以不用这些花里胡哨的东西还魂，也能够免得舆论说三道四。

北阙已成输粟尉

中秋节、国庆节正在临近。这几年，每逢重要节日到来，从中央到地方循例都会有一些通知强调，领导干部不能这样，不能那样，不厌其烦。日前（2007），郑州市纪委对全市领导干部进行廉政谈话，说打着节日人情往来的幌子跑官要官、买官卖官的，将记录在案，一律不予提拔重用。消息刚一问世，立即有人反问，平时买官卖官呢？

在现在这个讲"文化"的时代，什么都可以和文化扯上关系，文化成了一个后缀。借用这种用滥了的说法，则买官卖官无疑也是"文化"传统，从前叫"赀选"，没那么直白，文雅些而已。两汉之际，"官爵皆群小贾竖"，因此长安谣曰："灶下养，中郎将；烂羊胃，骑都尉；烂羊头，关内侯。"这里面的官爵既有滥封的，更有花钱买的。明末也有类似民谣："督抚连车载，京堂上斗量。好官昏夜考，美缺袖中商。"车载斗量，在今天已经成为表示不足为奇的成语。这就是说，那么多的官，不是跑来的就是买来的。

《清稗类钞》里有位太史喜欢嘲骂社会不良现象。一天他到湖广会馆参加宴会，落座之后听到大家在兴致勃勃地谈论什么买卖能赚钱，他老人家听了不以为然，你们说的都是什么呀，如今倒腾买卖，"实以业接骨膏为至佳耳"，卖这东西保准最赚钱。那些生意场上的人一下子都听愣了，"不知（其）所云"。他接着说：
"今日世尚逢迎，人工奔走，虽犬足，亦跑折矣。其可不疗以膏，而
续其骨耶？"他用的是推理法，试想：奔跑是狗的强项，如果狗腿都
跑折的话，遑论跑官的人腿？人腿跑折了，可不需要接骨膏？

买官买上来的人里面，不排除歪打正着，出几个像"以赀为
郎"的司马相如那样不可多得的人才，但多数人呈现的还是可怜
可叹的一面，终究是底气不足吧。清朝嘉庆时的张默庵为两浙盐
运史，有次与阮元他们同游西湖，大家即席赋诗，"张惟默坐他
席"。过一会儿，张默庵也要凑个热闹，笑曰："公等皆起家科第，
自能吟咏。余虽纳赀入官，乃亦有句，可求教否？"说罢便自顾自
地朗诵道："春来老腿酸于醋，雨后新苔滑似油。"诗一出口，"合座
称善"，人们说："君肯作诗，便是名家矣。"这话究竟是正话还是反
话，要由张默庵自己去理解了。

再比如，《清稗类钞》里有一则"天下三王本一家"，说有个姓
王的，"家小康，饱食暖衣"，本来生活得不错，但总是"自以为富而
未贵也"。有天到镇上去，"过巡检之署，值其出，弓兵前导，仆从
后随"，羡慕得很，认为"是亦大丈夫得志于时者之所为也"。巡检
就是个州县的武官，然而，连光武皇帝没发达时都只有"仕宦当作
执金吾"的抱负，也就不能苛求老王了。后来，老王虽然只是"纳
赀为从九品"，但也觉得飘飘然，"自是而遨游戚友间，益以门阀自
夸"。到别人家看到大画家王石谷的作品，告诉人家："此家二房
叔曾祖也。"看见人家手里拿着大书法家王梦楼所书扇面，告诉人
家："此余未出服之族兄也。"总之，"凡王姓之仕宦者，必引为同
宗"。不过却是他认他的，"闻者皆匿笑之"。后来有人干脆送了
他一首诗："天下三王本一家，任君东扯与西扯。太常山左称同
族，方伯江南号梦华（当时江南布政使亦王姓）。舍弟粤东贻羽

缎,家兄黔口寄团茶。行香若过灵官庙(道家护法神灵官传说名叫王善),五百年前叔太爷。"只是不知道老王能不能悟得出人家是在嘲讽他。

道光年间,有个商人"遵例报捐知府候选,未几得缺"。上任之前,皇帝召见。询其出身,他实话实说是捐来的;问他一直以来都从事什么职业,他说开票号。道光很不高兴,斥之曰:"汝原系做买卖的,做官恐做不来,还是去做买卖的好。"谁知道商人也不高兴了,愤然曰:"既不许咱做官,如何收咱们的捐银,不是欺骗咱们吗?"道光更生气了,"挥令退出",旋即"降手谕将其革职,命户部发还捐银"。商人是"遵例报捐",皇帝老儿训人家一顿,好像刚刚才明白做买卖的做不了官,应该是装糊涂吧。既然花钱可以买官的话,无论原来是干什么的,应该都做不来,不说别的,产生得了明朝于成龙那种到地方上任之前,表达"此行绝不以温饱为年,所自信者,'天理良心'四字而已"的豪迈气概吗?

《柳南随笔》云:"康熙丁巳、戊午间,入赀得官者甚众。继复荐举博学鸿儒,于是隐逸之士亦争趋辇毂,惟恐不与。"姜宸英乃有诗曰:"北阙已成输粟尉,西山犹贡采薇人。"时人以为这两句是真实写照。北阙,古代宫殿北面的门楼,后代以为宫禁或朝廷的别称。输粟,即为得功名、官职而捐纳财货于官府。那么,北阙已成输粟尉,无疑是在批评国家卖官。这即便不是国家的行为,但如果每揪出来一个地方大员,都背负有卖官这项罪名,累加起来,也差不多等同了。

节日腐败

新年要到了,中央及国务院两办《关于做好 2015 年元旦春节期间有关工作的通知》又照例印发了。其中第六条"又"提到,严格执行廉洁从政各项规定,坚决杜绝"节日腐败"。且"照例"佐以若干严禁:严禁用公款搞相互走访、送礼、宴请等拜年活动;严禁用公款吃喝、旅游和参与高消费娱乐健身活动;严禁出入私人会所、借培训中心奢侈浪费;严禁用公款购买赠送贺年卡及烟花爆竹等年货节礼;严禁用公款接待走亲访友、外出旅游等非公务活动……所以说"又"和"照例",在于后面的这些"严禁",属于通知类的老生常谈。听的人,早已经习惯成自然;通知所针对的官员,估计也是。

节日是生活中值得纪念的重要日子,其与腐败相关联,"创造"节日的前人怕始料不及。这问题之成为痼疾,原因是多方面的,自然也正有"传承"的因素。节日腐败,典型表现为节日送礼。明朝有两部笔记提到了类似问题,其一是陆容的《菽园杂记》,其二是何良俊的《四友斋丛说》。

《菽园杂记》讲道:"京师元日后,上自朝官,下至庶人,往来交错道路者连日,谓之拜年。"元日,正月初一,今之春节也。同样是拜年,心态不同,"士庶人各拜其亲友,多出实心。朝官往来,则多泛爱不专"。实心与泛爱不专,把拜年的两种性质表露无疑。于是,"如东西长安街,朝官居住最多。至此者不问识与不识,望门投刺,有不下马,或不至其门令人投名帖者"。认识不认识不要紧,在家不在家也不要紧,一定要走动到位,留下名片表示来过了。这里似乎表明,虽然大家都有虚与委蛇的一面,却还并不存在节日腐败现象。然而,"遇黠仆应门,则皆却而不纳,或有闭门不纳者",多少表明空手来的不受欢迎,用广州话表达即"睬你都傻"。下面这一句,"在京仕者,有每旦朝退即结伴而往,至入更酣醉而还",更要让人往公款相互宴请一类方面去想入非非了。

《四友斋丛说》描述的是亲眼所见:"余尝以除夕前一月偶出外访客。至内桥,见中城兵马司前食盒塞道,至不得行。"何良俊向旁人打听,得到的回答是:"此中城各大家至兵马处送节物也。"节物,应节的物品。食盒,字面上看是送吃的,显然该是代指。有一天兵马司头头请客,何良俊开了个玩笑:"你们兵马司缺官,可容我翰林院致仕孔目权三四个月印否?"惹得大家哄堂大笑。中城兵马司是干什么的呢?《明史·职官志》说得很清楚,明朝有中、东、西、南、北共五城兵马司,各设指挥一人,正六品;副指挥一人,正七品。职司"指挥巡捕盗贼,疏理街道沟渠及囚犯,火禁之事"。设了五个,管辖范围不同,总之"境内有游民、奸民则逮治。若车驾亲郊,则率夫里供事"。由此看来,兵马司相当于今天公安和城管的混合体。就是这么个算不上大的职能部门,大家都争着去公开送礼,而且送得连路都堵得够呛。中城兵马司的情形为何良俊偶遇罢了,东南西北兵马司那里能例外吗? 其他衙门能例外吗?

节日来临之际,为官操守一如寻常的肯定亦不乏其人,前提得是"好官"。被康熙皇帝称为"廉吏第一"的于成龙就是这样。

其令罗城，"性廉洁，俭于自奉，不为妻子计，恶衣粗食，安之若素"。有人"留数钱置案上"，曰："阿耶不纳火耗，不谋衣食，宁酒亦不买乎？"你啥都不要，难道还不喝点儿酒吗？于成龙盛情难却，"留数钱，计得酒一壶而止"。有一天，百姓听说他老家来人了，高兴得"奔哗庭中……又进金钱如初"。于成龙又笑谢曰："此去吾家六千里，单人携贷，适为累耳。"两江总督董讷去官，"江南民为立生祠"。康熙南巡，"父老驾者千万人，咸吁恳还总督任"。康熙褒扬董讷："汝做好官，江南人为汝建一小庙矣。"固安知县杨瓞调宛平，借康熙巡畿南之机，"固安老幼争乞留之"。康熙说："别与汝固安一好官，何如？"一女子对曰："何不别以一好官与宛平耶？"像于成龙、董讷、杨瓞这些官员，节日来与不来，都不用上面半句不要腐败的提醒。清初福建将乐令李爝有句话堪称名言："在官，俸金外皆赃也，不可以丝毫累我。"官舍庭院里有两株桂树，李指之曰："此亦官物也，擅折者必治之。"从此家人不敢簪桂花。他出外巡视秋收，"从仆摘道旁一橘"，给他看见了，"立下马杖之，命偿其直"。然而，这样的好官只干了三年，因为"上官有索馈者，无以应，遂去官归"。不送礼，在官场上干不下去，哪里出了问题？

《通知》同时例牌明确，各级纪检监察机关要加大惩戒问责力度，对违规违纪行为严查快处，在追究直接责任人责任的同时，严肃追究相关领导的主体责任和监督责任，问题典型、突出的点名道姓通报曝光。中纪委开通了网站，隔三岔五就点名道姓一批之后，还真的不敢当成耳旁风了。在我看来，以后也不必老发这些，要官员时刻明确"在官，俸金外皆赃也"这一根本，便足够了。

贪 内 助

如今（2008）一些地方反腐败每每喜欢做"内助"的文章，有的更总结出一个规律：腐败分子的背后往往都有一个"贪内助"。这个"内助"，指的是所谓"妻贤夫祸少"的那个"妻"。联系到百分之多少的贪官有情妇、包"二奶"的若干数据，仿佛给人一种暗示：贪官之所以堕落，大多都是因为女人。强调得多了，不免有从历史垃圾堆里捡出"女人祸水论"的嫌疑，空气中散发着霉味儿。

"内助"的行为对"主外"者会起到一定的作用。王安石女婿蔡卞，"颇知书，能诗词"，但是"每有国事，先谋之于床笫，然后宣之于庙堂"，什么都先跟老婆商量。蔡妻是安石次女，"知书聪敏"，不过，她所传达的恐怕也是安石的意见。《宋史·蔡卞传》载："卞居心倾邪，一意以妇公王氏所行为至当。"妇公，妻父也。所以，当时的官员都说："吾辈每日奉行者，皆其咳唾之余也。"这个"其"，自然就是安石了。蔡卞拜右相时摆家宴庆祝，伶人更扬言曰："右丞今日大拜，都是夫人裙带！"讥讽他"官职自妻而致"。查《辞源》，此正"裙带官"一语的来源之一。然在今日，裙带官已为人们视为正常，见怪不怪，其谁讽之？当然，安石对女婿不这么看："元度（卞字）为千载人物，卓有宰辅之器，不因某归以女凭借而然。"《宋史》中，蔡卞虽被归入"奸臣传"，但说他为官还是相当清廉的,在广州任上,"宝贝丛凑,一无所取。及徙越,夷人清其去,以蔷薇露洒衣送之"。这里面,就不能排除"内助"的作用,如果王家二女儿贪一些,怂恿他捞一点儿,从他言听计从的一面看,很可能会照办的。

蔡妻清廉,当是来自家风的熏陶。王安石一生廉洁尽人皆知,即便大权在握时也是如此。《萍洲可谈》里有一则安石退下来后的逸事。那是他家有一张"官藤床",该还回去,但安石老婆吴氏想据为己有。"吏来索,左右莫敢言",怎么办呢?安石有办法,"跣而登床,偃仰良久"。吴氏看见了——就是有意让她看见的——"即命送还",因为嫌脏。原来,吴氏有洁癖,因为安石率性,毫不讲究,两人还"每不相和"。安石抓住的正是这一点。吴氏的洁癖并不是做样子,"其意不独恐污己,亦恐污人",曾经"欣然裂绮縠制衣,将赠其甥,皆珍异也",忽然家里的猫在衣服篓子里趴了一下,她就不送了,"叱婢揭衣置浴室下",直到放坏"而无敢取者"。在对待公家财产的态度上,她则显然没有"洁癖"。不过,这个故事也对"贪内助"导致腐败说起到了证否的作用。

宋朝参寥说:"王荆公私居如在朝廷。"那是赞他即使回到家里,仍然自律极严。而且,连朝中的细枝末节也带到家里来了,"忽有老卒,生火扫地如法,誉之不容口;或触灯,即怒以为不胜任,逐去之"。明朝有个进士出身的御史乔廷栋,则是把自己的家真的当成了衙门。沈德符《万历野获编》云,乔廷栋"每晨起具衣冠,升堂轩高坐,命仆隶呼唱开门。并搜索内室,喧叫而出报曰:'无弊!'然后家童辈以次伏谒,或诉争斗事,为剖决答断讫。而后如仪掩门,退入内室。每日皆然。"这跟上演滑稽剧没多大区别了。沈德符说:"尝闻宦情浓者多矣,然未有如此公者。"见过当官瘾大的,没见过瘾这么大的。

安石还官床这件事，表明他所处的那个时代，公私还有一点儿分明，公家的东西就是公家的。而在许多时候，公家的东西往往等于官员自己的东西。比如明朝有段时间，官员离任时把公家配给的办公物品当然地据为己有。《典故纪闻》云，代宗时御史倪敬奏："布按二司大小官员私用什物，俱令府行县办纳，未免以一科十，比其去任，将原办什物尽易赍入己，代者至，又行派办，民受其害。今后大小衙门官员私衙什物，俱令公同籍记，去任之时，照数交付，不许似前科办扰民。仍乞移文各处，通行禁约。"这个建议得到了执行，然而在官官相护的社会里，任何触及官员切身利益的良好建议，充其量都只能收到一时之效。

《清稗类钞》云，阮元平定海盗蔡牵，"得兵器，悉以镕铸秦桧夫妇像，跪于岳忠武庙前"。有人模仿秦氏夫妇口吻，戏撰一联，并做成两个小牌，分别挂在两像脖子上。给秦桧挂的是："咳，仆本丧心，有贤妻何至若是！"给秦桧老婆王氏挂的是："啐，妇虽长舌，非老贼不到今朝。"这一联，更形象地揭示了在腐败发生的过程中，"主外"与"内助"的"互动"关系。"贪内助"固然起到了作用，但不是决定性的作用。因此，过于抓住"贪内助"做文章，未免偏离了反腐败的方向。

孔方兄

10月8日（2020），深圳市互联网信息办公室发布消息称，为推进粤港澳大湾区建设，结合本地促消费政策，深圳市人民政府近期联合中国人民银行开展了数字人民币红包试点。数字人民币的横空出世，将有利于高效满足公众在数字经济条件下对法定货币的需求。

货币，乃固定充当一般等价物的商品，俗称就是钱，"恭敬"的俗称是"孔方兄"。秦始皇统一中国，也统一了货币：圆形方孔。寓意"天圆地方"。在此之前，货币形态五花八门，光是战国那六雄，就有布币、刀币、环钱、蚁鼻钱等。布币又分空首布、平首布，空首布中又分弧足、尖足，平首布中又分方足、尖足、圆足、锐角、长体。刀币也是同样，眼花缭乱。

由秦始皇"秦半两"奠定的基础，加上汉武帝"五铢钱"明确的标准，西晋时圆形方孔钱已全然定型。鲁褒作了篇《钱神论》："钱之为体，有乾坤之象，内则其方，外则其圆。"鲁褒对钱先大大赞美了一番，说它是"为世神宝"，绝对的好东西，要"亲爱如兄，字曰'孔方'"。那么，就别钱、钱的了，得"称字"，尊重嘛。孔方兄多了不得啊，"失之则贫弱，得之则富强"，且能够"无翼而飞，无足而走"。度其语意，是在调侃。《晋书·鲁褒传》载："（惠帝）元康之后,纲纪大坏,褒伤时之贪鄙,乃隐姓名,而著《钱神论》以刺之。"从"疾时者共传其文"来看,鲁褒的观点在当时便赢得了极大认同。

这篇《钱神论》对后世的影响颇深,首先,是"孔方兄"概念的发明和普及。圆形方孔钱一直延续到"末代皇帝"时的"宣统通宝"。千百年来,"孔方兄"时时在目,"疾时者"便极尽谐谑之能事。《管锥编》罗列了若干。如董斯张《吹景集》:或问,鲁褒"以钱为神可也,谓之兄何居?"答曰,金戈戈嘛。那是将"錢"字拆开,再借用谐音。又,袁宏道诗云:"闲来偶读《钱神论》,始识人情今益古。古时孔方比阿兄,今日阿兄胜阿父!"又,《清人杂剧》二集叶承宗"敷衍《钱神论》"而作《孔方兄》,通场为金茎独白,有云:"爱只爱,六书文,会识字,'戋'从着'金':恨只恨,《百家姓》,'钱'让了'赵'……矢口为文笑鲁褒,你可也太莽嚣! 怎把个至尊行,僭妄认同胞? 称他个'孔方老师'罢? 不好! 不好! 怕他嫌坛坫疏;称他个'孔方家祖'罢? 也不好! 也不好! 怕嫌俺谱牒遥;倒不如称一个'家父亲'才算好!"诸如此类,被钱锺书先生推为"笔舌俊利"之作。

也有跟鲁褒的谐谑较真的。如顾元庆《簷曝偶谈》云,鲁褒之说"殊可令人羞"。在他看来:"若事钱如事兄,其于父子兄弟、君臣朋友,几何不相戕贼矣。稽其为用,直人役耳。不问艰险污秽、清浊是非,转化奸回,善如人意,盖奴仆之超绝者也。"他认为,若把钱"名曰'孔奴',于理为当"。如我们所见,老顾的话没有泛起涟漪。

其次,是对芸芸众生视"孔方兄"态度的生动描绘。《钱神论》云,因为"钱多者处前,钱少者居后。处前者为君长,在后者为臣仆","孔方兄"决定着一切,所以"京邑衣冠,疲劳讲肄,厌闻清谈,对之睡寐,见我家兄,莫不惊视"。并且,"洛中朱衣,当途之士,爱我家兄,皆我已已。执我之手,抱我终始,不计优劣,不论年纪,宾客辐辏,门常如市"。而历史上也是这样,"昔吕公欣悦于空版,汉祖克之于嬴二,文君解布裳而被锦绣,相如乘高盖而解犊鼻,官尊名显,皆钱所致"。前两句说的是未达时的刘邦,后两句则是"凤求凰"的插曲。"孔方兄"具有如此神通,人们焉能不趋之若鹜?

第三,是对"孔方兄"本领的精辟概括。《钱神论》引用一则谚语,叫作"钱无耳,可使鬼。"著名的"有钱能使鬼推磨",该是由此而来。鬼尚且能够使动,遑论人? 历来的官员栽跟斗,往往正是栽在"孔方兄"上。《幽闲鼓吹》有一生动实例:"相国张延赏将判度支,知有一大狱,颇有冤滥,每甚扼腕。"等他到任了,"即召狱吏严诫之",并明确了解决问题的时间表,"旬日须了"。第二天,他案头上放了张帖子,写着"钱三万贯,乞不问此狱"。老张大怒,"更促之"。次日又有一帖子,这回是"钱五万贯"。老张更气了,"命两日须毕"。不料再次日,帖子涨到了"钱十万贯"。老张怂了:"钱至十万,可通神矣。无不可回之事,吾惧及祸,不得不止。"十万贯,终于推动了老张。钱锺书先生说,明目张胆之外,"讬上寿之名,择暮夜之候,或问以苞苴箪笥,或遗之缥轴缥囊,以至于赠田宅,进姬侍,万变不离其宗,皆'送钱之方式'也。故曰'送礼',曰'孝敬',亦见利亦有礼,犹盗亦有道。"风趣的同时,也承继了"疾其时"的传统。

"孔方兄"实体是铸造出来的,宋朝便已问世的纸币是印刷出来的,数字货币则看得见却摸不着。货币形态的演变,与社会进步密不可分。但是,无论形态如何演变,货币的职能性质都不会改变。褚人获《坚瓠己集》云:"或问伍蓉庵云:'钱神亦有不灵时否?'蓉庵曰:'钱神是淫昏之鬼,遇贪邪则灵,遇廉正则死。死则不灵。'"

考绩

年终岁尾,到了公职人员的考核时节,这一年的德、能、勤、绩,先自己进行总结,然后由单位评出优秀、合格、基本合格、不合格等若干等级。过去连续两年得到"优秀"的,能够晋升一级工资,现在是奖励一个月的工资,一次过,不再跟随一辈子。

《书·舜典》已有"三载考绩。三考,黜陟幽明"的说法,孔颖达疏:"三年有成,故以考功。九岁则能否幽明有别,黜退其幽者,升进其明者。"从前的考绩,一如现在的考核。如果说有区别,在于从前是考察官吏的功过善恶,宋人王溥编撰的《五代会要》说得更具体,后唐考绩范围为"诸司外文武官九品以上"。对官员分别等差考绩的目的,是要升降赏罚。《三国志·魏书·夏侯玄传》载,太傅司马懿向夏侯玄咨询时事,夏侯玄的第五条建议,就是"自(千户)长以上,考课迁用,转以能升,所牧亦增,此进才效功之叙也"。如果将考绩的意义再提升一层,则如《汉书·谷永传》中谷永所言:"治天下者尊贤考功则治,简贤违功则乱。"今天则但凡企事业工作人员,都要皆考,"优秀"的除在工资上有所体现外,"不合格"的,待岗或辞退,与从前考绩的出发点和目的不大一致。

古代考绩的具体做法,不同朝代并不划一,而有自己的一套。《汉书·京房传》载,元帝时灾难频发,京房进言曰:"古帝王以功举贤,则万化成,瑞应著,末世以毁誉取人,故功业废而致灾异。宜令百官各试其功,灾异可息。"于是,元帝就叫京房"作其事,房奏考功课吏法"。三国时,卢毓对魏文帝曹丕也说过"今考绩之法废,而以毁誉相进退,故真伪混杂,虚实相蒙"一类的话,文帝纳其言,且"诏作考课法"。

《旧唐书·职官志》载:"凡考课之法,有四善:一曰德义有闻;二曰清慎明著;三曰公平可称;四曰恪勤匪懈。"明朝又不同,洪武十一年(1378)"令考绩殿最",则只分为上中下三等。这里,不妨细看一下后唐的九等。他们在大的方面分"上中下",每一等级里面再套小的"上中下",因此最高等级为"上上",最低等级为"下下"。归入"上上"的不用说了,官中极品,无可挑剔;又不妨关注其中的"下",看看他们的劣等官员是怎样一副嘴脸。"下上",乃"爱憎任情,处断乖理",这是说决策不是依法而是拍脑袋;"下中",乃"背公向私,职事废阙",这是说根本就是把权力当成了谋取私利的工具;"下下",乃"居官谄诈,及贪浊有状",这是说不仅眼睛向上,而且简直就是贪官。这样看来,今天的劣等官员与一千一百年前的委实没有什么两样。

瞿同祖先生名著《清代地方政府》针对清朝考绩制度时指出:"政府希望以加级或晋升来鼓励或奖赏最有效能的官员。由于地方政府实际上寄托于一千个以上州县官之手,所以在朝廷看来,把好人补充到这些岗位并使其处于各级地方长官的监督之下,是保证行政效率的逻辑前提。"清朝因为政绩显著而被评为"卓异"的州县官,有资格晋见皇帝,通常也能被吏部加级,翎子上多点儿名堂。但各省都有名额的限制,比方广东给了八个,最多的直隶也只有13个,一如今日"优秀"的比例不可能太多。那些无能的或腐败的官员,则定为八种,"贪、酷"者,除依《大清律》受刑罚外,还要革职并永不叙用;"疲软无为、不谨"者,革职;"才力不及"者降二级;"浮躁"者降三级调用;"年老、有疾"者劝退。对多数既得不到举荐、也得不到弹劾的属于"合格"这个档次的,也是考核四项:守(操守)、才(能力)、政(行政品质)和年(年龄),跟今天的差不了多少。

《今言》里有朱元璋时奖赏的一则趣事:"称职无过为上,赐坐宴;有过称职中,宴而不坐;有过不职下,不预宴,叙立于门。宴者出,然后退。"就是说,工作称职也没出差错的,可以海撮一顿;工作中出了差错但还是称职的,有饭吃,但得站着吃——这倒有点儿让人联想到鲁迅笔下穿长衫而站着喝酒的孔乙己;而那些一无是处的,只能干瞪眼,却不能走,眼馋了、流口水了,也得站在那儿看着,等人家吃完才可以离开。还别说,谁怎么样,用这种方式倒是一目了然。

考绩看起来都有一套严格的标准,但标准是死的,人,无论是考者与被绩者却是活的。一个人实际怎么样,也未必那么泾渭分明,标准套用起来难免失于随意。《大唐新语》里有一则,唐高宗时卢承庆为吏部尚书,"校内外官考"。有个负责督运的官员"遭风失米",卢承庆为之考曰:"监运损粮,考中下。"那人面无表情,一声不吭要走,岂料卢承庆认为其人很有雅量,改注曰:"非力所及,考中中。"那人听了,"既无喜容,亦无愧词",卢承庆好像中了邪一样,再改曰:"宠辱不惊,考中上。"一点儿调查研究没有,全凭主观意志行事。那个人脸皮极厚,或者浑浑噩噩得不知发生了什么事情也说不定。

因此,无论是古代的还是今天的,如果考绩纯粹是例行公事,或者是为了搞平衡,就不仅失去考绩的本意,而且还会起到不好的示范作用。凡事都是如此。

露布

　　国人喜欢在成绩上弄虚作假，是有一定文化基因的。前些年写过一篇关于"上计"的文字，从战国时中央对地方官员政绩考核的这一制度入手，旨在探寻统计数据如何变成了"官出数字"。还有一种没那么貌似严谨但异曲同工的吹牛方式，就是"露布"。

　　关于露布，南北朝时刘勰的《文心雕龙》有个释义："盖露板不封，布诸观听也。"唐封演《封氏闻见记》云："露布，捷书之别名也。诸军破贼，则以帛书建诸竿上，兵部谓之'露布'。"为什么要这么叫呢？因为"露而宣布，欲四方速知"。露布的这两个解释都通，作为不缄封的文书，曹操《让县自明本志令》即有现成例句："人有劝（袁）术使遂即帝位，露布天下。"它还可以指代布告、通告。还举曹操的例子，其《表论田畴功》云："又使部曲持臣露布，出诱胡众。"封演说："近代诸露布，大抵皆张皇国威，广谈帝德，动逾数千字，其能体要不烦者，鲜云。"度其语意，露布已然变味儿，成为自我吹嘘了。

　　本文单表捷书这个层面。《今言》里有明成祖永乐五年（1407）平交趾露布文，捉了谁，身份或官衔都是什么，缴获的16颗金印，全都写得一清二楚，应该就是后来露布的真实样貌。唐庄宗为晋王时消灭了刘守光，命掌书记王缄起草露布，然而"缄不知故事,书之于布,遣人曳之,为议者所笑"。笑什么呢?是王缄望文生义,当书之于帛,还是露布已经不再是像擎着大旗一样张扬了?不得而知。可知的是,以前的人打完仗大抵都要广而告之战绩。因此,洪迈《容斋随笔》云北魏孝文帝南伐,长史韩显宗与齐军戍将力战,斩其裨将,不作露布,皇帝觉得很奇怪。韩显宗说:"顷闻将军王肃获贼二三人,驴马数匹,皆为露布,私每哂之。近虽得摧丑虏;擒斩不多,脱复高曳长缣,虚张功捷,尤而效之,其罪弥甚。臣所以敛毫卷帛,解上而已。"看起来,韩显宗是想借自己的行为来正一正至少带动一下风气吧。

陆游《家世旧闻》里谈到的一件事更离了大谱。宣和末也就是宋徽宗时,契丹燕王薆离不进犯景、蓟二州,朝廷派郭药师迎战,捷报说药师打赢了,且割下了薆离不的头颅。班师时,"以大旗引首函,曰'伪燕王薆离不首级'",声势很大,"京师少年争往陈桥门观之,大臣建言御殿受贺"。人头的物证摆在那里,还能有假?偏偏就是假的!因为薆离不根本就有没死,旗上悬着的不知是谁的脑袋,连郭药师派回的送首级的队伍,"亦自窃笑"。后来京师因此产生了一则谚语:"恰似捉得燕王头",专门讽刺如郭药师般虚报战功的人。

清朝昭梿干脆进一步翻了宋朝的老底,他在《啸亭杂录》里毫不客气地说:"宋人战绩,每好夸张。"他先举了韩世忠的例子,说他"淮阳之战,仅杀一太乙孛堇,不过与周人杀高敖曹相似,即矜为中兴战功第一。金山之战,乃金人不识水道,侥幸成功,其后终至败覆。况金山寺非中非鞍马驰骋之所,金梁王红袍落马,亦近粉饰"。接着又说岳飞擒杨么,"与李临淮之擒袁昶何异?《唐书》寥寥数语,即了其事",此外还有朱仙镇之战,都没有那么神奇。由此不由得想到当代学者茅海建著作《天朝的崩溃——鸦片战争再研究》。在茅先生看来,不仅鸦片战争中的战果被极大地夸张了,比如三元里抗英,比如虎门保卫战,而且林则徐的思想也被夸张了,"林则徐有着可贵的开眼看世界的事实,但还不能推导出他有着改革中国的思想"。茅先生不是要跟历史过不去,所要追问的是在那场我们失败了的战争中究竟错在哪里,"一个失败的民族在战后认真思过,幡然变计,是对殉国者最大的尊崇、最好的纪念。清军将士流淌的鲜血,价值就在于此"。

按照清朝刘体智《异辞录》的见解,国人数据造假不分贤愚,谁有机会都这么干,所谓"虚报战功,为随营刀笔(吏)之惯技,匪特不肖者为然也,虽贤者亦有不免焉"。这个贤者,他指的是李鸿章。他说李鸿章的那些奏议、函稿、电稿之类,"当时抄录,早自分类",是准备好了日后出版的。"而事后删润之处,颇有端绪可寻",比如同治年间他迎战太平军,"疏称李秀成死者,一再而三,此岂小故也哉!"与郭药师的做法几乎如出一辙。《异辞录》还让我们见识了另外一种露布:张勋复辟时,"敌军露布曰'将帅则乌云瘴气,几榻烟霞;谋臣则巧语花言,一群鹦鹉'",据说此语出于梁启超之手,讽刺康有为"奉诏谢恩"的。这该是少见的露布别用,一群鹦鹉之说也颇耐人寻味。

战乱年代,虚报战功;承平时期,虚报治功。明了国人骨子里渗透着的这些文化基因,对今天的"官出数字"现象就委实没什么好奇怪的了,可以说几乎顺理成章。

数字游戏

国家统计局局长马建堂日前（2010）在接受联合国亚太经社会秘书处统计司《统计通讯季刊》采访时说："当前中国统计改革发展建设进入关键时期，为应对新的挑战，我们提出进一步提高统计能力，提高统计数据质量，提高统计公信力的总体目标，各项工作都朝着这个总体目标去努力。"这个表述，等于间接道出了中国统计数据的尴尬现状，民间流传的一副对联描绘得最形象：上联是"上级压下级，层层加码，马到成功"，下联是"下级骗上级，层层掺水，水到渠成"；横批为"数字出官，官出数字"。概言之，当下的统计数据近似数字游戏。

数字游戏不是不可以有，但应该停留在谐谑层面。《太平广记》卷二百四十七"石动䪻"条，动䪻问国学博士，孔子弟子"达者七十二人，几人已着冠？几人未着冠？"博士答不上来，说书上没写。动䪻挖苦他："先生读书，岂合不解。孔子弟子，已著冠有三十人，未著冠有四十二人。"博士问他根据什么，动䪻答，"《论语》云，'冠者五六人'，五六三十人也；'童子六七人'，六七四十二人也"，加起来，不是七十二人吗？"坐中皆大悦，博士无以复之"。这段故事，被金庸《射雕英雄传》移植了去，他又不注明出处，一般读者会以为是他的巧思。第三十回《一灯大师》：郭靖和求见一灯大师,不料其书生徒弟占住了冲要,摇头晃脑在读《论语》,充耳不闻。黄蓉心想:"要他开口,只有出言相激。"于是冷笑一声说:"《论语》纵然读了前边,不明夫子微言大义,也是枉然。"书生果然"愕然止读"。黄蓉便问他,孔门弟子七十二人中,"有老有少,你可知其中冠者几人,少年几人?"书生也是说书上没写,黄蓉就把五六三十、六七四十二重复了一遍。"那书生听她这般牵强附会的胡解经书,不禁哑然失笑,可是心中也暗服她的聪明机智"。

清朝有个叫何梅谷的,"以儒学闻于时",他老婆信佛,每天"必口诵观世音菩萨千遍"。梅谷不让她这样,不听;让呢?又"恐贻士林笑",于是想了个办法。有一天,他不断地叫老婆,"随应随呼",叫个不停;老婆恼了,叫什么叫!梅谷徐徐答曰,才叫你几遍,你就恼了,可是你每天叫观世音千遍,人家不恼你吗?"夫人顿时大悟"。何梅谷玩儿了个小小的数字游戏,即令老婆心悦诚服。清朝还有个叫黄漱兰的督学江苏,发现算学考试中有个廪生"用数目处,以亚拉伯字书之",很生气,给人家上纲上线:"某生以外国字入试卷,用夷变夏,心术殊不可问。"然后,"着即停止其廪饩",断掉了人家的膳食津贴。有趣的是,黄漱兰后来按试别府,又看到一张真正让他哭笑不得的卷子,该卷"自始至终,皆书'之'字"。当时正是端午节,他和幕客饮酒,把卷子拿出来行令,说如果谁看了会笑,"罚一巨觥"。结果,"无不大笑,无不大醉"。

还是那个石动筩,数字游戏当真被他玩儿得淋漓尽致。高欢尝令人读《文选》,读到郭璞游仙诗时,"嗟叹称善"。学士们也赶快附和:"此诗极工,诚如圣旨。"石动筩站起来说,这诗算什么呀,我要做的话,"即胜伊一倍"。高欢很不高兴,良久语云:"汝是何人,自言作诗胜郭璞一倍,岂不合死?"石动筩讲话时已胸有成竹,拍胸脯说:"大家即令臣作,若不胜一倍,甘心合死。"高欢就让他来一首,动箫怎么应对?"郭璞《游仙诗》云:'青溪千余仞,中有一道士',臣作云'青溪二千仞,中有两道士',岂不胜伊一倍。"高欢这才给他逗乐了。

清朝有人以十字令概括门下食客的"特点",《归田琐记》《清稗类钞》里都有,叫做"一笔好字,二等才情,三斤酒量,四季衣服,五子围棋,六出昆曲,七字歪诗,八张马钓(麻将),九品头衔,十分和气"。后来,有人进一步阐释道:"一笔好字,不错;二等才情,不露;三斤酒量,不吐;四季衣服,不当;五子围棋,不悔;六出昆曲,不推;七字歪诗,不迟;八张马钓,不查;九品头衔,不选;十分和气,不俗。"今天有人撰文说那是概括清朝官员的,似则似矣,然而不是,《归田琐记》《清稗类钞》都已言明,说的是清客,亦即"主人之待遇次于幕"的那种帮闲文人吧。《红楼梦》"大观园试才题对额"中,清客们有精彩的帮闲表演。当然,以十字令形式概括历朝官员的品性,早有"汗牛充栋"的意味了,"一表人才,两把刷子……欺(七)上瞒下,八面玲珑"云云,数不胜数。

石动箫者,北齐俳优也,讲笑话是他的职业,看家本领。可笑及堪忧的是,现实中的许多官员,把关系国计民生的统计数据硬生生弄成数字游戏。识者指出,我们的体制决定了政府官员只需要对上级负责,所以,各级地方政府官员千方百计地揣摩上级官员的意思,然后根据需要选择统计方法,制造不同的统计数据。那么,体制改革到了迫在眉睫的地步。

官宜久任

年初（2009）的一篇报道说，过去 17 年河北邯郸市总共换了八任市长，没有一个能够工作到五年的法定任期。八任市长除了一个"暗"降外，其余的在平调中均有"斩获"，更出了四个副省级高官。于是，邯郸市长成了名符其实的走马灯，给当地百姓的感觉是这个职位不啻升迁的跳板。这一报道最近又被当作新闻翻了出来。比对一下不难发现，邯郸换市长这几年每每成为"新闻"，把×年×任的数字换一换而已，实质表明"邯郸现象"已经成为言说当下官场的一个标志性符号。

市民认为，频繁更换市长是邯郸发展滞后的重要原因。古人也持这样的看法，当然，他们对"邯郸现象"没有先见之明，也就谈不上针对之，他们针对的是这种怪状。余继登《典故纪闻》云，明朝隆庆皇帝时，大学士张居正进言："如督府等官，初莅地方，即例有条陈一疏，或漫言数事，或更置数官。"这就是通常所说的"新官上任三把火"了，但在张居正看来，因为新官"文藻竞工，览者每为所炫"，说得诚然头头是道，"其实临政之始，地方利病，岂尽周知？属官贤否，岂能洞察？不过采听于众口耳"。道听途说的东西毕竟道听途说，因此，"读其词藻，虽若粲然，究其指归，茫未有效，比其久也，或并其自言者而忘之矣。"在另一次上疏里，张居正更直陈时弊："官不久任，事不责成，更调太繁，迁转太骤。"并且，他对新官员们"建白条陈，连篇累牍"很以为然，说他们对实际情况根本不了解，前景战略却来得一套一套，"至核其本等职业，反属茫昧。主钱谷者，不对出纳之数，司刑名者，未指律例之文"，问到具体的东西就一脸茫然。张居正由此发问："官守既失，事何由举？"连必须知道的东西都不知道，指望他干得成什么呢？

何良俊《四有斋丛说》对此同样一针见血，那是"董幼海（传策）转北京吏部主事，北上时，过吴门见访"，何良俊对他道出的一番肺腑之言："当今第一急务，莫过于重守令之选，亦莫过于守令久任。"不仅选人要选得对，而且还得让他在任上有足够的时间施政。"若迁转太速，则自中才以下，一切怀苟且之念"。这句话就很有意思了，是说一个官员如果知道自己在这个位子上待不长，就会得过且过，等的只是什么时候拍拍屁股就走人。何良俊觉得，一个官员"初至地方，必一二年后庶乎民风土俗可以周知"，现在可倒好，"守令迁转不及三年，则是方知得地方之事，已作去任之计矣"。这样一来，"虽极有志意之任，不复有政成之望，亦往往自沮。及至新任一人，复是不知地方之任，如此则安望天下有善治哉！"何良俊所描述的这种恶性循环，今天的"邯郸现象"无意中为之做出了最好的注脚。

因为董传策是调去吏部，职司选拔官员，何良俊同时对如何选官也不吐不快。这个问题与官之久任与否是密切相关的，倘若就是要把某个职位当作必要的"镀金"，为将来增添砝码，则选与被选之间难免存在猫腻，金钱关系或者背景关系而已。在人治社会里，背景关系是块无法撼动的巨石，那么若使选官还能最大限度地保持公正，惟有在杜绝金钱关系上多做文章了。何良俊说："或以为在京易于钻刺，不知在外者物力殷盛，钻刺尤为有力。"凭着手里的几个钱,以为没有办不到的事情——某种程度上也确实可以。前几年,不记得哪个地方了,有老板打赌说可以把当地某重要官员像狗一样呼来唤去,结果他赢了。前提就在于老板"物力殷盛",这样的人物要是想为谁买个官当的话,自然小菜一碟。何良俊还对吏部官员避免瓜田李下表达了另外的见解:"吏部诸公,当日与天下士大夫相接,古人云:'只须简要清通,何必插篱竖棘?'"那些奔竞之徒,"打点关节,尽是暮夜之金耳。则白昼显然相接,有何不可? 况相与见接,其君子小人,固自易解。与之言论,或试以事,或探以情,长短亦可立见。又因以周知天下地方之利害,生民之惨舒,有益于政体甚大,何必以闭门谢客为得耶?"对那种假惺惺的避嫌,何良俊嗤之以鼻。

前面所讲的张居正进言,最后直接指向了隆庆皇帝本人:"伏望皇上自今以后,励精治理,主宰化机,埽无用之虚词,求躬行之实效。"并且他"再乞天语叮咛部院等衙门",也不要来太多虚的,"一切章奏,务从简切,是非可否,须明白直陈,毋得彼此推诿,徒托空言。其大小臣工,亦宜各秉公持正,以诚心直道相与,勉修职业,反薄归厚,尚质省文"。这些话现在听起来,真有不知今夕何夕之慨。

有学者统计说,全国市长任期平均 1.7 年。一般情况是,新官在前半段被"扶上马,送一程",后半段则是寻找培养接班人,眼前的权力与利益分配成了一切,真正做事情的时间没有多少。该学者把这种现象作为"社会溃败的趋势日益明显"的例证之一,当真振聋发聩,需要引起任命权在握的人和部门的高度重视了。

胥吏的能量

　　《西游记》第九十八回云,唐僧师徒历尽九九八十一难好不容易到了西天,不料如来佛虽然承诺给他们真经了,手下的阿傩、伽叶"引唐僧看遍经名后",却向他们索取"人事"。这个人事,前文说了,指的是礼品。许观《东斋记事》亦云:"今人以物相遗,谓之人事。"唐僧没有料到这一层,说自己"来路迢迢,不曾备得"。那俩家伙一听没有,笑道:"好,好,好!白手传经后世,后人当饿死矣。"就把真经给调换成了"白纸本子",害得唐僧师徒只好折返回去,到底把出发时唐太宗御赐的紫金钵盂"双手奉上"了事。

　　这虽说是一个神话故事,然而比照现实生活,谁也不会觉得突兀。这样的事情在生活之中,是很有可能发生的,就是说绝对不能小觑"胥吏"的能量。有一句老话叫作"阎王好见,小鬼难求"嘛,胥吏这种旧时在官府中办理文书的小史,有时正相当于"小鬼"。《邵氏闻见后录》云,王安石还没当大官时,打算编一本唐诗选之类的书,他发现同僚宋次道家藏有不少唐人诗集,乃"尽即其本择善者",然后夹个标签,"令吏抄之"。王安石选诗,自然有自己的优劣标准,岂知抄书的胥吏也有他们的一套,"厌书字多,辄移荆公所取长诗签置所不取小诗上"。就是说,王安石如果选的诗比较长——估计是"将进酒""蜀道难"之类,他们就把标签偷偷挪个位置,换成短的——估计是五言绝句之类,抄起来好不费劲,反正篇数够了。偏偏安石编书的责任心又不够强,选完了拉倒,"不复更视"——胥吏正是摸准了这个"命门"才敢随意调换吧。所以这本名曰《唐百家诗选》的书一面世,就遭到了不小非议,人们评价说"唐人众诗集经荆公去取皆废",清楚底细的才认为,该书与其说是王安石的选本,还不如说是胥吏的选本。

胥吏不过是小吏,但因为是政令的执行者,不免有诸多"裁量权"。倘如安石那样交待完便了事,等于给他们留了可钻的空子,根据自己的意愿完成种种外人看来不可能的任务。偷工减料,放在安石这件事上是一种偷懒的行为,在许多方面,是都可以弄出一点儿"名堂"的。阿傩、伽叶那两个家伙还是神仙呢,不是也不能免"俗"吗?阿傩的"脸皮都羞皱了",但是他并不管那么多,"只是拿着钵盂不放"。

岳珂《桯史》里说到一件事:宋孝宗淳熙年间,广东增城盗平,虽然功劳主要是弓级陈某带的那帮人的,但增城尉张某也理应有份,毕竟他负责治安。但张某因为别的事和县令闹过别扭,上报的功劳簿里便抹去了他这一笔。张尉于是四下托关系,陈述原委,人家都说该不该给他请功,"视县辞而已",材料上没有,没办法。等到任满回京,张尉灰溜溜的,因为毫无政绩,连继续当官都成了泡影。偏巧这件事给一个部胥知道了,先是听得"色动",再琢磨了两天,来找张尉说:我不跟你打什么赌,反正我能让你有官当,"君能信我,事且立办"。张尉怕遇上骗子,没答应。第二天部胥又来了,说你不相信不要紧,我可以先不拿钱——这种事当然要由钱来交易,事成了再给。二人讨价还价了一整天,以千缗成交。这一过就是两个月,正当张尉"深咎轻信"之际,半夜三更时那部胥又来了,"喜见眉睫",果然,张尉"名登于进卷矣"。这回轮到张尉吓了一跳，初始他还以为是部胥伪造的文书，后来上上下下验证遍了，绝对地如假包换。原来部胥做的手脚很简单，把原始材料"增城县尉司弓级陈某，获盗若干"中的"司"字左边添上一竖，改成了"同"。当然这一改，必要做到"笔势浓纤无少异"，让人看不出破绽。

《三垣笔记》也有一则。崇祯刚继位时，把钱粮作为对知府政绩考核的一项硬指标，完不成任务的一票否决，"不得与考选"，也就是别想升官。这么一项看上去没有商量余地的政策，胥吏们更来了神通，"若得贿，便挪前推后，指未完作已完，不则已完亦未完也"。什么叫指标完成没有？谁肯出血，谁就早点回家去做美梦；不肯，那你老人家就多熬上几天吧。所以时有"未去朝天子，先来谒书手"之谣，揭露了若干职能部门的工作目的，就是利用手中的小权来敲竹杠。

部胥那么小小地一改动，书手也不是"权"钱交易，但都改变了一个人以及一些人的命运。这就难免提醒世人，反腐败还真不能仅仅盯住"上头"。

"钓鱼式"执法

　　上海市南汇区的"钓鱼式"执法正备受国人诟病,广州市花都区又添了新例。在上海那里,10月14日(2009),孙中界驾车搭载了一个"很冷,能不能帮个忙"的拦车人,不料碰上的是个请君入瓮的"钩子"。在广州这里,10月19日,段先锋送人到白云机场之后,一名男子要求搭车回东莞,并表示给他两包烟,段先锋同意了,结果碰到的也是"钩子"。

　　所谓"钓鱼式"执法,非常形象:先派人冒充搭车,以金钱等诱惑车主,然后由躲在背后操纵的执法人员出来"抓现行"。上海那里经过"全面核查"后郑重对外宣布:自己"取证手段并无不当";广州这里,一位工作人员直言不讳告诉段先锋:"你是不是傻的,你这几天有没有看报纸啊,钓鱼你懂不懂?"对一些造成严重后果的丑恶事件,国人习惯于说出发点是良好的,然此种形式的执法,出发点即招来一片谴责、愤慨之声。

　　唐朝便有过一次"钓鱼式"执法,整治的不是非法营运,然动机比这要堂正得多:反腐败。那是唐太宗李世民时的事情,载于《资治通鉴》卷第一百九十二。太宗"患吏多赇,密使左右试赂之"。大抵当时的情形与今天类似,官员贪腐早成公开的秘密,但每天活动于世人眼中的他们莫不道貌岸然之故吧。太宗对此痛心疾首,乃想到了出阴招。果然有人很快就上钩了,"有司门令史受绢一匹"。唐初赋役制度实行的是租庸调制,交粮食叫"租",每丁每年服役若干天叫"庸",交绢或布叫"调"。租、庸、调合为一体,缺一不可,则"受绢"与受贿本质上也就没什么两样。司门令史是个什么角色呢? 胡三省注:"司门郎,属刑部,掌天下诸门关出入往来之籍赋而审其政,有令史六人。"相当于对内的"海关"吧,确是"吏"的角色,还谈不上"官"。钓到了鱼,今天打击非法营运,处理结果是扣车、罚款,罚巨款,因此当段先锋被告知要花3万到5万赎车时,他心痛得不得了。然而对比当年这算轻的,彼时是"上欲杀之"。当此危机关头,民部尚书裴矩站出来说话了:"为吏受赇,罪诚当死;但陛下使人遗之而受,乃陷人于法也,恐非所谓'道之以德,齐之以礼。'"陷人于法,裴矩点到了问题的要害,"钓鱼式"执法的本质,正在于此。

晋代有个叫翟庄的,年轻时"以弋钓为事",业余爱好是打猎和钓鱼并举,后来他"不复猎",只钓鱼。人家问他:"渔猎同是害生之事,而先生止去其一,何哉?"翟庄回答说,不一样,"猎自我,钓自物",一下子还不能两样都立刻收手,"故先节其甚者"。关键是,被钓的鱼属于"贪饵吞钩",不是因为我,而是因为他自己。翟庄大约是受了"姜太公钓鱼——愿者上钩"的启发吧。逻辑上看,姜太公的行为、翟庄的话无可厚非,阐明了咎由自取的道理,然见之于个人修养可以,移诸社会层面则不然。执法所要达到的目的,在于减少直至杜绝违法行为,像孔夫子所倡导的"道之以德,齐之以礼",而不是设下陷阱。"钓鱼式"执法的可恶之处,正在于为钓而钓,为罚款而钓,舍本逐末,置道德于不顾,以卑劣为自得。

孔夫子的那句话出自《论语》:"道之以政,齐之以刑,民免而无耻;道之以德,齐之以礼,有耻且格。"西晋玄学家郭象对此诠释道："德者，得其性者也。礼者，体其情者也。情有所耻而性有所本，得其性则本至，体其情则知至。知耻则无刑而自齐，本至则无制而自正。"西汉戴德也说过："以礼义治者积礼义，以刑罚治者积刑罚。刑罚积而民怨背，礼义积而民和亲……导之以德教者，德教行而民康乐；殴之以法令者，法令极而民哀戚。"虽然他们这些话都是"为人主计之者"，但除此之外显然还有一定的普世意义。"钓鱼式"执法，至少与今天倡导的"以德治国"背道而驰。

裴矩谏后，太宗很高兴，召集文武五品以上官员开会，告诉他们："裴矩能当官力争，不为面从，倘每事皆然，何忧不治！"从教训中深刻反思，是唐太宗最可宝贵的一面。可怪的是，如今"钓鱼式"执法涉及的方方面面包括其上级，面对千夫所指全无反思的意味。为了表达对执法过程的强烈不满，孙中界愤然断指以自证清白，使"钓鱼式"执法的恶果呈现了惨烈的一面。"钓鱼式"执法的人诚然很可恶，然就像马克思论及普鲁士书报检查制度时所说，"事物的本质所引起的愤恨变成了对某些人的愤恨"，于是，"人们的注意力就从检查制度转移到了个别检察官身上"。马克思还说："治疗书报检查制度的真正而根本的办法，就是废除书报检查制度，因为这种制度本身是一无用处的。"（《马克思恩格斯全集》第一卷，人民出版社 1956 年 12 月第一版）在"钓鱼式"执法事件中，事物的本质正是这种执法方式的恶劣。那么，治疗"钓鱼式"执法真正而根本的办法，就是坚决地废除它了。

酷吏

　　因为"被害人"复活,河南农民赵作海在蒙冤入狱 11 年后被宣告无罪(2010)。明明没有杀人为什么自认?赵作海讲述的细节令人毛骨悚然:"他们用擀面杖一样的小棍敲我的脑袋,一直敲一直敲,敲的头发晕。他们还在我头上放鞭炮。我被铐在板凳腿上,头晕乎乎的时候,他们就把一个一个的鞭炮放在我头上,点着了,炸我的头……挨打时生不如死,最后只能招供"。赵作海遇到的这种办案人员,从前叫作酷吏。

　　据钱锺书先生考证,屈打成招、严刑逼供,在咱们历史记载上最早见于《史记·李斯列传》:"赵高治(李)斯,榜掠千余,不胜痛,自诬服。"钱先生同时举《张耳陈馀列传》中贯高的例子,"吏治榜笞数千,刺剟,身无可击者,终不复言",亦即贯高始终不肯"作证"张敖谋反,但认为"盖非尽人所能",意谓严刑之下不是谁都扛得住的。李斯用的是缓兵之计,所以后来有机会就"上书自陈",而且还差点儿让二世动心。赵高发现李斯上书后,先"使其客十余辈诈为御史、谒者、侍中,更往覆讯斯。斯更以其实对,辄使人复榜之",这下把李斯彻底打怕了,"后二世使人验斯,斯以为如前,终不敢更言,辞服"。可叹秦二世还喜滋滋地以为"微赵君,几为丞相所卖"。于是,李斯以谋反罪被腰斩于咸阳。李卓吾先生认为,李斯杀人众多,应受此报,可惜的只是,"斯,龙也;高,蛆也。后人以两人同传,冤哉"。《史记》不仅最早记载屈打成招,也最早于正史中开辟《酷吏列传》,随后的《汉书》《后汉书》《魏书》《北史》《隋书》及新旧《唐书》等因袭之。

《太平广记》有"来俊臣"条。来俊臣审周兴众所周知,且用了周兴自家提供的"请君入瓮"法,他审讯狄仁杰——如今热播的电视剧《神探狄仁杰》的主人公——也很值得一提。来俊臣自创的刑具有十余种,枷曰"突地吼",棒名"见即承",名堂上已现为酷之烈的影子。武则天把春官尚书狄仁杰交给他,他把"道理"先跟狄仁杰讲清楚,狄仁杰便爽快地承认了"反是实"。像李斯一样,狄仁杰也是在有司"不复严防"之际,"折被头帛书"冤情,让家人以天热去棉为由传递了出去。所幸武则天没有秦二世那么混蛋,狄仁杰才免于一死。当武则天问他为什么要承认时,仁杰说:"向不承,已死于枷棒矣。"明朝江盈科《雪涛小说》之"慎狱"条,列举了其读史所见的三位"赵作海",篇幅所限不行罗列。江氏之"夫生杀所凭,必准于律""苟涉可疑,宁生毋杀"的见解,今天并未过时。

读过《水浒传》的人都知道,水泊梁山上的好汉大抵也过不了屈打成招关。第五十二回之"柴进失陷高唐州",李逵打死霸道的殷天锡,跑了,但柴进跑不了。殷天锡是知府高廉的舅子,高廉认为是柴进故意放跑了李逵:"你这厮,不打如何肯招!"结果把柴进打得"皮开肉绽,鲜血迸流",只得招做"使令庄客李大打死殷天锡"。第五十三回之"李逵斧劈罗真人"也是,李逵被罗真人使了法术,从半空中跌落下来,马知府把他视为妖人。李逵不承认,马知府就让牢子"与我加力打那厮!"在"打得一佛出世,二佛涅槃"之后,李逵"只得招做'妖人李二'"。后来在梁山坐第二把交椅的卢俊义，当初被家丁算计后被捉到官府，也是被打得"昏厥了三四次"之后熬不过，仰天叹曰："是我命中合当横死，我今屈招了吧。"清朝有人慨叹"今日方知狱吏之尊"，因为"言及彼处（刑部），正当蹙额疾首，而反以此恐吓天下士大夫"，可见当时司法之黑暗。

酷吏给人的印象往往与丑陋或丑恶为伍，刘鹗《老残游记》偏偏塑造了两个清官酷吏：玉贤和刚弼，其中刚弼还是"清廉得格登登的"。玉贤惯用的刑具是站笼，他在山东曹州任上，"人是能干的，只嫌太残忍些，未到一年，站笼站死两千多人"。结果，"起初还办着几个强盗，后来强盗摸着他的脾气，这玉大人倒反做了强盗的兵器了"。至于为何，看官可自家浏览。老残恨恨地说："这个玉贤真正是个死有余辜的人，怎样省城官声好到那步田地？煞是怪事！"刚弼呢？只因人家家人行贿，审案时就先有了成见，硬把一个无辜寡妇定了凌迟的罪名。他还告诉对寡妇用刑的衙役，"不许拶得他发昏，但看神色不好，就松刑，等他回过气来再拶，预备十天工夫，无论你什么好汉，也不怕你不招！"清朝鄂尔泰说过："不以民事为事，不以民心为心……恐廉吏与贪吏罪同等。"在司法问题上，可以套用这一公式。

因《尉缭子》有"笞人之背，灼人之肋，束人之指，而讯囚之情，虽国士有不胜其酷而自诬矣"，钱锺书先生又说，"屈打成招"可能早于《史记》，然《尉缭子》作者和成书年代，历来就有各种不同的说法。无论起源何时，在日益强调法治的今天仍有此等悲剧接二连三地出现（前有湖北佘祥林、河北聂树斌等），不啻于对法制的莫大嘲讽。赵作海案同时启动了责任追究机制，但愿这一追究真能为后来者戒，虽然佘祥林案之后我们曾经这样寄望过。

毁庄稼

不久前（2010），河南南阳发生了"毁麦种树"事件。新华社报道说，眼看离麦子成熟仅剩不到一个月的时间，宛城区新店乡乡政府却强行将上百亩即将收获的麦田推平，种上了各种各样的苗木，引发村民的强烈不满。新华社记者追踪采访发现，无独有偶，另一个红泥湾镇也有上千亩小麦被毁，被当地政府改种树苗。为什么要如此痛下"杀手"呢？因为后年也就是2012年，南阳要举办第七届全国农运会。

东汉崔寔有一篇《政论》，其中说道："今典州郡者，自违诏书，纵意出入。每诏书所欲禁绝，虽重恳恻，骂詈极笔，由复废舍，终无悛意。"这句话用在今天毫不过时。根据当下的法律法规，我国基本农田受到严格保护，在未经审批的情况下不能变更用途，也不能种植林木苗圃。国务院三令五申实行最严格的耕地保护制度，但到现实生活当中，如崔寔记录的民谣："州县符，如霹雳；得诏书，但挂壁。"钱锺书先生《管锥编》就《政论》所论翻了翻历史，让我们见识了历史上的阳奉阴违。

唐太宗贞观十一年（637），马周上疏："今百姓承丧乱之后，（人数）比于隋时才十分之一。而供官徭役，道路相继，兄去弟还，首尾不绝。远者往来五六千里，春秋冬夏，略无休时。陛下虽每有恩诏令其减省,而有司作既不废,自然须人,徒行文书,役之如故。臣每访问,四五年来,百姓颇有嗟怨之言,以为陛下不存养之。"这里的"徒行文书,役之如故",用今天的话说就是"政策截留"。白居易纪实作品《杜陵叟》道得真切:"不知何人奏皇帝,帝心恻隐知人弊,白麻纸上书德音:'京畿尽放(免)今年税'",然而,"昨日里胥方到门,手持尺牒榜乡村。十家租税九家毕,虚受吾君蠲免恩。"宋朝也是这样,苏东坡还隐讳地说"四方皆有'黄纸放而白纸收'之语",苏辙就直截了当了:"贪刻之吏,习以成风。上有毫发之意,则下有邱山之取,上有滂沛之泽,则下有涓滴之施。"南宋黄震更感叹:"呜呼!自昔士大夫建明多灿然于高文大册之间,而至今小民疾苦终蹙然于穷檐败壁之下!"嘴上说的和实际做的,否泰如天地。

《唐语林》云,玄宗在东都洛阳,因为"宫中有怪"而"欲西幸"。裴耀卿、张九龄谏曰,百姓的庄稼还没收,等到冬天再动身吧。而李林甫知道玄宗现在就想走,退朝时就假装腿瘸落在后面。玄宗问他脚怎么了?他说没毛病,为了走慢点儿,"独奏事"。然后他侃侃而谈:"二京,陛下东、西宫也。将欲驾幸,焉用选时?"自己的地方想去就去,有什么好等的?如果路上影响了百姓收割庄稼,或者祸害了庄稼,把沿路的租税免了不就成了?别理张九龄他们,"臣请宣示有司,即日西幸"。玄宗大悦。没几天,"耀卿、九龄俱罢,而牛仙客进",当然,是李林甫力挺的结果。

有意思的是,有一种毁庄稼还真的是为百姓着想。《菽园杂记》云,常熟知县郭南,上虞人,"虞山出软粟,民有献南者",让他品尝一下。郭南赶快叫种软粟的人"悉拔去"。他说:"异日必有以此殃害常熟之民者。"郭南绝不是杞人忧天,某个地方的"特产",有时确可成为祸害。拈《清稗类钞》二例。其一,广东番禺、花县、阳春出产的米好,明朝起即以此"贡王府之用",于是"民以为大累",贡就贡吧,然"收时挑剔殊甚"。其二,长江渔民"向有贡献鲥鱼之例",康熙时奉谕不贡了,却被"地方有司改为折价,向网户征收,解充公用"——这又是"诏书挂壁"的典型情景,而"胥吏因缘苛索",于是"沿江居民捕鱼为业者苦之",直到乾隆时再"特旨豁免"。所以,一个地方有自己的特色之产,在某种情况下反而可能成为带来灾难的诱因。明确了这一点,即可理解郭南的未雨绸缪。

马周的上疏还说:"临天下者,以人为本。欲令百姓安乐,唯在刺史、县令。县令既众,不能皆贤,若每州得良刺史,则合境苏息。天下刺史悉称圣意,则陛下端拱岩廊之上,百姓不虑不安。"现在,国家土地总督察办等单位声色俱厉,而细瞧之下,不过是给个小喽啰不痛不痒的纪律处分之类而已。这些年来,我们的竞技体育"上"去了,是大家都能看到的,北京奥运会不是金牌总数第一吗?但我们的群众体育糟糕到了什么程度,也是有目共睹。从国外延揽来的各种大型运动会之外,我们自己的也 super 多,全运会、省运会、市运会、城市运动会、农民运动会……门类齐全得很。而体育场馆的大量闲置,与大众体育场地的捉襟见肘,又成形影不离的"双胞胎"。南阳的"毁麦种树"更表明,为了面子上热热闹闹的这点儿事,我们一些大权在握的人已经到了不管不顾,没有理智可言的地步了。

投其所好

今年(2015)央视春晚有个小品叫《投其所好》,因为一句"拒绝黄赌毒拒绝乒乓球"的台词引来了几位乒乓国手的不满,发微博以示抗议。后来节目方致歉,声称那是演员的口误,修改的遍数太多,演员某种程度上有点儿懵了。实则该小品所要表现的,是一个女科长如何逢迎处长,她打听到处长喜欢乒乓球,乃令手下一个擅长乒乓球的科员投其所好,结果弄巧成拙。整个而言,小品确无对国球的不恭之处。

投其所好,即迎合对方的喜好,多少情况下是以"下"迎"上"。例外也有,如清朝钱陈群督顺天学政,"有举子求见者,必极力赞扬"。长得瘦的,"赞其清华";胖的,"赞其福厚";难看而个子又矮的,"亦必谓其精神充足、事业无穷"。总之必使来人满意而去。有天他送客回来,家人问他刚来的是谁呀,他想了半天也没想出来,家人说:"大人如是称许,何遽忘之?"他笑了:"彼求见者,不过求赞耳!赞之而已,又何必知为谁也。"人有喜欢听好话的普遍心理,则钱陈群的处世之道就是投"人"所好。

《夜雨秋灯录》里有商人投郑板桥所好的故事。郑板桥书画名噪一时,大小商人皆以得之为荣,基本上也都能得到满足,"唯商人某甲,出身微贱,赋性尤鄙,先生恶之,虽重值,誓不允所请",

在"百计求之，终不得"之后，商人甲开始在板桥嗜好上做文章，了解到他"性好游"，乃于荒郊野岭建造"茅屋数椽，制绝精雅"，陈设笔砚书画，还请了个仙风道骨的老叟坐阵。板桥有天溜达到这里，"爱极，不问主人谁是，即就榻趺坐"。老叟则与之畅饮，"狗肉而外，又有山蔬野簌，风味亦佳"。板桥高兴极了，"由是日一过叟，清潭不倦，醉而后返"。一个月过去了，人家"唯绝口不论书画"，倒是板桥自己沉不住气了，问人家知不知道自己书画了得；人家说不知道，板桥来劲了，"投袂而起，视斋中笔墨纸砚已就，即为挥毫，顷刻十余帧，然后一一书款"。老叟说自己字小泉，来个上款则"荣甚"。板桥奇怪怎么字同商人甲，老叟说鲁国还有俩曾参呢，板桥信以为真。后来发现上当，"使人潜侦，某甲家则已满壁悬挂，墨渖淋漓犹未干也"。在前些年轰动全国的厦门走私案中，赖昌星拿下厦门海关原副关长接培勇就是这种路数。接培勇原本看不起赖，但赖奉上的一套绝版《毛泽东评点二十四史》，令他不能自持。

赖昌星的做法，是投其所好的"正解"，正是在这些意义上，使该成语贬义的成分居多。极为明显的是，这是人治社会的一个典型特征，因为制度的约束不起作用或者作用微乎其微，人们举手投足才会想到去做人的文章。《挥麈录》云，秦桧当政时，"凡龌龊萎靡不振之徒，一言契合，自小官一二年即登政府"。在正常生活中，大臣的上疏、对策等对皇帝都有投其所好的成分。即便是谏言，除了晏子类直话直说的，或者唐太宗类虚怀若谷的，也往往要迂回，通过"投其所好"来循循善诱。比如笃信祥瑞的汉武帝"欲闻大道之要，至论之极"，董仲舒就要这样讲起，"天之所大奉使之王者，必有非人力所能致而自至者，此受命之符也。天下之人同心归之，若归父母，故天瑞应诚而至"，然后再说："汉得天下以来，常欲善治而至今不可善治者,失之于当更化而不更化也。"

马屁拍不好也可能拍到马腿上。宋太宗时胡旦献了篇《河平颂》,"古之王者,必有大患,然后彰大圣;必有大灾,然后成大功"什么的,挺好呀?太宗看了却大怒,因为胡旦例子举坏了,"天子前黜(卢)多逊,后遣臣(赵)普,防大患而遏大灾也"。据何冠环先生研究,"胡旦大概以为卢、赵已无望回朝,骂他们愈甚,则痛恨二人的'准皇储'楚王元佐当会愈高兴"。他是在投元佐所好,为将来晋升埋下伏笔。然而他不知道,那场大狱正是太宗一手导演的,变成了哪壶不开提哪壶。本来太宗对胡旦很有好感,胡旦中状元时还有诗见赐,但是因为该《颂》,他又说:"今朝多君子,如此人岂宜尚列于侍从耶?亟逐去之!"

《韩非子·外储说右下》云,鲁宰相公孙仪喜欢吃鱼,"一国尽争买鱼而献之",但他一概不接受。弟子不解,公孙仪回答,正是因为爱吃鱼才不接受,"夫即受鱼,必有下人之色;有下人之色,将枉于法;枉于法,则免于相"。这是说,要是接受了,以后一定会关照人家;关照了,就将枉法;枉法了,自己这个宰相也就当不成了;宰相当不成了,还有人送鱼吗?而现在当宰相的这份收入,"能长自给鱼"。公孙仪的这个故事表明,为官者必须慎其所好,因为投其所好是一些走旁门左道的人的本能。

去年岁末,媒体披露了一系列贪官的忏悔文字。其中,黑龙江贪官于海楼说了一连串"如果不贪"则如何,头一个就是:"如果不贪,我退休后享受的各种待遇完全可以让我快乐地生活。"公孙仪提防的后果恰恰被他给证实了。于海楼知道公孙仪吗?如果知道,他的结局会有另一种可能吗?估计不会,因为道理归道理,无论讲起什么道理,我们的各级官员都能口若悬河。

奸臣

　　某位高层人士日前（2015）在新近的一次辅导报告中讲到，徐才厚和我国历史上十大奸臣有着惊人的共性：奸，无德无品、大奸似忠；贪，贪得无厌、贪赃枉法；霸，无法无天、专横霸道。徐才厚，中央军委原副主席，上将军衔，2014 年 3 月 15 日因涉嫌违纪问题接受组织调查。老实说，按照这位高层人士的标准，则当代奸臣不独徐才厚，置换成其他落马的高级领导干部的名字也一个样。

　　奸臣，辞源出自《管子·七臣七主》："主虞而安，吏肃而严，民朴而亲。官无邪吏，朝无奸臣。"史上有十大奸臣——庆父、伯嚭、赵高、董卓、李林甫、蔡京、秦桧、严嵩、魏忠贤、和珅，不知哪个时代的约定俗成，但十个人物的生活年代自春秋至清中，几乎纵贯了整个中国历史。按照吴兢《贞观政要》的定义："内实险诐，外貌小谨，巧言令色，妒善嫉贤；所欲进，则明其美、隐其恶，所欲退，则明其过、匿其美，使主赏罚不当，号令不行，如此者，奸臣也。"这里面，"诐"字稍微难解，前人有的说是"妄加人以罪也"，有的说是"佞谄也"，有的说是"不正也"，归结为一点，就是奸臣从表面上是没办法分辨的，要看其人的心术。

　　从欧阳修、宋祁《新唐书》起，正史辟出《奸臣传》这个新品种，此后的《宋史》《辽史》《元史》《明史》纷纷仿效。细看那些奸臣，很多诚然毫不冤枉，却也有些名不副实。袁腾飞讲历史，说"王安石在很多地方都是被写入奸臣传的"。不知道这很多地方都是哪里，至少《宋史·奸臣传》里没有，王安石是与两个兄弟——安礼、安国同为一传。但安石这边的变法派主将，如吕惠卿、曾布、章惇等人未能幸免，用邓广铭先生的话说，叫做"（《宋史》）尽情加以污蔑和诽谤"。比如说章惇"穷凶稔恶"，《宋史》举的例子居然是他"不肯以官爵私所亲"，因此"四子连登科，独季子援尝为校书郎，余皆随牒东铨仕州县，讫无显者"。这不是为官的美德吗，怎么会是罪状？与此同时，权臣韩侂胄给写成了奸臣，而真正祸国殃民的史弥远却没有。如此等等，反映出元朝史官史识的极端低下。

《明史·奸臣传》里因为有周延儒，清朝学者赵翼很看不过眼。其《廿二史札记》云，延儒"不过一庸相耳，以之入《奸臣传》，未免稍过"，况且他"蠲逋赋，起废籍，撤中使，罢内操，救黄道周，颇多可称"。那么为什么还是给列进来了呢？因为"崇祯十六年，我大清兵深入畿内，延儒出视师，身驻通州，不敢一战，坐待我兵之蹂躏而归"。这下子，"朝野内外，万口同声，无不欲食其肉，民间至演为卖国传奇，遂徧遍天下"。而修《明史》那阵，"尚是延儒诟詈未息之时，自不得不列之奸臣"。实际上，不要说《奸臣传》里的"严嵩之险恶、温体仁之阴贼，非延儒所能及"，就是没进来的"嗜进无耻之万安、倾陷善类之张璁，尚觉罪浮于延儒"，更不要说"纵敌之说，本属无稽"了，完全是欲加之罪。所以在赵翼看来，"延儒乃列入奸臣，此非以甚延儒之恶，转为延儒增其身分也"。

《清稗类钞》里有一则"满朝皆忠臣"，属于笑料。说乾隆"循卫河南巡，舟行倚窗，见道旁农夫耕作，为向所未见，辄顾而乐之"。泊岸了，"欲悉民间疾苦，因召一农夫至御舟，问岁获之丰歉,农业之大略,地方长官之贤否"。农夫一一对答,令乾隆很满意。未几又令农夫挨个和随扈诸臣见见面,"兼询姓氏"。诸臣因为农夫是奉旨询问,在乾隆面前"不敢不以名对",说了,又怕被农夫把平时听到的不好听的话跟眼前的人物对上号,在皇帝面前露馅,以是"皆股栗失常"。谁知农夫说:"满朝皆忠臣。"乾隆问他怎么知道,农夫说平时看演戏,像曹操、秦桧这些奸臣,"皆面涂白粉如雪,今诸大臣无作此状者"。

从吴兢那个定义来看,奸臣自古便大有其人绝对是事实。"奸臣当道",人们也都耳熟能详;然而,就此催生的中国政治学的一个基本定理——"奸臣模式",就有议论的必要了。按照这个模式,国政再不堪的年代,国家本身也没什么责任,都是因为某个人或某一些人从中作梗所导致。前者如周延儒,时清兵出塞,"大书边墙曰:文武官员免送"。战斗力为其所侮笑如此,有什么理由把"得贿纵敌"之名加给周延儒呢?后者如鸦片战争中我们丧权辱国,也弄了一堆替罪羊,传统观点中琦善首当其冲。而茅海建先生《天朝的崩溃——鸦片战争再研究》开篇即以史实为琦善鸣冤,并指出忠奸理论"所能得出的直接结论是,中国欲取得战争的胜利,只需罢免琦善及其同党、重用林则徐及其同志即可,不必触动中国的现状";间接的亦即最终结论呢,"为使忠臣得志,奸臣不生,就必须加强中国的纲纪伦常,强化中国的传统。"也就是说,鸦片战争所暴露出来的,不是"天朝"的弊陋,不是中华的落伍,反而证明了中国圣贤经典、天朝制度的正确性,坏就坏在"奸臣"并没有照此办理。

还不明白吗?"奸臣模式"的实质是归咎。在日益强调健全制度、强调法治建设的今天,应该重新审视了。

也曾学犬吠村庄

后天（2006）就是农历丙戌年亦即狗年的大年初一了。凡事喜欢讲究"意头"的广州市民、商家，即使搜肠刮肚寻找带"狗"字的吉祥语，仍然颇为犯难：跟狗有关的成语或者俗语，大抵都是不好听的话。有人给当保安的朋友寄去贺卡，写着"金鸡歌国泰，义犬报民安"，自己认为是贺词，但"义犬"二字令好朋友险些翻脸。

"也曾学犬吠村庄"，宋人这句诗在脑海中总是挥之不去。那是时人讥讽赵师睪的句子。赵某人名字后面那个字太僻，没办法，就是这么取的，只能随他。狗是人最忠实的朋友，这一点古人也明白；但人对抽象的狗，历来都是鄙视的态度。把人和狗联系在一起，那是蔑视到极点的用法。好端端地偏要学狗叫，肯定出于某种原因，老赵是为了取悦韩侂胄。韩侂胄当权时与人游南园，路过一个山庄，指着竹篱茅舍感慨：这里真是一副农家气象啊，可惜少了点儿狗叫鸡鸣。谁知过了不大一会儿，果然"有犬嗥于丛薄之下，亟遣视之，京尹赵侍郎也"。这是李心传《建炎以来朝野杂记》中的说法。不过，"也曾学犬吠村庄"是后来赵侍郎罢官之后才流行开的，当时，因为此举令"侂胄大笑"，旁的人怕还不敢流露鄙夷。

李心传说，老赵还有好多见不得人的事情。韩侂胄的老婆死得早,他那四个妾"皆得郡封,所谓四夫人也",另外还有十个地位次于四夫人的小妾,"亦有名位"。庆元三年(1197)有人给韩送礼,"北珠冠四枚",韩很高兴,马上分给了四位夫人,但另外那十个不高兴了,说大家都是人,"我辈不堪戴耶?"这件事给老赵知道了,"亟出十万缗市北珠甚急"。没多久,韩侂胄上朝时分(可能老赵刻意挑的时间),韩府又有人前来送礼,"启之,十珠冠也",于是,"十人者大喜,分持以去"。老赵自然是留下姓名的,没两天,十小妾兴冲冲地对韩侂胄说:"我曹(戴珠冠)夜来过朝天门,都人聚观,真是喝采。郡王奈何不与赵大卿转官耶!"开始替老赵吹风了;"翼日,又言之",结果,老赵从京尹当上了工部侍郎。犬吠村庄,再加上枕边风,老赵的努力终于见到成效。

韩侂胄当权时的南宋宁宗朝,是中国历史上的一段黑暗时期。有人"以片纸摹印乌贼出没于潮",当成画片儿来卖,"一钱一本以售",结果满大街小孩都在喊:"满潮(朝)都是贼,满潮(朝)都是贼。"还有个卖饮料的吆喝生意:"冷底吃一盏,冷底吃一盏。"冷,寓韩;盏,谐斩。韩侂胄有年过生日,吏部尚书许及之不过来晚了一会儿,韩家看门人就敢"掩关拒之",不让他进去,"及之大窘,会门闸未及闭,遂俯偻而入"。堂堂吏部尚书都是这般低三下四,别的人就可想而知了。"奸邪谁不附韩王?师夔于中最不臧",道得明白。淫威之下,没有谁可以独善其身,连陆游也乐不得地写《南园记》《阅古泉记》来巴结、奉承韩侂胄。受宠若惊之余,陆游还琢磨呢,"窃伏思公之门,才杰所萃也",但为什么偏偏选中自己来执笔,"岂谓其愚且老,又已挂冠而去"?不是,该是自己的笔"庶几其无谀词、无侈言而足以道公之志"吧。放翁先生抹不去的这一污点,真令人痛心疾首。但是从"最不臧"来看,在所有主动或被动的依附者中,老赵无疑做得最为过分。

同为南宋人士，叶绍翁不同意李心传的"犬吠村庄"说。他在《四朝闻见录》中为之辩解道，那是诸生郑斗祥等人杜撰的，目的是贬低老赵，而"李心传不谙东南事，非其所目击，乃载其事于《朝野杂记》"。叶绍翁还告诫"后之作史者当考"，不要以讹传讹。他认为赵某人固然依附韩侂胄，"亦岂至是？"他是从逻辑推理出发而不信，觉得一个人即便下作，也不可能到那种程度。同时期另一位叫周密的，干脆认为这是韩侂胄"身陨之后，众恶归焉"的结果，因而"其间是非，亦未尽然"。他认为不仅"犬吠村庄"是无稽之谈，"至如许及之屈膝、费士寅狗窦，亦皆不得志抱私仇者撰造丑诋"。周密还说："李心传蜀人，去天万里，轻信纪载，疏舛固宜。"周密同样不能证伪，也是出于一种想当然。

以上赵某人诸事，皆出野史，《宋史》中有他的传，不妨也翻开看看。为十小妾购珠、犬吠村庄，皆赫然在目，脱脱诸人全然没有理睬叶绍翁的告诫。还说"犬吠村庄"令侂胄"大笑久之"，开心得很。赵某人是宗室子弟，进士出身，就算凭借自己实力，也应该前途无限，为何以"犬吠村庄"而贻笑后世？或许，他是嫌寻常途径向上不够快吧。官场上真是太多让人费解之事。狗年要来了，翻出来作为谈资，兼为欲行此道者戒。

口碑

7月12日(2004)，中央纪委、中央组织部第二巡视组在人民网发表题为《深入群众明查暗访 提高巡视质量》的文章披露，副省部级以上的领导干部，省委、省政府两个班子成员，特别是两个"一把手"，是此轮巡视的重点，注重其有无不廉洁的行为，配偶子女干净不干净，口碑好不好。

"劝君不用镌顽石，路上行人口似碑。"《五灯会元》中的这一句，道出了石碑与口碑这两个事关颂扬的品种的关系。石碑是有形的，把颂扬文字镌刻于石质材料上，以期垂之后世。口碑是无形的，人们的口头称颂，所谓不胫而走。一般来说，如果竖块有形的石碑对一个人作出评价，相当于官方的盖棺论定，不是说一定不准确，但相对而言，无形的口碑更接近客观真实。南宋曾极有《金陵百咏》，其《没字碑》云："漫漫荒地浸绿芜，残碑一丈载龟趺。当年刻画书勋伐，雨打风吹字已无。"很难说他在"就事论事"之外，没有别的意味，就是在这个问题上，有形的往往不及无形的。把口碑怎样作为考察领导干部的标尺之一，等于纳入民意。如今的贪官，尽管有一些伪装得相当巧妙，如江苏邳州的"布鞋书记"邢党婴、陕西宝鸡的"挎包局长"范太民，平时以一副清廉模样示人，但他们在东窗事发之前，不论曾经往自己的头上巧取豪夺了多少荣誉、何种荣誉，其作为在所在地或所在部门的干部群众心目中每每昭然若揭，新近的典型莫过于安徽王怀忠，当地百姓早就把他看透了。

口碑有许多种表现形式，俗谚是载体之一。何良俊《四友斋丛说》云，明朝时江浙一带有个说法："凡府县官一有不善，里巷辄有歌谣或对联，颇能破的。"何良俊记得小时候听到过一个对子：马去侯来齐作聂张，仲贤良是太守喻公。这里涉及了5名官员：马骙、侯自明，松江府同知；聂瓒、齐鉴，松江府通判；张仲贤，知县。这一联无疑是对5人作出的褒贬，所谓"臧否莫遁"，虽然在外人看来"隔"了一层。因此，不要小看这些来自草根阶层的归纳，最能真实反映民心民意，对于社会现象与社会问题的讽刺、批判，往往也充满智慧，能够出人意表地揭示问题与现象的本质，或者揭示出某一个具体个人的真实面目。《汉书·艺文志》在言及我国第一部诗歌总集《诗》时说："古有采诗之官，王者所以观风俗，知得失，自考正也。"观风俗如此，观人亦如此。

清人梁章钜《归田琐记》里也有一则俗谚："前生不善，今生知县；前生作恶，知县附郭；恶贯满盈，附郭省城。"得出如此极端的结论，一定确有所指，至少有那么一些令百姓痛恨的人，高高地坐在官位上，奈何他不得吧。书里还有一首十字令，相当于为其时官员画了幅集体像："一曰红，二曰圆融，三曰路路通，四曰认识古董，五曰不怕大亏空，六曰围棋马钓中中，七曰梨园子弟殷勤奉，八曰衣服齐整、言语从容，九曰主恩宪德、满口常称颂，十曰坐上客常满、樽中酒不空。"其中的"认识古董"不大好理解，梁章钜说不少人是用名家字画来沟通关系的，笑纳者势必得学到一手鉴别的本领，要不用假家伙蒙你，你可能还挺高兴呢。中中，乃中等、一般的意思。梁章钜认为这首"十字令"，当真"语语传神酷肖"，则起码在梁的心目中都能一一对上号，其所产生，当然也不是空穴来风。

宋人文莹《玉壶清话》云，五代十国时，南唐大将边镐与王建各率一路大军进攻闽之都城建州（今福建建瓯），"凡所克捷，惟务全活"，建州人德之，称边镐为"边罗汉"。另有记载，建州城破之后，原本要大屠杀，赖一位叫作练隽的女士对边、王慨然陈词，二将深为感动，练隽因此赢得"芝城（建州别称）之母"的美誉。后来边镐率军灭楚，攻克潭州（今湖南湘潭），"诸将欲纵掠，独镐不允，军入其城，巷不改市"，潭州的百姓因此很拥戴他，叫他"边菩萨"。然而，"及（镐）帅于潭，政出多门，绝无威断，惟事僧佛"，人们感到非常失望，又改口叫他"边和尚"。从"边罗汉"到"边菩萨"再到"边和尚"，离不开佛家用语，一方面说明了当时崇佛风气的盛行，另一方面也说明了人们对边镐评价的变化。"菩萨"，修行到了相当程度、地位仅次于佛的人；"和尚"，不过只是出家修行了而已。倘若当时的政府要考察边镐的作为，这些称谓就是重要参考，前两个相当于来自草根阶层的口碑。

不可否认，有一些民谣对于社会问题、社会矛盾的理解存在着一定的片面性、情绪性乃至极端性，但它代表着民间的意识形态，蕴含着民众的政治心声，从这点来看，其积极意义不容低估。民谣一般是以非严肃的面目出现，戏谑、嘲弄、否定，但在谐谑的背后，所表达的内容既直接又快捷，往往蕴含着真理，保持着清醒的批判意识，寄寓了民众严肃的政治思考。因此，口碑问题在任何时代都值得高度重视。

立碑

早几年,河南登封市农民李怀周牵头为市委书记张学军立了块"功德碑",一时轰动。李怀周的职业是收废品,何以萌生此举呢? 他这么说的:"这样的领导干部让人感到很亲切。"在那之前五年的一天上午,李怀周收完废品在路边休息时,看到两个骑自行车的人停在路边指指点点。他得知其中一人是市委书记张学军,五年后就有了立碑之举。消息所以引起轰动,是人们莫不觉得这种"自发"行为颇显怪异。

李怀周立的这种碑,古代也叫"遗爱碑",一般都是等到官员卸任了才立。唐朝封演《封氏闻见记》云:"在官有善政,考秩已终,吏人立碑颂德者,皆须审详事实,州司以状闻奏,恩勅听许,然后得建之。"即是说,这种碑有"考评"的意味,类似在本岗位上的盖棺论定。也有还在任上就忙着给自己立碑的,但这需要"讽动群小,外矫辞让,密相督责",得运作。封演说:"前代以来,累有其事,斯有识者之所羞也。"这一段,给明朝焦竑《焦氏笔乘》引用了去,认为明朝"无闻奏之例,然见任官辄自立碑,见于律条,其禁甚严",虽然坚决不许,但还是禁绝不了人家自立的冲动,焦竑以为"甚可耻也"。

李林甫是个历史上声誉不佳的人物,但对立碑的态度颇可称道。他任国子监司业,"颇振纲纪",是有些作为的;后来做了宰相,国子监诸生"好说司业时事",就给他立了块碑。有天李林甫来国子监看见了,戚然曰:"林甫何功而立碑,谁为此举?"因为"意色甚厉",不是装出来的气愤,大家都吓坏了,赶快把碑文"通夜琢灭,覆之于南廊"。相形之下,杨国忠就忘乎所以了。被他提拔上来的那些人要献媚,"请立碑于尚书省门,以颂圣主得贤臣之意",玄宗还真的就答应了,叫鲜于仲通撰文,自己还"亲改定数字",碑刻好后,"以金填改字处",君臣于是尽欢。但舆论对此则持另一种态度:"天子有善,宰相能事,青史自当书之。古来岂有人君人臣自立碑之礼!乱将作矣。"这个"乱将作矣",自然是义愤之语,凑巧的是,"未数年,果有马嵬之难"。

历史上有若干各种原因导致的无字碑,但"正常"的都有碑文,立碑的目的主要是让人家知道碑主的事迹。蔡邕说过,他写了太多的碑文,只是给郭泰写的"无愧辞"。言下之意,绝大多数都言不由衷,他知道人家请他提笔的目的是什么,由不得他不"谀墓"。周寿昌《思益堂日札》提到东汉李翕的《西狭颂》碑,这个碑今天还在甘肃,2001 年成为全国重点文物保护单位,与陕西汉中的《石门颂》、略阳的《郙阁颂》同列为汉代书法瑰宝,珍罕程度没得说,可说的也是碑文。碑文记述了李翕生平和屡任地方行政长官的卓越政绩,主要颂扬他如何率领民众开通西狭道路、为民造福之德政,但周寿昌认为碑文与《后汉书》所载"不相合也"。《后汉书》没有李翕传,想为周氏从散见史料中爬梳而得出的结论。从他所征引的例子中,可知《西狭颂》碑文"偏"到了什么程度,他举的是韩愈评价李实的例子,说"昌黎致李实书,则颂其德政,并极言民心爱戴;而撰《顺宗实录》,则极言其贪秽残酷,去京尹时,民投瓦砾而诟之"。今天有人认为这是韩愈"跑官"成功之后的过河拆桥,周寿昌则认为"一时谀颂之言,断不如史之纪实"。这就表明,如果"文"与"史"的内容相左,则周寿昌宁信史而不信文,包括碑文。并且,他还有《西狭颂》碑文不可靠的证据:"观碑阴列名尽其属吏,无一士民。"都是手下人干的,焉有不偏之理?

登封的事情告诉我们,"士民"的也未必不起争议。这块功德碑共176字,"张学军书记主政登封以来,功德无量。值改革开放(30周年)和北京奥运举办之际,敬立石碑颂扬"云云,落款却是"东金店乡全体干群",而记者采访发现当地村民并没有一致认可,属于"被民意"。事情闹大后,仅仅立了14天的"功德碑"就被张学军派人拆掉了,李怀周就找过公安机关要求立案,还多次公开表示,要对张学军擅自派人拆碑的行为进行起诉。他可能觉得委屈,书记大人"狗咬吕洞宾"了吧。李氏何以"执拗"至此,倒真值得深入采访下去。立碑都是歌功颂德的,但《开元天宝遗事》告诉我们还有一种"记恶碑"。宰相卢怀慎的长子卢奂,"累任大郡,皆显治声,所至之处,畏如神明。或有无良恶迹之人,必行严断,仍以所犯之罪刻石,立本人门首,再犯处于极刑。民间畏惧,绝无犯法者"。民间管他这种刻石,就叫"记恶碑"。他的这一招,很为唐玄宗所欣赏,"赐中金五十两,玺诏褒谕焉"。可惜这个碑种没有传承下来,广西灵渠那里倒有一通,一通而已,导致今天的立碑就像各种评比一样,只有赞的,没有弹的。

顷见新一期《南方周末》(2011)刊有日本侵华时留下的两块碑刻照片,碑文是修建旅顺龙王塘水库的工程概况,诸如堤坝尺寸、蓄水量、工程起止时间、工程造价等等,新鲜的是主管官员、设计师、监理等人员名单也都清清楚楚。那么多年过去了,龙王塘水库情况依然良好,或与之存在逻辑关系。这样的碑同样是我们的一个品种缺失,有了它,看不到灭迹乃至收敛迹象的"豆腐渣工程"可能会收敛一些吧。

无字碑

4月10日(2014),备受争议的扬州曹庄隋炀帝墓还是高票入选了2013年度全国十大考古新发现。昨天,扬州双博馆展出了出土的135件/套文物。报道说,为保证文物安全,鎏金铜铺首等部分文物采取真空包装展出,这在全国尚属首次。另外,由于历史上对隋炀帝的评价存在较大争议,主办方在展厅入口处设了个无字墓碑,旨在"为其功过留白"。

以我的有限浏览,较大争议之说未必准确,因为隋炀帝一直以来都是负面人物,至少我们就是这么被教育的。"炀"这个谥字已能说明问题。《谥法》中,"好内远礼曰炀,去礼远众曰炀,好内怠政曰炀,肆行劳神曰炀,去礼远正曰炀,逆天虐民曰炀",没一个好听的。而"谥者,行之迹也",被冠以这个字,无疑等于恶谥。前人这样盖棺论定,今天一些人不同意,觉得恶谥是唐朝给的,后代定性前代不会有好的结论;而炀帝修运河、立科举等,既"是中国封建社会历史上建树最多的皇帝之一",也是"一个被历史严重歪曲的大皇帝",他统治的那些年"是中国历史上最有光彩的一页",否定之,"是中国士大夫传统思维模式偏狭、脆弱一面的反映"。基于这些背景,此番无字碑的设立,似乎是要做炀帝的"翻案"文章。孰是孰非,弄不清,只好说说无字碑本身。

无字碑,最有名的该是武则天墓前的那通。为什么无字? 历来众说纷纭,其中一种猜测正是功过是非留待后人评说。然而曾有报道说,陕西文物研究所在一次考查时发现,在无字碑的阳面从上到下刻满了方格子,每个长5厘米,宽5厘米,排列整齐。如果此消息为真,这通无字碑当初是打算刻字的,且根据格子计算,碑文有3300多字。那么,再名之无字碑,有些名不副实,你都准备好了,没实现而已。在武则天的之外,还有一些形形色色的无字碑。

　　泰山上玉皇顶那里有一通。谁立的? 有的说是秦始皇,有的说是汉武帝。明朝谢肇淛"亲至其地,周环巡视"过,以为"此石既非山中所产,又非寻常勒字之石,上有芝盖,下有趺坐,俨然成具,非未刻之石也"。他又翻了《史记·秦始皇本纪》,说那上面有始皇"上泰山,立石封祠祀下……刻所立石"的字样,"则泰山之石已刻矣。今元君祠旁公署中尚有断碑二十九字,此疑即所刻之石也"。他觉得还在立着的那个也不是无字碑,乃"祠祀表望"。顾炎武则认为是无字碑,但为汉武帝所立。他翻的也是《史记》,"反复读之,知为汉武帝所立也"。《封禅书》中有武帝东封,"泰山之草木叶未生,乃令人上石立之泰山巅"。在他看来,此石如果刻了文辞,史书不可能不记载,"不言石刻,是汉石无文字之证"。

　　东晋名相谢安的那一通可能没什么争议。顾起元《客座赘语》云:"梅冈晋太傅谢安石墓碑,有石而无其辞,人呼为'无字碑'。"这一个的原因很明确:"以安功德,难为称述,故立白碑。"顾起元同时介绍,岳珂《桯史》说金陵牧牛亭有南宋奸相秦桧的墓,"桧墓前队碑,宸奎在焉,有其额而无其辞"。宸奎,犹言御笔,这是在强调此碑如假包换。然而只是"卧一石草间",原因在于"当时将以求文,而莫之肯为"。莫之肯为,可信吗?《宋史》记载,秦桧病重,高宗曾"幸桧第问疾",时"桧无一语,惟流涕而已",君臣情感不薄。唯一的不大愉快,恐怕只是桧子熺"奏请代居相位者",高宗一句"此事卿不当与"给噎了回去。桧死,"赠申王,谥忠献",那是褒扬他"危身奉上、智质有圣"。至于对秦桧"追夺王爵,改谥谬丑",还是宁宗时的事,中间隔了孝宗、光宗俩皇帝呢。就是说,秦桧死时,恰似后世康生、谢富治死时,人并没倒,还是"无产阶级革命家",哪里就到了正常歌颂而人们"莫之肯为"的地步?

还有一种无字碑,纯属社会学意义的了。比如《北梦琐言》所载的唐朝赵崇(宋朝亦有词人赵崇),"凝重清介,门无杂宾。慕王濛、刘真长之风也,标格清峻"。因为他不写东西,大家就叫他"无字碑"。关于他的文字记载过于简略,也搞不清这个称号是褒是贬。借助一个旁证来看,其时"每遇转官,旧例各举一人自代",但赵崇从来不推荐别人,理由是"朝中无可代己也",只有他自己最能,因而"世亦以此少之"。逻辑上推论的话,他那个"无字碑"趋贬的可能性更大。

尽管扬州曹庄隋朝墓葬墓主身份早已被认定为隋炀帝和萧后,但仍有不少人表示质疑,当地文保部门强调出土的文物及墓葬形制等最有说服力,这么快将文物展出,除了让大家先睹为快外,也希望有疑问的人来看看。有机会的话,一定会去看看。不过,根据现实需要来剪裁历史,向来是我们的传统,如今对隋炀帝的"正眼相看"难逃窠臼。去今十几年、几十年的不少事情往往都还是一团无法廓清的迷雾,遑论去今一千多年的事情?以余之"小人之心"揣摩,这个新的无字碑是在为炀帝墓成为新的旅游景点进行铺垫和造势。

毁碑

5 月 24 日 (2013)，位于湖南萍乡武功山景区最高峰的"世纪之碑"，遭到强烈雷击而全部损毁。武功山金顶海拔 1918 米，是景区最高峰，该石碑立于 2000 年，成为标志性建筑，碑之一面写着"武功金顶"和"海拔 1918.3 米"，另一面写着"世纪之碑"。

雷轰而被毁之碑，史上最有名的是荐福碑。《续墨客挥犀》云，范仲淹镇鄱阳时青睐某个书生，诗做得好。然书生有一肚子苦水，"自言平生未尝饱，天下之寒饿无在某右者"。当时欧阳询的字非常盛行，"荐福寺碑墨本值千钱"，范仲淹于是"为具纸墨打千本，使售于京师"，打算用卖拓片的方式帮他一把，不料"纸墨已具，一夕雷击碎其碑"。这就是"有客打碑来荐福，无人骑鹤上扬州"，后乃以"雷轰荐福碑"寓意命途多舛。苏东坡留下的《穷措大》残诗，残存的正是"一夕雷轰荐福碑"这句。元马致远有杂剧曰《半夜雷轰荐福碑》，不过，剧中欧阳询换成了颜真卿，范仲淹换成了长老，书生有了名字叫张镐。长老对张镐说："我这碑亭中有一通碑文，乃是颜真卿书法，我将一千张纸，几锭墨，教小和尚打做法帖，卖一贯钱一张，往京师去一路上做盘缠，意下如何？"结果一个雷，"将一统家丈三碑，霹雳做了石头块，这的则好与妇女捶帛"。老和尚问张镐："你因甚恼着雷神来？"因甚？马致远在前面铺垫了,张镐在庙里躲雨的时候咒龙神来的,说人家是"披鳞的曲蟮,带甲的泥鳅",正好龙神布完雨正在庙里歇息,听到了,当时就结了怨,那么毁碑的"鬼力",该是他撺掇来的吧。

雷如何摧毁地面的物体甚至人?前人,包括沈括这个我们今天定义的宋朝大科学家,都相信是像木匠一样用斧子一类的东西。《梦溪笔谈》云:"世人有得雷斧、雷楔者,云雷神所坠,多于震雷之下得之,而未尝亲见。元丰中予居随州,夏月大雷震一木折,其下乃得一楔,信如所传。"他还煞有介事地描述:"凡雷斧多以铜、铁为之,楔乃石耳,似斧而无孔。世传雷州多雷,有雷祠在焉,其间多雷斧、雷楔。"古人对自然所知甚少,对雷难免感到恐慌,元末曾"命咒师作佛事以厌雷"。但历史上更多的碑被毁,却不是雷干的,而是人为的。比方《思益堂日札》有"奏毁王振祠碑",云乾隆时御史沈廷芳奏:"崇文门内智化寺。明英宗为逆阉王振立祠,李贤撰碑,称其丰功大节,诿阉乱道,观者发指。"王振是明朝的专权宦官,当然是倒台了大家才敢说他是"逆阉"。休说这等臭名昭著的,中国历史的一个惯例是后朝每要平反前朝的人物,而这些人物在蒙难之际,也不免于此,司马光一被列入"元祐奸党",其神道碑马上就给"仆"了。

石质的碑如何来毁?"文革"时红卫兵对曲阜孔庙历代累积的上千通石碑,就是一个"砸"字。五代王定保《唐摭言》提供了另外一种,"覆碑于地,以牛车拽之磨去其文"。那是颜标典鄱阳时建了个鞠场——足球场,"姚岩杰纪其事,文成,粲然千余言"。本来是件大家高兴的事,不料颜标想删掉一两字,惹得"岩杰大怒"。姚岩杰恼什么呢?因为他首先家底硬气,"梁国公元崇之裔孙";其次是"弱冠博通坟典;慕班固、司马迁为文,时称大儒",了不起。但颜标是县官加现管,也寸步不让,"已勒石"不要紧,毁了它。这是针尖对麦芒后的双输结果。

还有一种是火烧。《邵氏闻见录》云，姚嗣宗知华阴，有个运使叫李参的，"因谒岳相，见庭中唐大碑为火所焚"，乃问嗣宗："谁焚此碑?"嗣宗答："草贼耳。"李参又问："何不捕治?"嗣宗又答："当时捉之不获。"李参再问是什么人，嗣宗再答："黄巢耳。"李参明白了，姚嗣宗这是瞧不起我在耍我啊。《云麓漫钞》云，秦始皇即帝位后三年，"东行上峄山，立石颂秦德。自泰山至会稽，凡六刻石"。儿子二世接班之后，延续并光大了这一传统，"李斯从到碣石并海南，至会稽，而尽刻始皇所立石，旁著大臣从官名，以彰先帝成功盛德"。然《封氏闻见记》云，魏太武帝拓跋焘（一说曹操）"登山，使人排倒之"。这些刻石乃李斯小篆，"历代摹拓以为楷则"，大约是需要的拓片太多，令"邑人疲于供命"，推倒了还不够，邑人又"聚薪其下，因野火焚之"，烧了了事。

如荐福碑、峄山碑这类承载传统文化的碑刻，无论被毁还是致残，都有令人扼腕之痛。然而有太多的，如王振碑，因为原本不该存在，毁了也就毁了。金末大将崔立在南京发动政变之后投降了围城的蒙古大军，这个大权在握便"日乱数人，犹以为不足，乃禁民间嫁娶"的无耻家伙，居然还想立碑扬名后世。《归潜志》云，崔立对手下正话反说："汝等何时立一石，书吾反状邪?"大家听出门道了，"于是乎有立碑颂功德议"。谁执笔碑文呢?《续资治通鉴》说找到了王若虚。若虚私下谓元好问："今召我作碑，不从则死;作之则名节扫地，不若死之为愈。"后来因为兵事，碑没有立成。这样的碑即使立了，日后也难逃被毁的结局。今天各地亦时不时传出百姓自愿为官员立碑的新闻，引起议论纷纷的，大抵都属此类。

政坛诗词

　　这两天(2010)不少报道都说,如今的政坛诗词文化日益盛行。依据是 5 月 31 日,中华诗词学会第三次全国会员代表大会在北京召开,有数十位量级比较重的政坛人物出席。政坛诗词,就是政坛人物写的诗词了。如果这就算依据的话,实在不足以佐证什么。在咱们中国,至少是时下吧,政坛比较大的人物不要说出席冠以"国"字号的会了,便是珠三角乡镇举办的一般活动,庆典、论坛什么的,也不难窥见他们的身影。

　　从前的政坛诗词是勃兴的,无他,作诗是科举出身的官员的一项基本功。如梅尧臣并未高中而属于赐进士出身的,也在有宋一代的词坛占有重要地位。倘若某个要员有吟诗作赋的雅好,不难见其品位高低或说成色。比如北宋钱惟演身边,梅尧臣之外,还齐聚着谢绛、尹洙、欧阳修等后世响当当的人物,因此而推动了宋代诗文的革新。这种文人兼官员之间的雅集、唱和,直到清末还能窥见影子。光绪时,京都名流以张之洞为最盛,其在湖广,朝野人士"即已云集相从";到了朝里,"都人尤以一瞻风采为荣"。张之洞有个喜好,就是"退食之余,无日不有宴会;其宴会时,又无往而不分韵题诗";于是,"十刹海之会贤堂、宣武门外之畿辅先哲祠与松筠庵,皆为名流畅叙幽情之所"。所不同的是,这时云集者的身份，像今天这样转化成官员兼文人了。

　　大贪官和珅被抓之后，在狱中作了不少诗，"夜色明如水，嗟余困不伸。百年原是梦，卅载枉劳神"云云，感叹人生。赐死之后，于其衣带间又发现一绝："五十年前幻梦真，今朝撒手撒红尘。他时睢口安澜日，记取香烟是后身。"嘉庆皇帝批道："小有才，未闻君子之大道也。"和珅在台上的时候也写诗，水平不高就是，何以见得？《清稗类钞》云，和珅"尝作七古一首，凡数十句，而实无一句押韵，用典纰缪处亦甚多"。他自己也意识到了，请董诰帮他改，而董诰不知为何"不敢改也，乃以委王芑孙"，踢了脚皮球。但和珅于作诗也有过人之处，乾隆某年会试，林溥胜出，其诗句有曰"从心应莫踰"，阅卷大臣乃在卷上贴了张条子作评语："踰字入七虞，从无仄用。"和珅看到后，把条子给揭了下来，"仍以进呈"。大家都不明白怎么回事，以为其中定有什么交易，后来才知道：乾隆诗有"从心不踰矩"之句，"已作仄声用矣"。大臣们都没察觉，和珅察觉了，那么，这条子一旦还在，就会变成与其说林溥不懂声韵，而实有嘲讽乾隆的嫌疑了，尽管言者实在无意。

　　官员如果一定要作诗，即在古代也是一样，很可能会出乖露丑。《萍洲可谈》云，青州王大夫"为诗极鄙俚"，还老要拿出来显摆，因而"每投献当路，得之者留以为笑具"。《杨文公谈苑》说卢延让"诗浅近"，也是"人多笑之"，不过他的东西还有一点可取之处，"虽浅近亦自成一体"，在杨亿这个大文豪眼里也能有几个好句子，如"饿猫临鼠穴，馋犬舔鱼砧""臂鹰健卒一毡帽，骑马佳人卷画衫"之类。北齐刘昼作《六合赋》，"自谓绝伦"，特别高看自己，到处吹嘘："我读儒书二十余年而答策不第，始学作文，便得如是。"然此赋拿给写《魏书》的魏收看，魏收怎么评价呢？"赋名六合，其愚已甚，及见其赋，又愚于名。"贬得一钱不值。倘若如今的政坛人士别的没学去,作品的鄙俚、浅近尚在其次,把刘昼的自大学去,再利用权力制造并兜售出版垃圾,那还真的不如"藏拙"了。而从一些政坛人士公开出版的所谓文集来看,谁敢否认这种担心纯属多余?

宋朝有个人诗作得好,欧阳修推荐给了地方官王仲仪去谋职位,未几,其人以"赃败"。王仲仪回朝后和他聊起此人,欧阳修笑曰:"诗不可信也如此。"推测起来,那人的诗作与其为人一定是"两张皮",欧阳修认得了"文"却认不了"人"。过于沉迷作诗,还有一个副作用,比如唐朝以"三刀梦益州,一箭取辽城"诗句闻名的杨巨源,"自旦至暮,吟咏不辍",年纪大了,致仕了,问题就来了:头老是摇晃。旁人说,那是"吟诗多所致",虽可聊供解颐但也可能是纪实吧。清朝雍正时,鲍钤知长兴,"癖好诗",总督李卫不大看得惯,谓湖州守曰:"长兴令日赋诗,吾将劾之。"后来,李卫察其"不废吏事,百务修举,部民颂之,乃喜"。显然,李卫先前担心鲍钤因为"爱好"而耽误正事。这可能是今日官员在雅兴勃发之前,尤其需要注意的问题。

在我看来,如今"越来越多官员开始写诗"未必,官员诗作偶尔露一小脸倒是为真,就像古人所谐谑的"失猫诗"那样:"尽日觅不得,有时还自来。"如去年孟学农先生发表的《心在哪里安放》,就显得没头没脑,反而让大家引发了无数猜想。政坛诗词倘若要火热起来,还有个前提须是官员自己动手,"我手写我口"。而熟知咱们官场习气的人都知道,在通篇套话、空话的发言稿都由他人捉刀的背景下谈论政坛诗词文化,太奢侈了。

文章却似呼延赞

《人民日报》不久前（2008）有一篇《如何看待"官员作家"》的报道，说的是近年来陕西省大批公务员尤其是许多担任了较高职务的领导干部，在繁忙的公务之余，纷纷拿起手中纸笔进行文学创作。报道提出了一个问题：如何看待官员写作现象。

这个问题提得好。如何看待？跨领域的通才肯定是有的，汉代张衡既可以发明地动仪，也可以拟班固《两都赋》作《二京赋》；明朝王守仁既是一代名臣统帅，也是一代学术大师，赢得"文武两圣人"的美誉。这样的通才人物在不同的时代、在不同的领域诚然都会出现，但肯定不能"蔚然成风"。

如果回望古代，就会发现"官员作家"基本上不算一个问题，科举出身的官员，大抵都可归属此列。在正常情况下，文章写得好是他们晋身的前提。而且很多人之所以在青史留名，不是因为如何当官，恰恰是因为传世的作品，甚至因为他们的传世之作脍炙人口，使我们每每浑然忘却他们还是官员。苏东坡说过："某平生无快意事，惟作文章，意之所到，则笔力曲折，无不尽意。自谓世间乐事无逾此者。"宋太宗刚继位时提拔的郭贽，也是"以其乐在词笔，遂命掌诰"。不过，郭贽实在水平有限，"制书一出，人或哂之"，完全"不堪厥任"，连太宗也为之羞愧。《池北偶谈》还谈到宋太宗的另外一件事。有天他在宴会上令群臣赋诗,本来武人可以不写,但平定南唐的功臣曹翰"亦乞应诏",太宗于是限他用刀字韵,谁知曹翰援笔立成:"三十年前学六韬,英名常得预时髦。曾因国难披金甲,不为家贫卖宝刀。臂健尚嫌弓力软,眼明犹识阵云高。庭前昨夜秋风起,羞看盘花旧战袍。"太宗大为欣赏,立即给他"骤迁数级"。这就可见,同样是舞文弄墨,官员之间的水平差别也是很大的。北宋编纂了"四大部书",其中有三部出自太宗在位的时候:百科全书性质的类书《太平御览》、文学类书《文苑英华》和小说类书《太平广记》。由此来推断,类似"官员作家"的人,在宋太宗时代一定很吃香,当然,不能是郭赞那种南郭先生。

《人民日报》既然要大家议论,那在下也就凑凑热闹说一句:"官员作家"还是不要太多为好,大家全都拿起笔来写小说散文,整天对着山川花草抒情,把政事——也是正事——摆在什么位置呢?清朝的蒋励堂任川督时,发现有几位候补官员特别喜欢赌博,"需次无事,辄聚为叶子戏,客过访之,恒拒不见"。有一天蒋励堂说话了,"诸君无案牍劳,以叶子戏偶尔坐遣,未尝不可。然频频为之,则伤财失业,作无益害有益,且因此疏慢朋友,来辄拒之,似更不可";但你们很快就要上任了,"与其为无益损有益之事,曷不先将律例留心观览乎?"写作较之赌博,当然是高雅得多的事情,但真正的文学创作,与官员真正地做好本职工作一样,应该也要殚精竭虑,不会那么轻而易举。有些官员觉得轻而易举,一些不堪一提的货色不是还能获得中国最高级别的"××文学奖"吗?但他们自己也清楚,那些乐于奉上宝贵出版资源的出版社一定要在众多的垃圾图书中再添上若干种,那些貌似权威的评奖机构一定要奉上炫目的"桂冠",那些吹喇叭抬轿子的帮闲文人一定要送上赞美,追根问底,还是权力和孔方兄的因素在作祟,在这两个因素的共同作用下，没有什么肮脏的交易不可以达成。因此，担心"官员作家"蔚然成风，实为担心腐败更换了一种貌似儒雅的表现形式。

宋朝有个叫吴善长的官员，非常喜欢写诗，应该有当面不断听到赞誉的前提吧，不过人们背后说他"文章却似呼延赞"，因为当时的武臣呼延赞以好吟恶诗而闻名。《枣林杂俎》另云，明末大将刘泽清曾叔事刘鸿训相国，相国去世后，其子孔中、孔和又叔事刘泽清。泽清自矜文武全才，曾跟孔和说，你服不服我呢？孔和说："服甚。第吾叔不作诗尤善。"《明史》说刘泽清"颇涉文艺，好吟咏"，那么在刘孔和看来，刘泽清吟出来的，大抵是呼延赞一类的文字。对"官员作家"而言，正如蒋励堂所说，如果没有案牍的劳繁，偶尔写东西消遣一下未尝不可。问题是我们这个处于转型期的社会，那么多的社会矛盾此起彼伏，有的还非常尖锐，哪里就到了"官员作家"可以从容进行"文学创作"的时候？即便局部地方形成了这种风气，不仅不值得提倡，还应该坚决地扭转过来！

《清稗类钞》有一则云："世间最易传染之病曰鼠疫，曰黑死病，然未有如官病之甚者也。其病状为热中，若癫若狂，如痴如醉，旁观者危之，而身受者反以为乐。"一语戳中了"官员作家"的要害。有些摸着笔墨的官员，未必是对写作有多么热爱，而是斯地的官场风气如此。

　　几天前（2005）看到新华社一篇报道，记者走访了春节前的若干市场，认为如今商品化的印刷春联，内容俗套，千人一面，趣味无多。内容大抵就是"天增岁月人增寿，春满乾坤福满门"之类，书法则是千篇一律的印刷体。报道呼吁楹联学家、书法家走出家门，为社会提供更多更好的春联。

　　春联是由桃符演变而来的，初为驱鬼避邪，后为颂春纳吉，为的是求个吉祥、讨个乐趣。据说，最早的春联出于公元964年后蜀主孟昶之手，写的是"新年纳余庆，佳节号长春"。可惜孟昶是荒淫无道的典型代表。《杨文公谈苑》云，宋太祖平蜀，得其七宝装溺器，掷之于地，令杵碎之，曰："汝以何器贮食？似此，不亡何待？"到了宋代，贴春联已成春节重要习俗。作为一种民俗艺术，春联既体现文采又展示书法，生动活泼、个性别致，让人兴趣盎然。早些年，我住在中山大学王季思先生的小楼附近，记得每到正月初一，他家都要贴出新对联，落款即署"王季思撰联"，由校内一位书法家教授挥毫，珠联璧合，以至于那几年春节，先到王先生家门口看看春联成为"例牌"。

　　一副春联的优劣，直观上看凭的即是书法。书法家服务市民，各地年年都有组织，但相对社会需求而言，终究是杯水车薪，无他，书法在今天已成为技艺的一种，远没有古代那么普及。就说宋朝吧，好几个皇帝也都是书法家，太宗、徽宗自不待言，太宗为"淳化元宝""至道元宝"题写的钱文，采用真、行、草三种书体，创造了两个纪录：皇帝首次书写钱文；三种书体同时写进钱文，史称"御书体"。米芾称赞太宗书法："真造八法、草入三昧，行书无对、飞白入神。"徽宗呢，则以其自创的"瘦金体"独步天下，前无古人。《铁围山丛谈》云，即使是开国的太祖赵匡胤，也并非人们印象中的十足武夫一个，同样能写上两笔，徽宗曾向大臣展示了一轴，看到的人说，"太祖书札有类颜字，多带晚唐气味，时时作数行经子语。又间有小诗三四章，皆雄伟豪杰，动人耳目，宛见万乘气度"。可惜没有记录一点诗词的内容，令我们不知道是否阿谀之词。

宋代奸臣蔡京也是书法高手，他儿子认为，哲宗时蔡京书法天下第一，所谓"无出其右者"。蔡京也特别高看自己，他甚至当面问过米芾："今能书者有几？"米芾说："近时公家兄弟是也。"公家兄弟，指的就是蔡京和弟弟蔡卞。蔡京问那么谁能排第三呢？米曰："芾也。""米颠"在这里看起来并不颠，因为他理智得很，他给出的是蔡京需要的答案。瞧，在皇帝面前他讲真话了："蔡京不得笔，蔡卞得笔而乏逸韵，蔡襄勒字，沈辽排字，黄庭坚描字，苏轼画字。"问那你的字怎么样？他说："臣书刷字。"唐伯虎认为："观苏、黄、米、蔡之书，果如其说。"这就足见米芾面对蔡京时，说的是违心之言。张邦基《墨庄漫录》云："本朝能书，世推蔡君谟（襄）。然得古人玄妙者，当还米元章。"那么，根据当时的社会公认，书法拔头筹者也还轮不到蔡京兄弟。

《南部新书》云，唐代李含光善书法，有人夸赞他："笔迹过其父。"一听这话，李含光乃终身不再挥毫。南北朝时的王僧虔不大明白这种道理,跟皇帝也要一较高低。僧虔善隶书,宋文帝刘义隆就是因为欣赏他写的扇面,才把他提拔起来。《南齐书·王僧虔传》载:"孝武(刘骏)欲善书名,僧虔不敢显迹。大明(孝武年号)世,常用掘笔书,以此见容。"但到齐太祖萧道成时,不知怎么胆气壮了起来。萧道成擅长书法,而且不乐意自己的书法水平低于臣下,有一天跟僧虔比赛,写完了,问僧虔:"谁为第一?"僧虔说:"臣书第一,陛下亦第一。"谁也没输。道成笑曰:"卿可谓善自为谋矣。"在两朝皇帝面前,王僧虔先前夹着尾巴,后来敢高声大气,大抵也反映了前后两帝的"开明"程度吧。

书法好,在清朝还是科举的一件利器。《分甘馀话》云,清朝状元必选书法之优者。不过优不优的标准,要随皇帝喜好。顺治帝喜欢欧阳询,于是 1652 年的状元邹忠倚和 1658 年的状元孙承恩,"皆法欧书者也";康熙帝喜欢二王(王羲之、王献之),那些平时习《黄庭经》《乐毅论》的就走运了,给归允肃、蔡升元、汪铎等的夺魁增添了很大砝码。因此,1667 年进士中,时人以为宋师祁的书法最好,但他既未师法二王,也只能靠边了。科举变成以"书"取人,更显其荒诞的一面。

宋朝张观"平生书必为楷字,无一行草",人们说"类其为人"。仁宗也曾飞白书一"清"字赐之,"以赏其节"。为人端正,字亦端正,这个逻辑是容易接受的;反之则恐怕有一点问题。胡长清的字不是也很漂亮吗? 但他就是上了断头台的贪官。

便条·法帖

在各地公开展出的齐白石老人书法作品中,不乏便条一类,内容颇为有趣。比如"凡我门客,喜寻师母请安问好者,请莫再来。""鄙人养病,午前出门闲游,午后申时接客。""绝止减画价,绝止吃饭馆,绝止照相。"后面加了几句小字:"吾年八十矣,尺纸六圆,每圆加二角。""卖画不论交情,君子有耻,请照润格给钱。"在"润格给钱"四个字侧面,还各自画上了圆圈。前一则,更被网友津津乐道,概因中国科学院专业期刊《冰川冻土》上关于"师娘的优美感"的那篇论文新近(2020)被曝光而成为舆论焦点,人们借此来调侃白石老人具有"先见之明",也就是少来声东击西那一套。

识者指出,齐白石书法成就主要在行书和篆书两个方面。行草多用于画跋或书名、题识等,舒展大气,与画作相映成辉;篆书更被誉为"字有画意",字的结体随意,张弛、欹斜、多姿,得益于他对绘画构图的理解。便条类只是其书法的点缀,或曰插曲、逸事,如今也得登大雅之堂,端在于这种出乎自由的书写,最能见其真性情,不独书写的文字内容本身。历代传世的书法精品,不少也可以归为此类。钱锺书先生说过:"按六朝法帖,有煞费解处。此等太半为今日所谓'便条''字条',当时受者必到眼即了,后世读之，却常苦思而未通。"白石老人去今未远，友朋、弟子等留下了大量回忆文字，门条、启事的用意，亦即其所针对，就还不至于成谜。

法帖，刘熙载《艺概》援引欧阳修《集古录》跋王献之《法帖》有个定义："率皆吊哀、候病、叙暌离、通讯问，施于家人朋友之间，不过数行而已。"欧阳修也注意到了这"不过数行"的价值："盖其初非用意，而逸笔余兴，淋漓挥洒。或妍或丑，百态横生，使人骤见惊绝，守而视之，其意态愈无穷尽。"西安碑林中的张旭草书《肚痛帖》（一说为五代后梁彦修法师摹张旭原作所成），显系顺手而作，然明朝两位大家都评价极高。王世贞说："张长史《肚痛帖》及《千字文》数行，出鬼入神，倘恍不可测。"董其昌说："有悬崖坠，急雨旋风之势。"

见存的六朝法帖中，自然有不费解的。如王羲之写于正月初一的不少尺牍，"初月一日羲之白，忽然改年，新故之际，致叹至深，君亦同怀。"又，"初月一日羲之顿首，忽然改年，感思兼伤，不能自胜，奈何奈何！"因避祖父王正之讳，"正月"均被写为"初月"。在新年第一天，羲之毫无喜色是显见的，"煞费解处"只是何以至此。又如王献之《鸭头丸帖》，文曰："鸭头丸，故不佳。明当必集，当与君相见。"揣测起来，大约是有人服用过鸭头丸（一种中药），觉得效果不大好，告诉了献之，献之服用后认为果如来信所说，乃约这位朋友明天聚会当面求教。又如张旭《肚痛帖》，文曰："忽肚痛不可堪，不知是冷热所致，欲服大黄汤，冷热俱有益。如何为计，非临床。"意思更直白了，忽然肚子痛得难忍，不知什么原因，受了寒还是中了暑，打算喝大黄汤，反正这副中药冷热通吃，怎么办啊，旁边又没有床。

被乾隆皇帝视为三件稀世墨宝的东晋书迹——王羲之《快雪时晴帖》、王献之《中秋帖》和王珣《伯远帖》——差不多便属于

"煞费解"的一类了。乾隆皇帝非常看重这三件宝贝，甚至将自己的书房命名为"三希堂"。《快雪时晴帖》写的是："羲之顿首：快雪时晴，佳。想安善。未果为结，力不次。王羲之顿首。山阴张侯。"《中秋帖》写的是："中秋不复不得相，还为即甚省如，何然胜人何庆，等大军。"《伯远帖》写的是："珣顿首顿首，伯远胜业情期群从之宝。自以羸患，志在优游。始获此出意不克申。分别如昨永为畴古。远隔岭峤，不相瞻临。"所以说差不多属于"煞费解"，是因为今人自然有解。如《快雪时晴帖》便有解云：快雪过后天气放晴，很不错，想必也安好；事情没有结果，心里郁结，不详说了。字面上看是这些意思，但是否书者本意就很难说。后二帖今亦皆各有各的解法。

对法帖之"煞费解处"，钱锺书先生还有进一步的发挥："家庭琐事，戚友碎语，随手信笔，约略潦草，而受者了然。顾窃疑受者而外，舍至亲密契，即当时人亦未遽都能理会。此无他，匹似一家眷属，或共事僚友，群居闲话，无须满字足句，即已心领意宣；初非隐语、术语，而外人猝闻，每不识所谓。盖亲友交谈，亦如同道同业之上下议论，自成'语言天地'，不特桃花源有'此中人语'也。彼此同处语言天地间，多可勿言而喻，举一反三。"一言以蔽之：毋庸多言。

"青藤雪个远凡胎，老缶衰年别有才。我欲九原为走狗，三家门下转轮来。"白石老人是诗，表达了对画坛领袖吴昌硕的钦慕之情。57岁时，齐白石接受陈师曾的指点，决定"衰年变法"，改变绘画风格，而重点学习对象正是吴昌硕。然吴昌硕大约没看得起，来了句"北方有学我皮毛者，竟成大名"。齐白石乃又以石涛句制印："老夫也在皮毛类。"他还有一幅画，径题"人骂我，我也骂人"。则其诙谐性情，不独便条一类。

铲字

11 月 28 日 (2014) 下午, 中纪委监察室网站发布消息, 广东省政协主席朱明国涉嫌严重违纪违法正在接受组织调查。像前面倒台且喜欢留下墨宝的官员一样, 朱明国在公众场合的题字登时众目睽睽, 结果自然只有一个: 铲掉。朱明国是从海南省五指山市走出来的, 在该市有多处题词。有报道说, 在他被查的当晚, 其母校"琼州学院附属中学"就将他题写的校名和校内建筑的落款先抹去了; 随后, 在其他地方也有如是之举。不难想见, 那些题字的内容完全"灰飞烟灭", 仅仅是时间问题。

对这一幕, 大家早经见怪不怪。远的有江西省原副省长胡长清, 近的有重庆市原副市长王立军, 落马之后铲除他们的题字都引发了热议。这并不难理解, 我们的传统文化从来都十分重视"德"。春秋时, 叔孙豹在与范宣子对谈提出了著名的"三不朽": "太上有立德, 其次有立功, 其次有立言。"把德摆在第一位。唐人孔颖达的解读是, "立德谓创制垂法, 博施济众", 亦即树立高尚的道德; "立功谓拯厄除难, 功济于时", 亦即为国为民建立功绩; "立言谓言得其要, 理足可传", 亦即提出具有真知灼见的言论。钱穆先生指出, 历史上不同时代, 对"三不朽"各有所偏, 如汉、唐人重立功胜过于立言, 宋、明人重立言胜过于立功; 然而, "立功与立言,仍皆以立德为本源"。他举例说:"中国文学界,通常认为李太白诗不如杜子美,柳河东文不如韩昌黎。李、柳之所以稍逊于韩、杜者,主要差别不在其诗文上,乃在自其诗文所反映出其作者所内蕴之德性上。"

在书画问题上也是这样。陆容《菽园杂记》云:"古人看书画,一要师法古,二要人品高。人品不高,虽工亦减价矣。"他举了一正一反两个例子。先看人品高的,上虞俞汉远"尝膺保举寓京师时,吏部郭尚书知其能画,使人召之,不赴"。来人告诉他,那可是人事部长啊,"人欲求一见而不可得,子何独不住?"俞汉远回答:"吾以应荐而来,今往为之画,使他日得美除,人将谓以画得之。"可惜的是,老俞最后也未除官,凄惨地死在旅店,"贫无所蓄,乡人衰金为敛之"。他的同乡钟钦礼则不然,画得也不错,但"以上司多好其画,辄以此傲人",进而以之为资本,"依托官府声势,诈取人财"。曾经有人拿他的画送给陆容,陆容说:"屋壁虽陋,不挂赚金贼画也。"私家尚且如此,公域就不用说了。具体到书法,众所周知北宋有四大家,"苏黄米蔡"或"蔡苏黄米"。在这里,谁先谁后不是大问题,大问题是"蔡"究竟指谁。一般认为是蔡襄,但清人周星莲认为是蔡京,因为"后世恶其为人,乃斥去之,而进君谟(襄)书"。

浏览历史还可以看到,不要说奸臣或贪官了,字迹被铲的命运并不乏见。李商隐有著名的《韩碑》诗,韩碑即韩愈《平淮西碑》,记述的是唐宪宗元和十二年(817)裴度平定淮西藩镇吴元济的战事,中学课本里的《李愬雪夜入蔡州》是也。吴元济是李愬抓的,功莫大焉,韩文突出的却是宰相裴度,李家不干了。愬妻,唐安公主之女,公主又是德宗的爱女,这样的人物足可通天,何况自家有理。当愬妻进宫诉说碑文不实之后,宪宗即命段文昌重新撰文勒石。原碑呢？"长绳百尺拽碑倒,粗砂大石相磨治",消除痕迹。因为李商隐非常认同韩文的观点,所以写了这首七言古诗,"公之斯文若元气,先时已入人肝脾"云云,表明即便碑面被磨平了,但韩愈文字的力量是磨不掉的。当然,韩碑的遭遇与贪官被铲字具有性质上的区别,苏东坡的遭遇才与今天的落马者相似,他被贬谪之后,朝廷下令天下尽毁其所撰碑文,连神宗皇帝题额的《上清储祥宫碑》也未能幸免。御笔怎么办？有办法:御笔保留,专磨苏文。用《续资治通鉴》中的说法,哲宗绍圣四年(1097)诏:"上清储祥宫御篆碑文,苏轼所撰,已令毁弃,宜使蔡京撰文并书。"神鬼皆知地换了一通新的。

在故宫收藏的宫廷家具中,有一件"紫檀框嵌染牙竹石图御制诗挂屏",诗是乾隆的,"青牛为石朱为竹,便与寻常意境殊"云云,工整的隶书是谁的呢？和珅的。和珅不是被嘉庆赐死了吗？没错,所以挂屏上原本的"臣和珅敬书"字样被挖去了,但从痕迹中现在仍依稀可辨,就像抹去"朱明国"之后一样,稍一留意还是辨认得出来。今年年初,沈阳故宫首次展出了和珅为乾隆特别制作并进献的玉如意,同样是御制诗下,小字署款"臣和珅敬书",还刻有"和""珅"篆书连珠方印。报道说,这也是沈阳故宫唯一一件带有和珅题款的藏品。贪官的墨迹,只能以小玩意或者私底下的方式存在了。

如今有书法爱好的官员很多。有的专门练过,如胡长清等功力还不浅;有的则根本提不起来,只是权力作祟才赢得追捧。题词之时,润笔之外,装裱、悬挂伺候;倒台之后,忙不迭地除旧布新。一来一往,靡费了多少公帑？避免浪费或杜绝权力以别样的方式寻租,不妨明确规定:禁止官员题字题词。

后记

从《当时只道是寻常》开始，中经《咫尺应须论万里》与《长沟流月去无声》，到最后这册《别来世事一番新》，因为副题都嵌有"文化"二字，所以我称之为"文化四部曲"。我的本硕专业都是人类学，后来虽未直接从事之，但是潜意识里始终存在念想，这四部曲可资为证吧。

需要说明的一点是，此四部曲为"报人读史札记"系列的衍生品，所谓类编。既如此，原本的"编年"次序难免被打乱。而有些篇章，时间点又相对重要，因而以（　）标明新闻或事件的年份，纯以落笔之际为基准。

"别来世事一番新，只吾徒犹昨。"清人陈维崧《好事近》句。用于书名，既有今之"别"古的成分，亦有个人诸多情感因素在内。我于1980年参加工作，五年后读中山大学，七年后重新就业至今。始而工厂，继而机关，最后落脚到媒体，不断有"别"，工作性质大别，倏忽间又该告别，到了离开工作岗位的年纪。四十余年中，无论身处何方，总是有"新"的收获，且在手不释卷、笔耕不辍这一点上，亦全然符合"犹昨"。

但愿将来的任何一个时候，回首开启的人生新阶段，仍然如此。

2023年5月19日于南方报业传媒集团